国家社会科学基金教育学青年项目（CBA160184）研究成果

专业发展视角下的教师情绪觉察研究

汪海彬◎著

北京师范大学出版集团
BEIJING NORMAL UNIVERSITY PUBLISHING GROUP
安徽大学出版社

图书在版编目(CIP)数据

专业发展视角下的教师情绪觉察研究/汪海彬著. —合肥:安徽大学出版社,2023.3

ISBN 978-7-5664-2505-8

Ⅰ. ①专… Ⅱ. ①汪… Ⅲ. ①教师—情绪—自我控制—研究 Ⅳ. ①G451.6

中国版本图书馆 CIP 数据核字(2022)第 193520 号

专业发展视角下的教师情绪觉察研究 **汪海彬 著**

出版发行:北京师范大学出版集团
安 徽 大 学 出 版 社
(安徽省合肥市肥西路 3 号 邮编 230039)
www.bnupg.com
www.ahupress.com.cn

印　　刷:合肥远东印务有限责任公司
经　　销:全国新华书店
开　　本:710 mm×1010 mm 1/16
印　　张:21.75
字　　数:318 千字
版　　次:2023 年 3 月第 1 版
印　　次:2023 年 3 月第 1 次印刷
定　　价:68.00 元
ISBN 978-7-5664-2505-8

策划编辑:刘婷婷　王　黎　胡国娥
责任编辑:刘婷婷
责任校对:李晨霞
装帧设计:李　军
美术编辑:李　军
责任印制:陈　如　孟献辉

序

情感教学心理学（Affective instructional psychology）是从教师教的角度来研究教学活动中情感心理现象的一门学科，是情感心理学和教育学之间的一门交叉学科，是教学心理学领域中新开拓的分支领域。1986 年我写了该领域的第一篇拙作《大学生课堂教学中情感因素的作用、模式及控制》，1993 年出版了该领域的第一部拙著《情感教学心理学》，由此开始了我和我的团队漫长而艰辛的情感教学心理学开拓之路，旨在改变国内外在教学理论和实践中“重知轻情”的教学失衡状况，倡导“以情优教”的教学思想。经数十年的努力，我们在情感教学心理学理论和实践方面取得了一系列的成果，不仅为学界同仁所肯定，也为广大一线教师所欢迎。令人鼓舞的是，我们的成果“砥砺求索 35 年——情感教学理论的创立与实践”于 2018 年获评国家级教学成果一等奖。

汪海彬博士作为我团队中的一员，从博士生在读期间就一直跟随我进行情感教学心理学研究，并聚焦于教师情绪智力中的一项重要能力——情绪觉察的研究。他的专著《专业发展视角下的教师情绪觉察研究》不仅是情感教学理论的成果之一，也是汪海彬博士于 2016 年获批的全国教育科学规划国家青年项目“新手 - 熟手 - 专家型教师情绪觉察研究”（CBA160184）的主要成果。这项成果从新时代教师专业素质提升的时代需要、各学段教师专业终身发展的实践需要和国内外情绪觉察领域拓展的学术需要出发，以情感能力的基础——情绪觉察为突破口，采用“新手 - 熟手 - 专家型教师”的研究范式，综合运用问卷调查，尤其是 ERP、眼动仪和生理多导等认知神经科学手段，对教师情绪觉察的现状、机制与培养进行了深入系统的研究。在采用 CiteSpace 可视化软件和内容分析法对以往文献进行定量与定性分析的基础上，提出了开展以教育应用为导向基础研究的双线研究构想。其中，在基础研究方面，结合教师的职业特色，从能力和过程整合视角构建教师情绪觉察能力结构、情绪觉察过程及情绪觉察机制等理论模型，尤其提出了情绪觉察过程训练可以提升情绪觉察能力的理论构想，然后分别通过问卷法，结合行为、眼动、生物反馈和 ERP 技术的实验室实验法和团体训练的自然实验法验证了教师情绪觉察理论的科学性。在应用研究方面，采用 Nvivo 软件和自编的问卷从定性与定量两个方面比较新手 - 熟手 - 专家型教师在情绪觉察能力结构和水平上的差异，并依据调查结果，结合行为、眼动、生物反馈等实验技术比较新手 - 熟手 - 专家型教师在具体教育情境中的情绪觉察过程的差异，然后依据情绪觉察过程训练可以提升情绪觉察能力的理论构想，以新手教师为研究对象，设计并实施为期两个月的情绪觉察认知团体训练和情绪体验团体训练，提升教师的情绪觉察能力。

整个研究按照理论的逻辑推演—理论的实证探索—实证的理论建构—理论的实证验证四个过程展开循证研究，体现出三个方面的创新。一是研究视角创新。采用能力和过程相结合、宏观和微观相结合的整合视角探索教师情绪觉察的形成作用机制。二是内容创新。基于智力的三维模型，构建了情绪觉察包括操作、对象和产物的三维结构模型，其中操作层面包括感知、识别和描述三个环节；对象层面包括自己、他人和环境三个方面；产物层面包括躯体反应、未分化情绪和分化情绪三个递进的层次，体现了情感图式的分化与整合程度。由此，情绪觉察的结构模型兼具能力、过程和本质三个方面属性，对象层面为建构情绪觉察能力的外延提供依据，操作层面的各个环节体现了情绪觉察的基本过程，产物层面则体现出情绪觉察能力的本质—情感图式的分化与整合程度。三是方法创新。采用多种研究方法整合的方式开展教师情绪觉察的研究，并将这种结合贯穿于整个课题研究中：在文献研究方面采用 CiteSpace 定量分析和内容分析相结合，在特点研究方面采用宏观的问卷调查和微观 ERP、眼动、生理多导实验技术相结合，在干预研究方面采用教育实验干预和实验室实验干预相结合。因此，在我看来，这是一部优秀的学术著作，值得推荐，正如全国教育科学规划办成果鉴定专家把该项课题结题鉴定为优秀等次一样。

愿汪海彬教授在学术的道路上踔厉奋发，勇攀高峰！

卢家楣

2023 年 1 月

目录

第一章 绪 论

百年大计，教育为本；教育大计，教师为本。党的“十八大”以来，以习近平同志为核心的党中央高度重视提升教师专业素质，尤其是情感素养。习近平总书记在论述“四有好老师”时曾深情描述道：“好老师的眼神应该是慈爱、友善、温情的，透着智慧、透着真情……应该把自己的温暖和情感倾注到每一个学生身上。”（习近平，2014）情绪觉察（emotional awareness）作为一种情绪加工技能，是培养情绪调节能力的先决条件（Lane, & Schwartz, 1987）；作为情感素养的基础（朱小蔓，2019；钟芳芳，朱小蔓，2016），情绪觉察不仅是教师胜任力不可或缺的构成要素，还是师爱素质的构成基础（陈宁，汪海彬，2017）。由此可见，情绪觉察能力提升不仅可以促使教师保持平和心态，还是其专业发展的重要内容与基础，是教育大计的根本。本章将基于情绪觉察的教育功能，探寻教师情绪觉察研究的缘起，在以往情绪觉察领域研究的基础上，从教师专业发展视角出发，以新手－熟手－专家型教师为研究范式，开展教师情绪觉察研究。

第一节 研究缘起

情绪觉察对于教师来说具有独特的价值与功能，其不仅是教师专业素质的重要内容，而且是教师自身情绪管理与调节的基础，因此对教师自身专业素质的提升、专业终身发展具有重要意义。本节基于新时代教师专业素质提升的时代需要、各学段教师专业终身成长的实践需要和国内外情绪觉察研究领域拓展的学术需要来探寻教师情绪觉察研究的缘起。

一、新时代教师专业素质提升的时代需要

为深入贯彻落实党的“十九大”精神，打造党和人民满意的高素质、专业化、创新型教师队伍，中共中央和国务院于 2018 年颁发的《关于全面深化新时代教师队伍建设改革的意见》中不仅指出了新时代教师队伍建设的战略意义，而且强调要加强师德建设和教师专业素质的提升。教师的情绪觉察能力提升不仅有助于优化师德，而且是教师专业素质提升的重要构成要素，满足教师专业素质提升的新时代需要。

在师德师风方面。习近平总书记在关于教育的众多重要论述中多次提及并强调师德师风建设（杨晓慧，2020）。中央组织部、宣传部、教育部等部门制定了多个相关的政策文件，如《关于加强和改进新时代师德师风建设的意见》《新时代中小学教师职业行为十项准则》等。学术界也积极响应，提出通过道德身份构建（王夫艳，2015）、师德认知重建（蔡辰梅，2019）和责任意识强化（穆惠涛，张富国，2019）等方式来提升师德，然而这些举措更多偏向

于身份建构、师德认知等“冷认知”层面，却忽视或未能凸显教师自身情感因素在师德建设中的价值。我国情感教育专家朱小蔓先生提出了情感性道德教育范式理论（马多秀, 2020），认为情绪觉察作为教师情感素养的基础，是教师发挥自身“以情优德”优势的基础：情绪觉察不仅为教师自身不断进行教育反思提供心理基础，而且是保障教师理性过道德生活的起点（钟芳芳, 朱小蔓, 2016）。我们据此开展了包含情绪觉察成分的情感教育能力对教师职业道德影响的实证研究，结果表明情绪觉察不仅可以直接正向作用于师德，而且可以发动其他积极因素对师德起正面作用，成为教师在情感层面上优化自身师德的起点。为此，情绪觉察研究也可以满足提升师德的新时代需要。

在教师专业素养方面。随着信息技术的发展，“互联网 +”、人工智能等技术在教育中得到广泛应用，虽然极大地提高了学生学习知识和技能的效率，但却挑战了教师的主导地位，使教师在智能时代面临知识传播角色边缘化、教育专业角色模糊化和评价角色工具化的三重危机（罗莎莎, 靳玉乐, 2020）。为应对教师的角色危机，研究者指出教师情感素养是新时代教师专业素质能力的奠基性要素，是现代学校教育和课堂教学的必然要求（朱旭东, 2015）。有研究者呼吁，在人工智能时代的今天更要凸显教师情感教育的需求（王平, 2020）。事实上，党和国家在教师专业素养方面一直强调情性要求：教育部于2012年下发的［“关于印发《幼儿园教师专业标准（试行）》《小学教师专业标准（试行）》和《中学教师专业标准（试行）》的通知”］中提出教师要“关爱学生”，“善于自我调节情绪”等情性要求；《新时代中小学教师职业行为十项准则》中也提出了要“自觉爱国”和“关爱学生”等情性要求。情绪觉察作为情绪智力和情绪调节能力的基础（Salovey & Mayer, 1990; Subic-Wrana et al., 2014; 汪海彬, 卢家楣, 陈宁, 2013），不仅有助于教师自身情绪的调节，而且有助于在把握学生情绪的基础上做到精准关爱学生，充分发挥教师区别于机器所独有的情感功能，让其成为师爱的基础（陈宁, 汪海彬, 2016; 陈宁, 张萍, 2016）。可见，情绪觉察研究可以满足人工智能时代充分发挥教师自身情感功能的需要。

二、各学段教师专业终身发展的实践需要

国家高度重视教师的专业发展，颁发了《教师教育振兴行动计划（2018—2022 年）》等一系列政策促使教师专业发展与成长。教师专业发展贯穿于教师职业生涯发展全过程，不仅包括职前教育和职后培训（肖丽萍，2002），甚至有研究者还强调教师专业发展需要终身学习与发展（朱旭东，周钧，2007）。教师专业发展内容大体包括知、情、意、行四个方面（宋广文，魏淑华，2005），其中情意是根本。只有“有坚定的情意”，教师的专业知识和专业能力才能得到充分运用（朱旭东，2014; 朱旭东，2015）。相关研究也发现，教师积极情感态度是专业发展的基石（孙兴华，薛玥，武丽莎，2019）。情绪觉察作为一种专业素养，是教师专业发展内容的基础。尤其在专业情感方面，情绪觉察作为一种情绪加工能力，可以通过保持教师积极情感来促进其专业发展。可见，教师情绪觉察成为各学段的教师专业终身发展的需要，并且这种需要得到了教育教学实践和实证研究的验证，成为实践发展的需要。

情绪觉察作为教师专业发展内容的基础方面。正如上文所述，情绪觉察不仅作为专业素质之一在教师标准中被提及，在深入研读《幼儿园教师专业标准（试行）》《小学教师专业标准（试行）》和《中学教师专业标准（试行）》后我们发现，情绪觉察还是专业理念与师德和专业能力中部分专业发展内容的基础：在专业理念与师德中提及要关爱学生、激发学生的兴趣，教师个人要善于自我调节情绪；在专业能力方面提及要建立良好的师生关系，与家长、同事沟通，合理处理课堂偶发事件，妥善应对突发事件等。教师只有在觉察自身情绪的基础上才能有效调节情绪，以从容应对课堂偶发事件和突发事件；教师只有在准确觉察他人情绪的基础上，才能更好地与他人沟通，更好地关爱学生，正如人民教育家于漪所说：“教师要热爱学生、了解学生，才能真正触摸到孩子们的心。”实证研究也证实，情绪觉察不仅是教师共情（孙炳海，2018）、情绪预测（陈宁，卢家楣，汪海彬，2014a, 2014b）和教师课堂情绪感

染（张奇勇，卢家楣，2015）等教师教育情感能力的基础，而且是教师胜任力或胜任特征（宋倩，2008；余琳燕，2008）不可或缺的构成要素，而胜任力可以直接影响教师专业发展（王文增，魏忠凤，王一鸣，2020）。可见，教师情绪觉察不仅是教师专业发展的具体内容，而且是教师专业发展中其他内容的基础，亟须得到培养与发展。

情绪觉察对教师专业情感的优化方面。研究者提出，积极的情感能成为教师专业发展的基石（孙兴华，薛玥，武丽莎，2019）。然而，教师作为高情绪工作者（刘衍玲，张大均，2015），在日常的教育教学实践中不仅会产生诸如职业认同感等积极的职业情感，也会产生诸如职业倦怠等消极的职业情感（刘丹，缴润凯，王贺立，李飞飞，2018；孙阳，张向葵，2013；屈廖健，邵剑耀，2020），甚至会产生心理健康问题（汪海彬，唐晓晨，徐俊华，2015；汪海彬，陈宁，陈峰，2013；汪海彬，陈海燕，桑青松，2013）。情绪觉察作为情绪调节的先决条件（Subic-Wrana et al., 2014），不仅可以充分发挥积极因素的正向作用，如通过自我反思提升个体的生活满意度（Chen, Ku, Shyr, Chen, & Chou, 2009），而且能缓冲不良因素带来的负面影响，如调节负性生活事件对情绪的影响（Louis, 2012）。教师情绪觉察有助于教师更好地发挥职业认同感等积极情感对专业发展的积极作用，减少生活事件引发的负性情绪，甚至避免产生或克服职业倦怠，促使教师保持积极的情感状态，从而更好地促进教师在知和行等内容上的专业发展。教师情绪觉察作为一种情绪加工能力也需得到发展，以便更好地促进教师的专业成长。

三、国内外情绪觉察领域拓展的学术需要

Goleman《情绪智力》一书的问世，不仅使“情绪智力”这一术语更为大众化，在国内掀起一股“情商热”，还使得研究者对其研究兴趣骤增，开发了一些具有代表性的智力测验工具（Bar-On,& Parker, 2000; Salovey, Mayer, Caruso, & Lopes, 2001; Schutte et al., 1998）。然而不同情绪智力理论下的情绪

结构差异较大，甚至出现把不属于情绪智力范围的现象纳入其中，本该属于的现象又未被纳入情绪智力结构中的倾向（卢家楣，2005），由此导致研究者质疑情绪智力的存在（Davies, Stankov, & Roberts, 1998）。在情绪智力结构争论不休之际，一些学者转向研究情绪智力的具体维度，如情绪调节（Gross, 1998），并使之成为当今情绪研究的焦点。与此同时，作为情绪智力的又一重要维度，且在差异甚大的各家情绪智力结构中都存在的共有成分——情绪觉察（emotional awareness）正受到研究者们越来越多的关注。曾经质疑情绪智力存在的 Davies 等人在开展系列研究后证实“情绪觉察”的存在，甚至建议用“情绪觉察”来代替“情绪智力”这一概念（Davies, Stankov, & Roberts, 1998）。Lane 等人认为情绪觉察是情绪智力和共情的基础（Lane, 2000），是情绪调节的先决条件（Subic–Wrana et al., 2014）。

鉴于情绪觉察的重要性，国内外学者十分重视对其的研究，在该领域取得丰硕的研究成果（汪海彬，卢家楣，陈宁，2013），并且国内外均出现了研究热点。其中，国内六大研究热点主要围绕教师群体开展包含情绪觉察成分领域的附带研究，如教师的情感素养（朱小蔓，2019; 钟芳芳，朱小蔓，2016）、情绪智力（袁小平，2019）、情绪管理能力（程路，2020；栗早霞，2011）、情绪感染（张奇勇，卢家楣，闫志英，陈成辉，2016）、胜任力（宋倩，2008; 余琳燕，2008）等方面的研究，仅少量研究者开展了职前教师情绪觉察的专门研究（金丽，2019; 汪海彬，2013）。国外的七大研究热点主要围绕情绪觉察开展了系统深入的研究，包括概念与测量（Boden & Berenbaum, 2007; Camodeca & Rieffe, 2013; Lane, & Schwartz, 1987）、神经基础（And ò , Vasilotta, & Zennaro, 2021; Lane, 2006）、情绪调节困难等相关因素（Eastabrook, Flynn, & Hollenstein, 2014; Moron & Biolik–Moron, 2021）及针对临床群体的情绪觉察心理治疗（Burger et al., 2016; Lumley et al., 2021; Lumley & Schubiner, 2019）。国内情绪觉察领域的专门研究虽然零星，但附带研究中却对教师开展了包含情绪觉察成分概念的大量研究。这体现了情绪觉察的研究对象向教师群体拓展的必要性，正如研究发现高情绪觉察教师不仅可以在线下教学中积极应对学生的负面情绪（Ersay, 2015），还可以促使其提升线上教学的质量（McKnight, 2013）；国外情绪觉察领域的研究虽然系统，但更多为临床取向，这不利于情绪觉察研究领域的拓展。情绪觉察领域呈现出针对国内教师情绪觉察研究的必要性但深入性不够的不足、国外研究虽具有深入性但研究对象偏向于临床群体的局限，需要结合教师职业特色开展教师群体有针对性的深入研究，以拓展情绪觉察研究领域，丰富情绪觉察领域的研究内容。

第二节 研究设计

情绪觉察作为情绪调节能力的先决条件对维护自身积极情感状态具有重要意义，作为教师胜任力的构成要素对其自身的专业发展起着积极作用。可见，教师情绪觉察研究不仅是新时代教师专业素养提升的时代需求、各学段教师专业终身发展的实践需求，而且是国内外情绪觉察研究领域拓展的学术需求。为此，基于三个“需求”，从教师专业发展视角出发，本文采用“新手－熟手－专家型教师”的研究范式，比较不同发展阶段教师的情绪觉察的差异特点，探索其形成与作用机制，设计并实施有针对性的提升策略，以加强教师专业素养中奠基性要素的作用，进而促进教师的专业发展。

一、研究目标与内容

针对以往情绪觉察领域从单一的能力视角构建情绪觉察理论及以往研究对象以身心疾患群体为主的不足（汪海彬，卢家楣，陈宁，2013），本文转向以教师为研究对象，提出以教育应用为导向的基础研究的双线研究构想：在基础研究方面，结合教师职业特色，从能力和过程整合视角出发，构建教师情绪觉察能力、情绪觉察过程和情绪觉察机制的相关模型，以及情绪觉察能力的提升路径，并通过实证验证这些模型的科学性；在教育应用方面，从教师专业发展视角出发，不仅比较不同发展阶段教师情绪觉察能力和情绪觉察过程方面的差异，还基于情绪觉察能力提升路径实施教育干预，以提升教师的情绪觉察能力。

研究的具体目标与内容如下。

（一）研究目标

研究的具体目标包括以下四个方面：一是，从能力和过程视角出发，构建富有教师职业特色的教师情绪觉察相关理论与模型；二是，比较不同发展阶段教师情绪觉察能力和过程方面的差异；三是，探讨情绪觉察能力与情绪觉察过程之间的关系，并探讨构建整合两者关系的模型；四是，探索有针对性地提升教师情绪觉察能力的路径并实施教育干预，以达成提升教师情绪觉察能力的终极目标。

（二）研究内容

研究内容主要包括以下六个部分，其中第一和第二部分侧重于教师情绪觉察的理论构建，第三和第四部分侧重于不同发展阶段教师的情绪觉察的能力与过程比较，第五部分侧重于教师情绪觉察机制的探索，第六部分侧重于教师情绪觉察能力的培养，该部分还通过实证验证了第五部分教师情绪觉察机制中的提升路径。

1. 文献研究

为更好地把握以往国内外相关的研究，采用定量的知识图谱分析和定性的内容分析相结合的方式系统地梳理国内外情绪觉察、新手－熟手－专家型教师等方面的研究。其中在定量研究方面，借助于 CiteSpace 软件分别对国内外相关研究进行可视化比较，勾勒出国内外该领域研究的基本概况，探索该领域的研究热点与发展趋势；在定性研究方面，则依据可视化比较的结果，采用内容分析法进一步梳理以往相关的研究，为教师情绪觉察理论的建构打下坚实的文献基础。

2. 构建教师情绪觉察的理论

在文献分析的基础上，结合教师的职业特色，从能力视角出发，构建教师情绪觉察能力内涵与结构；从过程视角出发，构建教师情绪觉察的过程模型；从能力和过程整合视角出发，提出情绪觉察能力与情绪觉察过程相互作用的构想，从而为后续的实证研究提供理论依据。需要说明的是，教师情绪觉察能力、教师情绪觉察过程、教师情绪觉察能力与过程这三个理论构想分别通过本文的第三、第四和第五部分来进行实证验证。

3. 比较新手 – 熟手 – 专家型教师情绪觉察能力差异

采用定性和定量相结合的方式来比较新手 – 熟手 – 专家型教师情绪觉察能力结构与水平方面的差异，其中定性比较主要通过质性分析、总结优秀教师的积极心理品质，采用个案法比较新手 – 熟手 – 专家型教师情绪觉察能力结构上的差异；定量比较则首先编制具有良好信效度的教师情绪觉察能力问卷，然后在此基础上实施大规模调查，以比较不同发展阶段教师在相同的情绪觉察能力结构上的水平差异。需要说明的是，定性分析和定量比较并不是孤立的，定性分析为教师情绪觉察能力问卷的编制提供原始的资料，定量比较中的问卷调查结果则实证验证了本文第二部分构建的教师情绪觉察能力模型的科学性。

4. 比较新手 – 熟手 – 专家型教师情绪觉察过程差异

以第三部分情绪觉察能力的调查结果为基础，选取不同发展阶段教师的情绪觉察能力发展水平偏低和能体现不同发展阶段教师的情绪觉察能力关键差异的下属结构，综合运用行为、眼动和生物反馈技术考察不同发展阶段教师在这些类型的情绪觉察过程中的差异。这不仅为提升全体教师偏低的情绪觉察能力下属因子的水平、为新手教师需要发展的情绪觉察能力下属结构提供实证依据，还可以验证第二部分构建的教师情绪觉察过程模型的科学性。

5. 实证探索并理论整合教师情绪觉察机制

为进一步探索教师情绪觉察机制，本文不仅采用问卷调查法实证探索教师情绪觉察能力的形成与作用机制，而且综合运用行为、眼动、生物反馈和ERP技术进一步探索情绪觉察能力对情绪觉察过程的作用机制，并从教师专业发展视角出发，结合第三和第四部分的研究成果，从理论上探讨情绪觉察过程对情绪觉察能力的作用，提出情绪觉察过程训练提升情绪觉察能力的理论路径，以理论整合教师情绪觉察机制。

6. 教师情绪觉察能力提升路径

以情绪觉察过程训练提升情绪觉察能力的理论路径为依据，结合新手－熟手－专家型教师研究的前期成果，设计并实施情绪觉察过程团体训练方案，不仅可以提升教师的情绪觉察能力，还可实证验证教师情绪觉察机制模型中情绪觉察过程训练提升情绪觉察能力的理论路径。

二、研究思路与方法

（一）研究思路

在采用CiteSpace可视化软件和内容分析法对以往文献进行定量与定性分析的基础上，提出了以教育应用为导向的基础研究的双线研究构想。其中，在基础研究方面，结合教师的职业特色，从能力和过程整合视角出发，构建教师情绪觉察能力结构、情绪觉察过程及情绪觉察机制等理论模型，尤其提出了情绪觉察过程训练可以提升情绪觉察能力的理论构想。然后通过问卷编制，结合行为、眼动、生物反馈和ERP技术的实验室实验和团体训练的自然实验来验证教师情绪觉察理论的科学性与适用性。在应用研究方向，采用Nvivo软件和自编的问卷从定性与定量两个方面比较不同发展阶段教师情绪觉察能力结构和水平方面的差异，并依据调查结果，结合行为、眼动、生物反馈等实验技术比较不同发展阶段教师具体教育情境中的情绪觉察过程的差异。

然后依据情绪觉察过程训练可以提升情绪觉察能力的理论构想，以新手教师为研究对象，设计并实施情绪觉察过程训练方案，以提升教师情绪觉察能力，这一结果还能反过来验证教师情绪觉察的整合模型。情绪觉察研究的技术路线具体按照实证的理论归纳—理论的实证探索—实证的理论建构—理论的实证验证的过程依次展开（见图 1-1）。

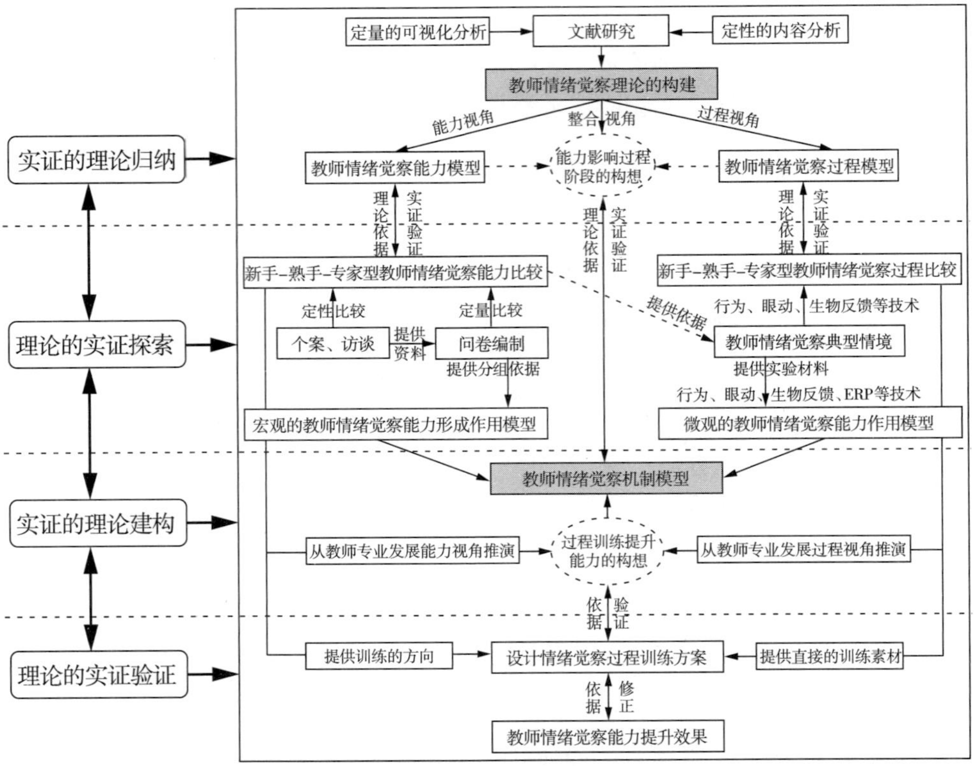

图 1-1　教师情绪觉察研究技术路线

需要说明的是，尽管四个过程是依次展开的，但其又是交互验证的，并且这种交互验证还体现在四个过程具体的研究中，如能力视角下的教师情绪觉察能力模型与新手 – 熟手 – 专家型教师情绪觉察能力比较，尤其是教师情绪觉察能力问卷交互验证；过程视角下的教师情绪觉察过程模型与新手 – 熟手 – 专家型教师情绪觉察过程比较交互验证；整合视角下的情绪觉察能力影响过程本质的构想与不同教师的情绪觉察能力对情绪觉察过程影响之间交互验证；教师情绪觉察过程训练方案不仅与教师情绪觉察能力提升效果交互验证，还与教师情绪觉察过程影响情绪觉察能力途径的构想交互验证。总之，在基础研究方面，教师情绪觉察的理论构建与教师情绪觉察机制整合模型交互验证；在教育应用研究方面，教师情绪觉察过程训练与教师情绪觉察的理论、教师情绪觉察机制整合模型交互验证。

（二）研究方法

1. 文献研究法

搜集国内外相关文献资料，并采用 CiteSpace 软件的定量分析和内容分析的定性分析相结合的方式，深入梳理国内外研究，并以此为基础构建教师情绪觉察的理论，为进一步的研究提供理论基础。

2. 质性分析法

为更好地比较不同发展阶段教师情绪觉察能力结构方面的差异，并为进一步的问卷编制提供依据，我们采用 Nvivo 软件对不同发展阶段教师的访谈结果和开放式问卷进行质性分析。此外，为更好地探索情绪觉察能力在优秀教师群体中的价值与功能，对全国教书育人楷模事迹文本进行 Nvivo 质性分析，探析他们优秀的心理品质，尤其是与情绪觉察密切相关的优秀心理品质。

3. 问卷调查法

运用自编的教师情绪觉察能力问卷，实施大样本测查，不仅可以比较新手－熟手－专家型教师情绪觉察能力的现状特点，还能考察教师情绪觉察能力与其他心理变量之间的关系，并运用结构方程模型构建教师情绪觉察能力的形成和作用机制模型。

4. 实验室实验法

结合行为、眼动、生物反馈和使用 ERP 等技术，严格控制无关变量，比较新手－熟手－专家型教师教育教学情境中的情绪觉察过程方面的差异，探索教师不同的情绪能力对教育教学情境中的情绪觉察过程的影响，从微观角度探讨不同发展阶段教师的情绪觉察过程的特点及情绪觉察能力影响情绪觉察过程的证据。

5. 自然实验法

我们以建构的情绪觉察机制为基础，设计了教师情绪觉察过程训练的方案，并实施团体训练，以考察团体训练后的教师情绪觉察能力提升的成效，并为情绪觉察过程训练提升情绪觉察能力的路径提供实证。

三、研究意义与创新

（一）研究意义

1. 理论意义

从教育心理学和情绪心理学相结合的角度，系统地比较不同发展阶段教师情绪觉察的特点，将有助于丰富教育心理学和情绪心理学的理论，并有助于从心理学层面上促进教育学，尤其是教师教育学学科的发展。尝试运用 ERP 技术、眼动技术和生物反馈技术探索不同发展阶段教师在具体教学情境的情绪觉察过程中的生理、心理特点，这是本研究的创新亮点，可丰富教育心理学的研究方法，使教育神经科学的方法得以在教育实际中应用。研究还基于以往情绪觉察研究构建的凸显教师职业特色的情绪觉察理论，拓展与丰富了情绪觉察的理论研究；采用新手 – 熟手 – 专家型教师研究范式开展情绪觉察研究，丰富新手 – 熟手 – 专家型教师这一研究范式的研究内容，了解不同专业发展阶段教师的情绪觉察。

2. 实践价值

研究聚焦于教师专业发展内容中的情性素质，将从根本上落实《关于全面深化新时代教师队伍建设改革的意见》《新时代中小学教师职业行为十项准则》《幼儿园教师专业标准（试行）》《小学教师专业标准（试行）》《中学教师专业标准（试行）》中有关提升教师情性素质的要求；凸显教师素质中的情感素养，将有助于扭转教师专业发展上“重知轻情”的失衡格局，促进“情知并茂”的教师素质观的形成，契合新时代教师专业提升的需要；揭示不同发展阶段教师情绪觉察的特点，并通过实践提升教师的情绪觉察能力，为教师情绪素质的培养提供依据，符合各学段教师专业终身发展的需要，具有一定的实践意义。

（二）研究创新

1. 视角创新

从能力和过程整合的视角出发，理论构建教师情绪觉察能力的结构、情绪觉察过程的模型及与情绪觉察能力和过程相互影响的机制模型，这为情绪觉察领域的研究提供了新的视角。

2. 内容创新

编制教师情绪觉察能力问卷，考察新手－熟手－专家型教师情绪觉察能力和过程方面的差异，探索情绪觉察能力不同的教师在情绪觉察过程中的脑电、眼动、生理和行为等多个方面的差异，并结合其生理、心理特点探寻针对性较强、有效性较强的优化路径。最后对情绪觉察能力较低的教师实施干预，以提升其情绪觉察能力。这不仅可拓展情绪觉察领域的研究内容，还丰富了新手－熟手－专家型教师这一范式的研究内容。

第二章 文献研究

为更好地把握国内外新手－熟手－专家型教师情绪觉察领域的研究进展，本研究将采用定量的知识图谱分析和定性的研究内容分析相结合的方式系统梳理国内外相关的研究。具体而言，首先借助于 CiteSpace 软件分别对国内外情绪觉察和新手－熟手－专家型教师两个领域的研究进行定量的可视化比较，勾勒出国内外该领域研究的基本概况，探索该领域的研究热点与发展趋势，然后在知识图谱分析的基础上，采用内容分析法定性比较国内外这两个领域的具体研究内容，最后对新手－熟手－专家型教师情绪觉察研究进行总结与展望，为后续研究提供坚实的理论基础。

第一节　情绪觉察研究进展

情绪觉察研究进展主要包括国内外情绪觉察研究的可视化比较和内容比较两个方面的内容。其中，可视化比较包括对国内外情绪觉察研究领域在研究概况、研究热点和发展趋势三个方面的比较，而内容比较则涉及概念界定、测量工具、神经基础、相关因素和提升策略五个方面的内容。

一、国内外情绪觉察研究可视化比较

情绪觉察（emotional awareness）作为情绪智力的基础和情绪调节的先决条件，对个体的身心健康和社会适应具有重要意义（Lane, & Schwartz, 1987; Subic-Wrana et al., 2014; Szczygiel, Buczny, & Bazinska, 2012），国外研究者在该领域已经取得丰富的研究成果。为更好地促进国内在该领域的发展，国内多名研究者已经系统梳理了国外该领域的相关成果（汪海彬，卢家楣，陈宁，2013; 王曼，黄敏儿，谢永标，2016; 邓欢，江琦，冯淑丹，2013; 郭婷婷，崔丽霞，王岩，2011），在梳理过程中还有研究者运用了计量学分析方法（汪海彬，卢家楣，陈宁，2013）。近年来随着大数据的发展，可视化分析因可以直观地展示一个领域研究的热点与趋势，因而被越来越多地运用到文献研究中（Chen, 2017; Chen & Leydesdorff, 2014）。为此，采用 CiteSpace 软件对国内外情绪觉察研究进行知识图谱分析，不仅能直观地展示该领域研究的概况、热点和发展趋势，还可为进一步的内容分析提供参考。

（一）对象与方法

1. 数据来源

国内文献检索以中国知网（CNKI）为检索平台，以“情绪觉察”或“emotional awareness”为检索主题，检索时间截至2021年6月31日，共检索到163条题录，剔除报纸、书评等无效题录后，共获得133条有效题录。国外文献检索以Web of Science核心集合为检索平台，以“emotional awareness”为检索主题，检索时间为1900年至2021年，共检索到1141条题录，剔除Book Chapter、Editorial Material等无效题录后，共获得1021条有效题录。

2. 研究过程

采用CiteSpace 5.8.R1（Chen, 2017; Chen & Leydesdorff, 2014）和SPSS 25.0对题录信息进行分析，具体包括三个步骤：①导出题录，将中国知网的题录以Refworks形式导出，并通过CiteSpace软件将题录转换成Wos形式；将Web of Science的题录信息以纯文本格式导出，并直接用于CiteSpace进行分析；②采用SPSS对国内外发文时间进行频次分析；③对作者、机构和关键词进行CiteSpace的可视化分析。由此可见，可视化分析包括三个方面的内容，即研究概况分析（包括时间、作者和机构等分析）、热点领域分析（包括高频关键词和关键词的聚类分析）和发展趋势分析（包括凸显词和Time zone的可视化分析）。

（二）结果与分析

1. 研究概况比较

（1）年发文量比较

由图2-1可知，国内外情绪觉察研究领域均经历了零星探索阶段、初步发展阶段和稳定发展阶段。零星探索阶段，国内是从1998年到2004年，而国外则是从1987年到1993年，跨度均为7年，该阶段国内外主要开展了情绪觉察这一概念的初步探索，国内比国外晚了十余年。初步发展阶段，国内是从 2005 年到 2009 年，并在 2009 年出现首个研究小高峰，而国外则是从 1994 年到 2004 年。可见，国内外研究的跨度分别为 5 年和 11 年，表明国内该领域的初步发展周期更短些。稳定发展阶段，国内始于 2010 年，而国外始于 2005 年，该阶段国内外研究的发文量均呈逐年上升的趋势，均在 2019 年达到历史最高峰，分别为 26 篇和 121 篇，但国外的增幅更大。

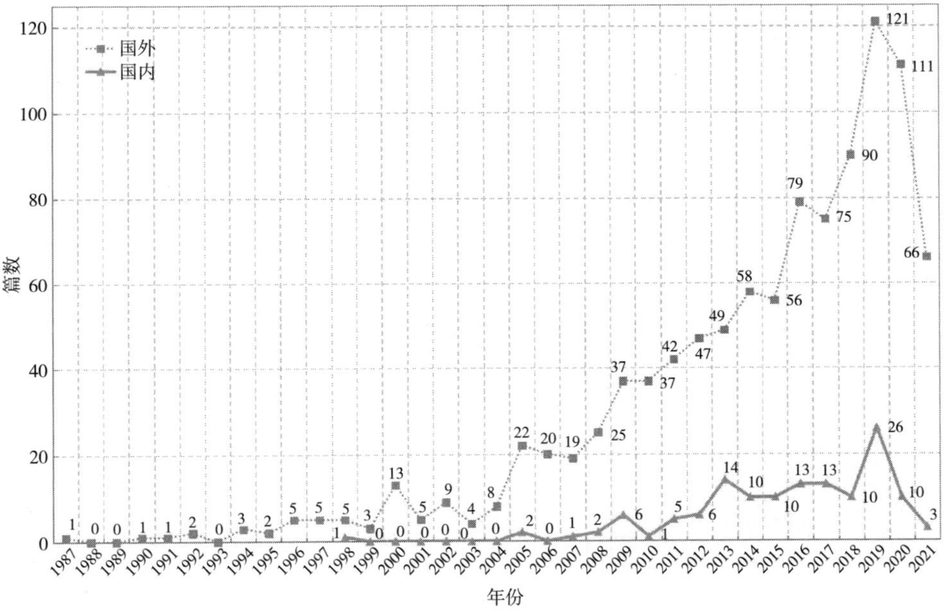

图 2-1 国内外情绪觉察研究在年发文量上的比较

（2）机构发文比较

由图 2-2 可知，国内外情绪觉察研究的主要发文机构为高校，其中国内发文最多的机构分别为黄山学院（13 篇）、上海师范大学（11 篇）、安徽师范大学（4 篇）、西南大学（2 篇）和中山大学（2 篇）；国外发文最多的机构分别为 Arizona State University（48 篇）、Wayne State University（23 篇）、University of Iuinois（23 篇）、University Toronto（15 篇）、Michigan State University（11 篇）和 Harvard University（10 篇）。如图 2-2 所示，国外发文高校中名校更多，且总发文量也更多。

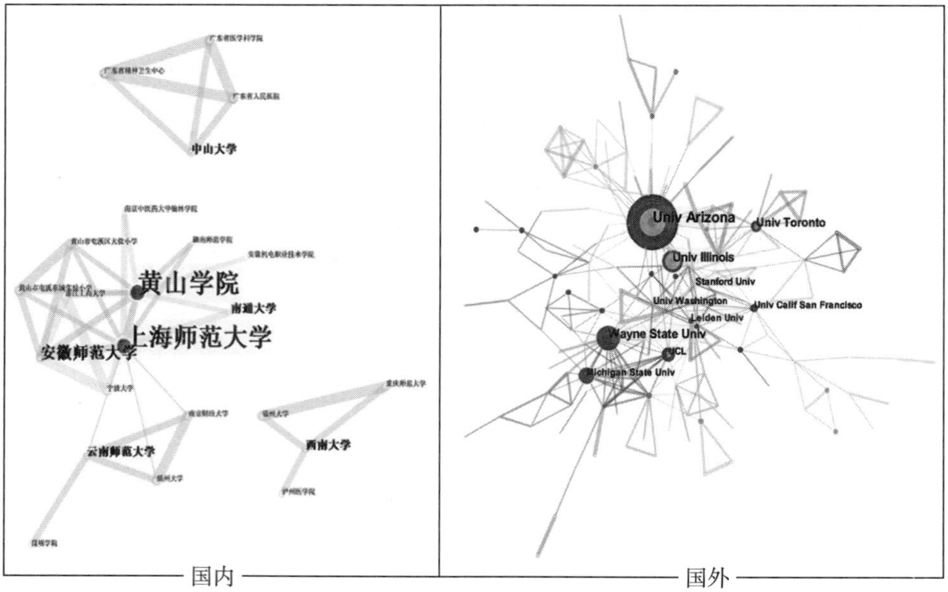

图 2-2　国内外情绪觉察研究机构发文比较

（3）作者发文分布

由图 2-3 可知，国内外情绪觉察研究领域都出现了核心作者合作群，国内主要是卢家楣团队（16 篇）；国外则出现了 4 个核心作者合作群，分别为 Lane 团队（38 篇）、Lumley 团队（19 篇）、Boden 团队（12 篇）和 Obeid 团队

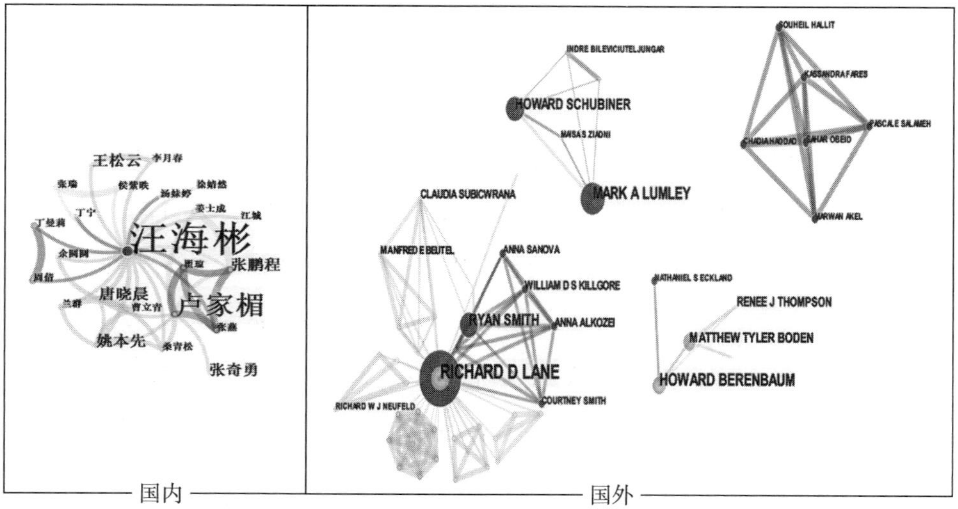

图 2-3　国内外情绪觉察研究作者合作群比较

（4篇）。可见，国外的核心作者合作群更多，而国内偏少。但从发文数量上看，国内合作群排在第三位。

2. 研究热点比较

（1）高频关键词词频比较

高频关键词能大体体现该领域研究的主要内容。表 2–1 和图 2–4 显示了国内外情绪觉察领域词频排名前三十的关键词，这些关键词主要反映了情绪觉察及相关概念、情绪觉察的研究对象和情绪觉察的研究内容三个方面的研究情况，下面我们将对这三方面进行比较。

情绪觉察及相关概念方面，国内情绪觉察词频（情绪觉察和情绪觉察能力）共 25 次，而国外情绪觉察的词频约是国内的 10 倍，初步表明国外的情绪觉察研究更为丰富。在情绪觉察相关概念方面，国内涉及情绪智力、情绪管理（能力）、情绪复杂性、情绪调节、情绪劳动、情绪感染、胜任力、元情绪和混合情绪，而国外则涉及情绪（emotion）、情绪调节（emotion regulation）、体验（experience）、识别（recognition）、正念（mindfulness）、共情（empathy）和情绪智力（emotional intelligence）。可见，国内外研究者在探讨情绪觉察相关概念时达成部分共识，均考察了情绪调节和情绪智力等相关概念。

在情绪觉察领域的研究对象方面，国内涉及大学生、幼儿教师、初中生、小学教师、中学生、职前教师、高校教师；国外研究则涉及述情障碍（alexithymia）、儿童（children）、紊乱（disorder）、抑郁（depression）、焦虑（anxiety）、青少年（adolescent）、神经性厌食症（anorexia nervosa）和失调（dysregulation）等。可见，国内更多考察了学生和各学段教师等群体，而国外的研究则不仅涉及儿童、青少年等正常群体，还考察了述情障碍等身心疾患群体。

在情绪觉察的研究内容方面，国内主要考察了情绪觉察与心理健康、工作绩效、应对方式、人格和工作倦怠等变量之间的关系及情绪觉察的团体心理辅导；国外则考察了情绪觉察的量表（scale）的效度（validation）、情绪觉察的个体差异（individual difference）、情绪觉察与人格（personality）的关系及情绪觉察的心理治疗（psychopathology）。可见，国内该领域的研究内容主要涉及情绪觉察的相关因素，而国外则涉及情绪觉察的测量工具、相关因素及针对临床群体情绪觉察的心理治疗。

表 2–1 国内外情绪觉察领域高频关键词词频比较（TOP 30）

序号	国内		国外	
	关键词	词频	关键词	词频
1	情绪智力	23	Emotional awareness（情绪觉察）	289
2	情绪管理	19	Alexithymia（述情障碍）	264
3	情绪觉察	17	Depression（抑郁）	169
4	大学生	13	Emotion（情绪）	131
5	情绪复杂性	11	Emotion regulation（情绪调节）	113
6	情绪管理能力	9	Scale（量表）	97
7	幼儿教师	9	Anxiety（焦虑）	93
8	情绪调节	9	Validation（效度）	91
9	情绪觉察能力	8	Experience（体验）	79
10	情绪劳动	6	Children（儿童）	76
11	初中生	6	Recognition（识别）	69
12	心理健康	6	Disorder（紊乱）	68
13	ERP	5	Toronto alexithymia scale（多伦多述情障量表）	65
14	工作绩效	4	Adolescent（青少年）	64
15	影响因素	4	Awareness（觉察）	62
16	应对方式	4	Individual difference（个体差异）	61
17	工作倦怠	4	Personality（人格）	61
18	情绪感染	4	Mindfulness（正念）	57
19	胜任力	3	Stress（压力）	52
20	小学教师	3	Empathy（共情）	50
21	人格特质	3	Intelligence（智力）	49
22	中学生	3	Validity（效度）	49
23	职前教师	3	Psychopathology（精神病理学）	48
24	元情绪	2	Dysregulation（失调）	48

续表

序号	国内		国外	
	关键词	词频	关键词	词频
25	胜任力模型	2	Psychotherapy（心理治疗）	48
26	高校教师	2	Emotional intelligence（情绪智力）	47
27	幼儿园新手型教师	2	Behavior（行为）	44
28	团体辅导	2	Symptom（症状）	41
29	混合情绪	2	Anorexia nervosa（神经性厌食症）	39
30	消极情绪	2	Prevalence（流行）	39

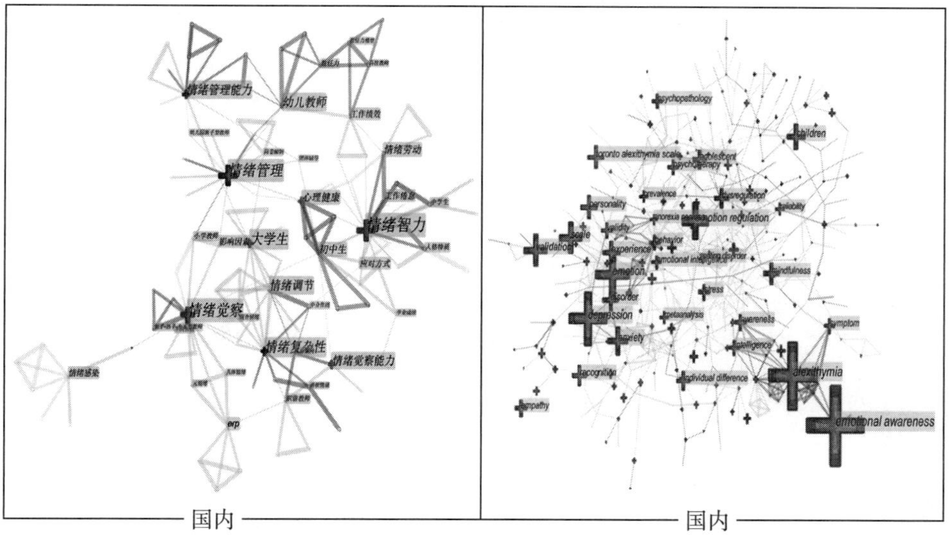

图 2–4 国内外情绪觉察领域高频关键词比较

（2）高频关键词聚类比较

由图2–5可知，国内高频关键词聚类的*S*值为0.95，而国外的*S*值为0.92，均远高于0.3的标准（Chen, 2017），表明国内外该领域的聚类结果均良好，国内高频关键词聚成7类，而国外聚成16类。结合图2–5将国内外研究的小类进行合并，最终形成国内六大类、国外七大类研究热点，具体见表2–2。在国内外具体研究热点方面，国内研究更多聚焦于情绪觉察相关概念的研究，如情绪智力、元情绪、情绪复杂性、情绪管理能力和情绪感染，仅第二大类和

第四大类部分内容涉及教师或职前教师的情绪觉察研究；国外研究则主要围绕情绪觉察这一概念展开比较系统深入的研究，具体内容包括情绪觉察的概念与测量、神经基础、情绪觉察与情绪调节困难、情绪智力等相关因素及针对低情绪觉察临床群体（如进食障碍者、述情障碍者等）开展心理治疗等。

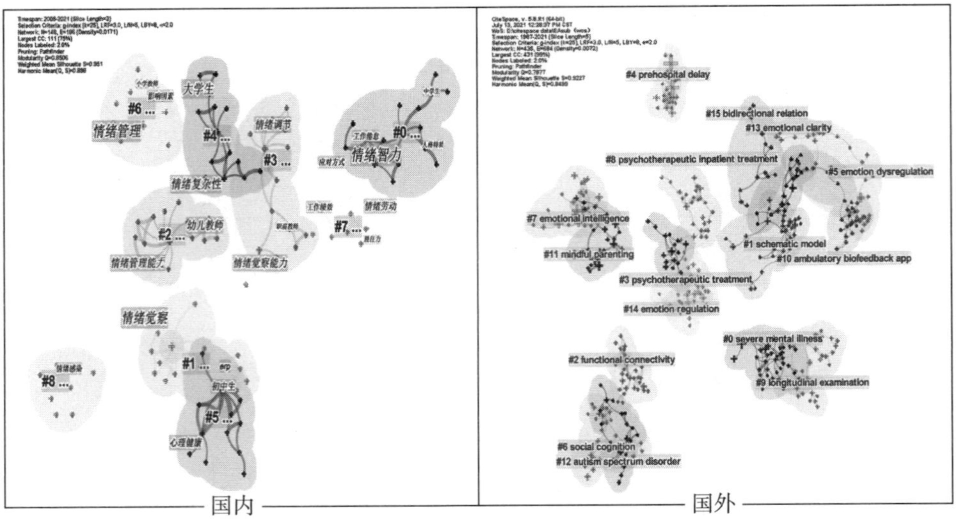

图 2-5 国内外情绪觉察领域高频关键词聚类分析

表 2-2 国内外情绪觉察聚类分析结果比较

类别	国内			国外		
	聚类编号	关键词	研究内容	聚类编号	关键词	研究内容
第一大类	#0和#7	情绪智力；情绪劳动；工作倦怠；应对方式；胜任力	情绪智力相关因素	#0和#9	emotion regulation（情绪调节）；dysregulation（失调）；mental health（心理健康）；reliability（信度）；adolescence（青春期）	低情绪觉察导致情绪调节困难并影响身心健康
第二大类	#1和#5	情绪觉察；教师；元情绪；初中生；心理健康	教师情绪觉察和初中生元情绪研究	#1和#10	psychotherapy（心理治疗）；self（自我）；borderline personality disorder（边缘型人格障碍）；risk factor（危险因素）；strategy（策略）	注重加强情绪觉察的心理治疗的效果探索

续表

类别	国内			国外		
	聚类编号	关键词	研究内容	聚类编号	关键词	研究内容
第三大类	#2	幼儿教师；情绪管理能力；大学生	幼儿教师情绪管理能力研究	#2、#6和#12	meta-analysis（元分析）；anterior cingulate cortex（前扣带回）；insula（脑岛）；empathy（移情）；social cognition（社会认知）；schizophrenia（精神分裂症）；fMRI（功能性核磁共振）；autism 自闭症	低情绪觉察群体的神经基础研究
第四大类	#3和#4	大学生；情绪复杂性；职前教师；情绪觉察能力	大学生情绪复杂性和职前教师情绪觉察能力研究	#3、#8和#14	adolescent（青少年）；behavior（行为）；anorexia nervosa（神经性厌食症）；eating disorder（进食障碍）；individual difference（个体差异）；prevalence（流行）；negative affect（负性情绪）	低情绪觉察群体与正常群体的心理与行为比较
第五大类	#6	小学教师；情绪管理；影响因素	小学教师情绪管理影响因素研究	#4	emotional awareness（情绪觉察）；alexithymia（述情障碍）；awareness（觉察）；symptom（症状）；association（关系）	情绪觉察与述情障碍的关系
第六大类	#8	中学师生；情绪感染	中学师生情绪感染研究	#5、#13和#15	children（儿童）；difficulty（困难）；meditation（调节）；emotion dysregulation（情绪失调）；dimension（维度）；individual（个体）	情绪觉察在情绪调节困难中的调节作用
第七大类				#7和#11	scale（量表）；validation（效度）；experience（体验）；personality（人格）；emotional intelligence（情绪智力）；model（模型）；depression（抑郁）；anxiety（焦虑）	情绪觉察概念模型与测量研究

3. 研究趋势比较

（1）凸显词比较

在凸显词方面，国内情绪觉察研究未出现凸显词，而国外研究出现了 18

个凸显词（见图 2-6）。依据凸显词的起始时间，我们可将国外相关研究分成两个阶段：第一阶段为 1990—2016 年，其中凸显词依据持续时长依次为量表（scale）、结构（construct）、人格（personality）、述情障碍（alexithymia）、认知（recognition）、多伦多述情障碍量表（Toronto alexithymia scale）和效度（validition）等，表明该阶段的研究主要围绕情绪觉察结构和测量，以及在述情障碍群体中应用的效度问题（Lane, 2020）展开，对应着聚类分析中的第七大类；第二阶段为 2017—2021 年，凸显词包括干预（intervention）、预防（prevention）、物质滥用（substance use）、风险（risk）和抑郁症状（depressive symptom）等，表明该阶段主要开展了物质滥用、抑郁等群体的情绪觉察预防与干预（Abbass, Lumley, Town, Holmes, & Kisely, 2021）等方面的研究，对应着聚类分析中的第二大类。

1987—2021

Keywords	Year	Strength	Begin	End
量表	1987	5.92	1990	2004
结构	1987	3.66	1996	2013
人格	1987	9.36	1999	2010
述情障碍	1987	7.27	1999	2010
识别	1987	6.97	1999	2007
多伦多述情障碍量表	1987	6.15	1999	2013
验证	1987	3.74	1999	2007
效度	1987	4.23	2002	2013
情绪	1987	3.89	2002	2016
人口	1987	4.33	2005	2010
面部表情	1987	4.02	2008	2013
病人	1987	3.72	2008	2010
内感受性觉察	1987	4.37	2014	2016
干预	1987	5.02	2017	2021
预防	1987	4.9	2017	2021
物质滥用	1987	4.33	2017	2021
风险	1987	3.79	2017	2021
抑郁症状	1987	3.77	2017	2021

图 2-6 国外凸显词分析

（2）时区分析比较

进一步时区图谱（time zone）分析展示了国内外情绪觉察研究的趋势（见图 2-7）。研究趋势发展阶段大体与研究概况中情绪觉察研究历程的三个阶段

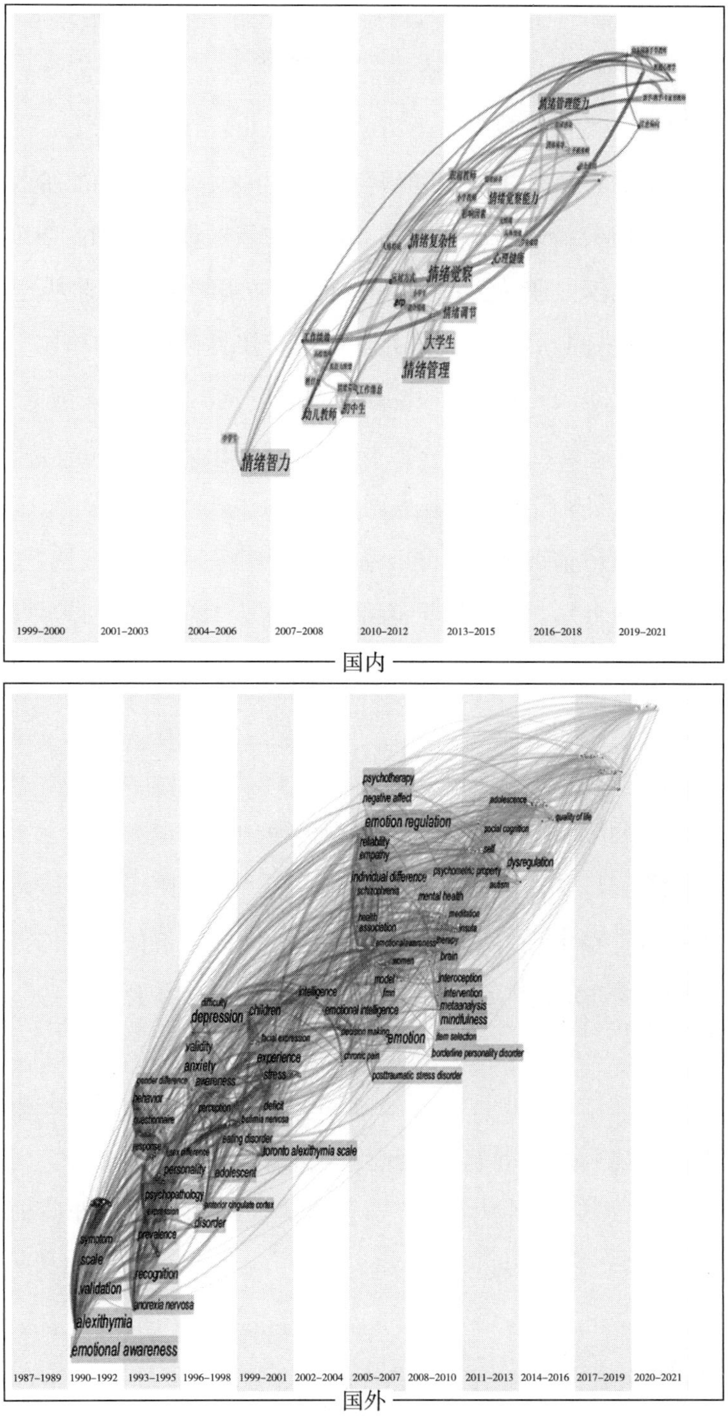

图 2-7 国内外时区分析比较

吻合。国内的三个阶段分别为：① 1998—2003 年，该阶段虽然有论文发表，但情绪觉察领域尚未形成稳定的研究，处于零星探索阶段；②2004—2009 年，该阶段的关键词包括情绪智力、情绪劳动、幼儿教师、初中生、工作倦怠和工作绩效等，主要考察幼儿教师和初中生群体的情绪智力、情绪劳动的后果变量，对应着聚类分析中的第一大类，处于初步探索阶段；③ 2010 年至今，该阶段的关键词比较丰富，主要包括情绪觉察、情绪管理（能力）、情绪复杂性等高频关键词，并开展了相关研究，对应着聚类分析中的第二、第三、第四和第五这四个大类，表明该阶段的研究内容非常丰富，处于繁荣发展时期。最近几年的关键词主要包括新手－熟手－专家型教师等，表明对新手－熟手－专家型教师情绪觉察进行比较研究是国内该领域的最新研究趋势。

国外的三个阶段情况如下。① 1987—1989 年，该阶段虽然有论文发表，但尚未形成稳定的研究态势，处于零星探索阶段。② 1990—2004 年，该阶段的关键词主要包括情绪觉察（emotional awareness）、述情障碍（alexithymia）、量表（scale）、抑郁（depression）、焦虑（anxiety）、体验（experience）、多伦多述情障碍量表（Toronto alexithymia scale）和效度（validity）等，主要开展了情绪觉察结构和测量研究，对应着聚类分析中的第七大类，处于情绪觉察的初步探索阶段。需要提及的是，尽管处于初步探索阶段，但该阶段的研究内容围绕着情绪觉察水平量表对述情障碍群体、焦虑群体、抑郁群体等群体开展了大量研究。③ 2005 年至今，该阶段的研究内容更加丰富，该阶段主要围绕情绪调节（emotion regulation）、个体差异（individual difference）、正念（mindfulness）、情绪失调（dysregulation）等展开研究，对应着聚类分析中的第一、第四和第六这三个大类。此外，该阶段的研究还出现了功能性核磁共等关键词，且词频均超过 20 次，表明该阶段还利用功能性核磁共振成像（fMRI）技术开展了情绪觉察的神经机制研究。当然，最近几年的关键词主要包括生活质量（quality of life）、干预（intervention）、预防（prevention），表明国外最新的研究趋势是对情绪觉察进行预防与干预，以提升生活质量。总之，国外研究的三个阶段细化了凸显词图谱中的两个阶段。

（三）讨论与结论

第一，在研究概况比较上，我们主要从年代、机构和作者三个方面对其加以考察。从年代分布来看，国内研究始于 1998 年（俞群，1998），而国外研究始于 1987 年（Lane & Schwartz, 1987），国内比国外晚了十余年，但国内外的研究都经历了零星探索、初步发展和稳定发展三个阶段，发文量都于 2019 年达到历史最高峰，但总体而言国外研究水平远远高于国内。从机构分布来看，国内外主要发文机构均为高校，但国外相关研究有哈佛大学等名校参与，且发文总量更多。从作者分布来看，国内外均出现了核心作者合作群，国内仅有卢家楣和汪海彬团队核心作者合作群，而国外则出现了四个核心作者合作群，分别为 Lane、Lumley、Boden 和 Obeid 团队。但从发文总量来看，国内作者合作群在国内外所有合作群中排名第三，表明国内合作群在情绪觉察这一领域开展了系列研究。可见，国内外研究者，尤其是来自高校的研究者开始重视情绪觉察研究，出现了一定的核心作者及合作群，把情绪觉察领域的研究推到稳定发展的阶段。当然，该领域还有很大的发展空间，如国内外如何吸引除高校以外的其他研究机构参与该领域的研究，国内如何形成更多的核心作者及合作群等。

第二，在研究热点比较上，我们主要从高频关键词词频和高频关键词聚类分析两个方面来考察情绪觉察研究热点。在高频关键词上，国内外研究者都考察了情绪觉察及相关概念、研究对象和研究内容三个方面的内容。国内外研究者在情绪觉察及相关概念研究上比较一致，都考察了情绪调节和情绪智力等概念，但在研究对象和内容研究上存在一些分歧。国内更多考察的是大中学生、职前教师和各学段教师情绪觉察及相关概念（如情绪管理能力、情绪智力等）的影响因素；而国外则更多考察述情障碍、抑郁、焦虑等身心疾患的情绪觉察特点及心理治疗。在高频关键词的聚类上，国内外在情绪觉察领域均形成了一些稳定的研究热点，其中国内包括情绪智力及相关因素、教师情绪觉察和初中生元情绪、幼儿教师情绪管理能力、大学生情绪复杂性和职前教师情绪觉察能力、小学教师情绪管理影响因素和中学师生情绪感染等研究热点；国外包括情绪觉察与情绪调节困难的关系、提升情绪觉察能力的心理治疗、低情绪觉察群体的神经基础、低情绪觉察群体与正常群体的比较、情绪觉察与述情障碍、情绪觉察的调节作用和情绪觉察概念与测量七大研究热点。可见，国内情绪觉察更多开展了情绪觉察相关概念的研究，如情绪智力（秦虎，陈赟喆，孟慧，2011；袁小平，2019；陈赟喆，2009）、元情绪（梅冬梅，2014；梅冬梅，许远理，2015）、情绪复杂性（王曼，黄敏儿，谢永标，2016；王紫微，2013；郭婷婷，崔丽霞，王岩，2011）、情绪管理能力（何宇畅，2021；刘玉，2019；程路，2020；钟蕾，2020）和情绪感染（张奇勇，卢家楣，闫志英，陈成辉，2016；李慧云，2019），仅第二和第四大类部分内容涉及教师或职前教师的情绪觉察研究（汪海彬，2019；汪海彬，卢家楣，姚本先，等，2015；汪海彬，卢家楣，陈宁，2013；汪海彬，张鹏程，卢家楣，瞿琼，张燕，2020；汪海彬，陈宁，丁宁，2020；王松云，卢家楣，汪海彬，2018；金丽，2019）。国外则主要围绕情绪觉察展开系统深入的研究，包括情绪觉察的概念与测量（Boden & Thompson, 2015; Lane & Schwartz, 1987; Lane et al., 1990）、神经基础（Etchepare & Prouteau, 2018; Van et al., 2013）、情绪觉察与情绪调节困难、情绪智力等相关因素（Bottesi, Tesini, Cerea & Ghisi, 2018; Greene, McCoach, Briggs-Gowan & Grasso, 2021; Miller, Borowski & Zeman, 2020）及针对低情绪觉察群体（如进食障碍者、述情障碍者等）开展心理治疗的研究（Abbass, Lumley, Town, Holmes & Kisely, 2021; Derks, Klaassen, Westerhof, Bohlmeijer & Noordzij, 2019）。可见，在研究热点上，国内主要围绕学生和各学段教师群体开展情绪觉察相关概念（如情绪智力、情绪管理能力等）的现状及影响因素研究，专门针对情绪觉察这一概念的研究相对较少；而国外主要围绕情绪觉察这一概念展开深入系统的研究，体现在情绪觉察的概念、测量、神经基础、相关因素及心理治疗五个方面的研究上。

第三，在发展趋势比较上，我们主要从凸显词分析和时区图谱分析两个方面进行情绪觉察研究发展趋势比较。凸显词分析结果发现，国内尚未出现凸显词，但国外出现 18 个凸显词，并依据凸显起始时间将国外情绪觉察研究发展趋势划分为两个阶段，分别为 1990—2016 年的情绪觉察结构与测量阶段和 2017—2021 年的情绪觉察干预阶段。进一步的时区图谱分析细化了国内外情绪觉察的发展趋势，其发展趋势大体与年代分布相吻合。①零星探索阶段，国内是 1998—2003 年，而国外则是 1987—1989 年，在该阶段国内外均有相关论文发表，但稳定的研究尚未形成。②初步发展阶段，国内是 2004—2009 年，而国外则是 1990—2004 年，国内主要考察内含情绪觉察成分的情绪智力、情绪劳动等概念的相关因素（叶国萍，2005；陈赟喆，2009），而国外则主要考察情绪觉察的结构与测量（Lane, Quinlan, Schwartz, Walker & Zeitlin, 1990），并依据编制的工具对述情障碍群体、焦虑群体、抑郁群体等群体开展大量的调查研究（Barrett, Lane, Sechrest & Schwartz, 2000）。③稳定发展阶段，国内从 2010 年至今，主要考察情绪觉察（汪海彬，2013；王松云，2013）、情绪管理能力（孙静，2018；杨叶恒，2016；胡晴，2016）、情绪复杂性（王曼，黄敏儿，谢永标，2016；王紫微，2013；郭婷婷，崔丽霞，王岩，2011）等方面的内容，而国外从 2005 年至今，主要考察情绪觉察在情绪调节中的作用（Lindquist & Barrett, 2008）、情绪觉察的神经基础（Lane, 2006）及干预（Hill & Updegraff, 2012）等方面的内容。国内研究最新的发展趋势为新手－熟手－专家型教师情绪觉察研究，而国外则是对身心疾患群体的情绪觉察干预进行研究（Maroti et al., 2021）。

综上，我们采用 CiteSpace 软件对 1987 年以来国内外情绪觉察领域研究的 1184 条题录进行了可视化分析，结果发现尽管国内情绪觉察研究起步比国外晚了十余年，但与国外一样都经历了零星探索、初步发展和稳定发展阶段，目前处于稳定发展阶段，还出现了一定的核心作者合作群。国内的研究热点主要集中在包含情绪觉察成分的情绪智力、情绪管理能力、情绪复杂性等概念的研究上，但专门针对情绪觉察这一概念的研究不多；国外则围绕情绪觉察这一概念从结构与测量、神经基础、相关因素和干预等方面开展了深入系统的研究。对新手－熟手－专家型教师情绪觉察进行研究是国内最新的研究趋势，而对情绪觉察进行干预研究则是国外最新的研究趋势。

二、国内外情绪觉察研究内容的比较

通过国内外情绪觉察领域的可视化分析发现，国内主要围绕包含情绪觉察成分的其他概念进行研究，但国外情绪觉察领域的研究更为系统和深入，围绕情绪觉察的概念、测量、神经基础、相关因素和干预五大方面展开。据此，我们以国外该领域五大研究热点为分析框架，采用内容分析法定性比较国内外该领域的研究，为进一步开展情绪觉察领域研究提供参考。

（一）概念研究比较

国内外研究在使用情绪觉察（emotional awareness）这一概念时均出现了两种倾向：一是围绕情绪觉察这一概念进行深入的研究，二是把情绪觉察作为其他概念的下属成分进行附带研究。

第一，在情绪觉察概念的专门研究中，国内研究者主要沿用了国外研究者 Lane 和 Schwartz 1987 年的概念界定，并未作拓展与延伸（汪海彬，2013; 汪海彬，卢家楣，陈宁，2013；王曼，黄敏儿，谢永标，2016；王松云，2013；董小妹，2019；郭婷婷，崔丽霞，王岩，2011；金丽，2019）；国外则主要有 Rieffe、Boden 和 Lane 三个团队对情绪觉察概念的结构进行了理论与实践探索，并且以 Lane 团队的研究最为深入与丰富。① Rieffe 团队在述情障碍概念的基础上提出情绪觉察这一概念，把情绪觉察视为情绪调节的先决条件，认为情绪觉察是个体对情绪解释与评价的注意过程，具体包括区分情绪、解释情绪产生的原因、认识到情绪的生理唤醒性及对情绪的态度等四个方面的内容。他们尤其重视个体对情绪的态度，并认为消极的态度不仅会导致个体不会以开放的态度评价情绪，还会导致个体减少对情绪的注意。在情绪觉察的结构上，他们拓展了述情障碍的识别与描述情绪两个维度，提出情绪觉察包括区分情绪、言语表达情绪、身体觉察、非言语表达情绪、分析情绪和注意他人情绪六个方面的内容（Camodeca & Rieffe, 2013; Rieffe et al., 2007）。其中，描述情绪可细分为言语表达和非言语表达，另外增加了涉及情绪解释与评价的身体觉察、分析情绪和情绪注意三个考察维度。② Boden 团队则认为情绪觉察是情绪调节和幸福感不可或缺的成分，情绪觉察的本质是情绪体验元知识（信念），其特点是注意和辨别过程，通过这些过程对情绪进行持续的监测、分析与区分，具体包括对自己情绪的注意、对他人情绪理解和区分两个方面的内容（Boden & Berenbaum, 2007; Boden & Thompson, 2015; Mankus Boden, & Thompson, 2016）。③ Lane 团队则从 1987 年开始，始终围绕情绪觉察这一概念展开系统深入的研究：情绪觉察被视为提升情绪智力与共情能力的重要基础与先决条件，即情绪觉察是“识别与描述自己与他人情绪体验的认知能力”，其本质是情绪体验认知的复杂性。情绪体验是个体对情绪唤醒认知加工的结果，在发展过程中，个体的这种认知加工会发生变化，认知加工的变化又会反过来影响情绪体验的结构。因此，情绪觉察的个体差异反映了这种复杂性的分化与整合程度。不仅如此，他们还整合了皮亚杰的认知发展结构特征与 Werner 的符号形成理论，提出了水平从低到高依次为身体感觉、动作倾向、单一情绪、混合情绪和复合的混合情绪情绪觉察发展的五个模型（见表 2-3），并描述了每个情绪觉察水平的情绪体验特征、情绪区分与描述能力，尤其还考察了以情绪觉察为基础，不同情绪水平上的共情的差异（Lane & Schwartz, 1987）。Lane 等人认为情绪觉察有特质和状态之分（Versluis et al., 2021），当然这项工作还处于初步探索阶段。可见，虽然当前国内外研究者对于情绪觉察概念的结构还未达成共识，但三个团队普遍认为情绪觉察是理解和调节情绪的关键，是情绪调节、共情和情绪智力提升等概念的重要基础和核心组成部分（Boden & Berenbaum, 2007; Camodeca & Rieffe, 2013; Lane & Schwartz, 1987）。

表 2–3 五个情绪觉察水平的特点（Lane, 1987）

情绪觉察水平	情绪体验特征	情绪区分能力	描述情绪能力	共情
身体感觉	全局唤醒	对于全局无差别唤醒的辨别	无描述或对身体感觉的描述	条件反射式的同理心（例如，别人哭的时候哭）
全局未分化的情绪或动作倾向	未分化情绪或动作倾向	对行动倾向或全局未分化状态的辨别	对行动倾向和全局状态的描述	运动模仿，通过行为进行觉察
单一情绪	心理体验和躯体体验	对极端情绪体验的二择一的辨别（非好即坏）	对单一情绪（未分化）的描述	对他人特殊或不一致体验的觉察
混合情绪	差异化情绪	对混合、对立情绪的辨别	对混合情绪的描述	仅依据自身体验觉察他人情绪
复合的混合情绪	差异化和混合程度最高情绪	对更为混合的情绪的细微差异的辨别	对更为复杂与分化的情绪的描述	设身处地多维地觉察他人情绪

第二，在情绪觉察的附带研究中，正如上文提及的，国内外研究者认识到情绪觉察在情绪智力等概念中的重要作用，研究者还把情绪觉察视为诸如情绪调节、情绪表达、情绪智力、情绪管理能力、胜任力等概念的重要构成要素（见表 2–4）。国内更多地把情绪觉察视为诸如情绪智力、胜任力和情绪管理能力等积极概念的构成要素，而国外则将情绪觉察作为诸如情绪调节困难、情绪表达困难等消极概念的构成要素。

表 2–4 作为其他概念构成要素的情绪觉察的界定

研究者	一级概念及下属因子	情绪觉察的界定
Penza–Clyve & Zeman（2002）	情绪表达困难（情绪觉察和表达消极情绪）	识别个体内部情绪体验
Gratz & Roemer（2004）	情绪调节困难（情绪接受、目标行为、冲动控制、情绪觉察、情绪调节策略和情绪清晰度）	注意与识别情绪

续表

研究者	一级概念及下属因子	情绪觉察的界定
Mayer & Salovey（1997）	情绪智力（识别与评价、促进思维、情绪觉察、情绪调节）	对情绪的理解和情绪知识
胡诗颖（2016）	情绪智力（情绪觉察、情绪评价、情绪调控和情绪表达）	对情绪信息的感知、识别和描述的能力
余琳燕（2008）	胜任特征中的沟通与交往能力（关系协调能力、独立见解、服务意识、沟通技能、理解他人、情绪觉察能力）	及时察觉学生情绪的能力
宋倩（2008）	胜任力下属的认知胜任力（包括艺术感、选择性、明确的发展目标、捕捉机遇、概念性思维、情绪觉察力）	能够觉察自己和他人的情绪变化并做出正确的判断的能力
孟佳（2012）	情绪管理能力（情绪觉察能力、情绪理解能力、情绪运用能力、情绪调控能力和情绪表现能力）	体会自己的各种情绪及其变化，觉察他人的各种情绪表现，包括言语和非言语信息的觉察
廖丽娟（2013）	情绪管理能力（情绪觉察、情绪表达、情绪调适和情绪运用）	对情绪变化的觉知
汪新艳，赵熊璐子（2015）	情绪管理（情绪觉察、情绪表达、情绪调整和情绪运用）	个人正确感知、认知及识别自身和他人的情绪状态
王艳洁（2019）	情绪管理能力（情绪觉察、情绪表达、情绪调适和情绪运用）	透过生理、心理状态来识别和正确描述自己及他人的情绪的能力

综上，尽管当前国内外研究者对情绪觉察的概念还未达成共识，但大体是从操作和对象两个层面来界定情绪觉察概念的。首先，在操作层面上，国内外研究还未达成共识，主要涉及注意、感知、识别、理解和描述等过程；其次，在对象层面上，国内外研究认知基本一致，即情绪觉察主要包括自己和他人的情绪，并且这种情绪体现在生理和心理两个方面。此外，研究者都充分肯定了情绪觉察在个体情绪健康与社会适应中的重要功能：情绪觉察不仅是个体采用积极情绪调节策略以维持良好情绪的基础，还是更好地与他人

共情以构建良好人际关系的基础。

（二）测量工具比较

情绪觉察概念界定的不一致也导致其测量出现分歧，正如情绪觉察概念研究有专门和附带研究之分一样。当前，国内外研究者在测量情绪觉察时也出现了专门的测量和附带测量两种倾向（见表 2–5）。

情绪觉察的专门测量工具主要包括 Lane 团队编制的情绪觉察水平量表（levels of emotional awareness scale, LEAS）、Rieffe 等人针对儿童编制的情绪觉察问卷（emotion awareness questionnaire, EAQ）、Boden 等人从多个其他测量工具中挑选由部分维度组成的多层面情绪觉察调查问卷及 Kang 等人编制的情绪体验范围和区分性量表（range and differentiation of emotional experience scale, RDEES）。其中 EAQ、Boden 的情绪觉察问卷和 RDEES 均为自评式问卷（Boden & Thompson, 2015; Camodeca & Rieffe, 2013; Kang & Shaver, 2004），而 LEAS 则是由 20 个情境构成的他评问卷（Lane, Quinlan, Schwartz, Walker & Zeitlin, 1990），随后 Lane 团队又编制了由 12 个情境构成的儿童版情绪觉察水平量表（Bajgar, Ciarrochi, Lane & Deane, 2005）。情绪觉察水平量表由于手动计分烦琐与耗时多而备受研究者诟病，为此 Lane 团队开发了计算版，实现了自动计分（Barchard & Picker, 2018）。最近，Lane 团队提出情绪觉察有特质和状态之分，其中 LEAS 测量的是特质情绪觉察，并开发了生态瞬时评估方法测量个体在日常生活中的情绪觉察水平，即状态情绪觉察，结果发现生态瞬时评估具有良好的信效度（Versluis, Verkuil, Lane, Hagemann, Thayer & Brosschot, 2021）。Lane 团队一直坚持 LEAS 的改进和发展，LEAS 及其儿童版已经被翻译成德国（Subic–Wrana, Thomas, Huber & Kohle, 2001）、法国（Bydlowski et al.,2002）、日本（Igarashi et al., 2011）、捷克（Svetlak, Bernatova, Pavlikova & Winklerova, 2015）和中国（汪海彬，卢家楣，姚本先，等，2015）等多国版本。此外，国内研究者还依据 LEAS 的计分程序初步编制了小学教师情绪觉察水平量表（王松云，卢家楣，汪海彬，2018）。

在情绪觉察作为其他概念子维度的测量研究方面，国内外研究者对此都有所探索。国内研究者更多地把情绪觉察作为积极概念的下属因子加以测量，如情绪智力（胡诗颖，2016）、胜任力（宋倩，2008；余琳燕，2008）和情绪管理能力（廖丽娟，2013；孟佳，2012；新艳，赵熊璐子，2015）等，研究对象主要涉及大学生、幼儿、高校教师和企业员工等，但对情绪觉察的下属维度未能进行深入探究；国外研究者不仅把情绪觉察作为积极的情绪智力（Mayer & Salovey, 2000）、特质元情绪（Salovey, Mayer, Goldman, Turvey & Palfai, 1995）等概念的下属因子进行测量，还把情绪觉察作为消极的情绪表达困难（Penza-Clyve & Zeman, 2002）、情绪调节困难（Gratz & Roemer, 2004）、述情障碍（Bagby, Taylor & Parker, 1994）等概念的下属因子进行测量，研究对象主要为儿童、青少年和大学生，而且对情绪觉察的下属成分作了进一步的区分，主要包括对自己与他人言语及非言语情绪的注意、辨别和描述等。此外，有研究者还尝试使用网络表情符号（emoji）来考察个体的情绪觉察（Brants, Sharif & Serebrenik, 2019）。

表 2-5 情绪觉察的主要测量工具

研究者	测量工具	研究对象	情绪觉察下属因子
Lane, Quinlan, Schwartz, Walker & Zeitlin（1990）	特质 EA：情绪觉察水平量表（levels of emotional awareness scale）	大学生	觉察自己和觉察他人
Bajgar, Ciarrochi, Lane & Deane（2005）	儿童版情绪觉察水平量表（levels of emotional awareness scale for children）	儿童	觉察自己和觉察他人
Versluis, Verkuil, Lane, Hagemann, Thayer, Brosschot（2021）	状态 EA：情绪觉察生态瞬时评估（EMAs of EA）	大学生	觉察自己、觉察他人
汪海彬，卢家楣，姚本先，等（2015）	中文版情绪觉察水平量表（levels of emotional awareness scale）	职前教师	觉察自己和觉察他人

续表

研究者	测量工具	研究对象	情绪觉察下属因子
王松云，卢家楣，汪海彬（2018）	教师情绪觉察水平量表（levels of emotional awareness scale for teacher）	小学教师	包括害怕、伤心、愤怒、高兴四个情境，每个情境包括对个别学生和整体学生的觉察
Camodeca & Rieffe（2013）	情绪觉察问卷（emotion awareness questionnaire）	青少年	区分情绪、言语表达情绪、身体觉察、非言语表达情绪、分析情绪和注意他人情绪
Boden & Thompson（2015）	情绪觉察问卷	居民	情绪辨别；情绪表达；躯体觉察；非隐藏性情绪；情绪分析；感知他人情绪
Kang & Shaver（2004）	情绪体验的范围和区分性量表（range and differentiation of emotional experience scale）	大学生	体验范围、区分性
Penza-Clyve & Zeman（2002）	儿童情绪表达量表（emotion expression scale for children，EESC）中的情绪觉察困难因子	儿童	单一维度
Bagby, Taylor & Parker（1994）	多伦多述情障碍量表（Toronto alexithymia scale，TAS）中的描述情绪困难和区分情绪困难两个因子	大学生	区分情绪、描述情绪
Salovey, Mayer, Goldman, Turvey & Palfai（1995）	特质元情绪量表（trait meta-mood scale，TMMS）中的情绪注意和情绪辨别两个因子	大学生	情绪注意、情绪辨别
Gratz & Roemer（2004）	情绪调节困难量表（difficulties in emotion regulation scale，DERS）中的情绪觉察困难	大学生	单一维度
Mayer & Salovey（2000）	情绪智力问卷中的情绪觉察因子	成年人	自己（言语、非言语）、他人（非言语、移情）

续表

研究者	测量工具	研究对象	情绪觉察下属因子
胡诗颖（2016）	情绪智力下的情绪觉察因子	中学生	单一维度
余琳燕（2008）	胜任特征问卷下的二阶因子	优秀幼儿教师	单一维度
宋倩（2008）	胜任力问卷下的二阶因子	高校教师	单一维度
孟佳（2012）	大学生情绪管理能力问卷下的因子	大学生	单一维度
马辰（2013）	情绪胜任素质下属因子	中小学教师	自己和他人
廖丽娟（2013）	幼儿教师情绪管理问卷下的因子	幼儿教师	单一维度
汪新艳和赵熊璐子（2015）	情绪管理量表下的因子	企业员工	单一维度

（三）神经基础比较

国内外研究者都对情绪觉察的神经基础进行了探索，但各有侧重：国内更多采用 ERP 技术考察不同情绪觉察能力个体在情绪信息加工过程中的脑电差异，而国外则更多采用脑成像技术考察情绪觉察所涉及的脑区的功能和结构特点。

在国内，研究者考察了不同情绪觉察能力职前教师在识别四种基本情绪面孔类别时的 ERP 差异，结果发现高分组 P100、N170 和 LPP 三个成分的幅值均显著高于低分组，而 VPP、P200 和 N200 三个成分的幅值则显著低于低分组，表现为高分组在目标情绪任务的驱动下，在情绪觉察的无意识阶段、注意阶段及决策阶段都对情绪类别信息更敏感，且具有更优的眼动效率和眼动模式（汪海彬，卢家楣，姚本先，等，2015）。进一步研究发现，高情绪觉察个体对情绪信息的这种加工优势同样适用于冲突情绪刺激，表现为更大的 VPP 波幅和更小的 N450 波幅（金丽，2019）。

国外研究则主要是Lane团队采用脑成像技术系统考察情绪觉察的神经基础。Lane于2006年理论构建了情绪觉察神经解剖学模型，该模型认为不同水平的情绪觉察对应不同的神经系统结构：情绪觉察第一和第二水平倾向于把情绪躯体化或运动化，主要涉及脑干、间脑和边缘系统等与运动和其他反应相关的神经机构，而情绪觉察第三水平涉及情绪概念化，尤其是第四和第五水平具有对多种情绪进行加工的能力，因此更多涉及语义加工、执行功能等相关的脑区（Lane, 2006）。这一模型得到来自正常群体和临床群体相关研究的验证，并且这种对应关系还体现在神经系统功能和结构两个方面。①在功能上，研究者主要考察了LEAS得分与涉及情绪加工的边缘网络、凸显网络和默认网络三个系统脑区激活的关系。研究发现正常群体在加工情绪时，LEAS得分与边缘网络中的前颞叶皮质和前缘前扣带回（rACC），凸显网络中的背侧前扣带回（dACC）（Lane et al., 1998; McRae, Reiman, Fort, Chen & Lane, 2008），以及默认网络中的背外侧前额叶皮层（DLPFC）和内侧前额叶皮层（MPFC）激活（Smith et al., 2017; Tavares, Barnard & Lawrence, 2011）均呈正相关。这些结果还得到TMS和tDCS研究的验证：背外侧前额叶皮层上的阳极tDCS提高辨别面部表情的能力，而背内侧前额叶皮层的TMS则干扰情绪觉察（And ò, Vasilotta & Zennaro, 2021）。然而，情绪觉察困难的PTSD患者、自闭症患者等临床群体的LEAS得分则与边缘系统中的腹侧前扣带回（vACC）（Frewen et al., 2008）和脑岛（AI）激活（Gu, Hof, Friston, & Fan, 2013; Silani et al., 2008; Simmons et al., 2013）呈负相关。此外，Lane团队还考察了正常个体LEAS在静息态下的全脑功能连接，结果发现高LEAS得分与网络密度呈正相关，表明高情绪觉察正常个体具有更高效的全脑功能连接效率（Smith & Alkozei et al., 2017; Smith et al., 2018; Skumlien, Sederevicius, Fjell, Walhovd & Westerhausen, 2018）。②在结构上，Lane团队发现正常个体的LEAS得分与边缘网络皮质厚度呈正相关（Smith et al., 2018），而精神分裂症患者的LEAS得分则与右侧楔前叶灰质容积呈负相关（Jani et al., 2021）。该团队在以往情绪觉察神经研究的基础上，构建了基于情绪特征（效价、唤醒和动机）和信念（非威胁、社会威胁和身体威胁）的情绪觉察神经计算模型（Smith, Lane, Parr & Friston, 2019）。当然，该模型仅讨论了中性与负性效价的情绪，未涉及正性情绪。

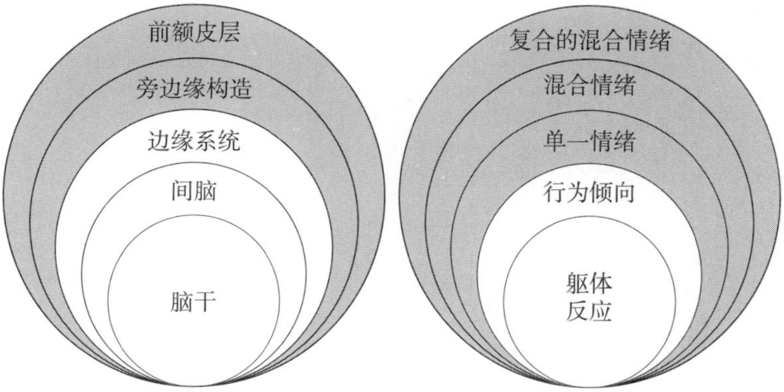

图 2–8 情绪觉察的神经解剖学模型（Lane, 2006）

国外研究者不仅考察了情绪觉察的中枢神经基础，近些年还探讨了情绪觉察的自主神经基础。Kanbara 和 Fukunaga（2016）指出提升情绪觉察能力可以改善自主神经功能，而自主神经功能的改善反过来也能提升情绪觉察能力。为此，他们在情绪觉察神经解剖学模型的基础上构建了情绪觉察与迷走神经功能的负反馈模型及神经通路（见图 2–9）。模型认为情绪觉察是保证新旧皮层之间联系的情绪加工过程，因此涉及新皮层，尤其是内侧前额叶皮层、脑岛、前扣带回、边缘系统和自主神经系统。负反馈通路则表现为有意识的情绪觉察可以改善迷走神经功能，以有助于个体形成正常的生理唤醒，并进一步促进情绪调节。述情障碍等情绪觉察困难群体则不能形成这条负反馈通路，原因在于他们的自主神经反应在基线期过大而在刺激条件下受损，从而干扰了他们对情绪唤醒的感知（Kanbara & Fukunaga, 2016）。实证研究的确发现情绪觉察水平是自主神经唤醒的预测因素（O'Connor, 2004），高 LEAS 得分者的心率变异性（PNN50、rMSSD 和 SDNN）均大于低得分者（Behringer, Heider, Orthuber, Semmler & Spangler, 2015），但述情障碍组基线期的皮肤电反应大于正常组，压力条件下却小于正常组（Stone & Nielson, 2001）。述情障碍群体的这一特点还得到最新的一项采用 emBODY 工具描绘了有无述情障碍群体有关

17 种情绪体验地图研究的验证：述情障碍组的躯体感觉地图模式是一种弥散和未分化的模式，而正常组则是区分和局部模式（Lloyd et al., 2021）。

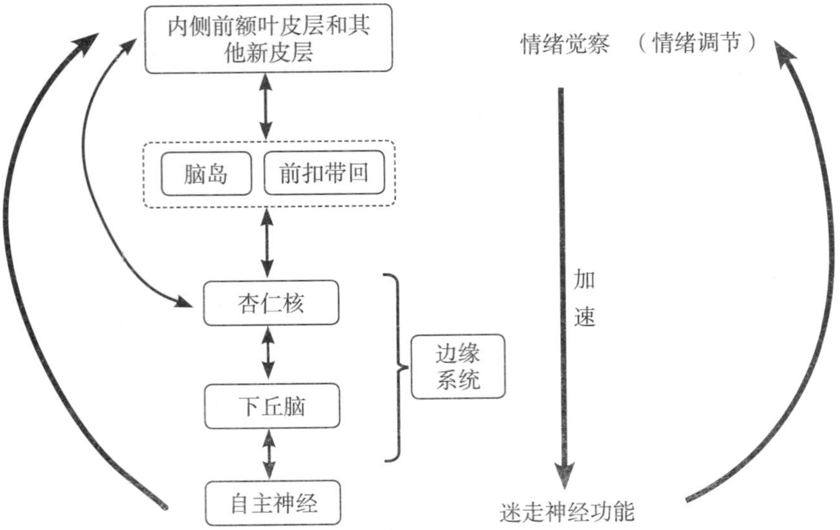

图 2-9 情绪觉察与迷走神经功能的负反馈模型及神经通路（Kanbara & Fukunaga, 2016）

（四）相关因素比较

国内外研究者在情绪觉察相关因素方面的研究最为丰富，不仅考察了情绪觉察的影响因素（前因变量）和情绪觉察的影响效果（后果变量），还考察了情绪觉察或其他变量作为调节或中介变量（中间变量）时对后果变量的影响。下文就从三个方面梳理国内外研究者在情绪觉察相关因素方面的研究（见图 2-10）。

1. 前因变量

情绪觉察的前因变量主要包括个体变量（人口学变量、心理和生理变量）、刺激变量和社会变量三个方面，但国内外研究的侧重点却不一样。国内研究更倾向于考察刺激变量对情绪觉察的影响，而国外则更侧重于考察影响情绪觉察的心理和社会变量。

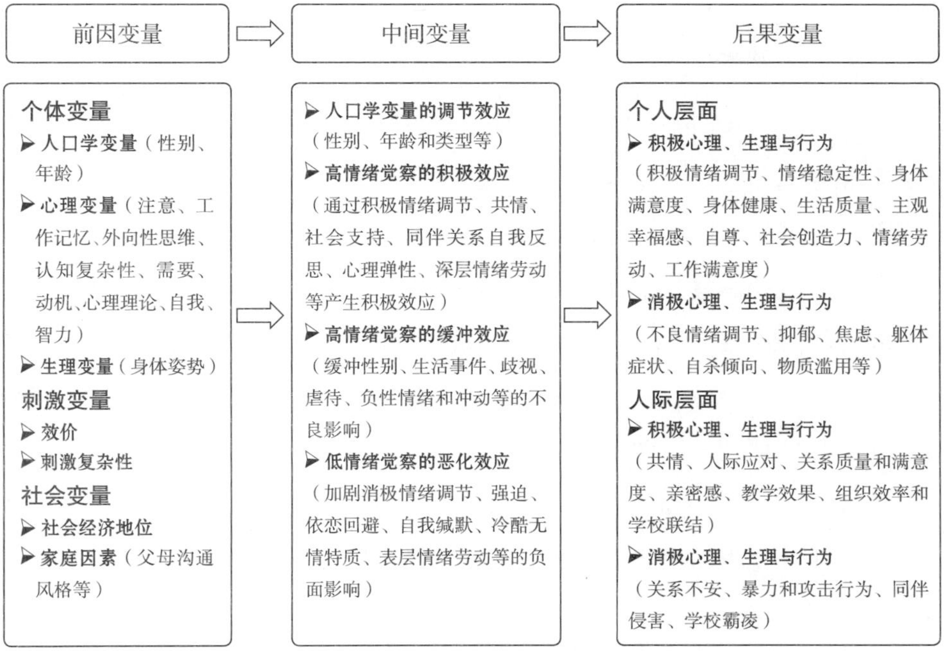

图 2–10　情绪觉察的相关因素

第一，在个体变量上，主要涉及人口学变量、心理变量和生理变量。①在人口学变量上，一项元分析发现，年龄和性别是影响情绪觉察的主要人口学变量（Sendzik, Schafer, Samson, Naumann & Tuschen-Caffier, 2017）。其中，人们有关年龄对情绪觉察的影响还未达成共识。有研究发现情绪觉察与年龄呈正相关（Mankus, Boden & Thompson, 2016; 汪海彬 , 2013），但也有研究发现两者呈负相关（Nandrino et al., 2013; 汪海彬 , 曹立青 , 兰群 , 姚本先 , 2015）。性别这一人口学变量国内外的研究认知高度一致，均认为男性情绪觉察的水平低于女性（Barrett, Lane, Sechrest & Schwartz, 2000; 汪海彬 , 曹立青 , 兰群 , 姚本先 , 2015）。②情绪觉察前因变量研究中，心理变量的研究最为丰富，研究发现注意（Mount & Conway, 1995; 董小妹 , 2019）、工作记忆、外向性思维、认知复杂性（Smith et al., 2019）、需要（Dizen, Berenbaum & Kerns, 2005）、动机（Ciarrochi, Hynes & Crittenden, 2005）、心理理论（Lane, Hsu, Locke, Ritenbaugh & Stonnington, 2015）、自我和智力（Agnoli, Mancini, Andrei & Trombini, 2019; Daniela et al., 2019）

等心理变量都会对情绪觉察产生积极影响，人格中的宜人性正向影响情绪觉察（Ordonez-Lopez, Gonzalez-Barron & Montoya-Castilla, 2016），冷酷无情特质（Baroncelli, Roti & Ciucci, 2018）、黑暗三联特征（Schimmenti et al., 2019）则负向预测情绪觉察。③在生理变量上，研究发现身体姿势影响情绪觉察，表现为低头、弯腰身体姿势下情绪觉察的表现最差（Suzuki & Haruki, 1992）。

第二，在刺激变量上，国内研究不仅考察了效价的影响（董小妹, 2019; 汪海彬, 卢家楣, 姚本先, 等, 2015; 祖静, 张向葵, 左恩玲, 2017），还系统考察了不同情绪刺激的复杂性（包括情绪面孔 – 情绪词冲突、躯体表情 – 情绪词冲突、情绪面孔 – 躯体表情冲突和情绪面 – 情境冲突）对情绪觉察的影响（金丽，2019）；国外研究仅考察了情绪效价对情绪觉察的影响，结果发现高情绪觉察个体表现出更少的心境一致性效应，能克服负性情绪对任务的干扰（Ciarrochi, Caputi & Mayer, 2003）。

第三，在社会变量上，仅国外三项研究分别考察了社会经济地位和父母沟通方式对个体情绪觉察的影响。在社会经济地位方面，结果发现社会经济地位仅与情绪觉察中的情绪类型辨别因子正相关，与情绪觉察的其他因子不相关（Mankus, Boden & Thompson, 2016）；在家庭因素方面，结果发现良好的家庭教养方式（Ordonez-Lopez, Gonzalez-Barron & Montoya-Castilla, 2016）和父母沟通风格（Lambie & Lindberg, 2016）有助于提升儿童的情绪觉察水平，并进一步提升他们个人和社会适应水平。

2. 后果变量

国内外关于研究情绪觉察后果变量的研究侧重点大相径庭，国内更多考察诸如情绪智力、情绪管理能力等包含情绪觉察成分的后果变量，而国外则更多考察情绪觉察的后果变量。梳理后发现，国内外情绪觉察的后果变量主要包括个人和人际两个层面的心理变量与行为变量。

第一，在个人层面上，高情绪觉察个体可以给自身的情绪加工提供更精细的信息，甚至可以在语义层面上对情绪进行自动化加工（Donges & Suslow, 2018），并对负性情绪具有一定的抑制作用（梅冬梅, 许远理, 2015）。这是采用积极情绪调节策略的先决条件（Subic-Wrana et al., 2014; Szczygiel, Buczny & Bazinska, 2012），从而促使个体采用认知重评等情绪调节策略（汪海彬，江城，黄霏，2016），以保持情绪的稳定性（Thompson, Dizén & Berenbaum, 2009），尽快从压力等负性事件中恢复过来（Preut & Brody, 2002），形成良好的心理弹性（Lanius, Frewen & Lane, 2005），甚至缓冲虐待经历对心理弹性的影响（Lee, Won & Jeong, 2019）。这不仅可以提升自己身体的满意度（Manjrekar & Berenbaum, 2012）和身体健康水平（Groysman, Ogwaro, Fort, Weihs & Lane, 2014），还可以提高自身的生活质量（Boden, Irons, Feldner, Bujarski & Bonn-Miller, 2015）、增加幸福感（Leung & Cheung, 2020; 胡晴，2016）和维持自尊（Bonfils, Luther, George, Buck, & Lysaker, 2016）。此外，高情绪觉察个体还具有更大的社会创造力（Moradkhah & Alborzi, 2016），能更好地接受职业培训（Puffer, 2015），使用深层的情绪劳动行为（王双，2016），从而获得更高的工作满意度（Chen, Ku, Shyr, Chen & Chou, 2009）。而情绪觉察困难则不仅导致正常群体产生情绪行为问题，还是许多身心障碍者心理问题的成因。①正常群体中的低情绪觉察个体由于不能很好地觉察自己的情绪，所以容易采用不良的情绪调节策略（Van Beveren et al., 2019; 汪海彬，江城，黄霏，2016）。这不仅容易导致抑郁和焦虑等不良情绪的产生（Kranzler et al., 2016; Lan, Scrimin & Moscardino, 2020; Sendzik, Schafer, Samson, Naumann & Tuschen-Caffier, 2017），还容易导致怀疑（Boden & Berenbaum, 2007）和不良的信念与思维的产生（Berenbaum, Boden & Baker, 2009）。②情绪觉察困难的临床群体更多地把情绪描述为躯体症状（Berenbaum, Boden & Baker, 2009），他们无法控制自己的冲动，容易产生自杀（Baer et al., 2019）、冒险（Brejard, Bonnet & Pedinielli, 2012）、物质（烟草、酒精、海洛因）滥用（Carton, Bayard, Jouanne & Lagrue, 2008; Laghi, Pompili, Bianchi, Lonigro & Baiocco, 2021; Micalizzi et al., 2020）、PTSD（Frewen, Dozois, Neufeld & Lanius, 2012）等行为。情绪觉察困难还是躯体形式障碍（Subic-Wrana, Beutel, Knebel & Lane, 2010）、睡眠障碍（Bileviciute-Ljungar & Friberg, 2020）、述情障碍症状（Herbert, Herbert & Pollatos, 2011）、边缘人格障

碍（Derks, Westerhof & Bohlmeijer, 2017）和精神分裂症等的心理成因（Sperry, Kwapil & Eckland, 2021），甚至加重疼痛病人的疼痛症状（Smith, Gudleski, Lane & Lackner, 2020）。

第二，在人际层面上，高情绪觉察个体能更好地觉察他人的情绪，这不仅能提升自身的共情能力（Dickerson & Quas, 2021; Eckland & English, 2019），还能提升其子女的共情能力（Maliken & Katz, 2013）。高情绪觉察对他人的准确识别不易受到自身情绪的影响（Wielgopolan & Imbir, 2020），因此能积极应对他人的负面情绪（Eckland & Berenbaum, 2021），提升与他人关系的质量、满意度（Ricciardi et al., 2015）和亲密感（Genest & Nickerson, 1994），这对于教师群体来说尤为重要。研究发现，高情绪觉察幼儿园教师更多使用问题聚焦、情绪调节、标签感受和行为聚焦等积极应对策略来应对儿童的负面情绪（Ersay, 2015），从而提升教学效果（Ashkanasy & Dasborough, 2003）和促进学校联结（Kurniawan & Dewi, 2016）。此外，高情绪觉察还有助于改善团体的心理与行为，促进团体进行情绪调节（Boros & Virga, 2020）和提升团队绩效（Boros & Curseu, 2013）；而低情绪觉察个体则容易产生关系不安心理（Westbrook & Berenbaum, 2017），易对他人实施攻击和暴力（Rosen, 2017; Moron & Biolik-Moron, 2021; Zamir & Lavee, 2015）、霸凌（Akay, 2019）和侵害（Riley, Sullivan, Hinton & Kliewer, 2019）等不良行为，从而进一步恶化其人际关系。

3. 中间变量

国内外研究者不仅直接考察了情绪觉察对后果变量的直接作用，还考察了中间变量的影响机制。当然，国内研究者更多考察的是包含情绪觉察成分的诸如情绪智力、情绪管理能力等变量，而国外则专门围绕情绪觉察展开研究。总体而言，高情绪觉察不仅能发挥积极变量的积极效应，还能缓冲不良（不利）因素的消极效应，而低情绪觉察则加剧了不良因素的消极影响。此外，影响情绪觉察的部分人口学变量也可以调节情绪觉察与后果变量间的关系。

（1）高情绪觉察的积极效应。高情绪觉察可以通过积极的情绪调节策略

（如认知重评）对抑郁产生负向影响（Eckland, Letkiewicz & Berenbaum, 2021; Van Beveren et al., 2019），提高共情准确性（Eckland & English, 2019），并且还能通过共情的中介作用强加亲社会行为（Dickerson & Quas, 2021）。此外，高情绪觉察还能发挥社会支持对自尊（Bonfils, Luther, George, Buck & Lysaker, 2016）、自我反思对工作满意度（Chen, Ku, Shyr, Chen & Chou, 2009）、心理弹性对积极情绪（吕梦思，席居哲，罗一睿，2017）、同伴关系对学业成绩（李静，2016）、情绪劳动和工作绩效（肖丽君，2012）的积极效应。此外，团队的情绪觉察还能通过个体情绪觉察对团体情绪调节策略产生积极影响（Boros & Virga, 2020）。

（2）高情绪觉察的缓冲效应。首先，在不利因素方面，女性情绪觉察水平普遍更高，因此女性在情绪加工任务上的表现更好，高情绪觉察同样能缓冲男性这一先赋不利因素的影响，提高情绪识别任务成绩（Wright, Riedel, Sechrest, Lane & Smith, 2018）和团队效率（Boros & Curseu, 2013）。此外，研究还发现团体的情绪觉察可以缓冲初始任务冲突对群体情绪调节的影响（Boros, 2020）。在不良因素方面，高情绪觉察能缓冲诸如消极生活事件（Louis, 2012）、歧视（Lan, Scrimin, & Moscardino, 2020）或虐待（Westbrook & Berenbaum, 2017）、消极元情绪体验（Bailen, Wu, & Thompson, 2019）、抑郁、冲动（Manjrekar, Berenbaum, & Bhayani, 2015）等不良因素，如心理困扰、情绪行为问题、抑郁、饮酒行为和暴饮暴食等（Desrosiers, Sipsma & Kershaw, 2014）对个体产生的消极影响。

（3）低情绪觉察的恶化效应。低情绪觉察或情绪觉察困难会加剧不良因素对个体的不良影响，从而产生恶化效应。研究发现情绪觉察困难不仅可以通过消极的情绪调节策略（压抑）加剧社交焦虑（Eastabrook, Flynn & Hollenstein, 2014）、高外化行为（Factor, Rosen & Reyes, 2016）、攻击行为（Moron & Biolik-Moron, 2021）、同伴侵害（Riley, Sullivan, Hinton & Kliewer, 2019）等的负面影响，而且可以加剧强迫症患者的强迫症状对社会功能障碍（Kang, Namkoong, Yoo, Jhung & Kim, 2012）、依恋回避对抑郁（Monti & Rudolph,

2014)、自我缄默对进食紊乱(Shouse & Nilsson, 2011)、冷酷无情特征对外化行为问题(赵思琦,张守臣,2019)、表层情绪劳动行为对抑郁(贺伟婕,陈颖,2018)的影响。

(4)人口学变量的调节作用。性别和年龄等人口学变量不仅直接影响着情绪觉察,还可以调节情绪觉察对后果变量的影响。研究发现,性别可以调节情绪觉察与日常烦恼和内化症状(Bridges-Curry, Glenn & Felton, 2021)、情绪觉察与不良身体信念(Boden, Gala & Berenbaum, 2013)之间的关系;年龄则可以调节情绪觉察对抑郁和焦虑的影响,12 岁以前的情绪觉察困难对抑郁和焦虑的影响更大(Sendzik, Schafer, Samson, Naumann & Tuschen-Caffier, 2017)。此外,研究还发现玩家类型(新手或专家)可以调节情绪觉察对高中生游戏态度的影响(Abraham & Sharron, 2015)。

(五)提升策略比较

正如情绪觉察相关研究所提及的,高情绪觉察对个体和人际层面有着积极的功能,而情绪觉察困难则是诸如物质(烟草、酒精、海洛因)滥用行为(Carton, Bayard, Jouanne & Lagrue, 2008; Laghi, Pompili, Bianchi, Lonigro & Baiocco, 2021; Micalizzi et al., 2020)、PTSD(Frewen, Dozois, Neufeld & Lanius, 2012),甚至是躯体形式障碍(Subic-Wrana, Beutel, Knebel & Lane, 2010)、睡眠障碍(Bileviciute-Ljungar & Friberg, 2020)、述情障碍症状(Herbert, Herbert & Pollatos, 2011)、边缘人格障碍(Derks, Westerhof & Bohlmeijer, 2017)和精神分裂症(Sperry, Kwapil & Eckland, 2021)等的心理成因。由此,情绪觉察成为认知和行为疗法等的干预目标(Chhatwal & Lane, 2016; Lane, 2020),国内外研究者都针对提升情绪觉察能力这一问题开展了实践探索。当然,国内研究者主要关注正常低水平情绪觉察群体,而国外研究者兼顾正常群体和临床群体,但更偏向于关注临床群体。

第一,在正常群体的情绪觉察能力提升中,正常群体主要包括儿童、青少年学生、职前教师、企业员工和父母等。研究者早期主要探索了艺术(Burger et al., 2016; Mogro-Wilson & Tredinnick, 2020)、音乐(Lorenzo De Reizabal, 2019; Salur, Ala-Ruona, Ucar & Eren, 2017)、瑜伽(Pandya, 2018)、游戏(Hunt, 2010)和团体辅导(Waliski & Carlson, 2008)等活动对提升儿童、青少年学生情绪觉察能力的效果，但这些提升策略的针对性不强。后来，研究者开始寻找诸如正念(Phillipot & Segal, 2009)等比较成熟的方法，并针对情绪觉察逐步设计相对完善的训练方案，如情绪觉察训练方案(Lee & Wright, 2001)、情绪觉察干预指南(Tangen, 2017)、用于描述自己情绪体验的“我们的旅行”平台(Coughlan, Lister & Lucassen, 2021)、情绪聚焦训练项目(emotion-focused training program, EFTP)、学生情绪训练计划(the emotion training with students, ETS)(Nitkowski, Laakmann, Petersen, Petermann & Petermann, 2017)、情绪觉察团体心理辅导方案(汪海彬，余圆圆，唐晓晨，2014；王晓婷，2018)等。此外，研究者还针对父母开展了“适应儿童”育儿计划(Katz, 2011)和设立基于情绪觉察的心理疾病父母育儿小组(Isobel, Meehan & Pretty, 2016)，旨在通过提高父母情绪觉察能力，进而丰富儿童的行为和情绪知识。

第二，在临床群体的情绪觉察提升中，临床群体主要涉及躯体障碍患者、边缘人格障碍患者、癌症患者和自闭症患者等。研究者有采用诸如认知行为疗法(Davis, Kendall, & Suveg, 2019)、支持性咨询(supportive counseling, SC)和认知-行为应对与沟通(cognitive-behavioral coping and communication, CCI)(Virtue et al., 2019)等成熟的方法，但更多地则是开发了提升情绪觉察能力的有针对性的干预疗法，如情绪觉察和表达疗法(emotional awareness and expression therapy, EAET)(Lumley et al., 2021)、情绪觉察与表达面谈(emotional awareness and expression interview, EAEI)(Ziadni et al., 2018)、情绪觉察与表达训练(emotional awareness and expression training, EAET)(Thakur et al., 2017)、情绪觉察和技能提升项目(the emotional awareness and skills enhancement, EASE)(Conner et al., 2019)和动态生物反馈程序(Derks, Klaassen, Westerhof, Bohlmeijer & Noordzij, 2019)等。其中，Lumley团队的情绪觉察和表达疗法(EAET)研究最为丰富，实证发现EAET对躯体形式障碍(Maroti et al., 2021）、各种类型的疼痛（Burger et al., 2016; Lumley et al., 2016; Lumley et al., 2021; Lumley & Schubiner, 2019）都具有良好的治疗效果。

第二节 新手－熟手－专家型教师研究进展

新手－熟手－专家型教师研究进展研究主要包括国内外该领域研究的可视化比较和内容比较两个方面的内容。其中可视化比较包括新手－熟手－专家型教师研究概况、研究热点和研究趋势三个方面的内容，而内容比较则包括不同发展阶段教师的专业理念与师德、专业知识和专业能力三个方面的内容。

一、国内外新手－熟手－专家型教师研究可视化比较

为更好地促进教师的专业发展与成长，早期研究者主要采用专家－新手范式来比较两类教师的差异。但研究者指出从新手成长为专家并非一蹴而就，而需要有一个中间的过程。为此，研究者提出了新手－熟手－专家型研究范式（连榕，2004），并开展了大量研究（廖美玲，连榕，2002; 凌辉，汪瑛，张建人，李浩，2016; 孟迎芳，连榕，郭春彦，2004）。研究者也尝试使用文献计量学的方法梳理了这一范式下的研究（汪海彬，罗茜，徐秋霞，王艳，2018），但仅局限于国内的研究，缺乏与国外相关范式的比较研究。为此，本书采用CiteSpace 可视化软件对国内外新手－熟手－专家型教师相关研究进行知识图谱分析，直观地展示该领域研究的热点与趋势，为进一步的内容分析提供参考。

（一）对象与方法

1. 数据来源

国内文献检索以中国知网（CNKI）为检索平台，以“新手”AND“专家”AND“教师”为检索题名，检索时间截至2021年6月30日，共检索到512条题录，剔除报纸、书评等无效题录后，共获得498条有效题录。

国外文献检索以Web of Science核心集合为检索平台，以“novice”AND“expert”AND“teacher”为检索题名，检索时间为1900—2021年，共检索到527条题录，剔除Book Chapter、Editorial Material等无效题录后，共获得497条有效题录。

2. 研究过程

采用陈超美教授开发的CiteSpace 5.8.R1（Chen, 2017; Chen & Leydesdorff, 2014）和SPSS 25.0对题录信息进行分析，具体包括三个步骤。①导出题录。将中国知网的题录以Refworks形式导出，并通过CiteSpace软件将其转换成Wos形式；将Web of Science的题录信息以纯文本格式导出，并直接用于CiteSpace进行分析。②采用SPSS对国内外发文年代进行频次分析。③对作者、机构和关键词进行CiteSpace的可视化分析。由此得出，可视化分析包括三个方面的内容，即研究概况（包括年代、作者和机构等的分析）、研究热点（包括高频关键词和高频关键词的聚类分析两个方面）和研究趋势（包括凸显词和时区的可视化分析两个方面）。

（二）结果与分析

1. 研究概况比较

（1）年发文量比较

由图2–11可知，国内外该领域的研究呈现出不同的发展阶段。国内的研究包括初步探索和繁荣发展两个阶段，而国外的研究则包括初步探索、稳定发展和繁荣发展三个阶段。国内研究的初步探索阶段为1999—2006年，而国外的则是1987—1990年，比国内早了十余年。国内研究在初步探索后直接进入繁荣发展阶段，从2007年后论文量大体呈现阶梯式增长的趋势，并于2009年首次超过国外，于2020年达到历史最高峰69篇；国外研究则在初步探索阶段后还有个持续了16年之久的稳定发展阶段（1991—2006年），年发文量在7篇左右，直到2007年后才出现繁荣发展，年发文量在20篇以上，并在2015年达到历史最高峰。可见，尽管国内该领域的研究起步较晚，但发展势头更为迅猛，于2009年开始超过国外，并于2013年实现了完全超越。

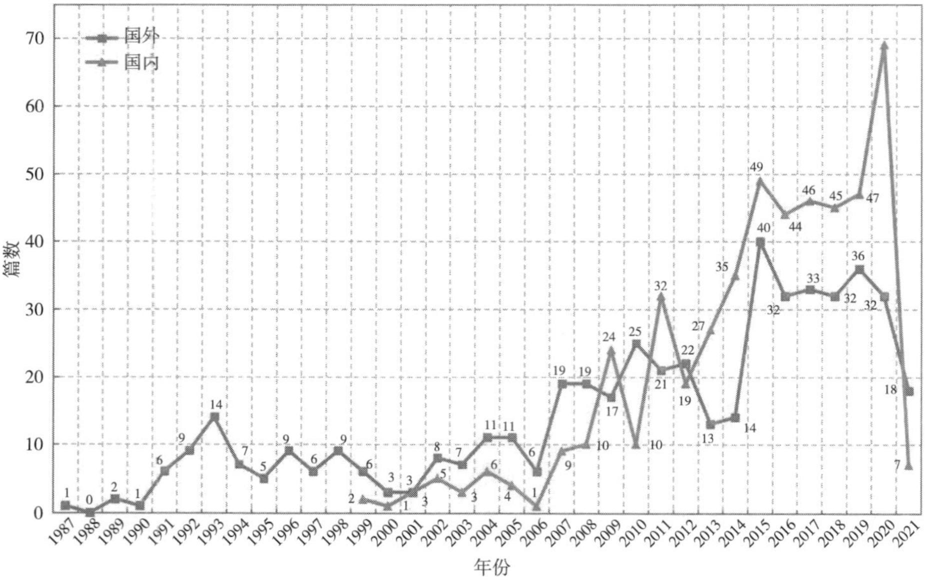

图2–11 国内外研究年发文量上的比较

（2）机构发文比较

由图2–12可知，国内外新手–熟手–专家型教师研究领域发文量最多的机构均为高校，且国内高校以师范院校居多。国内发文最多的机构分别为福建师范大学（12篇）、北京师范大学（9篇）、上海师范大学（7篇）、华东师范大学（5篇）、浙江师范大学（5篇）和黄山学院（5篇）；国外发文最多的机构分别为University Georgia（9篇）、University Hamburg（8篇）、University Cologne（8篇）、Open University Netherlands（7篇）和University Oslo（7篇）。

可见，国内外发文最多的机构的发文量总体相当。

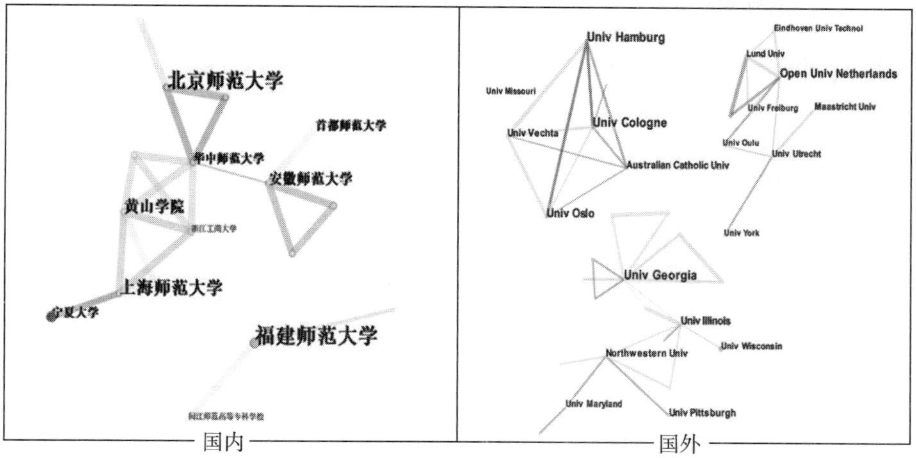

图 2–12　国内外研究发文机构比较

（3）作者发文分布

由图 2–13 可知，国内外该领域的研究均出现了核心作者合作群，其中国内 4 个，国外 2 个。国内 4 个核心作者合作群分别为连榕团队（6 篇）、卢家楣团队（3 篇）、石文典团队（3 篇）和郑长龙团队（3 篇）；国外 2 个核心作者合作群分别为 Kaiser 团队（7 篇）和 Jarodzka 团队（6 篇）。可见，国内核心作者合作群更多，但国外两个合作群的内部联系更为紧密。

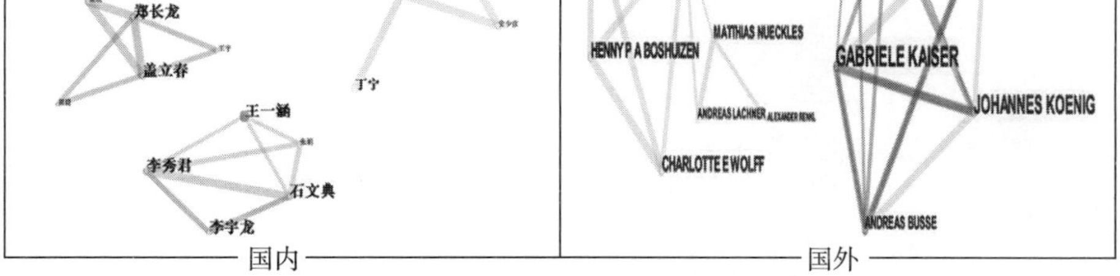

图 2–13　国内外核心作者合作群比较

2. 研究热点比较

（1）高频关键词词频比较

表 2–6 和图 2–14 显示了国内外该领域词频排名前 30 的关键词，大体可以发现国内外研究者主要开展了三类教师的比较研究，以下就教师的学科背景和比较内容两个方面进行梳理。首先，在教师学科背景方面，国内研究者涉及的学科背景比较丰富，包括数学和语文（小学和初中）、英语（初中和高中）、化学和幼儿教师；而国外涉及的学科较少，仅包括数学（mathematics）和科学（science）。可见，国内研究者涉及的学科背景更广。其次，在比较内容方面，国内依次为专业能力（包括课堂提问、课堂教学行为、教师话语、教学设计和教学策略、教学决策、情绪觉察等）和专业知识（包括 PCK，即学科教学知识）；国外依次为专业知识和信念（包括知识、PCK、教师专业知识和教学信念）、专业技能（包括指导、技能、课堂表现、教学策略、课堂管理与模式、认知、信息加工和决策）等。可见，国内外都注重三类教师在专业知识和专业能力上的比较，但在专业能力具体研究内容上存在差异，其中国内更强调教学设计、教学策略和教学行为等，而国外更强调对课堂教学信息的加工。

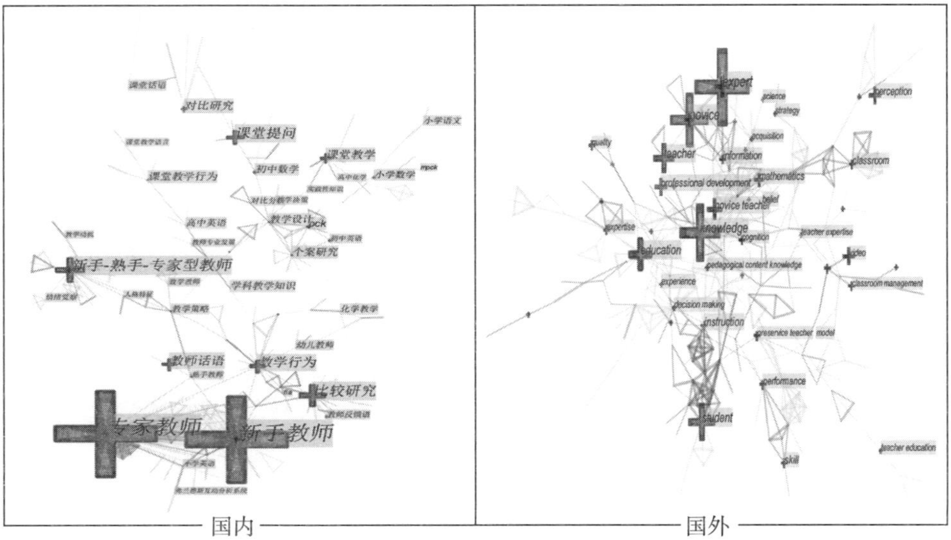

图 2–14　国内外高频关键词词频比较

表 2-6　国内外高频关键词词频比较（TOP 30）

序号	国内		国外	
	关键词	词频	关键词	词频
1	新手教师	385	Expert（专家）	102
2	专家教师	385	Novice（新手）	90
3	新手 – 熟手 – 专家型教师	56	Knowledge（知识）	72
4	比较研究	47	Student（学生）	61
5	课堂提问	38	Education（教育）	60
6	教学行为	29	Teacher（教师）	49
7	教师话语	27	Instruction（教授）	39
8	对比研究	19	Novice teacher（新手教师）	37
9	课堂教学	16	Information（信息）	30
10	课堂教学行为	13	Professional development（专业发展）	29
11	个案研究	13	Perception（知觉）	28
12	PCK	12	Skill（技能）	27
13	教学设计	11	Mathematics（数学）	25
14	学科教学知识	11	Classroom（课堂）	25
15	初中数学	11	Performance（表现）	23
16	高中英语	10	Video（视频）	20
17	小学数学	9	Belief（信念）	19
18	化学教学	8	Experience（经验）	18
19	课堂话语	8	Teacher education（教师教育）	18
20	幼儿教师	7	Expertise（专业知识）	17
21	小学语文	7	Decision making（决策）	17
22	教学策略	7	Pedagogical content knowledge（学习教学知识）	16
23	对比分析	6	Science（科学）	16
24	教师反馈语	6	Cognition（认知）	15
25	高中英语课堂	5	Teacher expertise（教师专业知识）	15
26	数学教师	5	Strategy（策略）	15
27	情绪觉察	5	Preservice teacher（职前教师）	14
28	初中英语	5	Classroom management（课堂管理）	13

续表

序号	国内		国外	
	关键词	词频	关键词	词频
29	教学决策	5	Model（模型）	13
30	熟手教师	5	Quality（质量）	13

（2）高频关键词聚类比较

由图 2–15 可知，国内高频关键词聚类的 S 值为 0.98，而国外的 S 值为 0.92，均远高于 0.3 的标准（Chen, 2017），表明国内外该领域的聚类结果均良好，其中国内聚成 14 类，而国外聚成 16 类。结合图 2–15 将这些小类进行合并，最终国内外该领域均形成九大类研究热点，具体见表 2–7。国内研究热点主要集中于专业能力中的教学监控能力（第一大类）、教学行为（第二、第五和第八大类）、教学设计（第四大类）、课堂提问、教师话语或反馈语等言语教学行为（第六、第七和第九大类），以及教师情感（第三大类），仅部分类涉及专业知识的比较（第八大类）；国外研究热点主要集中于专业能力中的课堂认知加工（包括第一、第三、第七和第八大类，涉及决策、信息加工、认知表征和感知等）、教学技能和策略（包括第五大类，涉及教学技能和策略等）、专业知识（包括第四和第六大类，涉及知识结构与学习）及教师信念（包括第二大类）与教学情感（包括第九大类，涉及教学效能感等）。

表 2–7　国内外聚类分析结果比较

类别	国内			国外		
	聚类编号	关键词	研究内容	聚类编号	关键词	研究内容
第一大类	#0、#9、#11 和 #13	新手教师；专家教师；教学监控能力；内隐学习；外显学习	教学监控能力等	#0 和 #4	经验；决策；影响；眼动；电动追源；质量；专家–新手差异	决策等认知
第二大类	#1	教学行为、化学教学、教学思路	教学行为	#1	数学；信仰；学习教学知识；科学；教育	教师信念

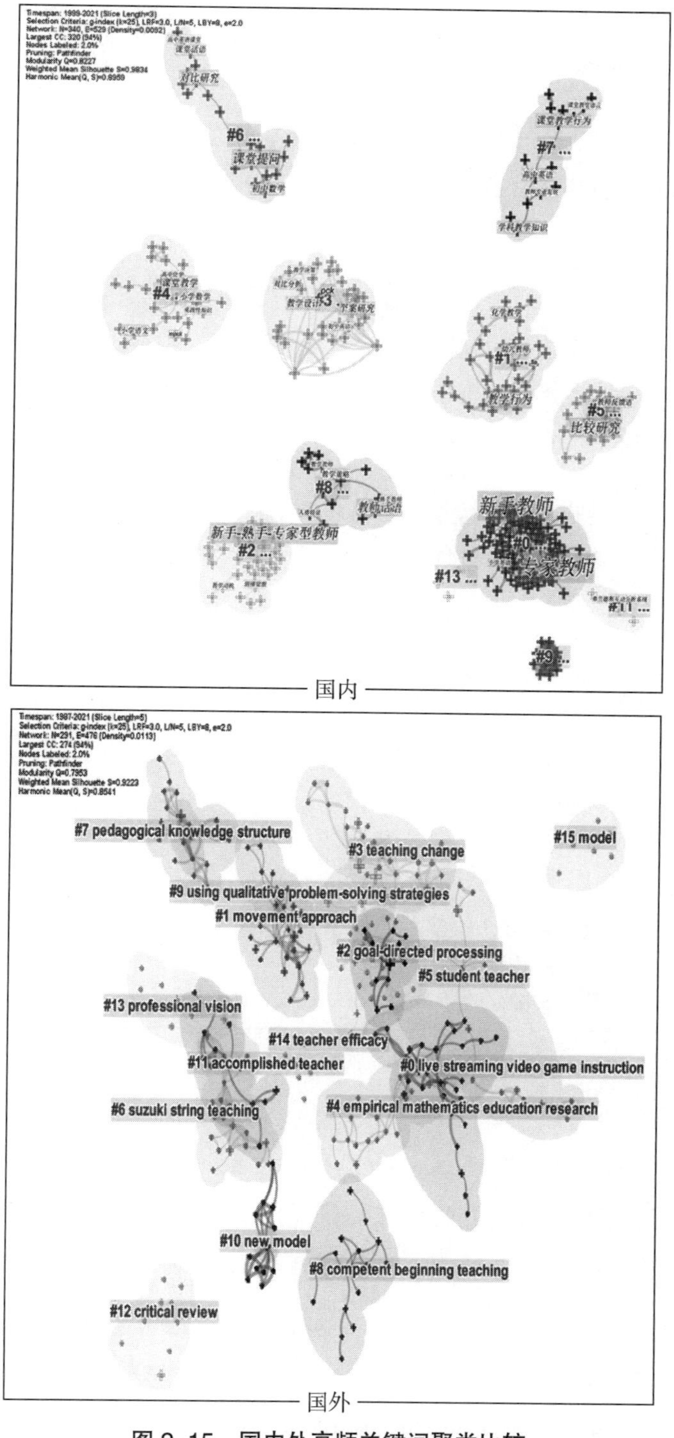

图 2-15 国内外高频关键词聚类比较

续表

类别	国内			国外		
	聚类编号	关键词	研究内容	聚类编号	关键词	研究内容
第三大类	#2	新手－熟手－专家型教师；情绪觉察；幸福感	情感心理	#2 和 #5	专家；新手；新手教师；信息；教师；教师教育	课堂信息加工
第四大类	#3	教学设计；个案研究；对比分析	教学设计	#3	知识；教授；专业发展；专长知识	教师知识学习
第五大类	#4	课堂教学；小学数学；小学语文；高中化学；实践性知识	课堂教学	#6、#10、#11 和 #13	技能；表现；职前教师；课堂；策略；视频	教学技能、行为和策略
第六大类	#5	比较研究；教师反馈语	反馈语	#7 和 #9	学生；知识结构；教育；分类	知识结构
第七大类	#6	课堂提问；对比研究；初中数学；高中英语课堂	课堂提问	#8	模型；视角；背景；教师认知；表征	认知表征
第八大类	#7	课堂教学行为；高中英语；课堂教学语言；学科教学知识	课堂教学行为和专业知识	#12	知觉；胜任力；验证	感知
第九大类	#8	教师话语；教学策略；熟手教师；数学教师	教师话语等	#14	职前；自我效能；意图	自我效能感等

3. 研究趋势比较

（1）凸显词比较

在凸显词方面，国内外该领域的研究均出现了凸显词。依据凸显词的持续时间，国内外该领域研究都可以大体分成两个阶段（见图 2-16）。国内方面，第一阶段为 2002—2009 年，其中凸显词依据持续时间长短，依次为新手－熟手专家型教师和教学策略，表明该阶段主要围绕新手－熟手专家型教师教学策略进行比较研究，对应聚类分析中的第九大类；第二阶段为 2014—2021 年，凸显词仅为课堂提问，表明该阶段主要开展了三类教师的课堂提问比较研究，对应聚类分析中的第七大类。

国外方面，第一阶段为 1987—2011 年，其中凸显词依据持续时间长短，依次为信息（information）、专家（expert）、学生（student）和认知（cognition），表明该阶段主要围绕专家教师对学生信息的认知加工进行比较研究，对应聚类分析中的第三、第七两个大类；第二阶段为 2012—2021 年，凸显词依据持续时间长短依次为专业发展（professional development）和视频（video），表明该阶段主要从专业发展角度考察不同类型教师的课堂认知差异。

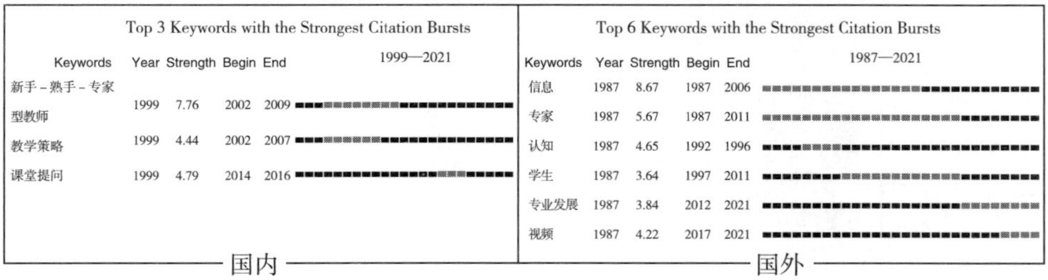

图 2–16　国内外凸显词比较

（2）时区分析比较

时区图谱（time zone）展示了国内外情绪觉察研究的趋势（见图 2–7），国内外该领域研究的时区图谱大体与研究概况中的年代分布基本吻合。国内的两个阶段分别为：① 1999—2007 年，该阶段的关键词包括专家教师、新手教师、新手－熟手－专家型教师、教学策略、教学行为和比较研究等，主要比较三类教师在教学策略等方面的差异，属于初步探索阶段；② 2008—2021 年，该阶段的关键词比较丰富，主要包括课堂提问、教师话语、对比研究、课堂教学行为等关键词，大体比较三类教师在课堂提问、教师话语等课堂教学行为方面的差异，属于繁荣发展阶段。最近几年的关键词主要包括教师反馈语和情绪觉察，表明对这两个方面进行研究是国内情绪觉察最新的研究趋势。

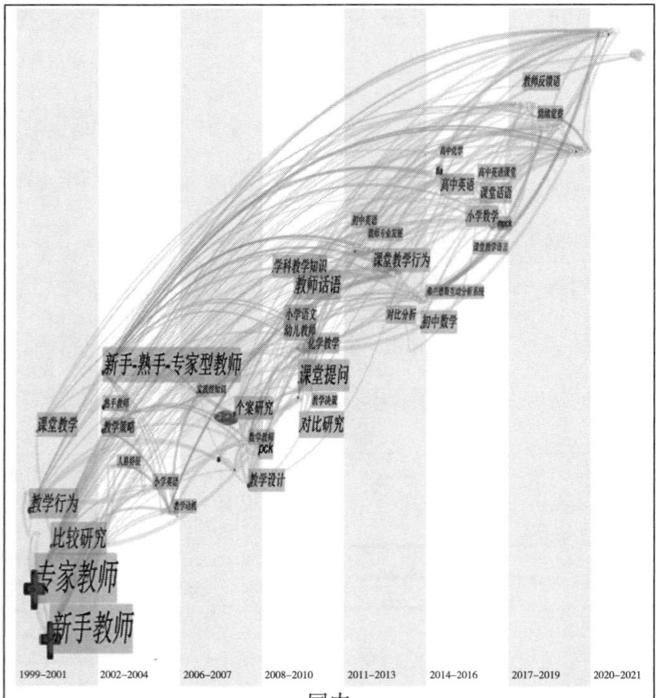

国内

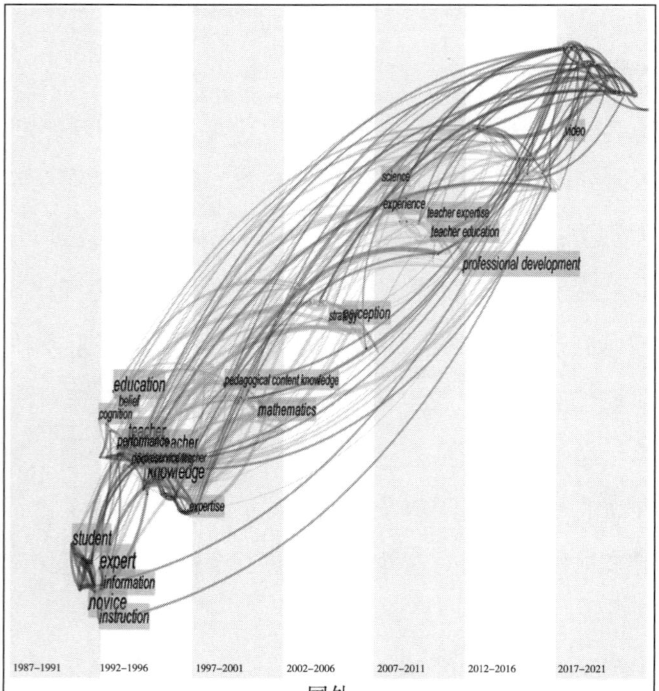

国外

图 2–17 国内外该领域研究时区图比较

国外的三个阶段分别为：① 1987—1990 年，该阶段国外的研究虽然有论文发表，但尚未形成稳定的研究，处于零星探索阶段；② 1990—2006 年，该阶段的关键词比较丰富，主要包括专家（expert）、新手（novice）、学生（student）、教育（education）、知识（knowledge）、信息（information）、决策（decision making）、信念（belief）、PCK、感知（perception）等，表明该阶段主要比较三类教师在专业知识和信念（包括知识、信念和 PCK 等）与认知（包括信息加工、决策和感知等）方面的差异，属于初步繁荣阶段；③ 2007—2021 年，该阶段的关键词比较丰富，主要包括专业发展（professional development）、教师教育（teacher education）、教师专业知识（teacher expertise）、科学（science）、经验（experience）和视频（video）等，表明该阶段主要从专业发展视角比较不同类型的教师在专业知识和教学视频认知加工方面的差异。最近几年稳定的关键词还未出现，表明国外还未形成稳定的研究趋势。可见，国内更侧重于三类教师在教学技能上的比较，而国外更侧重于专业知识和认知的比较，并且近些年来国内关于三类教师的比较出现了新的研究趋势，但国外尚未出现。

（三）讨论与结论

第一，在研究概况上，主要从年代、机构和作者三个方面比较国内外该领域的研究。从年代分布来看，国内研究始于 1999 年（俞国良，1999；吴先能，1999），而国外研究始于 1987 年（Carter et al., 1987），国内比国外晚了十余年。国外研究大体经历了初步探索（1987—1990 年）、稳定发展（1991—2006 年）和繁荣发展（2007 年至今）三个阶段；国内研究则在初步探索阶段（1999—2006 年）后直接进入繁荣发展阶段（2007 年至今），发文量于 2009 年首次超过国外，于 2013 年完全超过国外。从机构分布来看，国内外主要发文机构均为高校且发文量相当，国内主要发文机构以师范院校为主。从作者分布来看，国内外均出现核心作者合作群，其中国内有连榕、卢家楣、石文典和郑长龙四个团队，而国外仅有 Kaiser 和 Jarodzka，并且国内连榕团队为该领域最大的合作群，但国内其他团队的发文量小于国外团队。可见，国内外该领域的研究均处于繁荣发展阶段，形成多个核心作者及合作群，且高校是该领域的主要研究力量。当然，国内除了连榕教授团队外，其他团队的合作还有待进一步加强。

第二，在研究热点上，主要从高频关键词词频和高频关键词聚类分析两个方面来比较国内外该领域的研究。在高频关键词上，国内外研究者都考察了不同学科背景下三类教师在专业知识和理念、专业技能、教师心理等方面的内容，但国内研究涉及教师的学科背景更为丰富，涵盖语文、数学、英语和化学等学科，而国外研究仅涉及数学和科学等学科。在比较内容上，虽然国内外都重视对教师专业能力的考察，但具体研究内容有所不同，国内研究更侧重于专业能力中的教学设计、教学行为和专业知识的比较，而国外不仅比较了专业能力和专业知识，还重点比较了不同发展阶段教师的信念和专业能力中的课堂教学信息加工的差异。进一步的高频关键词聚类分析结果也验证了该结论：国内外在该领域均形成了九大研究热点，其中国内研究包括教学监控能力（姜凤萍，2007；罗晓路，2000）、教学行为（俞国良，1999；蒋小钢，郑长龙，付立海，2013）、情感心理（凌辉，汪瑛，张建人，李浩，2016；李亚真，潘贤权，连榕，2010）、教学设计（康翠，鞠慧敏，2011；黎安林，曹立人，2009）、课堂教学及行为（吕海龙，周特跃，欧佩，2009；蒋小钢，郑长龙，付立海，2013）、教师反馈语（刘晓睿，2021；李秋实，2015）、课堂提问（郑友富，2009）、专业知识（冯艳慧，郭启华，2020；李启燕，2019；胡谊，吴庆麟，2006）等九个方面的比较；国外则包括决策（Conesa et al., 2021; Scholten & Sprenger, 2020; Stahnke, Schueler & Roesken-Winter, 2016）、信念（Alaketuenter, Biemans, Tobi & Mulder, 2013; Nicola, Anja, Kornelia & Mirjam, 2017）、信息加工（Behets, & Daniel, 1996; Krolakschwerdt, Bohmer & Grasel, 2009）、知识学习（Beach & McConnel, 2019; Peters-Burton, Goffena & Stehle, 2020）、教学技能（Blackwell, 2020; Goolsby, 1999）、知识结构（Ennis, Mueller & Zhu, 1991; Stahnkea & Blömekeb, 2021）、认知表征（King et al., 2014; Reynolds, 1992）、感知（Seidel et al., 2020;

Stahnke & Blmeke, 2021）和自我效能感（Savolainen, Malinen & Schwab, 2020）等九大方面的比较。可见，在研究热点方面，国内更侧重于教师专业能力中的诸如提问、反馈等语言教学行为、教学策略和教学设计等方面的比较，而国外更侧重于专业能力中对课堂信息加工的比较。

第三，在发展趋势上，主要从凸显词分析和时区图谱分析两个方面进行比较分析。凸显词分析结果发现，国内外研究均出现了两个阶段的凸显词，其中国内更侧重于教学策略和课堂提问等专业技能方面的比较，而国外则更侧重于教师对教学信息的认知加工比较。进一步的时区图谱分析细化了上述的凸显阶段，细化了的凸显阶段与研究概况中的年代分析大体吻合，其中国内包括初步探索阶段（1999—2007 年）和繁荣发展阶段（2000 年至今），并且这两个阶段均对教学策略、教学行为、课堂教学、课堂提问和教师话语等专业技能进行了比较，对教师反馈语进行研究则成为国内该领域新的研究趋势。可见，尽管国内不同阶段的研究内容有所不同，但都集中于专业技能的比较，对教师反馈语进行研究作为最新的研究趋势也仍属于专业技能范畴。国外研究则包括零星探索（1987—1990 年）、稳定发展（1990—2006 年）和繁荣发展（2007 年至今）三个阶段。其中零星探索阶段未形成稳定的研究；稳定发展阶段的研究主要集中于专业知识和信念（包括知识、信念和 PCK 等）与专业能力中的认知加工（包括信息加工、决策和感知等）两个方面的比较；繁荣发展阶段的研究主要集中于专业知识和视频加工的比较，新的研究趋势尚未形成。可见，国外不同发展阶段的具体研究内容虽然不同，但对专业知识与信念、课堂信息认知加工进行研究一直是该领域的研究趋势。

综上，采用 CiteSpace 软件对 1987 年以来国内外该领域的 995 篇题录进行了可视化分析发现，尽管国内该领域研究起步比国外晚了十余年，但国内多所知名师范院校积极参与研究，发展势头迅猛：不仅表现为在发展阶段上，国内的研究从零星探索阶段直接进入繁荣发展阶段，且发文量于 2009 年首次超过国外，还出现了四个核心作者合作群，且连榕团队的发文量为国内外最多。国内外该领域均形成九大研究热点，但国内更侧重于专业技能和专业知识的比较，而国外则更侧重于专业知识、专业信念和专业能力中的教学信息认知加工的比较，这些侧重点也体现在国内外不同发展阶段的研究趋势上。国内在不同发展阶段具体的研究内容虽然不同，但都属于专业能力的范畴，对教师反馈语进行研究则是新的研究趋势；而国外的研究趋势则是对专业知识和专业能力中的教学信息认知加工进行研究，尚未形成新的研究趋势。

二、国内外新手－熟手－专家型教师研究内容比较

通过新手－熟手－专家型教师的可视化分析发现，国内外研究者主要围绕理念、专业知识、专业能力等方面进行比较研究，这与教育部于 2012 年颁发的教师专业标准的框架基本吻合。为此我们依据该分析框架，采用定性的内容分析方法对国内外新手－熟手－专家型教师的研究内容进行比较（见表 2–9），为进一步的新手－熟手－专家型教师研究提供参考。

表 2–9　国内外新手－熟手－专家型教师主要比较内容

维度	领域	国内外具体比较内容	
		国内	国外
专业理念与师德	职业理解与认识	职业认同、教师信念、专业理念	职业认同、教师信念、教学信念
	对待学生的态度	儿童观	能力观、对学生的信念
	教育教学态度与行为	教学观念、教学活动观	教学态度
	教学心理与行为	情绪劳动、情绪调节、情绪教学管理能力、幸福感、人格、教学心理特征、教学效能感、教学动机、职业倦怠、职业承诺、职业人格	教学效能感、职业归属感、职业需求、职业兴趣

续表

维度	领域	国内外具体比较内容	
		国内	国外
专业知识	教育知识	显性知识、隐性知识	教师知识、知识建构
	学科知识	学科知识、学科实践性知识、	内容知识、学科专业知识
	学科教学知识	学科教学知识（PCK）、整合技术的学科教学知识（TPACK）、数学学科教学知识（MPCK）	教学知识（PK）、学科教学知识（PCK）、一般教学知识（GPK）
	通识性知识	文化意识	共享教学文化
专业能力	教学设计	教学设计、教学思路、备课策略、教材处理能力、教学设计理念、课时内容规划	教学设计、教学计划、课堂管理脚本、备课
	教学实施	（1）教学行为（包括提问、理答、教师话语、言语互动、指令语、课堂导入、课堂纠错、反馈、课堂小结等言语行为和非言语行为） （2）教学策略（包括组织策略、教学支持策略、动机激发策略） （3）课堂认知（监控、观察、注意、决策、元认知、教师目视） （4）信息化教学能力	（1）教学行为（包括提问、问题表征、问题解决、反馈、教师话语、言语交流风格等言语行为和手势、交流凝视等非言语行为） （2）教学策略 （3）课堂认知（课程认知、监控、视觉信息加工、观察、感知、注意、理解、记忆、解释、推理、决策、预测学生犯错、认知老化、元认知策略、专业洞察力、元认知、时间认知、教师学习、非正规学习等） （4）信息化教学能力
专业能力	班级管理与教育活动	同伴冲突介入	班级管理、管理专业知识
	教育教学评价	教学评价、即时性评价、评价语言	教学评价、学生成绩评价偏差
	沟通与合作	师生互动、与园长互动、亲切性	人际交往态度、师生沟通
	反思与发展	反思、自主发展意识	反思

（一）专业理念与师德的比较

国内外研究者对不同发展阶段教师专业理念和师德维度下的四个方面都

做了比较，其中以个人修养与行为方面的比较最为丰富。

（1）在职业理解与认识方面，国内外研究都考察了不同类型教师的职业认同（Samsudin, Moen, Hai, Hailu & Kyasanku, 2021; 贾艳 , 2018）和教师信念（Keskin, Orlu & Ayas, 2018; 姜雪 , 2020）的差异，但国内还依据教育部的教师专业标准整体比较了幼儿园专家教师和新手教师专业理念内容和形式两方面的差异（朱新言 , 2017），而国外仅考察了教学信念差异。

（2）在对待学生的态度方面，国内研究者考察了儿童观（柏建玲 , 2018），而国外研究者则考察了教师对学生的能力观（Baleghizadeh & Shahri, 2014）和对学生的信念（Achinstein & Barrett, 2004）。

（3）在教育教学态度与行为方面，国内外研究者都考察了不同类型教师对教学的态度或观念（Dimitrova, 2020; 王鹏 , 2013），但国内研究者还考察了幼儿园教师的教学活动观（李林娜 , 2020）。

（4）在个人修养与行为方面，国内外该方面的研究最丰富，且都考察了与教学相关的情感，如教学效能感（Schwab & Alnahdi, 2020; 俞国良 , 1999）。国内研究更倾向于考察教学心理特征，如情绪管理能力（曹典 , 2019）、幸福感（凌辉 , 汪瑛 , 张建人 , 李浩 , 2016）、人格（廖美玲 , 2002）、教学心理特征（连榕 , 2004）、职业倦怠（邵雅利 , 2009）、职业承诺（邵雅利 , 2003）、职业人格（谢姗姗 , 林荣茂 , 连榕 , 2019），而国外则侧重于倾向方面的研究，如职业要求、职业兴趣（Kaub, Karbach, Spinath & Brünken, 2016）和职业归属感（Blackley, Bennett & Sheffield, 2018）等。

（二）专业知识的比较

国内外研究者对不同发展阶段教师专业知识维度下的四个方面都做了比较，其中对学科教学知识的比较最为丰富。①在教育知识方面，国内主要比较了不同类型教师在显性知识和隐性知识等个体知识上的差异（宋家嘉 , 2020; 李晓晨 , 2020）；国外则不仅比较了不同类型教师在陈述性知识、程序性知识和结构性知识等个体知识上的差异（Barba & Rubba, 1993），还比较了教师在个体知识建构上的差异（Castejón & MartíNez, 2001）。②在学科知识方面，国内外都主要比较了不同类型教师在学科知识上的差异（Schempp, Manross, Tan & Fincher, 1998），但国内研究者还针对部分学科的实践性，提出了学科实践性知识论点（冯艳慧，郭启华，2020）。③在学科教学知识方面，国内研究者更侧重于考察不同类型的学科教学知识（朱连云，2007；蔡双双，2020），如整合技术的学科教学知识（TPACK）（陆阳阳，2018）和数学学科教学知识（MPCK）（陈静安，陈琪，廖建全，2019）的比较；而国外研究者更侧重于考察与学科教学知识相关的知识，如教学知识（PK）（Neumann, Kind, & Harms, 2018）和一般教学知识（GPK）（K Nig & Kramer, 2015）等的比较。④在通识知识方面，国内外研究都较少，其中国内涉及文化意识的比较（咸煜琛，2020），而国外则考察了共享教学文化的比较（Arani, 2016）。

（三）专业能力的比较

国内外研究者对不同类型教师专业能力维度下的六个方面都做了比较，其中又以教学实施中的比较内容最多。

（1）在教学设计方面，国内外研究者都比较了不同类型教师的教学设计（Byra & Sherman, 1993; 康翠，鞠慧敏，2011；王丹，2018）及备课策略（Sanders, Borko & Lockard, 2010; 李莉，2014）等方面的内容，但国内研究者在教学设计方面的研究更为丰富，还考察了教学设计理念（朱韶红，王东，2019）、课时内容规划（曾春燕，姚静，2016）、教学设计思路（王蕾，2014）和教材处理能力（白云飞，2013）等教学设计方面的内容。

（2）在教学实施方面，国内外该领域的研究在专业能力六个领域研究中最为丰富，国内外研究者都考察了教学实施中的教学行为（Sezen-Barrie & Marbach-Ad, 2021; 唐卫海，韩维莹，仝文，2010）、教学策略（Nasri, Yusof, Ramasamy, Halim & Ming, 2011; 孟迎芳，连榕，郭春彦，2004）、课堂认知（Wolff, Jarodzka, Niek & Boshuizen, 2016; 费广洪，胡思静，2019）和信息化教学能力（Guillén-Gámez & Ramos, 2021; 熊田蕊，2019）四个方面的内容。这四方面的内容中又以教学行为和课堂认知居多，但具体研究内容存在差异。①在教学行为方面，国内研究者更侧重于对语言行为，如提问（郑友富，2009）、理答（朱会从，向美，2021）、教师话语（张维民，2009）、言语互动（张梦瑶，2019）、指令语（冷莉，2020）、课堂导入（严格，王卫，2020）、课堂纠错（杨蕾，2018）、反馈（于丽娟，2015）、课堂小结（鲍雯华，吕峰波，2019）等言语行为的考察。而国外研究者不仅考察了语言行为，还深入考察了非语言行为，如手势（Liu et al., 2020）、交流凝视（Mcintyre, Mainhard, & Klassen, 2017）等。②在教学策略方面，国内的研究更为丰富，不仅探讨了教学策略（孟迎芳，连榕，郭春彦，2004），还比较了不同教师在组织策略（王紫嫣，2017）、教学支持策略（董璐瑶，2020）、动机激发策略（韩秀秀，2019）等多种教学策略上的差异。③在课堂认知方面，国内外研究者虽然都进行了不同类型教师对课堂的监控（罗晓路，2000）、认知（费广洪，胡思静，2019）、知觉（王福兴，申继亮，田宏杰，周宗奎，2010）、观察（华洁琼，2020）、注意（胡志坚，2001）、决策（张敏，2009）、元认知（田长伟，2015）和教师目视（翟文萍，2017）等方面的比较，但国外的研究内容更为丰富，且近些年还结合眼动技术考察了三类教师的专业洞察力方面的差异（Goldberg, Schwerter, Seidel, Müller & Stürmer, 2020），具体包括对课堂事件的感知、注意、回忆、解释、决策等认知加工（Cortina, Miller, McKenzie & Epstein, 2015; Wolff, Jarodzka, Niek & Boshuizen, 2016）。④在信息化教学能力方面，国内外研究者都考察了不同发展阶段教师这方面能力的差异（Guillén-G á mez & Ramos, 2021; 熊田蕊，2019）。

（3）在班级管理与教育活动方面，国内研究较少，仅有一项涉及幼儿园教师对幼儿冲突介入的研究（汪红，2019），而国外研究则不仅考察了班级管理（Yazdanmehr & Akbari, 2015），还考察了管理专业知识（K Nig & Kramer, 2015）。

（4）在教育教学评价方面，国内外研究者都涉及了教学评价（司秀月，2012），但国内研究侧重于考察评价语言（赵丹丹，2020）和即时性评价（常丽，2007），而国外则侧重于考察学生成绩评价偏差（Dunnebier, Grasel &

Krolakschwerdt, 2009)。

（5）在沟通与合作方面，国内外研究者都考察了师生沟通，但国内采用近红外技术考察了不同类型教师在师生合作互动中的行为和脑际神经同步的差异（Sun, Xiao, Feng, Shao & Li, 2019; 肖威龙 , 2020），以及教师与领导的沟通（刘蕊 , 2020）和亲切性（周慧 , 2018）等方面的差异，而国外仅考察了教师对人际交往的态度（Mate, Brizio, & Tirassa, 2011）。

（6）在反思与发展方面，国内外研究者都比较了不同类型教师的反思（Sebren & Ann, 1995; 丁俊兰 , 2012），但国内的研究更为丰富，还考察了教师的自主发展意识（夏蓓洁 , 刘莳斐 , 2021）等。

可见，国内外关于新手 – 熟手 – 专家型教师的比较内容与教育部于 2012 年颁发的教师专业标准基本吻合，都涉及了专业理念与师德、专业知识和专业能力三大方面，并且国内外这三大方面的侧重点也基本一致，如专业理念与师德中的教学心理与行为、专业知识中的学科教学知识、专业能力中的教学实施这三个领域。但国内外在这三个领域中的具体研究内容存在差异：在教学心理与行为方面，国内更侧重于考察心理特征，而国外更侧重于考察心理倾向；在学科教学知识方面，国内拓展了学科教学知识的亚型，而国外仅考察了相关的学科教学知识；在教学实施方面，国内更侧重于考察言语教学行为，而国外更侧重于考察课堂教学信息认知加工。

第三节 新手 – 熟手 – 专家型教师情绪觉察研究进展

在对情绪觉察和新手 – 熟手 – 专家型教师两个领域进行可视化分析和内容分析的基础上，我们分别对情绪觉察、新手 – 熟手 – 专家型教师和新手 –

熟手－专家型教师情绪觉察三个方面的研究进行总结和展望。

一、新手－熟手－专家型教师情绪觉察研究小结

第一，情绪觉察领域。可视化分析主要比较了国内外情绪觉察研究概况、研究热点和研究趋势三个方面的差异。①在研究概况上，国内情绪觉察研究始于 1999 年，共发文 133 篇；而国外则始于 1987 年，共发文 1021 篇。可见，国内研究起步比国外晚了十余年，发文量也不足国外的 1/7；但国内情绪觉察领域研究与国外一样都经历了零星探索、初步发展和稳定发展三个阶段，尤为可喜的是国内研究者越来越重视情绪觉察研究，从而导致相关的研究处于稳定发展阶段，还形成了一定的核心作者合作群，年发文量十余篇。②在研究热点上，国内主要围绕学生和教师群体开展包含情绪觉察成分的相关概念（如情绪智力、情绪管理能力等）的研究，针对情绪觉察的研究则相对较少；但国外研究主要围绕情绪觉察展开，系统考察了情绪觉察的概念、测量、神经基础、相关因素和提升策略等内容。③在发展趋势上，国内研究最新的发展趋势为对新手－熟手－专家型教师情绪觉察进行研究，而国外则是对身心疾患群体的情绪觉察进行干预研究。这表明国内研究者已经开始重视情绪觉察对于教师群体的重要性，并开展了不同类型教师情绪觉察的探索性研究。内容分析则进一步依据国外五大研究热点，分别从情绪觉察的概念、测量、神经基础、相关因素和提升策略五个方面比较国内外该领域研究的差异。①在概念研究方面，国内外在情绪觉察领域均存在专门研究（针对情绪觉察展开）和附带研究（情绪觉察作为其他概念的下属成分）两种倾向，但国内还未对情绪觉察这一概念开展深入的理论探索，更多的仍是附带研究。国内外对情绪觉察概念的界定主要从操作和对象两个层面展开，其中国内外对对象层面的认知基本一致，认为其主要包括自己和他人两个方面的情绪。但对操作层面的认知还未达成一致，涉及注意、感知、识别、理解和描述等多个过程，有待进一步探索。②测量研究方面，国内外研究者探索情绪觉察的测

量有专门研究和附带研究两种倾向。在情绪觉察专门研究中，国内仅直接翻译国外最常用的 LEAS，而国外却编制了多个情绪觉察的专门测量工具，但国外开发工具的对象主要是儿童、青少年和大学生。在情绪觉察的附带研究中，国内情绪觉察研究主要包含在情绪智力、情绪管理能力、胜任力等积极概念中，且编制的测量工具的测量对象以教师居多，而国外情绪觉察研究主要包含在情绪调节困难、情绪表达困难、述情障碍等消极概念中，且编制的测量工具的测量对象以大学生居多。③在神经基础方面，国内研究仅初步探索了不同情绪觉察水平个体在情绪信息加工过程中的时间进程差异，国外研究者则不仅从实证角度采用成像技术探索情绪觉察神经基础的空间特征，还从理论上构建了情绪觉察的神经解剖学模型和迷走神经负反馈模型，构建了联结中枢神经和外周神经的情绪觉察神经机制。④在相关因素方面，国内外研究不仅考察了情绪觉察的影响因素和情绪觉察的影响效果，还考察了情绪觉察或其他变量作为调节或中介变量对后果变量的影响，但国内的研究更多的是附带研究，对情绪觉察的专门研究尚处于现状调查及相关分析阶段。⑤在提升策略方面，国内外研究者均开展了情绪觉察的提升研究，但国内仅针对正常的职业教师群体或大学生开展情绪觉察研究，而国外则不仅针对正常群体开展研究，而且重视对身心疾患群体的干预研究。可见，虽然国内情绪觉察研究取得一定的进展，但情绪觉察的专门研究，尤其是概念的深入探讨和本土化测量工具的开发仍然不够，这是制约国内情绪觉察领域研究发展的基础因素。

第二，新手－熟手－专家型教师领域。可视化分析主要比较国内外新手－熟手－专家型教师在研究概况、研究热点和研究趋势三个方面的差异。①在研究概况上，国内新手－熟手－专家型教师研究始于 1998 年，共发文 498 篇，而国外则始于 1987 年，发文 497 篇。可见，虽然国内研究起步比国外晚了十余年，但发文量和国外的相当，这是因为国内该领域的研究不像国外那样经历了初步探索（1987—1990 年）、稳定发展（1991—2006 年）和繁荣发展（2007 年至今）三个阶段，而是从初步探索阶段（1999—2006 年）直接进入繁荣发展阶段（2007年至今）。由此可见，国内该领域研究的发展势头更为迅猛：国内发文量于2009年首次超过国外，并于2013年完全反超，且国内的核心作者合作群数量也超过国外。②在研究热点上，国内外研究都主要比较了不同类型教师的专业知识、专业能力及教师的心理特征，但国内更侧重于对专业能力的比较，而国外则更侧重于对课堂教学信息的认知加工及教师信念的比较。③在研究趋势上，对教师反馈语进行研究是国内新的研究趋势，国外尚未形成稳定的发展趋势。内容分析发现，国外该领域的研究热点与教育部颁发的教师专业标准内容基本一致，为此依据教师专业标准中的专业理念与师德、专业知识和专业能力三个维度分析该领域的研究内容。①专业理念与师德方面。国内外研究都涉及该维度下属的四个领域，且均重点考察了教师个人修养与行为方面的内容，但国内更强调对个人修养与行为中相对稳定的教学心理特征的比较，而国外研究者更强调对个人修养与行为中的教学心理倾向的比较。此外，国外研究者热衷于对教师各种信念的比较，这与可视化分析的结果较为一致。②专业知识方面。国内外都涉及了专业知识下属的四个方面的内容，且均重点考察了学科教学知识，但国内更侧重于对不同类型学科教学知识的比较，而国外研究者则更侧重于对学科教学知识相关知识的比较。此外，国外研究者还考察了教师知识的构建问题。③专业能力方面。国内外研究都涉及了该范畴下属的六个方面，且均重点考察了教学实施，但国内在教学设计、教育教学评价、沟通与合作和反思与发展四个领域的研究更为丰富，并且在教学实施中尤其强调言语教学行为、教学策略等方面的内容；而国外则重视教学实施中课堂认知方面的研究，尤其是近些年还利用眼动技术考察了不同类型教师在课堂事件认知加工方面的差异。由此可见，国内外都认为新手教师向专家型教师转变需要从专业理念与师德、专业知识和专业能力三个方面入手，这与教育部2012年颁发的教师专业标准高度一致。国内外研究尤其重视对不同发展阶段教师专业能力的比较，并且国内在该方面的比较更广，而国外则侧重于对课堂教学信息加工能力的比较。

第三，新手－熟手－专家型教师情绪觉察领域。虽然国内外该领域尚未有有针对性的研究，但研究者已经开始探讨情绪觉察对于教师的重要性，并开展了教师群体情绪觉察的专门研究和附带研究。①在情绪觉察对于教师的重要性方面。国外研究者指出网络课程无法帮助教师确定学生的情绪，提升情绪觉察水平则有助于教师识别学生的情绪和需求，从而提升网络教学质量（McKnight, 2013）。国内虽然没有明确指出情绪觉察对于教师的重要性，但研究者在教师胜任力（宋倩 , 2008; 余琳燕 , 2008）和情绪管理能力（程路 , 2020; 廖丽娟 , 2013）等研究中都把情绪觉察作为这些概念的组成要素之一，间接强调了情绪觉察对于教师群体的重要性。②在教师或职前教师情绪觉察的专门研究方面。国内卢家楣教授团队已经开展了职前教师和教师情绪觉察的专门研究；汪海彬等人运用 LEAS 对职前教师群体进行了信效度检验，实施了职前教师群体的现状调查，开展了不同情绪觉察水平个体在情绪信息加工过程中的眼动差异和脑电差异研究，并开展了职前教师情绪觉察的团体辅导活动等（汪海彬 , 2013; 汪海彬 , 卢家楣 , 姚本先 , 等 , 2015; 汪海彬 , 余圆圆 , 唐晓晨 , 2014）；王松云等依据 LEAS 问卷编制模式初步探索了小学情绪觉察水平量表的编制与应用（王松云 , 卢家楣 , 汪海彬 , 2018）；金丽系统考察了职前教师觉察冲突情绪、刺激行为和脑电特点（金丽 , 2019）。国外仅一项研究考察了幼儿教师情绪觉察水平对幼儿负性情绪应对策略的不同影响，结果发现高情绪觉察与感觉标注、情绪调节和问题焦点等积极应对策略正相关，而低情绪觉察则与惩罚等消极应对策略正相关（Ersay, 2015）。③在情绪觉察的附带研究方面。国内研究者认为情绪觉察是优秀幼儿教师的胜任特征（余琳燕 , 2008）、中小学教师情绪胜任素质（马辰 , 2013）、幼儿教师情绪管理能力（廖丽娟 , 2013）等积极概念的下属成分，曹典还考察、比较了幼儿新手 - 专家型教师情绪管理的现状与影响因素，结果发现专家教师情绪管理总分及下属的情绪觉察、情绪表达、情绪调适和情绪运用都显著优于新手型教师，进一步的访谈结果显示自身性格是影响新手型教师情绪管理的重要因素（曹典 , 2019）。可见，国内外研究者已经开始重视情绪觉察对于教师群体的重要作用，开展了职前教师和小学教师情绪觉察的初步研究，调查了幼儿新手 -

专家型教师包含情绪觉察成分的情绪管理的现状和影响因素，未来还有待进一步开展新手－熟手－专家型教师情绪觉察的专门和深入系统的研究。

二、新手－熟手－专家型教师情绪觉察研究展望

尽管国内外研究者在情绪觉察和新手－熟手－专家型教师两个领域的研究分别处于稳定发展和繁荣发展期，并对新手－熟手－专家型教师情绪觉察进行了初步探索，但以往研究仍有待进一步发展。

第一，整合国内外研究取向开展教师群体情绪觉察有针对性的深入研究。可视化分析和内容分析结果发现，国外主要对身心疾患群体的情绪觉察进行深入系统的研究，内容涵盖情绪觉察的概念界定、测量工具、神经基础、相关因素和提升策略五大方面；而国内则针对教师群体开展情绪觉察的附带研究，主要包括对职前教师和教师群体胜任力与情绪管理等方面的研究。由此可见，国外情绪觉察研究虽然系统，但多为临床取向，这不利于情绪觉察研究领域的拓展，而国内情绪觉察研究虽然零星，但多为教育取向，恰表明教师群体是情绪觉察领域拓展研究的重要研究对象。为此，亟须在国内开展具有针对性的教师群体情绪觉察研究。当然，国内的卢家楣教授团队已经开展了职前教师和小学教师的情绪觉察研究，但遗憾的是该团队在界定情绪觉察概念时，未能结合教师的职业特色进行理论和实践探索，仍使用了 Lane 等人关于情绪觉察的概念界定，然而 Lane 等人最初的概念界定源自述情障碍等躯体形式障碍患者。为此，今后研究需要结合教师职业特色，重新界定教师情绪觉察的概念，并编制有针对性的调查工具，以便开展进一步的诸如神经基础、相关因素和提升策略等方面的研究，以拓展情绪觉察领域研究，丰富情绪觉察研究内容。

第二，采用新手－熟手－专家型教师范式开展教师情绪觉察的研究。可视化分析和内容分析结果发现，新手－熟手－专家型教师研究范式是国内外教师专业发展中备受青睐的研究范式。尤其是 2007 年后，国内外该领域的研

究进入繁荣发展期，研究者采用该范式开展了不同类型教师在专业理念与师德、专业知识和专业能力三大方面的比较研究。然而，国内研究更多比较了专业能力中的言语教学行为，如教师话语、提问、理答、言语互动、指令语、反馈、小结等，国外则更多比较了教师对课堂的认知加工，包括观察、感知、注意、理解、记忆、解释、推理、决策和预测等专业洞察方面的内容。可见，国内外该领域的研究虽然丰富，但更多考察了言语和冷认知方面的内容。而教育部下发的教师专业标准中增添了“观察学生情绪”等情绪认知要求，可见今后需要借鉴以往研究开展新手－熟手－专家型教师情绪觉察的研究，这是由国家重视教师情绪素质所引发的培养教师情绪素质的现实要求。此外，国外在新手－熟手－专家型教师领域的研究高度重视对课堂信息认知加工能力的比较，如洞察力等，但尚未深入探讨情绪洞察方面的研究。研究发现教师作为高情绪劳动工作者，每天要应对各种情绪问题，因此对于情绪的洞察具有实践需求。情绪觉察的相关研究与情绪洞察的相关研究可能有部分重合，为此，针对不同发展阶段，教师的情绪觉察研究还可以拓展新手－熟手－专家型教师专业洞察这一热点研究领域。

未来研究需要基于情绪觉察对教师素养提升的时代需求、教师专业终身成长的现实需求和情绪觉察领域有待拓展的学术需求，从教师专业发展视角出发，采用“新手－熟手－专家型教师”的研究范式，以提升教师情绪觉察水平为宗旨，开展新手－熟手－专家型教师情绪觉察系统深入的研究。这不仅可以拓展情绪觉察的研究领域，契合教师专业素质提升的要求，还可以促进教师专业成长。

第三章 教师情绪觉察的理论研究

情绪觉察（emotional awareness）概念提出者 Lane 认为情绪觉察作为一种情绪认知技能，指“识别与描述自己和他人情绪的能力”，对于个体的身心健康和社会适应具有重要意义（Lane & Schwartz, 1987）。尽管国内外研究者有关教师情绪觉察有针对性的研究不多，但研究者已经开始重视这种能力对于教师群体的重要作用（Ersay, 2015）。国内研究者已经围绕教师群体开展了包含情绪觉察成分的情绪智力（胡诗颖，2016）、情绪管理能力（孟佳，2012；廖丽娟，2013；汪新艳，赵熊璐子，2015；王艳洁，2019）、共情（Dickerson & Quas, 2021; Eckland & English, 2019）、情绪预测（陈宁，卢家楣，汪海彬，2014a, 2014b）、情绪感染（张奇勇，卢家楣，2015；张奇勇，卢家楣，闫志英，陈成辉，2016）、教师胜任力（宋倩，2008；余琳燕，2008）和教师情感素养（钟芳芳，朱小蔓，2016）等方面的研究，并发现情绪觉察对于教师群体具有积极的意义。为此，本章不仅基于以往教师情绪觉察附带研究（包括情绪智力、情绪管理能力等）的成果，从理论上探讨情绪觉察对于教师群体的独特作用，还结合以往教师情绪觉察有针对性的研究，试图从理论上构建富有教师职业特色的教师情绪觉察概念和机制，从而为有针对性地开展教师情绪觉察研究提供理论基础。

第一节　教师情绪觉察的教育功能

情绪觉察被视为情绪智力、情绪管理能力、共情、情绪预测、情绪感染、胜任力和情感素养等多个积极概念的重要构成要素，对于教师群体具有独特的教育价值：作为情绪智力和情绪管理能力等的构成要素，情绪觉察是教师保持平和心态的根基；作为共情、情绪预测和情绪感染等情感教育能力的构成要素，情绪觉察是教师实施情感教育的基础；作为教师胜任力和情感素养的基础，情绪觉察是教师自身"以情优德"的起点。

一、保持平和心态的根基

国内外研究者在构建情绪智力和情绪管理概念结构时，都将情绪觉察视为这些概念的首要构成要素（Salovey & Mayer, 1990; 孟佳，2012；廖丽娟，2013；汪新艳，赵熊璐子，2015；王艳洁，2019），甚至有研究者还指出高情绪觉察是个体采用积极情绪调节策略的先决条件（Subic-Wrana et al., 2014）。这是因为个体只有在正确识别与描述自身情绪的基础上，才能有效地分析个体情绪产生的原因，进而重新认知和评价情绪情感刺激，以调节自身的情绪并保持积极乐观的心态，这对于教师群体至关重要。教育部于2012年颁发的教师专业标准中明确指出教师要"善于自我调节情绪，保持平和心态"（教育部，2012），然而教师在日常生活中不仅会遭遇普通人会遭遇的生活烦恼，还会遭遇由课堂突发事件等非教学预期事件带来的情绪冲突，但教师的职业特点又不允许教师把这些负性情绪带入日常教学活动中，这就导致教师成为高情绪劳动群体（刘衍玲，张大均，2015；李海燕，2018），进而产生职业倦怠（孙阳，张向葵，2013），甚至产生心理健康问题（汪海彬，唐晓晨，徐俊华，2015；汪海彬，陈宁，陈峰，2013；汪海彬，陈海燕，桑青松，2013）。高情绪觉察作为情绪智力和情绪管理的基础，作为情绪调节的先决条件，有助于教师在经历负性生活事件时积极管理与调节自身情绪。这不仅有助于教师妥善处理教学之外的生活烦恼，还能有助于教师从容应对学生“戏谑”等突发性教学事件，进而避免产生或克服职业倦怠，保持愉快、饱满、振奋的状态，做到“心无旁骛，甘守三尺讲台”，全身心地投入教育教学工作。

二、实施情感教育的基础

情感教育能力是现代学校教育和课堂教学的必然要求，也是新时代教师需要具备的奠基性要素（朱旭东，2015）。情感教育和教学理论不仅强调师生的情感交融，提出“融情原则”——教师要积极创设条件，使师生人际情感在教育过程中积极交融，还认为教材、环境也是促成教育情感现象的重要源点，挖掘其中的情感性内容有助于从情感维度的角度系统地优化教育教学（卢家楣，2000）。研究发现，情绪觉察被视为教师情感教育能力及相关的诸如共情（Dickerson & Quas, 2021; Eckland & English, 2019; 孙炳海，2018）、情绪预测（陈宁，卢家楣，汪海彬，2014a, 2014b）和情绪感染（张奇勇，卢家楣，2015；张奇勇，卢家楣，闫志英，陈成辉，2016）等能力的基础。由此，高情绪觉察不仅有助于教师实现师生的情感交融，维持良好的师生关系，还有助于教师更好地挖掘教材和环境中的情感因素，用以实施与促进情感教学。在师生情感交融方面，教师只有敏锐地觉察到学生个体内、学生群体间的情绪，才能对学生关爱至细微处，才能拉近与学生的情感距离，成为学生交谈和倾诉的对象，实现师生间的情感交融。这也是众多研究者所呼吁的（梅仲孙，2018），也证实了情绪觉察是师爱素质的基础和起点（陈宁，张萍，2016）。在情感内容挖掘方面，高情绪觉察有助于教师主动地寻找教材、环境中的显性情感内容，深入挖掘教材、环境中的隐性情感内容，从而充分发挥教材、环境在学生情感陶冶方面的积极作用。人民教育家于漪认为，情感教育要使教师情、学生情、教材情融为一体，才能弹奏出优美的教学乐章，才能真正地塑造学生的心灵。可见教师只有拥有高超的情绪觉察能力，才能更好地促使师情、学生情、教材情融为一体，并为有效地实施与推进情感教育打下扎实的基础。

三、优化师德师风的起点

习近平总书记在关于教育的众多重要论述中多次强调要“加强师德师风建设”（杨晓慧，2020）。为加强新时代师德师风建设，教育部不仅制定了《新时代中小学教师职业行为十项准则》（教育部，2018），还与中央组织部、宣传部等七个部门联合印发了《关于加强和改进新时代师德师风建设的意见》等通知（教育部，2019），并且教育部早于2012年就在中小学教师专业标准中明确地把师德作为四大理念之首（教育部，2012）。可见，胜任教师这一职业不仅要求教师具备专业知识与能力，还要求教师需具备高尚的教师职业道德。情绪觉察被视为教师胜任特征（余琳燕，2008）和教师胜任力（宋倩，2008）的基础，朱小蔓先生等人明确指出教师情绪觉察作为情感素养的基础，是发挥教师自身“以情优德”优势的基础。情绪觉察不仅为教师自身不断进行教育反思提供心理基础，还是保障教师理性过道德生活的起点（钟芳芳，朱小蔓，2016）。据此我们开展了包含情绪觉察成分的情感教育能力对教师职业道德影响的实证研究，结果发现情绪觉察不仅可以正向预测教师职业道德，还可以通过职业认同、教学效能感和教学内疚链式中介影响职业道德，最终构建教师自身“以情优德”的作用机制，即以情育情，以情优德——情绪觉察对师德的直接优化作用；以情融情，以情促行——情绪觉察发挥职业认同对师德的动力作用；以情励行，以情益行——情绪觉察发挥教学效能感和内疚对师德的激励和补偿作用。由此可见，情绪觉察不仅可以直接正向作用于师德，还有助于发挥其他积极因素对师德的正面作用，成为教师在情感层面上优化自身师德的起点。

第二节　教师情绪觉察的理论建构

从能力视角出发，情绪觉察更多地被界定为一种认知能力（Lane & Schwartz, 1987），甚至被视为情绪智力、情绪管理能力、共情能力等情绪能力的基础（汪海彬，卢家楣，陈宁，2013）。针对以往单一地从能力视角出发，界定情绪觉察概念的问题，我们在前期研究中试图从能力和过程整合的视角出发，提出情绪觉察包括情绪觉察能力和情绪觉察过程相互影响的内在机制的设想，这一设想在职前教师群体中得到初步验证（汪海彬，2013；汪海彬，卢家楣，姚本先，等，2015）。这一设想还得到情绪觉察概念提出者 Lane 等人最新研究的佐证：情绪觉察有特质和状态之分，其中 LEAS 测量的是特质情绪觉察，瞬时评估个体日常可测量状态情绪觉察（Versluis, Verkuil, Lane, Hagemann, Thayer & Brosschot, 2021）。然而，以往有关情绪觉察的概念涉及的对象主要是临床群体或大学生群体（汪海彬，卢家楣，陈宁，2013），未能凸显教师的职业特色。为此，本节首先结合以往研究重新构建情绪觉察的结构模型，并从能力与过程整合的视角出发，结合教师的职业特点，从能力视角出发来构建教师情绪觉察能力的结构，从过程视角出发来构建情绪觉察过程的模型，从整合视角出发来探索情绪觉察过程与情绪觉察能力的关系机制，从而为后续的研究提供理论基础。为表述方便，我们把从能力视角出发而界定的情绪觉察概念称为情绪觉察能力，把从过程视角出发而界定的情绪觉察概念称为情绪觉察过程。

一、情绪觉察三维结构模型的提出

以往研究在建构情绪觉察这一概念时多从操作和对象两个层面来进行探讨，而 Lane 等人编制的情绪觉察测量工具——情绪觉察水平量表（LEAS）凸显了情绪觉察的结果或产物这一层面：LEAS 要求个体对 20 个涉及自己和他人的情境，回答“你有什么感受”和“你认为另一个人有什么感受”两个问题，然后主试依据情绪觉察水平量表计分手册（LEAS scoring manual）对被试描述情绪的情绪词进行评定，但评定的不是情绪词的内容，而是情绪词的分化程度，其中反映躯体反应的词汇（如困倦等）计 1 分，反映未分化情绪的词汇（如情绪好或坏）计 2 分，反映分化的具体或复杂的情绪的词汇（如快乐、遗憾等）计 3 分（Lane, Quinlan, Schwartz, Walker & Zeitlin, 1990），并以此来衡量情绪觉察的本质——情绪概念系统或情感图式的分化与整合程度。Lane 等人尽管未提及情绪觉察的结果或产物这一层面，但其计分程序却是从产物层面展开的，可见产物层面体现了情绪觉察的能力属性。此外，研究者认为情绪觉察是情绪智力的基础，情绪智力专家许远理教授在构建情绪智力结构时借鉴了 Gullford 的三维模型，构建了包括操作、对象和内容三个层面的模型（许远理，2004）。据此，我们认为情绪觉察作为情绪智力的子成分，也应包括操作、对象和产物三个层面，由此构建了情绪觉察的三维结构模型（见图 3–1）。

第一，在操作层面上，国内外研究者尚未达成共识。在情绪觉察的专门研究中，Lane 团队认为情绪觉察操作层面包括识别与描述两个环节（Lane & Schwartz, 1987），Rieffe 团队则认为情绪觉察操作层面包括注意、解释和区分三个环节（Camodeca & Rieffe, 2013; Rieffe et al., 2007），Boden 团队认为情绪觉察操作层面包括注意和辨别两个环节（Boden & Thompson, 2015; Camodeca & Rieffe, 2013; Kang & Shaver, 2004）；在情绪觉察能力的附属研究中，研究者主要提及感知、注意、识别和描述等环节（Penza–Clyve & Zeman, 2002; 胡诗颖，2016; 王艳洁，2019; 汪新艳，赵熊璐子，2015）。虽然我们以往的 ERP 研究发现个体的情绪面孔识别过程包括了对情绪信息的注意、感知等环节（汪海彬，卢家楣，姚本先，等，2015），但结合识别与知觉的关系，从个体的发展来看，个体必然会面临从未遇到的情绪刺激，如此个体的情感图式就无法为个体提供情绪识别的心理基础。鉴于此，在 Lane 等人研究的基础上，我们认为情绪觉察操作层面包括感知、识别和描述三个环节。

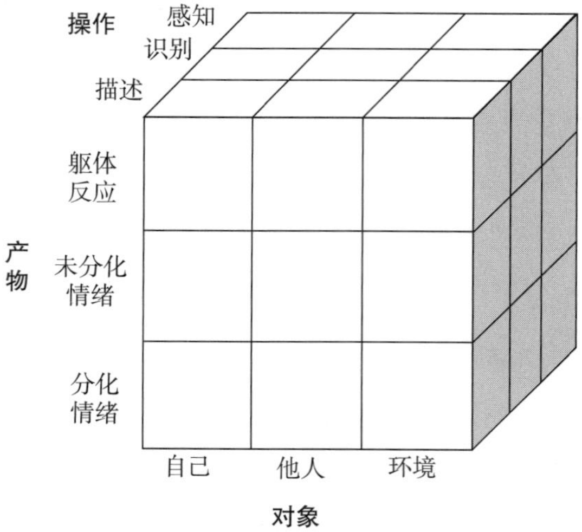

图 3–1 情绪觉察的三维结构模型

第二，在对象层面上，以往研究者普遍认为情绪觉察的对象包括自己和他人，尤其是 Lane 等人编制的测量情绪觉察能力的 LEAS 把其划分为觉察自己和觉察他人两个维度（Lane, Quinlan, Schwartz, Walker & Zeitlin, 1990），而 Schachter 的情绪三因素理论还提及了环境因素。为此，研究者在构建情绪智力对象层面时也加入了环境因素（许远理，2004），并在中学生、大学生和公务员群体中得到实证验证（曾祥博，2016；申志敏，2019；盛书文，2015）。鉴于此，我们依据许远理等人的观点，认为情绪觉察在对象层面上也具有与其上位概念——情绪智力相一致的对象，即包括自己、他人和环境三个方面。

第三，在产物层面上，以往研究更多从操作和对象两个方面来界定情绪觉察能力的外延，仅许远理教授借鉴 Gullford 的三维模型新构建了情绪产物这一层面，并依据情绪的效价将其分为积极和消极两个方面（许远理，2004），其指导的研究生构建的情绪智力内容外延也大体包括这两个方面的内容（曾祥博，2016；申志敏，2019；盛书文，2015）。事实上，情绪还可以依据唤醒程度分为高唤醒情绪和低唤醒情绪，依据动机分为趋近和回避等，并且研究者构建的如学业情绪等概念就是依据效价和唤醒来进行的（董妍，俞国良，2007）。由此可见，依据效价和唤醒来划分情绪是可行的，但似乎不适用于情绪觉察，尤其是不能很好地体现情绪觉察的本质——情绪概念系统或情感图式的分化与整合程度。正如上文所言，LEAS 在计分时主要依据的是描述情绪词汇的分化与整合程度，并将其大体分为躯体反应、未分化情绪和分化情绪三种，这恰好反映的是不同情绪觉察水平下的结果。为此，我们依据 Gullford 和许远理的产物或内容模型，结合 LEAS 对个体所描述情绪词汇的计分标准，提出情绪觉察的产物包括躯体反应、未分化情绪和分化情绪三个递进的层次内容。

综上，情绪觉察三维结构包括操作、对象和产物三个层面，其中操作层面包括感知、识别和描述三个环节，体现出情绪觉察的过程属性；对象层面包括自己、他人和环境三个方面，体现出情绪觉察的范畴属性；产物层面包括躯体反应、未分化情绪和分化情绪三个递进的层次。这体现出情绪觉察的本质属性，并且考察了情绪觉察的产物（个体在设定情景中表述自己和他人情绪时所使用的情绪词的分化与整合程度）可以测评个体的情绪觉察能力。正如我们之前利用该构想编制了包括 16 个教学情境的他评式小学教师情绪觉察等级量表，并依据 Lane 等人的情绪觉察水平量表计分手册来对产物进行计分一样，结果发现量表具有良好的信效度（王松云，卢家楣，汪海彬，2018）。此外，此结果还初步证明情绪觉察三维结构模型也适用于教师群体。为此，我们将依据情绪觉察三维结构模型，从能力和过程视角出发来进一步构建具有教师职业特色的情绪觉察模型。

二、能力视角——教师情绪觉察能力

从能力视角出发来界定情绪觉察概念是国内外研究的主要趋势，无论是在情绪觉察的专门研究中，还是在情绪觉察作为其他概念构成要素的附属研究中，尽管研究者未明确提出“情绪觉察能力”这一概念，但都把情绪觉察的属性界定为一种情绪加工能力或认知技能（Lane & Schwartz, 1987），并且依据操作层面来界定情绪觉察能力的内涵，从对象层面来界定情绪觉察能力的外延。正如Lane等人把情绪觉察表述为：情绪觉察“作为一种认知技能，是情绪智力的基础，指的是识别与描述自己与他人情绪的能力”（Lane & Schwartz, 1987），我们依据前人的做法和情绪觉察三维结构模型来建构教师情绪觉察能力的内涵和外延。

第一，在内涵方面，从操作层面把教师情绪觉察能力的内涵界定为教师感知、识别和理解情绪信息的能力。这里尤其需要提及感知这一成分，正如上文所言，识别与知觉的区别在于个体长时记忆中有无相关的图式。教师群体在教学实践中往往会面临一些以往从未出现的情绪刺激，如课堂突发事件等（季诚钧，1994），但教师，尤其是新手型教师的长时记忆中却没有相关的图式用于识别这些情绪刺激，因此感知这一环节对于教师来说尤为重要且不可或缺。另外，在教师情绪觉察能力的本质方面，Lane等人认为情绪觉察能力本质在于情感图式的分化与整合程度（Lane & Schwartz, 1987）。教师情绪觉察能力作为情绪觉察能力在教师群体的实践应用，其本质应在于情感图式的分化与整合程度。

第二，在外延方面，从对象层面来界定教师情绪觉察能力的外延。情绪觉察三维结构模型中的对象包括自己、他人和环境三个方面，这与教育教学活动包括教师、学生和教育中介三要素（卢家楣，2000）高度契合。由此，教师情绪觉察能力的对象也包括自己、他人和环境三个方面。当然，教育活动中的教师、学生这两个要素并不是静止或孤立的，而是相互作用的，这样就形成了师生关系和生生关系，其中师生关系一直是教育理论与实践关注的焦点（汪海彬，卢家楣，陈宁，姚本先，2015）。由此可见，人际情绪是教育教学活动中非常重要的内容。当然，还需要结合教师职业特色来进一步细化对象层面的下属内容。①在教师自身情绪方面。教师自身情绪不仅包括与教育教学活动相关或无关的情绪，还包括教师的人际情绪，这种人际互动主要体现为教师与学生、教师与同事（领导）、教师与家长等的互动上。其中教育教学情绪和师生互动情绪最能凸显教师的职业特色，并且已有研究者针对教师的教育教学情绪开展了深入探索（林崇德，杨治良，黄希庭，2003；刘青荣，2018; 邱懿，2018）。当然，教师作为普通个体也会面临由家庭、社会等因素带来的一些非教育教学情绪，这也是不容忽视的。由此得知，教师觉察自身情绪包括教育教学情绪、非教育教学情绪和人际情绪三个方面的内容。②他人情绪方面。卢家楣教授在构建情绪智力他人情绪这一外延时指出，不应把他人视作一个独立的个体，而应强调他人和他人交往的情绪（卢家楣，2005），这对于教师群体来说也同样重要。因此，教师觉察他人情绪方面不仅包括教师对学生、同事、领导和家长等个体情绪的觉察，还包括对他人与他人交往中人际情绪的觉察。其中，教师觉察学生情绪和生生交往情绪最能凸显教师的职业特色，相关研究也的确发现教育教学实践中对这两个对象进行情绪觉察十分重要（陈宁，卢家楣，汪海彬，2014a, 2014b；孙炳海，2018；张奇勇，卢家楣，2015；张奇勇，卢家楣，闫志英，陈成辉，2016）。由此，觉察他人情绪包括他人的个体情绪和他人的人际情绪两个方面的内容。③环境方面。以往研究认为环境包括自然环境和社会环境（曾祥博，2016；许远理，2004; 申志敏，2019；盛书文，2015），但在教师群体中提及这两个方面是远远不够的，还应包括教育中介这一环境因素（卢家楣，2000）。情感教育和情感教学理论认为情感因素对教育教学具有优化作用，强调教师要充分挖掘并运用教育中介等环境因素中的情感因素，如展示具有显性情感的教学内容，挖掘具有隐形情感的教学内容，充分利用多媒体等环境因素赋予中性教学内容以情感，以实现以情优教（卢家楣，2000）。可见，进行情感教育或情感教学的基础就是教师能够觉察到环境中的情感因素并将其运用到教育教学过程中。由此得知，教师觉察环境情绪方面的内容包括自然环境、社会环境和教育中介，其中教育中介主要体现在教学内容和教学环境两个方面。

综上，教师情绪觉察能力的本质在于情感图式的分化与整合程度，教师感知、识别与描述情绪信息的能力是其内涵，包括自己、他人和环境三个方面的外延。其中，外延中的自己方面包括教育教学情绪、非教育教学情绪和人际情绪三个方面，其中教育教学情绪和师生互动情绪最能凸显教师的职业特色；他人方面包括他人的个体情绪和他人的人际情绪，其中学生个体的情绪和学生间的人际情绪最能凸显教师的职业特色；环境方面包括自然环境、社会环境和教育中介，其中教育中介中的教学内容和教学环境最能凸显教师的职业特色。我们基于上述教师情绪觉察能力外延的描述构建了教师情绪觉察能力的结构模型（见图 3–2），其中阴影部分代表上述提及的最能凸显教师职业特色的情绪觉察能力结构成分。另外，从教师专业成长和发展视角来看，新手 – 熟手 – 专家型教师存在情绪觉察能力结构和水平上的差异。在结构上，

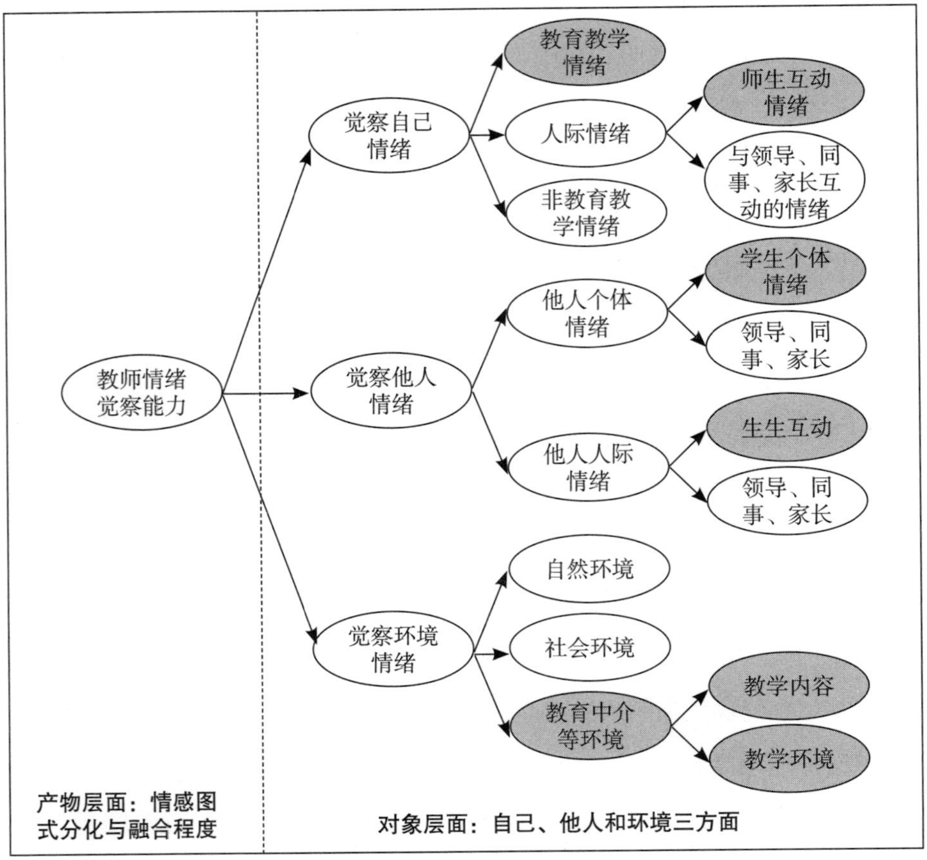

图 3–2 教师情绪觉察能力结构理论模型（阴影部分凸显教师职业特色）

与新手型教师相比，熟手型教师，尤其是专家型教师的情绪觉察能力结构可能更为细致和全面，往往能关注到新手型教师未关注到的细节，正如全国教育育人楷模事迹中多位楷模提及的“敏锐的洞察力、关注孩子的每一个细节”。在能力上，与新手型教师相比，熟手型教师，尤其是专家型教师在相同的情绪觉察能力结构上，其情绪觉察水平可能会更高，这也得到我们之前研究的证实——采用 LEAS 对不同年级的职前教师和在职教师的调查发现，LEAS 得分在职前教师中随着年级的上升而上升，职前教师中 LEAS 得分最高的大四年级教师仍然低于在职教师（汪海彬，2013）。由此可知，新手–熟手–专家型教师情绪觉察能力可能存在差异，并且这种差异不仅体现在结构相同的能力水平上，还体现在能力的不同结构上，专家教师的情绪觉察能力结构可能更精细。

三、过程视角——教师情绪觉察过程

在以往的研究中，情绪觉察三维结构模型中的操作层面往往用于界定情绪觉察能力的内涵（Boden & Thompson, 2015; Camodeca & Rieffe, 2013; Lane & Schwartz, 1987; Kang & Shaver, 2004; Rieffe et al., 2007）。但从信息加工视角来看，情绪觉察的操作层面还具有信息加工的过程属性。为此，我们之前还借助于早期、中期和晚期的 ERP 指标构建并验证了情绪面孔觉察的三阶段模型。①情绪性信息的提取和编码阶段，主要涉及 N100、P100、N170 和 VPP 等成分，其中 P100 和 N100 反映对目标刺激的选择性注意。具体而言，前者反映对非目标位置的注意，而后者则反映对目标位置的注意；N170 和 VPP 则是面孔加工的特异性指标，情绪信息的知觉加工能区分情绪性面孔和中心面孔。②情绪信息的知觉加工阶段包括对情绪信息的再认、区分及早期语义加工等心理活动，主要涉及 EPN、N200 和 P200 等成分。这些指标不仅与情绪唤醒有关，还反映了面孔的再认识别机制。情绪信息的知觉加工任务越大，其幅值越高。③情绪性信息的进一步精细加工及任务相关决策等主要涉及 P300 和

LPP。其中 P300 反映高水平的认知加工，涉及记忆的存贮等，而 LPP 则反映对刺激进行加强的编码加工或涉及工作记忆要求的相关任务，其幅值随着记忆信息的改进而增大（Olofsson, Nordin, Sequeira & Polich, 2008; 汪海彬，2013; 汪海彬，卢家楣，姚本先，等，2015）。然而，我们之前的过程模型尚存有一些亟待改进的地方。①以往的过程模型是基于情绪面孔构建的，但日常生活中还有其他类别的情绪刺激，如躯体表情、情绪词、人际情绪等，并且相关研究发现面孔表情和躯体表情加工进程虽然有相似性，但也有差异性（张丹丹，赵婷，柳昀哲，陈玉明，2015；王丽丽，冯文锋，贾丽娜，等，2018）。为此，我们需要考虑不同情绪刺激的情绪觉察过程的差异性。②以往的过程模型是基于 ERP 成分的潜伏期来构建的，但研究 ERP 成分还涉及幅值，且幅值主要与注意有关（Olofsson, Nordin, Sequeira & Polich, 2008），然而情绪注意和注意偏向一直是情绪加工研究的热点（彭晓哲，周晓林，2005），但情绪觉察三阶段模型却未凸显注意这一环节。为此，情绪觉察过程还应凸显注意这一环节。③情绪觉察过程不仅可以通过 ERP 指标来反映，还可以通过眼动指标来体现。虽然我们之前尝试使用了眼动技术，但由于实验设备的限制，未能采集到觉察过程早期的眼动指标，如首次进入时间、首次进入前的注视点数和首个注视点持续的时间等，然而相关研究却发现这些指标可以反映对情绪刺激的觉察（王福兴，等，2015）。为此还应进一步结合相关的眼动指标研究，情绪觉察过程。④情绪觉察过程不仅涉及中枢神经系统，还涉及外周神经系统，个体的生理唤醒也可以反映情绪觉察过程，研究者还构建了情绪觉察与迷走神经功能的负反馈模型（Kanbara & Fukunaga, 2016），为此还需要考察情绪觉察过程中的生理唤醒模式。

基于以往情绪觉察过程三阶段模型及其不足之处，结合躯体表情觉察的时间进程（张丹丹，赵婷，柳昀哲，陈玉明，2015；王丽丽，冯文锋，贾丽娜，等，2018）和情绪觉察与迷走神经功能的负反馈模型（Kanbara & Fukunaga, 2016），我们尝试构建包括心理、生理和行为及三者交互影响的三维情绪觉察过程模型（见图 3-3）。其中，心理层面包括情绪信息的前注意与感觉加

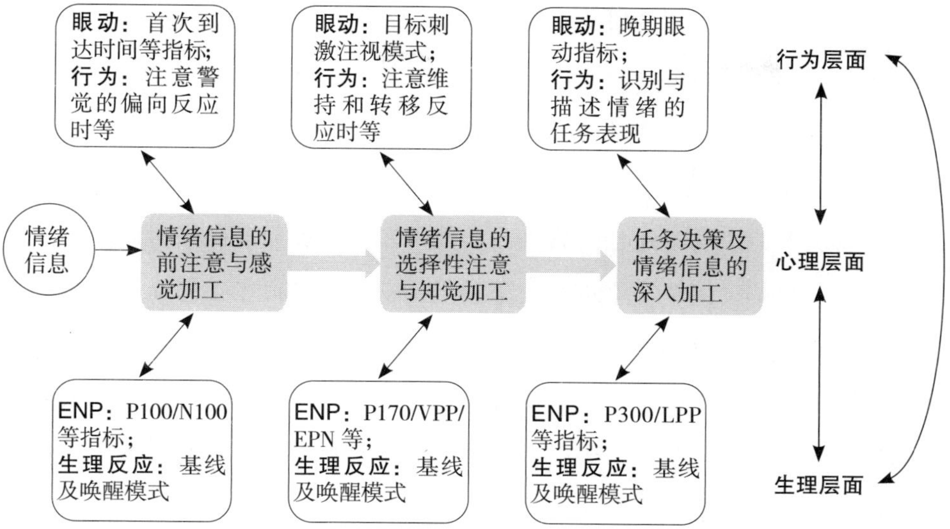

图 3–3 教师情绪觉察过程理论模型

工、情绪信息的选择性注意与知觉加工、任务决策与情绪信息的深入加工三个阶段，并且心理层面的每一个加工阶段都可以通过行为和生理层面来反映。①情绪信息的前注意与感觉加工阶段。生理层面不仅可以通过 ERP 中的 P100、N100 等早期成分来反映，还可以通过生理唤醒模式来反映；行为层面不仅可以通过眼动指标如首次进入时间、首次进入前的注视点个数等指标来反映，还可以通过体现注意警觉的反应时指标来反映。②情绪信息的选择性注意与知觉加工阶段。生理层面不仅可以通过 ERP 中 N170、VPP、EPN 等中期指标来反映，还可以通过生理唤醒模式来反映；行为层面不仅可以通过眼动指标中的由兴趣区内的首个注视时间、注视点数和眼跳等构成的注视模式来反映，还可以通过注意维持与转移等反应时指标来反映。③任务决策与情绪信息的深入加工阶段。生理层面不仅可以通过 ERP 中的 P300、LPP 等晚期成分来反映，还可以通过生理唤醒模式来反映；行为层面不仅可以通过眼动指标中兴趣区内晚期的注视时间和注视点来反映，还可以通过正确率或主观口头报告等行为指标来反映。需要说明的是，由于外周神经系统的生理唤醒可能不像其他指标那样能更好地区分情绪觉察的三个阶段，但其在情绪觉察过程中始终存在。相关研究也发现情绪觉察的产物（对情绪的描述）——情感标注（affect labeling）可以影响个体的生理唤醒（白学军，岳鹏飞，2013），这一结果也与情绪觉察与迷走神经功能的负反馈模型反馈（Kanbara & Fukunaga, 2016）高度一致。为此，生理唤醒是情绪觉察过程不可缺少的一部分，可以反映情绪觉察过程。另外，从教师专业发展与成长来看，新手－熟手－专家型教师在情绪觉察过程中都会经历这三个阶段中，但又可能会存在一定的差异：与新手型教师相比，熟手型和专家型教师在情绪觉察三个阶段中可能存在心理加工优势，并且这种心理加工优势可以通过生理与行为两个层面来反映和体现。当然，关于专家教师情绪觉察过程具有心理加工优势的原因将在教师情绪觉察机制中进行深入探讨。

四、整合视角——教师情绪觉察机制

在情绪觉察三维结构模型的基础上，研究者分别从能力和过程视角构建了教师情绪觉察能力的结构与教师情绪觉察过程的三阶段模型。但从能力和过程整合的视角来看，教师情绪觉察能力和情绪觉察过程还会相互影响，其中教师情绪觉察能力可以影响情绪觉察过程的三个阶段，而情绪觉察过程的实践也会促进情绪觉察能力的提升，这一构想还得到以往情绪觉察相关研究和不同发展阶段教师经验对认知加工影响的双重验证。

第一，情绪觉察相关研究方面。我们以往的研究基于行为、ERP 和眼动技术考察了情绪觉察能力不同的职前教师对面孔表情觉察过程的影响，结果发现与低分组相比，高分组不仅在行为层面上表现出觉察情绪面孔过程中注视效率更高、眼动注意模式更优的优势，区分情绪类别的正确率更高，反应时更短，而且在 ERP 指标上早期的 P100 幅值更高，中期的 EPN 幅值更低，晚期的 LPP 幅值更高。这表明高情绪觉察能力可以促使个体在情绪觉察过程中优先注意情绪信息，在知觉分析阶段中其区分情绪的任务难度更小，在晚期还会对情绪信息进行进一步精加工以更新长时记忆。由此可知，情绪觉察能力影响情绪觉察过程的三个阶段（汪海彬，卢家楣，姚本先，等，2015）。那么情绪觉察能力影响情绪觉察过程的机制是什么呢？我们基于情绪觉察能力的本质是情感图式的分化与整合程度，提出高情绪觉察能力个体具有更为丰富的情感图式，可以促使其在情绪觉察过程早期优先注意情绪，表现出注意偏向。这与注意偏向的图式理论是高度一致的（彭晓哲，周晓林，2005），并且丰富的图式有助于个体在进行情绪知觉分析时采用更优的眼动模式，从而降低其完成区分情绪任务的难度，在晚期还会促使其对情绪做进一步精加工，并更新长时记忆中的情感图式（Lane & Schwartz, 1987）。由此可见，这不仅解释了情绪觉察能力影响情绪觉察过程的机制，还提示情绪觉察过程对情感图式具有更新作用。鉴于此，我们进一步根据卢家楣教授的情感发生机制（卢家楣，2000）提出，在情绪觉察过程中个体可以通过认知深化和情绪体验累积来丰富情感图式，从而通过丰富情绪觉察能力的情感图式来提升情绪觉察能力。为进一步验证情绪觉察过程对情绪觉察能力的影响机制，我们进行情绪认知练习和情绪体验练习的团体辅导实践，结果发现情绪认知和情绪体验练习可以有效地提升个体的情绪觉察能力。然而，以往情绪觉察能力与情绪觉察过程的相互作用机制仅基于情绪面孔任务提出，而未能在非情绪面孔等情绪刺激中得到适用性检验。

第二，专家教师知识经验对认知过程的影响。比较不同发展阶段教师的认知能力是新手－熟手－专家型教师研究领域的研究热点（Cortina, Miller, McKenzie & Epstein, 2015; Wolff, Jarodzka, Niek & Boshuizen, 2016），研究者不仅比较了三类教师课堂信息加工的差异，还构建了三类教师背后的知识经验对认知加工的影响机制。其中，比较有代表性的是 Williams 等人构建的教师知识经验影响视觉认知加工模型（见图 3–4）。模型认为知识经验影响视觉信息的选择性注意、相关线索的注视及任务决策和反应选择（Williams, Janelle & Davids, 2004）。国内外研究者也部分验证了该模型，结果发现与新手型教师相比，专家型教师无论是在静态教学场景（王福兴，申继亮，田宏杰，周宗奎，2010）或动态的教学视频（王福兴，芦咏莉，段朝辉，周宗奎，2013）中，还是采用可穿戴式眼动仪在真实教学场景（Mcintyre, Mainhard & Klassen, 2017）中，其知觉注视模式均更优。情绪觉察作为教育教学实践的一种，专家型教师会在情绪觉察过程中积累情绪觉察相关的知识经验，这种知识经验也会促使专家型教师更好地觉察情绪信息。这与我们以往有关职前教师情绪觉察能力对情绪觉察过程的影响是类似的，佐证了我们之前的情绪觉察过程与情绪觉察能力的作用模型。然而，以往教师知识经验情绪认知加工的研究仅考察了视觉认知加工中的注意阶段，即对相关线索的视角注视阶段，未考察教师知识经验对其他阶段的影响，因此还有待进一步探讨与验证该模型。

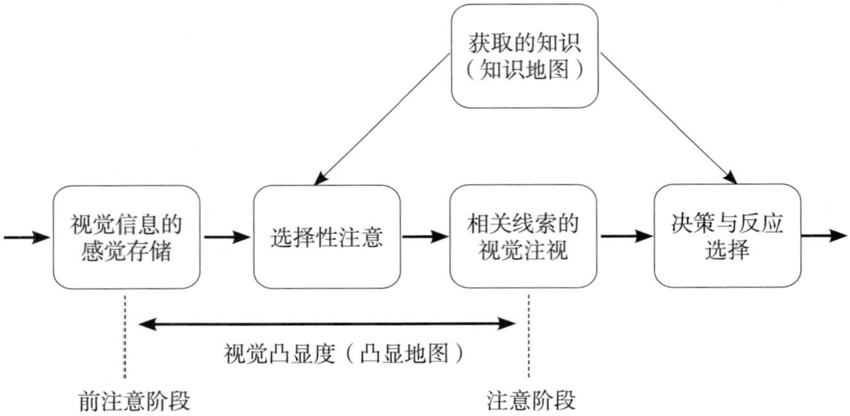

图 3-4 知识经验影响视觉认知加工的模型（Williams, Janelle & Davids, 2004）

综上，基于情绪面孔所建构的情绪觉察能力与情绪觉察过程相互作用模型虽得到了验证，但尚未在非情绪面孔情绪刺激中进行适用性检验。专家型教师的知识经验影响视觉认知加工模型可为情绪觉察能力与情绪觉察过程相互作用模型提供佐证，但以往的研究却停留在知觉分析阶段的探索上，未探讨知识经验对其他认知加工阶段的影响。另外，以往的研究更多通过行为、眼动和 ERP 考察情绪觉察能力对情绪觉察过程的影响，仅考量行为层面和生理层面的中枢神经系统反应。但我们在新构建的教师情绪觉察过程模型中还提出，生理层面上情绪觉察过程还应该包括自主神经的生理唤醒，行为层面上情绪觉察过程还应包括主观口头报告情绪。鉴于此，我们构建了把情绪觉察作为教育教学实践一部分的教师情绪觉察机制模型（见图 3–5）。模型认为，情绪觉察过程作为教育教学实践中的一部分，在多次实践过程中会形成情绪觉察的知识经验（主要通过认知深化和情绪体验练习两个方面来形成），

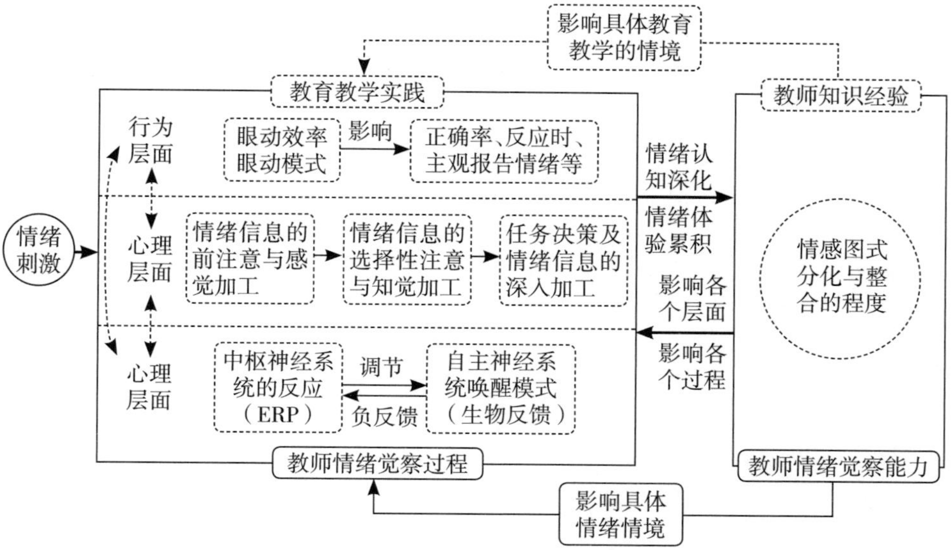

图 3–5　教师情绪觉察机制模型构想

这种知识经验的本质在于情感图式的分化与整合程度，亦即教师情绪觉察能力。反过来，教师所获得的情感图式（教师情绪觉察能力）又影响其在具体教育教学情境中的情绪觉察过程的三个阶段，并且这种影响不仅可以通过行为层面上的正确率、反应时、主观报告和眼动等指标来反映，还可以通过生理层面上中枢神经系统和外周神经系统的反应来反映。另外，从教师专业发展与成长来看，教师在情绪觉察过程这种教育教学实践中，可以通过情绪认知深化和情绪体验累积来丰富其知识经验中的情感图式，以形成情绪觉察能力；已经形成的情绪觉察能力这种知识经验又会在具体的情境中影响情绪觉察这一教育教学实践，并且这种影响是全方位的——情绪觉察能力不仅影响情绪觉察过程中的心理层面，还能影响反映心理层面的行为层面。由此，与新手型教师相比，熟手型教师，尤其是专家型教师的情感图式最为分化与整合，从而形成包含最高情绪觉察能力的知识经验。专家型教师更为分化与整

合的情感图式使其在具体情绪情境中的觉察过程在行为层面上表现为，眼动效率和眼动模式更优、正确率更高、反应时更短，主观报告的情绪更为丰富和分化；在生理层面上表现为 ERP 早期和晚期成分幅值更高，中期成分幅值更低，并且在整个觉察过程中产生更具区分度的生理唤醒模式。

第四章 新手-熟手-专家型教师情绪觉察能力比较

采用定性和定量相结合的方式来比较新手－熟手－专家型教师情绪觉察能力的差异。定性比较方面主要通过质性分析总结优秀教师的积极心理品质，尤其是与情绪觉察密切相关的积极品质，并采用个案法比较新手－熟手－专家型教师情绪觉察能力结构的差异；定量比较则先编制具有良好信效度的教师情绪觉察能力问卷，然后在此基础上实施大规模调查，以比较不同发展阶段相同情绪觉察能力结构的水平差异。需要说明的是，定性分析和定量比较并不是孤立的，定性分析为教师情绪觉察能力问卷的编制提供原始资料，定量比较中的问卷调查结果则验证了理论构建情绪觉察能力结构的科学性。

第一节　新手－熟手－专家型教师情绪觉察能力的定性比较

新手－熟手－专家型教师情绪觉察能力的定性比较包括对全国教书育人楷模积极心理品质的质性分析和新手－熟手－专家型情绪觉察能力的个案比较两个方面的内容。新手－熟手－专家型教师情绪觉察能力的定性比较不仅有利于初步了解三类教师情绪觉察能力在结构上的差异，还有利于为后续的问卷编制等提供原始资料。

一、全国教书育人楷模教师积极心理品质的质性分析

心理品质指的是个体在心理进程和个性心理特征等方面所表现出来的本质特征（桑青松，2013），教师的积极心理品质不仅能促进教师自身的心理和谐，还有助于教育教学（李敏，杨全印，2020），因此努力挖掘优秀教师的积极品质是研究者的追求（徐建平，谭小月，武琳，杨敏，谭书弋，2011）。研究者不仅探索了国外优秀教师的特征（康玥媛，2019；董洁，谢超香，2019），还分析了国内教学名师、最美教师等的优秀品质（张涛，2017；覃永县，2017）。此外，研究者还初步探索了全国教书育人楷模的心理资本特质（王中华，刘志婷，2021）及高校教书育人楷模的角色类型和胜任特征（崔慧丽，朱宁波，2020），但还未有研究者挖掘全国教书育人楷模的积极心理品质，尤其是积极的情感心理品质。研究发现，仁爱和兼爱之心是国外优秀教师的立身之本（康玥媛，2019），还有研究直指情绪觉察是师爱素质的基础（陈宁，汪海彬，

2016; 陈宁 , 张萍 , 2016)。为此，此次研究挖掘全国教书育人楷模的积极心理品质，尤其是与情绪觉察相关的优秀品质，以为教师情绪觉察能力的研究提供依据。

（一）对象与方法

1. 研究对象

全国教书育人楷模是由教育部联合中央主要媒体和教育媒体评选出的，从 2010 年第一届开始到 2020 年已经举办了 11 届评选活动，共 113 人。通过搜集教育部官方网站等的所有楷模的事迹文本，共得到 35.8 万字的文本资料。全国教书育人楷模的基本资料如下（见表 4–1）。

表 4–1　全国教书育人楷模的基本情况

	类别	频次	百分比（%）
性别	男	54	47.8
	女	59	52.2
教龄	10 年以下	4	3.5
	10 ~ 20 年	18	15.9
	20 ~ 30 年	43	38.1
	30 ~ 50 年	42	37.2
	50 年以上	6	5.3
学段	幼儿园	11	9.7
	小学	19	16.8
	中学	28	24.8
	特校	11	9.7
	职校	17	15.0
	大学	27	23.9

2. 研究方法

首先，整理并熟悉所搜集的全国教书育人楷模事迹文本。其次，采用 Nvivo 12 软件对其进行正式编码：①采用“开放式编码”对资料内容进行地毯式的编码，阅读中每遇到一个新的意义单元就进行一次编码，发现并界定资料中所隐含的概念及属性；②进行“关联式编码”，即对开放编码中的概念和类别加以类聚；③“核心编码”，也即总结归纳核心类别，主要是对所有已发现的概念类别进行系统分析后归纳和精炼类别。对编辑完成的节点进行归类和检验，从低级编码的节点中归纳出最高级的范畴。

（二）结果与分析

通过对 113 名全国教书育人楷模事迹进行开放性编码，共获得 1549 个编码点，经过分析与归纳得到 31 个二级编码和 6 个三级编码（范畴）。由此得出，全国教书育人楷模的积极心理品质包括认知品质（56 个编码点）、情感品质（747 个编码点）、意志品质（180 个编码点）、能力品质（303 个编码点）、人格品质（227 个编码点）和社会品质（36 个编码点）六个范畴，各范畴的编码点所占比例分别为 3.6%、48.2%、11.6%、19.6%、14.7%、2.3%。由此可见，情感品质这一范畴在六大范畴中占比最多（见表 4–2）。

1. 认知品质

认知品质范畴包括信仰（4）、教育梦想（18）和专业信念（34），其中专业信念的编码点最多，约占比 60.7%，如许多老师表示“一以贯之的教学信念”“坚信教育是一种陪伴”等。教育梦想编码点数量在认知品质中编码点第二多，如老师表示“当教师的强烈愿望”“放弃前程去支教”等。在认知方面，还有老师提及“坚定马克思主义信仰”。由此可见，全国教书育人楷模的积极品质体现为他们坚持教学信念和坚守教育信念，并且他们还有远大的教育梦想和坚定的马克思主义信仰。

表 4–2　全国教育育人楷模的积极心理品质的编码详情

初级编码举例	二级编码（频次）	三级编码（频次）
坚定马克思主义信仰	信仰（4）	认知品质（56）
当教师的强烈愿望、放弃前程去支教	教育梦想（18）	
一贯以之的教学信念、坚信教育是一种陪伴	专业信念（34）	

续表

初级编码举例	二级编码（频次）	三级编码（频次）
追求卓越、不甘平庸	荣誉感（4）	情感品质（747）
知恩图报、被孩子感动，满怀感恩	感恩（5）	
帮助孩子成长的幸福感	成就感（6）	
责任感、使命感、社会责任感	责任感（99）	
关爱学生、热爱教师岗位、爱乡	爱（633）	
教学到生命最后一刻	自觉性（9）	意志品质（180）
果断做决策，开发新专业、敢于做决策，开发新校园	果断性（10）	
环境再差也不忘学习、利用课余时间学习	自制性（53）	
不畏寒暑如约而至、迎难而上	坚韧性（108）	
教学首先教做人、坚守德育原则	德育能力（16）	能力品质（303）
敏锐的洞察力、关注孩子的每一个细节	洞察力（18）	
敢于反思、反思每一节课	反思能力（30）	
注重启发教学、因材施教	教学能力（56）	
注重实践、知行合一	教学实践力（67）	
注重课程改革，注重思维训练和创新	教学创新（116）	
朴实节俭	节俭（2）	人格品质（227）
和蔼可亲、平易近人，脸上总是挂满笑容	亲切（4）	
放弃外出发展机会坚持在农村，不与别人攀比	淡泊名利（4）	
刚到学校就参加辩论赛，获得很多优秀奖项	积极进取（5）	
认为自己做得不够，认为荣誉是大家的	谦虚（6）	
真诚务实	真诚（13）	
对学生无意识的行为表示宽容，信任调皮的学生	宽容（17）	
胸襟似玉，乐于助人	善良（19）	
严格规定每一件事情，严谨认真的学术态度	严谨（58）	
无私奉献、奉献一生给学校	奉献（99）	
注重合作、带动优秀的团队	组建团队（6）	社会品质（36）
和家长沟通、给家长提建议	与家长积极沟通（10）	
利用周六、周日辅导青年教师，尽心尽力帮助青年教师	关心同事（20）	

2. 情感品质

情感品质范畴包括荣誉感（4）、感恩（5）、成就感（6）、责任感（99）和爱（633）五个方面。情感品质中“爱”的参考点数最多，约占比84.7%，表明教师把热爱孩子放在首位，正如于漪说：“浇花要浇根，育人要育心，教师要热爱学生、了解学生，才能真正触摸到孩子们的心”，其次是热爱教育事业和工作，之后是家国情怀和热爱同事，最后是热爱家人；荣誉感主要包括不甘平庸、追求卓越等；感恩主要包括教师因获得国家、别人的帮助而投身于教育事业；成就感主要表现为帮助孩子成长而获得幸福感；责任感主要表现在教师岗位、学生本身、祖国发展方面。

3. 意志品质

意志品质范畴包括自觉性（9）、果断性（10）、自制性（53）和坚韧性（108）四个方面。其中，坚韧性的参考点最多，占比60%，主要体现为重复练习、面对困难永不放弃，如“每逢雨季，河水暴涨，架在河上的木桥被洪水冲断，这个瘸着一条腿的姑娘便只好绕道从河坝上蹚着没膝深的河水到学校上课（授课）”等；自制性体现在即便环境再差，也要不断学习专业知识和探索新的教学方法；果断性体现在一些领导老师敢于“果断做决策，开发新专业”“敢于做决策，开发新校园”等；自觉性则表现为老师即便遇到困难也要“教学到生命最后一刻”。

4. 能力品质

能力品质范畴包括德育能力（16）、洞察力（18）、反思能力（30）、教学能力（56）、教学实践力（67）和教学创新（116）六个方面。其中，教学创新的参考点最多，约占比38.3%，全国教书育人楷模都重视在教学方法、教学理念、教学改革等方面的创新并注重培养学生思辨的能力，例如“注重课程改革，注重思维训练和创新”“为了让青年教师尽快成长，她首创了教师与教师的师徒带教方法”等；教学实践力和教学能力编码点数量在能力品质中是第二、三多的，分别约占比22.1、18.5%，体现为教师注重理论与实践的结合，注重知行合一，注重启发教学、因材施教，如“她带孩子们来到蒲公英花丛边，看毛茸茸的种子飘飘悠悠地乘着春风飞向河那边；她带孩子们去观察船闸”；反思能力也是许多教师所提及的，一些老师指出不仅要“敢于反思”，还要“反思每一节课”；洞察力也是老师常提及的能力，许多老师指出敏锐的洞察力对于教育教学非常重要，因此要“关注孩子的每一个细节”；最后，德育能力也是老师比较关注的能力，正如许多老师指出的“教学首先教做人”等。

5. 人格品质

人格品质范畴包括节俭（2）、亲切（4）、淡泊名利（4）、积极进取（5）、谦虚（6）、真诚（13）、宽容（17）、善良（19）、严谨（58）和奉献（99）十个方面。由此可见，人格品质是所有积极品质范畴中内容最丰富的。其中编码点最多的品质为奉献，约占比43.6%，主要表现在对教学岗位的坚守、不顾身体状况工作、生活在艰苦偏远的农村等方面；严谨是编码点第二多的品质，占比 25.5%，这一品质体现在教学和科研两个方面，如“她在学术、教书育人上，都要求精益求精，既关注国内外学术动态，又与实践紧密结合，将教学内容结合科学实践，不断更新，与时俱进”；善良是编码点第三多的人格品质，主要体现在乐于助人上；宽容表现在教育学生方面，而谦虚表现在潜心求学、不因名利骄傲自满等方面。

6. 社会品质

社会品质的范畴包括组建团队（6）、与家长沟通（10）和关心同事（20）三个方面。其中，参考点最多的是关心同事，约占比 55.6%，主要体现在对年轻教师的关心上，如“南京市内无论哪个区、哪所幼儿园，只要找到吴邵萍，她都会及时前往（展开）指导，毫无保留地传授她的办学经验；她甚至还远赴深圳、大连、杭州等地，为全国性的培训班讲课”；与家长积极沟通是编码点第二多的社会品质，主要体现在教师积极与家长沟通。此外，优秀教师还特别重视团队的建设，如“注重合作”“带动团队的优秀”等。

（三）讨论与结论

通过 Nvivo 软件对十年 100 多名全国教书育人楷模的心理品质进行了质

性分析，结果发现优秀教师的积极品质包括认知品质、情感品质、意志品质、能力品质、人格品质和社会品质六个范畴，这大体与以往研究者将心理品质划分为知、情、意和人格四个方面一致（桑青松，2013）。但与以往研究相比，此次结果新增了能力品质和社会品质内容，尤其是能力品质内容还比较丰富，涵盖了德育能力、洞察力、反思能力、教学能力、教学实践力和教学创新六个方面。这六个方面的内容与教育部颁布的教师专业标准中的能力标准比较一致（教育部，2012），这表明全国教书育人楷模非常注重专业能力品质的培养。需要提及的是，此次分析中发现洞察力作为一种重要的积极能力品质被全国教书育人楷模多次提及。虽然国内该领域的研究起步比较早（张学民，申继亮，林崇德，2002），但该领域的后续研究力度却不足（张音，2019；张音，陈欣，2019）。而洞察力却是国外新手－熟手－专家型教师领域的研究热点之一（Cortina, Miller, McKenzie & Epstein, 2015; Wolff, Jarodzka, Niek & Boshuizen, 2016），尤其是近些年来国外还借助于眼动技术深化了该领域的研究（Goldberg, Schwerter, Seidel, Müller & Stürmer, 2020）。为此，今后需要加强教师专业洞察力方面的研究。

研究还发现情感品质在全国教书育人楷模的六个积极心理品质中占比最多，爱又是所有心理品质中编码点最多的二级编码范畴。由此可见，爱是全国教书育人楷模积极品质中最为重要的内容，这不仅与许多优秀教师的自述高度一致（梅仲孙，2018），还与康玥媛通过对国外优秀教师认定标准及评奖条件分析指出的“仁爱和兼爱之心是优秀教师的立身之本”（康玥媛，2019）一致。可见，爱是国内外优秀教师共有的优秀品质。那么教师的爱包括哪些方面呢？爱的初级编码点似乎为我们提供了研究方向：爱的品质包括热爱学生、热爱教育事业和工作、拥有家国情怀、热爱同事和家人等方面，并且许多全国教书育人楷模还把热爱学生放在首位，并认为要发自内心地热爱学生。正如首届全国教书育人楷模之一、人民教育家于漪说的：“教师要热爱学生、了解学生，才能真正触摸到孩子们的心，只有把爱播撒到学生的心中，他们（的）心中才有你的位置”。可见，于漪不仅强调了师爱的重要性，还指出师爱的基础是了解学生。了解学生要求教师要通过敏锐洞察学生、关注学生的每一个细节来了解学生，而这恰是许多全国教书育人楷模所提及的洞察力，也是国外新手－熟手－专家型教师的研究热点之一，也被认为是教学实践智慧的起点（张音，陈欣，2019）。因此，为更好地表达师爱，教师需要具备对学生的洞察力，尤其是洞察学生的情绪。对学生情绪的洞察恰与情绪觉察能力密切相关，也正如研究者指出的，教师情绪表达的基础是情绪觉察（张冬梅，葛明贵，2021），另外还有研究直接证实情绪觉察是师爱素质的基础（陈宁，汪海彬，2016；陈宁，张萍，2016）。这启示我们要加强对学生情绪洞察与觉察方面的研究，以更好地培养教师爱的品质。

综上，为探索全国教书育人楷模的积极心理品质，尤其是情感品质，采用 Nvivo 技术对 2010—2020 年 113 名全国教书育人楷模共计 35.8 万字的事迹文本进行质性分析。结果发现，全国教书育人楷模的积极心理品质包括认知品质、情感品质、意志品质、能力品质、人格品质和社会品质六个范畴，其中二级编码次数最多的为情感品质，二阶编码最多的为爱，体现在热爱学生、教育事业和工作、家国情怀、同事和家人等多个方面。此外，能力品质中的洞察力可能是教师表达爱的基础，且对情绪的洞察与情绪觉察密切相关。这提示今后的研究需要加强对教师洞察力，尤其是对情绪洞察与觉察能力的研究，以更好地培养师爱的积极品质。

二、新手－熟手－专家型教师情绪觉察能力的个案比较

通过全国教书育人楷模事迹的质性分析发现，爱的品质是占比最大的积极心理品质，验证了前人研究指出的“仁爱和兼爱之心是优秀教师的立身之本”（康玥媛，2019）。与此同时，首届全国教书育人楷模之一、人民教育家于漪还提出这种爱需要以了解学生为基础，这与能力品质中的洞察力密切相关。洞察力一般被认为是对课堂事件的注意、感知、理解和预测的能力（张音，陈欣，2019），教师和学生的情绪及课堂情境等是课堂事件的重要组成部分，那

么对情绪的洞察与情绪觉察存在一些交叉内容。那么，不同类型教师对情绪觉察能力是怎么理解的呢？教师在具体教学情境中又会觉察哪些方面的情绪呢？为此，我们对新手 – 熟手 – 专家型教师进行深入访谈，不仅探索了不同发展阶段教师对情绪觉察能力的理解，还比较他们在情绪觉察能力结构上的差异，以为编制教师情绪觉察能力问卷提供资料。

（一）对象与方法

1. 研究对象

借鉴以往的界定（连榕，2004），依据教龄和职称两个方面来定义新手型、熟手型和专家型教师：把职称为特级或高级、教龄在 15 年以上的教师界定为专家型教师；把职称为初级及在校毕业生（参加过教育实习），教龄为 0 ～ 5 年的教师界定为新手型教师；而处于二者之间的即为熟手型教师。采用方便取样的方式，选取新手型、熟手型、专家型教师各两名，包括中小学教师，男女教师各半，所有被试均身心健康，具体情况见表 4–3。

表 4–3　新手 – 熟手 – 专家型教师个案情况一览表

称谓	性别	学科	教龄（年）	学段	职称	学校
张老师	男	化学	32	高中	高级	亳州市涡阳二中
朱老师	男	化学	35	高中	高级	屯溪区屯溪一中
佘老师	女	语文	24	小学	中级	马鞍山市薛津中心学校
黄老师	男	数学	20	小学	中级	屯溪区柏树小学
袁老师	女	数学	1	小学	未定级	宣城市梅林实验学校
章老师	女	语文	0.5	小学	未定级	六安市舒城实验小学

2. 研究过程

首先，进入研究现场。研究者通过电话联络或发邮件、发短信的方式，提前向受访者简要地说明本研究的主题，并主动邀请受访者接受访谈。在征得受访者的同意后，及时与受访者商量，安排好合适的访谈时间，选择方便和安静的访谈地点。其次，与研究对象及相关人员接触，在正式开始访谈前，研究者先进行自我介绍，并向受访者阐释本研究的目的，让受访者了解本次访谈涉及的大致内容，以便他们在作答前有一定的思考准备。在整个访谈过程中，研究者大部分时间只作为一个倾听者，适时地提出开放性的问题，但不需要严格地控制访谈过程，来引导受访者积极地参与话题和作出回应，具体访谈时长根据访谈的发展进程而不等。访谈主要采用笔录的方式，必要时在征得访谈对象同意的前提下采取录音等方法。最后，把访谈得到的资料进行归纳与整理，对典型案例进行分析，发现新手－熟手－专家型教师的情绪觉察能力在结构上的差异。

（二）结果与分析

1. 新手－熟手－专家型教师情绪觉察能力内涵的比较

首先，新手型教师认为教师情绪觉察能力是指教师在教学过程中对自己和学生情绪的识别与把握的能力。如袁老师说：情绪觉察能力是“教师在教育教学过程中对自己和学生的情绪的识别和把握能力。”章老师说：情绪觉察能力是“教师在教学中发现学生的情绪波动，也包含自己的情绪波动。”其次，熟手型教师认为教师情绪觉察能力是指教师对自己与学生各个方面，尤其是对师生交往中情绪的观察、判断与识别能力，还指出这种能力是一种教育智慧。如佘老师说，情绪觉察能力是“教师通过自己与学生的各方面表现来判断其情绪和心理变化的过程”。黄老师说，情绪觉察能力是“教师在与学生的交往过程中对情绪的观察与识别能力，是教师处理教育教学情境的一种智慧”。专家型教师不仅认为情绪觉察能力是教师对自己、他人和外界环境等多方面情绪线索的识别与把握能力，还强调该能力是一种实践智慧和情绪智力的核心要素，对于调节自我情绪、课堂氛围及人际关系都有着重要的作用。如专家型教师张老师说：“教师情绪觉察能力是情绪智力（EQ）的核心要素，是对自我、他人和外界环境等的心理感受和直觉认知能力。它对于调控自我情绪，识别他人情绪，把握环境心理氛围，处理人际关系等都起到重要作用，是教师实践智慧的基本技能。”朱老师说：“教师情绪觉察能力是指教师通过表情、动作等外在特征来识别情绪，以了解心理状态的能力；是教师在教育教学生活中，对于自己及外界的把握，能帮助教师（促进）实践教学，处理人际关系等。”

可见，三类教师都认为教师情绪觉察能力是对情绪的观察、判断、识别与把握的能力，熟手型和专家型教师还明确了情绪觉察能力的价值，即它是一种实践智慧，甚至认为它是情绪智力的核心，是调节情绪和人际关系的基础。不仅如此，不同发展阶段教师情绪的对象或来源也存在一些差异：新手型教师把这种情绪对象限定为教学过程中老师和学生的情绪，熟手型教师认为情绪源于学生、老师和师生人际互动，专家型教师认为情绪源于学生、老师、人际和外界环境等多个方面。当然，有关情绪的对象还有待进一步的探索。

2. 新手－熟手－专家型教师情绪觉察能力结构的比较

首先，新手型教师认为教师情绪觉察能力主要涉及自己和学生的情绪，并且这些情绪主要发生在教学过程中，且以负性为主。其中自己的情绪主要与教学相关，教师主要通过自身情绪波动和外界的线索来觉察自己的情绪，而学生的情绪主要反映在学生的面部和言行表现上，并且这些情绪多是负性的，如无精打采的神态、聊天和开小差。如章老师表示：“一次，在上诗歌《长城与运河》时，文章全篇描写的是长城与运河的特点。上课过程中，学生明显情绪不太高，个个无精打采的，甚至有同学在开小差。于是我就补充了孟姜女哭长城的典故，激发学生的兴趣，然后又让同学们讨论修筑运河的过程，活跃课堂氛围，学生们也都纷纷参与其中。”袁老师表示：“作业或考试中反复讲过的知识点学生仍然写错，学生态度差或者撒谎等情况出现时能明显感觉到自己的情绪在波动。比如有一次，两个学生在上课的时候开小差、聊天，我就能觉察到自己有点生气。不过在经历过一些类似事件后，自己变得能够在发火前克制自己，提醒自己改用比较温和、适当的处理方式（处理问题），于是我就采用了咳嗽提醒和下讲台走动等方式提醒学生（集中精力听课）。”

其次，熟手型教师认为情绪觉察能力涉及自己、学生和人际三个方面的情绪，尤其是课后师生互动的人际情绪，这些情绪也以负性情绪为主。自己的情绪主要与教学行为相关，自己通过自身感受和学生反应来觉察；学生情绪主要通过面部表情和言行表现出来，如学生的反常行为，一言不发、不积极；人际情绪主要表现在师生冲突和师生沟通等方面。如佘老师表示："有一次在批改作业时，一个学生没有按照要求写，字写得又小，我没看清楚就以为她后面的作业没写完。我把她叫到办公室，让她重新写。当时，她也没作解释，后来这个学生发现作业她做完了，但是写到后面去了，老师没有发现。她觉得自己很委屈，就跟同学说老师眼睛瞎了。后来，有同学将这件事报告给了老师，说这个同学说老师眼睛瞎了。我一听，有点生气，想批评她，但又想了一下，觉得其中肯定有隐情。于是我调整了一下自己的心情，把那个同学叫过来了，比较温和地问她为什么要说老师眼睛瞎了。她情绪比较激动，结结巴巴地说自己的作业做了，我却说她没做，感觉很委屈。我发现自己之前的处理欠妥，于是耐心地跟她沟通，承认自己有错，没有看清楚就批评她，但同时也让学生认识到自己没有按照格式写作业也有错。后来，学生觉得很对不起我，就一再地向我道歉，我说原谅她了她才罢休。"黄老师表示："有一次考试后，班长的数学没考好。从那以后，班长就一言不发，回答问题也少了，活动也不积极参加了，她对自己很失望，也觉得老师对自己失望。我察觉到她的反常，就跟她沟通，但她称不想耽误学习，所以今后不参加活动，也不想当班长了。我就劝导她要继续努力，一次的成绩不代表什么。后来，我又进行了一次随堂测试，她考得不错，她又重拾了信心。"

最后，专家型教师认为教师情绪觉察能力涉及自己、学生和人际情绪三个方面，并且这些情绪不仅有负性的，还有正性的，甚至认为高唤醒正性情绪背后存在负面教学影响。其中，自己的情绪不仅包括教学情绪，还包括非教学情绪，如上课前的消极情绪；教师主要通过学生的面部表情、言行，以及学生的性格来觉察学生的情绪，如学生闪躲的眼光、躁动不安的行为等；则通过师生交往和班级氛围来觉察人际情绪，如学生与教师发生冲突，作为班主任应及时觉察的班级情绪。张老师表示："在上'物质结构'化学课前，自己就特别兴奋，有种跃跃欲试的冲动。在上课前会认真查阅资料，精心备课，情绪、语态教态等都是积极的，觉得上课是一种享受，在整个课堂教学中充满自信与有驾轻就熟的成就感。所以我觉得教师的情绪有波动是正常的，及早地进行自我觉察、自我调控，不把自己的消极情绪带进课堂，让课堂充满正能量，对搞好教学工作很重要。”“我刚接任新班班主任的第二天，在大街上看到了班级一个个子比较高的男同学走在路边，他看到我了，并且已经认出我了，看他表情像是正在犹豫是否和我打招呼。于是我主动走过去靠近他。他鼓起勇气，很腼腆地说：‘老师，您好。’我笑着说：‘同学您好，你干嘛去？’他十分震惊，用异样的眼光看着我，说了句：‘老师您居然知道我的名字？我太高兴了。’”“还有次上课铃响了，我走进教室喊上课，起立，坐下。我发现学生们起立和坐下都不情愿，懒洋洋的。我就意识到全班气氛不对，我就问：‘同学们，这是怎么了？怎么没有精神？’有学生说：‘张老师，上堂课我们被数学老师批评了，我们很委屈，不想上他的课了。’我问什么原因，他们说数学老师讲数学题，有个同学说还有更简便的解法，数学老师说：‘就你本事大，我能不知道？上黑板前给大家讲讲。’这位同学觉得自己没有错，老师怎么这样说话啊，就不愿意上黑板前去讲，其他同学也觉得老师说话不对，就不太愿意听课了，在下面交头接耳、议论纷纷。于是这位数学老师就生气了，控制不了情绪，一节课都在批评学生。我了解到这种情况后就不讲课了，跟大家进行深度交流，以解开心结，并答应去跟数学老师沟通交流。最后在我的努力下，师生双方真诚地交换了想法，消除了隔阂，重新建立了良好的师生关系。”朱老师也表示：“在一次临近元旦的课堂教学中，进入班级我就发现同学们情绪高涨，但也是浮躁的，这样的氛围不利于授课。于是我主动问大家为什么这么开心，学生表示元旦到了，并开始起哄，让老师发红包。这下大家更兴奋了，课堂也彻底乱了，我意识到课堂秩序混乱，便说有手机的同学可以收红包，没有手机的怎么收红包？这下大家都安静了，有手机的也不敢乱动，没有手机的也无话可说，大家都有些紧张与不安。于是我说，大家都没有手机，那老师就不走俗气路线，千言万语汇成一句‘元旦快乐’，把知识作为最好的礼物送给大家。然后进入课堂教学环节。”“有一次，经过班级其他老师的课堂时，我发现班级课堂氛围僵，一位新老师对着一个学生发火，而这个学生也不甘示弱，感觉两人的愤怒情绪随时会爆发，于是及时劝说该老师不要耽误课堂，先把课上完。下课后把老师和该同学叫到办公室里了解情况，原来该同学上课时看课外读物，被老师发现并当众揭穿而恼羞成怒，故意绊了老师一下，使得老师在同学面前颜面尽失。我立即评判了该学生的行为，他也意识到了自己的失礼，同时我也评判了该教师不恰当的处理方式，经过调解，最后解决了这件事。”

（三）讨论与结论

首先，在教师情绪觉察能力的内涵方面。对情绪觉察界定比较有代表性的学者是 Lane 等人，他们认为情绪觉察是情绪智力的基础，情绪觉察能力指的是“识别和描述自己与他人情绪的能力”（Lane & Schwartz, 1987）。此次访谈发现，三类教师对于情绪觉察能力概念的内涵基本达成共识，即情绪觉察能力指对情绪的观察、判断、识别与把握的能力。尤为可贵的是，部分老师在没有阅读相关文献的基础上提出，情绪觉察能力是情绪智力的核心，于教师而言它还是一种实践智慧，是教师调节情绪和人际关系的基础。不仅如此，六位类型不同的教师均能列举出自己在教育教学过程中典型的觉察情绪的案例，这充分表明尽管情绪觉察能力这一概念源于国外，但其在国内教师的教育教学实践中却是非常常见和至关重要的。

其次，在教师情绪觉察能力的外延方面。文献分析发现，以往国内外研究认为情绪觉察能力主要包括觉察自己情绪和他人情绪两个方面（Lane, Quinlan, Schwartz, Walker & Zeitlin, 1990; 马辰 , 2013; 王松云 , 卢家楣 , 汪海彬 , 2018）。此次访谈发现，与以往其他群体的情绪觉察能力概念界定相比，教师情绪觉察能力的外延得到了拓展，主要包括教师自己、学生和人际三个来源。当然，不同类型的教师在情绪觉察能力的外延认知上存在一些差异，主要体现在觉察对象的来源和效价上。①在来源上，新手型教师认为情绪来源于自己和学生的教学相关情绪；熟手型教师认为情绪来源于自己、学生和人际的教学相关情绪；专家型教师认为情绪来源主要包括自己、学生和人际的教育教学相关情绪，还包括教师自身的非教学情绪，如上课前教师自身的负面情绪。②在效价上，新手型、熟手型教师提及的情绪效价更多以负性的为主，而专家型教师不仅提及负性情绪，还提及正性情绪，甚至高唤醒正性情绪背后的负面影响。不仅如此，不同类型教师觉察学生情绪的途径也存在一些差异，新手型、熟手型教师更多依据学生的面部表情和言行表现来觉察学生情绪，而专家教师不仅提及上述两个方面的内容，还提出通过学生性格对其情绪进行预测。此外，我们在构建教师情绪觉察能力结构时提出了环境这一维度，但此次访谈中仅张老师一人针对情绪觉察能力概念提及“把握环境心理氛围”，但在情绪觉察典型案例中却未将此描述为班级心理氛围。由此可见，总体而言，我们建构的教师情绪觉察能力中凸显教师特色的结构基本得到访谈结果的验证，尤其还发现了不同发展阶段的教师在情绪觉察能力结构上的差异，但觉察环境这一维度的效果不理想。

综上，为定性比较不同发展阶段教师的情绪觉察能力的结构差异，我们采用个案法对新手型、熟手型和专家型教师各两名进行深入访谈，结果发现新手－熟手－专家型教师对于教师情绪觉察能力内涵的理解与Lane等研究者的基本一致，认为教师情绪觉察能力是情绪智力的核心，是调节情绪和人际关系的基础；在外延上，与以往界定相比，教师情绪觉察能力的外延得到延伸，且更富教师职业特色。教师情绪觉察能力包括自己、学生和人际三个方面，并且不同发展阶段觉察对象的来源和效价存在一定差异：专家型教师自己情绪的来源不仅包括教学情绪，还包括自身非教学情绪；专家型教师觉察的学生情绪不仅包括负性情绪，还包括正性情绪，甚至能觉察高唤醒正性情绪背后的负面影响。由此可见，我们建构的教师情绪觉察能力结构（见图3–2）得到部分验证——不同发展阶段的教师具有相同的情绪觉察能力结构（自己、学生和人际），他们的情绪觉察能力存在结构性差异（自己、学生和人际三方面情绪的具体来源和效价）。当然，教师情绪觉察能力结构中的环境维度的结果不理想，仅一人提及要把握环境心理氛围，未提及典型的觉察环境案例。

第二节 新手－熟手－专家型教师情绪觉察能力的定量比较

新手－熟手－专家型教师情绪觉察能力的定量比较包括新手－熟手－专家型教师情绪觉察能力问卷的编制和新手－熟手－专家型教师情绪觉察能力的比较两个方面的内容。其中，问卷编制采用自上而下的理论分析和自下而上的调查相结合的方式进行，然后以编制的问卷为调查工具，定量比较不同类型教师情绪觉察能力的差异。

一、新手－熟手－专家型教师情绪觉察能力的问卷编制

研究者充分肯定了情绪觉察在个体情绪健康与社会适应中的重要功能：情绪觉察作为情绪智力的基础和先决条件（Lane & Schwartz, 1987），不仅是个体采用积极情绪调节策略以维持良好情绪的基础（Subic-Wrana et al., 2014; Szczygiel, Buczny & Bazinska, 2012），还是更好地使用情绪感染与共情他人以构建良好人际关系的基础（Dickerson & Quas, 2021; Eckland & English, 2019）。不仅如此，国内外研究者还认识到情绪觉察能力对于教师群体的重要性（Ersay, 2015），是教师情绪智力（胡诗颖，2016）、胜任力（宋倩，2008；余琳燕，2008）和情绪管理能力（廖丽娟，2013；孟佳，2012；新艳，赵熊璐子，2015）等积极心理的重要构成要素，这也得到全国教书育人楷模和新手－熟手－专家型教师定性分析结果的验证。国内外研究者对情绪觉察能力进行了一定的理论探索，认为情绪觉察涉及操作和对象两个层面，其中操作包括注意、感

知、识别、理解和描述等过程，而对象包括自己与他人两个方面。但研究者对于情绪觉察能力的测量还未达成共识，并且现存的测量工具大多是基于大学生等群体所编制的，还未针对教师群体编制专门的测量工具，因而无法凸显教师的职业特色。为此，需要在前人研究的基础上，结合新手 – 熟手 – 专家型教师情绪觉察能力定性分析结果，编制具有良好信效度的教师情绪觉察能力问卷，从而为比较不同发展阶段的教师情绪觉察能力提供工具。

（一）对象与方法

1. 研究对象

根据编制的阶段不同，我们主要将问卷的研究对象分为三个部分。

（1）开放式问卷调查阶段。采用方便取样的方式，分别对 2 所中学、1 所小学的 78 名教师进行访谈，另外还对 1 所大学参加教育实习的 25 名大四实习生进行访谈。结合以往研究（连榕，2004），我们最终得到专家型教师 17 名、熟手型教师 50 名、新手型教师 36 名，从中随机抽取 10 份样本用于理论饱和度检验，使得最终参与编码的教师有 92 名，其中专家型教师 15 名、熟手型教师 45 名、新手型教师 32 名。

（2）初测问卷探索性因素分析阶段。采用方便取样的方式对安徽省小学、初中、高中各两所学校的 430 名教师进行调查，其中男性 167 人，女性 263 人。

（3）正式问卷验证性因素分析阶段。采用方便取样的方式对安徽省小学、初中、高中各两所学校的 435 名教师进行调查，其中男性 181 人，女性 254 人。

2. 研究工具

（1）自编的教师情绪觉察能力问卷

根据问卷编制研究的不同阶段，分别形成教师情绪觉察能力开放式问卷、教师情绪觉察能力原始问卷、教师情绪觉察能力预测问卷、教师情绪觉察能力初试问卷和教师情绪觉察能力正式问卷。

①自编的教师情绪觉察能力开放式问卷。该问卷主要包括以下两个题目：第一，请结合教师的职业特色谈谈您认为教师情绪觉察能力是什么？其包括

哪些方面？第二，请依据您对情绪觉察能力的划分，尽量多地说出教育教学过程中情绪觉察的场景。

②自编的教师情绪觉察能力原始问卷。该问卷共有 42 个题项，其中有 4 个反向计分题项，有 3 个维度，7 个子维度，采用六级计分制。

③自编的教师情绪觉察能力预测问卷。该问卷共有 35 个题项，其中有 3 个反向计分题项，有 3 个维度，6 个子维度，采用六级计分制。

④自编的教师情绪觉察能力初试问卷。该问卷共有 18 个题项，有 3 个维度，6 个子维度，采用六级计分制。

⑤自编的教师情绪觉察能力正式问卷。该问卷共有 18 个题项，有 3 个维度，6 个子维度，采用六级计分制。

（2）情绪体验范围和区分性量表

研究采用Kang等人于2004年编制的情绪体验的范围和区分性量表（REDSS）（Kang & Shaver, 2004），该量表共有 14 个题目，包括体验范围和区分性两个因子。国内研究者把该量表运用于中国群体，结果表明该量表具有良好的信效度（汪海彬，张俊杰，刘婷，姚本先，朱运影，2015），可以作为情绪觉察能力的效标问卷。

3. 研究过程

依据问卷编制的规范，分别对教师情绪觉察能力开放式问卷、教师情绪觉察能力原始问卷、教师情绪觉察能力预测问卷、教师情绪觉察能力初试问卷和教师情绪觉察能力正式问卷进行分析。

（1）开放式问卷方面

依据质性研究程序（陈向明，1999，2015），研究者首先进行自我介绍，并向受访者阐释研究的目的，让受访者了解访谈所涉及的内容，以便他们在回答前有一定的准备。在整个访谈的过程中，研究者大部分时间只作为一个倾听者，不需要严格地控制访谈过程，只需适时地提出开放性问题，来引导受访者积极地参与话题并作出回应。访谈时长约半个小时。访谈时采取一人提问一人做笔录的方式，在纸上记录下访谈内容。访谈结束后，研究者将访谈内容以电子文本的形式导入 Nvivo 12.0，然后对材料进行三级编码，即开放式编码（初级编码）、关联式编码（二级编码）和核心式编码（三级编码）。

（2）原始问卷方面

依据我们对情绪觉察能力的理论构想（见图 3–2），结合开放式问卷调查的 Nvivo 分析结果确定问卷的结构，并结合同类量表的有关条目，整理得到教师情绪觉察能力的原始问卷。

（3）预测问卷方面

邀请专家组对原始问卷的题项进行评价，主要评价题项是否符合教师这一职业特色，语句是否简明易懂、是否得当等，然后根据专家组的建议，对题项进行修改、删除或合并，形成预测问卷；对预测问卷进行施测，整理施测后所得的数据，删除不完整数据和一些无用数据之后对有用的数据进行分析处理；经过测验，确定各个题目的代表性，挑选出具备高代表性的题目，重新整理各维度中高度相关的题目，编制成教师情绪觉察能力预测问卷。

（4）正式问卷方面

通过对初试问卷进行施测，利用 SPSS 25.0 对回收的数据进行探索性因素分析和信度检验，并利用 LISREL 8.8 对其进行验证性因素分析，最后编制出教师情绪觉察能力正式问卷。

（二）结果与分析

1. 开放式问卷调查结果

（1）新手型教师情绪觉察能力的范畴

通过对 32 名新手型教师访谈原始资料进行编码，共获得 127 个编码点、20 个初级编码。经过分析与归纳，得到 7 个二级编码和 3 个三级编码。由此得出，新手型教师情绪觉察能力包括觉察自己、觉察学生和觉察人际三个范畴，各范畴的编码点分别约占编码点总数的 35%、36%、29%（见表 4–4）。

表 4-4 新手型教师情绪觉察能力的范畴

初级编码（频次）	二级编码（频次）	三级编码（频次）
课堂教学（27） 作业批改（8） 课前备课（1） 教学反思（1）	教学情绪（37）	自己（45）
主观感受（3） 他人评价（3） 生理唤醒（2）	非教学情绪（8）	
消极表情（10） 积极表情（3）	面部表情（13）	学生（46）
行为表现（27） 言语表现（6）	言行表现（33）	
课后互动（12） 批评 / 表扬（8） 课堂互动（3） 班级管理（2） 师生冲突（2）	师生交往（27）	人际（36）
矛盾冲突（6） 同学相处（1）	生生交往（7）	
同事（1） 家长（1）	其他交往（2）	

第一，觉察自己范畴包括教学情绪和非教学情绪两个子范畴，其中教学情绪子范畴的编码点居多，约占觉察自己编码总数的 82%。教学情绪主要涉及课堂教学、作业批改、课前备课和教学反思四个方面，课堂教学和作业批改的编码点较多，如教师提及“教室里秩序混乱，自己情绪压抑”“学生听不懂（课对课程）没兴趣，很慌乱、无奈”“改作业时，对于学生作业有问题会生气”等；教师主要通过主观感受、他人评价和生理唤醒三个方面觉察自己的非教学情绪，如教师提及“情绪波动时，自己的体态或言语上会（表现出）

焦躁”“自己容易受到别人评价（的）影响”。

第二，觉察学生范畴包括面部表情和言行表现两个子范畴，其中，言行表现编码点更多，约占比 72%。面部表情主要涉及积极表情和消极表情两个方面，其中以消极表情居多；言行表现主要涉及行为表现和言语表现两个方面，如教师提及“个别性格内向（的）孩子，在课间游戏中不敢加入其他孩子（的）活动中，或在游戏中放不开，不敢提出自己的想法，表现得小心翼翼”。

第三，觉察人际范畴包括师生交往、生生交往和其他交往三个子范畴，其中师生交往的编码点最多，占比 75%。师生交往主要涉及课后互动、课堂互动、批评或表扬、班级管理和师生冲突五个方面，其中课后互动、批评或表扬两个方面的编码点较多，如教师提及“课后学生主动（与自己）分享高兴的事情时自己也很高兴”“学生摆蛋糕为自己庆祝生日时（自己很）感动”等；生生交往主要涉及矛盾冲突和同学相处两个方面，其中矛盾冲突编码点较多；其他交往主要涉及同事和家长两个方面，且都被提及一次。

（2）熟手型教师情绪觉察能力的范畴

通过对 45 名熟手型教师访谈原始资料进行编码，共获得 205 个编码点、21 个初级编码。经过分析与归纳，得到 7 个二级编码和 3 个三级编码。由此可知，熟手型教师情绪觉察能力包括觉察自己、觉察学生和觉察人际三个范畴，各范畴的编码点分别约占编码点总数的 31%、31%、38%（见表 4–5）。

第一，觉察自己范畴包括教学情绪和非教学情绪两个子范畴，其中教学情绪子范畴的编码点居多，约占比 86%。教学情绪主要涉及课堂教学、作业批改、课前备课和教学反思四个方面，其中课堂教学的编码点最多，如教师提及“课堂上,（自己）正在兴致勃勃地讲课时，发现学生做小动作（时，自己）会很生气，但会及时察觉并控制自己的情绪”等；觉察自己的非教学情绪主要通过主观感受、他人评价和生理唤醒三个方面进行，其中主观感受的编码点最多，如教师提及“愤怒时，待情绪平复冷静后处理问题”。

第二，觉察学生范畴包括面部表情和言行表现两个子范畴，其中两个子范畴的编码点相当。面部表情主要涉及积极表情、消极表情和中性表情三个方面，其中以消极表情居多；言行表现主要涉及行为表现和言语表现两个方面，其中行为表现的编码点更多，约占比 90%，如教师提及“有的学生比较自卑，上课不敢举手发言，甚至不敢和老师说话”。

第三，觉察人际范畴包括师生交往、生生交往和其他交往三个子范畴，其中师生交往的编码点最多，约占比 85%。师生交往主要涉及课后互动、班级管理、批评或表扬、课堂互动和师生冲突五个方面，其中课后互动、班级管理、批评或表扬三个方面的编码点较多，如教师提及“课下遇见（学生），（学生）表情冷漠不打招呼，（自己）悲伤愤怒”“进班时纪律不好，（自己感觉很）恼火”等；生生交往主要涉及矛盾冲突和同学相处两个方面，其中矛盾冲突编码点较多，如教师提及“同学之间关系出现问题，（同学们）互不理睬，（导致自己）情绪不好”；其他交往主要涉及同事和家长两个方面，且都被提及一次。

表 4–5 熟手型教师情绪觉察能力的范畴

初级编码（频次）	二级编码（频次）	三级编码（频次）
课堂教学（40） 作业批改（10） 课前备课（2） 教学反思（2）	教学情绪（54）	自己（63）
主观感受（6） 生理唤醒（2） 他人评价（1）	非教学情绪（9）	
消极表情（18） 积极表情（10） 中性表情（6）	面部表情（34）	学生（63）
行为表现（26） 言语表现（3）	言行表现（29）	
课后互动（22） 班级管理（17） 批评或表扬（15） 课堂互动（9） 师生冲突（4）	师生交往（67）	人际（79）

续表

初级编码（频次）	二级编码（频次）	三级编码（频次）
矛盾冲突（7） 同学相处（3）	生生交往（10）	
同事（1） 家长（1）	其他交往（2）	

（3）专家型教师情绪觉察能力的范畴

通过对 15 名专家型教师访谈原始资料进行编码，共获得 90 个编码点、21 个初级编码。经过分析与归纳，得到 8 个二级编码和 3 个三级编码。由此可知，专家型教师情绪觉察能力包括觉察自己、觉察学生和觉察人际三个范畴，各范畴的编码点分别约占编码点总数的 36%、33%、31%（见表 4–6）。

表 4–6　专家型教师情绪觉察能力的范畴

初级编码（频次）	二级编码（频次）	三级编码（频次）
课堂教学（13） 教学反思（8） 作业批改（4） 课前备课（3）	教学情绪（28）	自己（32）
主观感受（3） 生理唤醒（1）	非教学情绪（4）	
表情（11） 眼神（5）	面部表情（16）	学生（30）
行为表现（6） 言语表现（4）	言行表现（10）	
作业内容（2） 作业态度（2）	作业表现（4）	
课后互动（8） 班级管理（5） 批评或表扬（5） 师生冲突（2） 课堂互动（1）	师生交往（21）	人际（28）

续表

初级编码（频次）	二级编码（频次）	三级编码（频次）
同学相处（3） 集体活动（1）	生生交往（4）	
同事（2） 家长（1）	其他交往（3）	

第一，觉察自己范畴包括教学情绪和非教学情绪两个子范畴，其中教学情绪子范畴的编码点居多，约占比 88%。教学情绪主要涉及课堂教学、教学反思、作业批改和课前备课四个方面，且课堂教学的编码点最多，如教师提及“多次（进行）讲解学生仍听不懂（时，自己）会焦虑”等；觉察自己的非教学情绪主要通过主观感受和生理唤醒两个方面进行，其中主观感受的编码点较多，如教师提及“情绪波动小时，心理上只有一点的起伏”。

第二，觉察学生范畴包括面部表情、言行表现和作业表现三个子范畴，其中面部表情的编码点最多。面部表情主要涉及表情和眼神两个方面；言行表现主要涉及行为表现和言语表现两个方面，其中行为表现的编码点较多；作业表现主要涉及作业内容和作业态度两个方面，如教师提及“从学生作业中字的变化，觉察学生的情绪波动”“通过学生的日记、周记等了解学生的情绪变化”。

第三，觉察人际范畴包括师生交往、生生交往和其他交往三个子范畴，其中师生交往的编码点最多，占比 75%。师生交往主要涉及课后互动、班级管理、批评或表扬、师生冲突和课堂互动五个方面，其中课后互动、班级管理、批评或表扬三个方面的编码点较多，如教师提及“找学生谈话时，觉察其内心的感动或逆反”等；生生交往主要涉及集体活动和同学相处两个方面；其他交往主要涉及同事和家长两个方面。

（4）新手－熟手－专家型教师情绪觉察能力范畴的比较

为更好地比较新手－熟手－专家型教师情绪觉察能力的结构，结合调查结果，作出图 4-1 的比较模型图。结果发现：①在三级编码方面，新手－熟手－专家型教师情绪觉察能力范畴均由觉察自己、觉察学生和觉察人际三个方面构成；②在二级编码方面，新手－熟手－专家型教师情绪觉察能力范畴均由教学情绪、非教学情绪、面部表情、言行表现、师生交往、生生交往和其他交往七个方面构成，但专家型教师能力范畴多了一个二级编码——作业表现，这是新手型和熟手型教师所没有的；在初级编码方面，新手－熟手－专家型教师情绪觉察能力范畴均由课堂教学等方面构成，但新手型、熟手型教师在非教学情绪中多了“他人评价”这一初级编码，而专家型教师情绪觉察能力范畴没有该编码。在面部表情中，新手型教师情绪觉察能力范畴由积

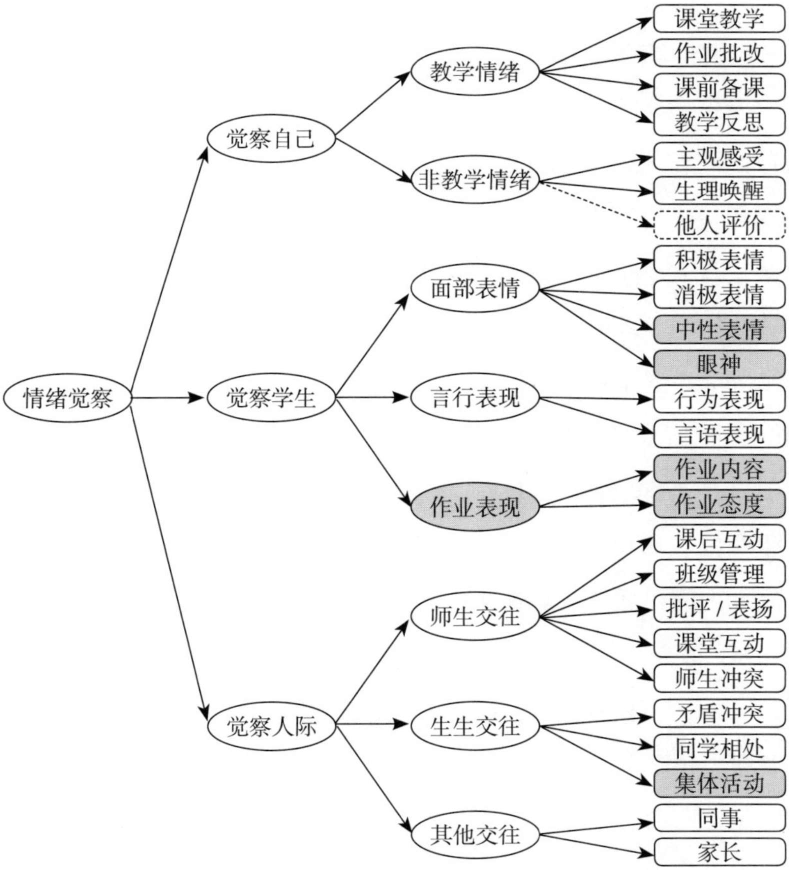

图 4–1 新手－熟手－专家型教师情绪觉察能力结构的比较

（注：虚线为新手型教师提及而专家型教师未提及的内容；阴影为新手型教师未提及而其他教师，尤其是专家型教师所提及的内容。）

极表情和消极表情两个方面构成，而熟手型教师情绪觉察能力范畴多了中性表情这一编码，专家型教师情绪觉察能力范畴多了眼神这一编码，并且对表情的效价未做明确区分。在作业表现方面，专家型教师情绪觉察能力范畴由作业内容和作业态度构成，而新手型和熟手型教师情绪觉察能力范畴没有此方面的编码。在生生交往方面，与新手型和熟手型教师相比，专家型教师情绪觉察能力范畴多了集体活动这一编码。此外，新手－熟手－专家型教师初级编码的频次存在一些差异：在教学情绪中，新手型、熟手型教师初级编码频次排在前两位的为课堂教学和作业批改，而专家型教师初级编码频次为课堂教学和教学反思。

2. 原始问卷调查结果

征求专家组（心理学教师、学生及 20 多位各地中小学教师）对情绪觉察能力原始问卷的各个项目的建议，修正意义表示不明确的题目，对容易产生歧义的题目进行删除，增加合适的题目，并突出一些易被忽视和被遗漏的问题，最终确定含 35 个项目的预测问卷。问卷结构包括觉察自己、觉察学生、觉察人际这三个维度，每个维度又包含两个子维度，“觉察自己”包括教学情绪和非教学情绪，其中教学情绪有 6 个项目，非教学情绪有 5 个项目；“觉察学生”包括面部表情和躯体表情，其中面部情绪有 5 个项目，躯体情绪有 6 个项目；“觉察人际”包括师生交往和生生交往，其中师生交往有 7 个项目，生生交往有 6 个项目。每道题都采用自评式六级计分制进行计分。让测试者依据本人的实际情况对各项目的同意程度选择“完全不符合”“基本不符合”“有点不符合”“有点符合”“基本符合”和“完全符合”，分别计 1，2，3，4，5，6 分，其中反向计分项目有 2 个（题 4，题 17），得分越高表明教师情绪觉察能力越高。

3. 初试问卷调查结果

（1）项目分析

选取项目得分与其对应分量表总分的相关来进行项目分析，项目分析发现，初试问卷的所有项目指数均超过 0.40，表明初试问卷的项目均具有较好的区分度。

（2）探索性因素分析

分别对教师情绪觉察能力问卷的三个分问卷进行探索性因素分析。其中觉察自己分问卷的 KMO 值为 0.92，Bartlett 球形度检验卡方值为 9544.22，$p<0.001$。进行探索性因素分析后发现，该分问卷共得到特征值大于 1 的因子 2 个（教学情绪、非教学情绪），包括 8 个题项，解释总变异量的 67.25%。觉察学生分问卷的 KMO 值为 0.945，Bartlett 球形度检验卡方值为 12602.84，$p<0.001$。进行探索性因素分析后发现，该分问卷共得到特征值大于 1 的因子 2 个（面部情绪、躯体情绪），包括 6 个题项，解释总变异量的 72.81%。觉察人际分问卷的 KMO 值为 0.909，Bartlett 球形度检验卡方值为 10278.86，$p<0.001$，探索性因素分析后发现，该分问卷共得到特征值大于 1 的因子 2 个（师生交往、生生交往），包括 7 个题项，解释总变异量的 74.03%。

4. 正式问卷调查结果

（1）结构效度

为考察三个分问卷的结构效度，尤其是三个分问卷对总问卷的拟合程度，即三个分问卷的 6 个一阶因子能否提炼出教师情绪觉察能力这一高阶因子，建构了教师情绪觉察能力二阶模型。结果发现，问卷高阶因子模型具有良好的结构效度（见表 4–7 和图 4–2）。

（2）效标效度

采用皮尔逊相关分析考察正式问卷与 RDEES 效标关联效度（见表 4–8）进行分析，结果发现教师情绪觉察能力总分及其下属因子与情绪体验范围和区分性量表的 2 个因子均呈显著正相关，相关系数在 0.26 ~ 0.69，这表明教师情绪觉察能力问卷具有良好的效标效度。

表 4–7　教师情绪觉察能力二阶模型拟合指数

模型	x^2	*df*	x^2/df	*RMSEA*	*CFI*	*GFI*	*IFI*	*NFI*	*NNFI*
二阶	571.61	180	2.65	0.071	0.98	0.90	0.98	0.98	0.98

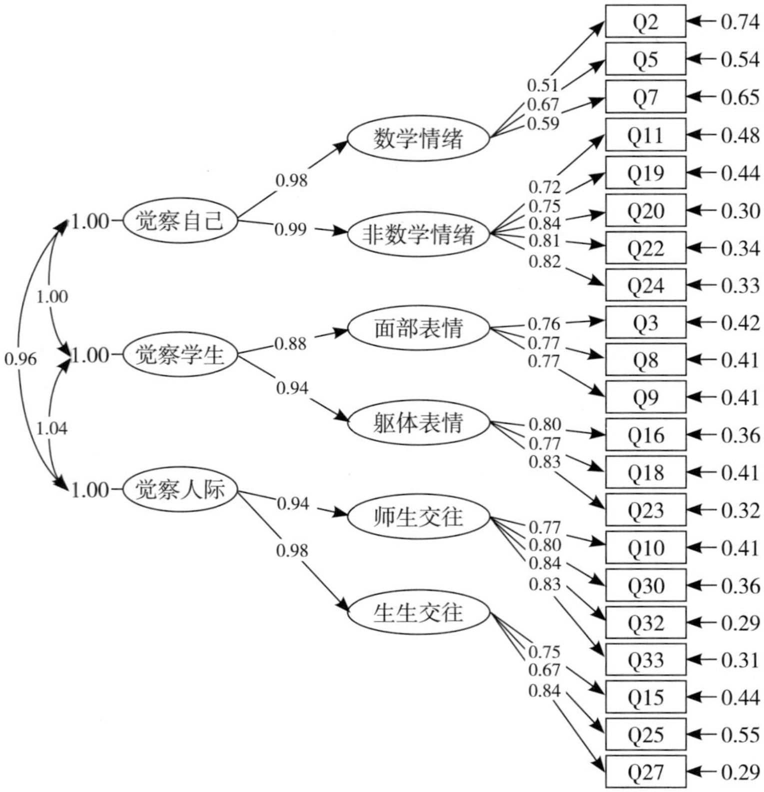

图 4-2　教师情绪觉察能力二阶模型图

表 4-8　教师情绪觉察能力问卷与效标问卷的结果相关性分析

	体验范围	体验区分性	RDEES 总分
教学情绪	0.15**	0.39**	0.38**
非教学情绪	0.22**	0.58**	0.57**
面部情绪	0.15**	0.53**	0.49**
躯体情绪	0.12*	0.59**	0.52**
师生交往	0.11**	0.51**	0.50**
生生交往	0.13*	0.62**	0.55**
觉察自己	0.12**	0.53**	0.52**
觉察学生	0.14**	0.60**	0.54**
觉察人际	0.15**	0.61**	0.55**
觉察总分	0.17**	0.62**	0.57**

（3）信度检验

采用克隆巴赫 α 系数检验问卷的内部一致性信度（见表 4-9）进行分析，结果发现，总问卷的信度为 0.96，其余各分问卷及因子的信度为 0.70 ~ 0.90，这表明教师情绪觉察能力问卷具有较高的一致性。

表 4-9 教师情绪觉察能力正式问卷各维度信度系数表（n=344）

	教学情绪	非教学情绪	面部情绪	躯体情绪	师生交往	生生交往	觉察总分
α 系数	0.70	0.86	0.80	0.78	0.88	0.85	0.96

（三）讨论与结论

1. 关于新手－熟手－专家型教师情绪觉察能力的结构差异

第一，新手－熟手－专家型教师情绪觉察的主范畴高度一致。研究结果显示，新手、熟手和专家型教师情绪觉察的主范畴高度一致，均由觉察自己、觉察学生和觉察人际三个维度构成，比情绪觉察概念提出者 Lane（1990）等人提出的情绪觉察结构多了觉察人际这一维度，而与国内情绪觉察相关概念的结构比较一致。如卢家楣教授认为观察情绪能力由自己、他人、自己与他人、他人与他人四个方面构成（卢家楣, 2005），其中后面两个都属于人际范畴；范会勇也认为情绪觉察能力包括自己、他人和群体三个方面（范会勇, 2010）。当然，我们建构的教师情绪觉察能力理论模型（见图 3-2）中的环境维度未能得到验证，但许远理团队一直从事情绪智力研究，他们认为情绪觉察相关概念——情绪感知包括自己、他人和环境三个维度，其中环境可进一步细化为群体（团体）、社会环境等（曾祥博, 2016；申志敏, 2019；盛书文, 2015; 程旭阳, 2012；许远理, 2004），这有待后续进行进一步深入探讨。另外，从教师这一职业来看，不仅理论工作者非常重视教师的人际关系，如研究者认为良好的人际关系是教师有效教学的组成部分（朱旭东, 2015）和进行情感教学的重要途径（卢家楣, 2015），而且一线教师也非常重视教师的人际关系，如人民教育家于漪就曾说："做老师，要走进学生心里""师爱超越亲子之爱"等。由此可见，教师情绪觉察能力结构包含觉察自己、觉察学生和觉察人际三个主范畴，不仅与情绪觉察概念结构比较吻合，符合教师的职业特点，而且具有跨教师发展阶段的一致性，即新手型、熟手型和专家型教师关于情绪觉察能力的结构具有高度一致性，但理论模型中的觉察环境维度未能得到验证。

第二，新手－熟手－专家型教师情绪觉察的子范畴存在差异。新手－熟手－专家型教师在情绪觉察子范畴上的差异主要表现在两个方面。①子范畴类别上的差异。研究结果显示，虽然新手－熟手－专家型教师情绪觉察子范畴均由教学情绪、非教学情绪、面部表情、言行表现、师生交往、生生交往和其他交往七个方面构成，但专家型教师情绪觉察在此基础上还多了一个新的子范畴——作业表现，即在觉察学生方面，新手型和熟手型教师情绪觉察仅包括面部表情和言行表现两个方面，而专家型教师还通过作业表现觉察学生情绪，正如专家型教师在访谈中提及，“从学生作业中字的变化，觉察学生的情绪波动”“根据学生的日记、周记等了解学生的情绪变化”。②子范畴支撑节点上的差异。研究结果显示新手－熟手－专家型教师情绪觉察支撑子范畴的初级编码类别均由课堂教学等方面构成，但新手型、熟手型教师情绪觉察在非教学情绪中多了“他人评价”这一初级编码，而专家型教师情绪觉察没有该编码。在面部表情中，新手型教师情绪觉察由积极表情和消极表情构成，而熟手型教师情绪觉察多了中性表情这一编码，专家型教师情绪觉察多了眼神这一编码，且对表情的效价未做明确的区分。在作业表现方面，专家型教师由作业内容和作业态度两个方面的编码构成，而新手型和熟手型教师情绪觉察没有此方面的编码。在生生交往方面，与新手型和熟手型教师情绪觉察相比，专家型教师情绪觉察多了“集体活动”这一编码。此外，在教学情绪中，新手型、熟手型教师情绪觉察子范畴排在前两位的为课堂教学和作业批改，而专家型教师情绪觉察子范畴排在前两位的是课堂教学和教学反思。综上可知，新手型教师在觉察自身情绪时，更倾向于他人评价，更重视觉察学生负性情绪，熟手型教师在觉察学生情绪时还注重觉察学生的中性情绪，而专家型教师在觉察教学情绪时更注重教学反思，觉察学生和觉察人际更注重细节。这可能是新手－熟手－专家型教师不同的心理特点所致。如研究发现在教学动机方面，专家教师更强，新手型教师的教学动机具有强烈而表层的特点；在教学反思方面，新手型教师反思行为的经常性多于专家型教师，但专家型教师的反思认知水平则更高（汪海彬，罗茜，徐秋霞，王艳，2018；罗晓路，2000；连榕，2004）。由此可见，新手型教师由于表层的教学动机和反思行为，其更侧重于用他人评价来替代自身反思与评价，由此在觉察自身情绪时需借助于他人的评价且更多关注学生的负性情绪，正如其访谈中提及的“学生不听课，自己很恼火”。而专家型教师则出于自己深层的教学动机和反思行为，不仅在觉察教学情绪时更依赖于自我反思，还在觉察学生和人际情绪时更注重细微处，如通过学生的作业来了解学生的情绪，还关注学生的中性情绪和眼神等，正如其访谈中提及的“上课还要注意学生没有表情背后的原因，如（学生）有可能生病了，也有可能在走神等”。由此可见，新手－熟手－专家型教师情绪觉察子范畴的差异符合不同发展阶段教师的心理特征，这也佐证了教师情绪觉察能力结构的合理性。综上可知，教师觉察自己层面主范畴由教学情绪和非教学情绪两个子范畴组成；觉察学生层面主范畴由面部表情和言行表现两个子范畴组成，但专家型教师多了作业表现这一子范畴；觉察人际主范畴由师生交往、生生交往和其他交往三个子范畴组成。

2. 关于教师情绪觉察能力问卷的信效度

第一，在教师情绪觉察能力问卷的原始题目是在理论构建的基础上，通过个人访谈和编制开放式问卷等方法搜集材料，构想教师情绪觉察的几个维度和不同维度之间的区别与联系，建构教师情绪觉察能力问卷的不同维度所需的不同题目。筛选、分析教师情绪觉察能力问卷的原始项目，经过专家的评定修改，修正意义表示不明确的题目，删除容易产生歧义的题目，增加合适的题目，并突出一些易被忽视和易被遗漏的问题，最终构成教师情绪觉察能力预测问卷。在预测问卷的基础上进行预测，而后经过项目分析、探索性因素分析，形成教师情绪觉察能力初试问卷。在初试问卷的基础上进行施测，通过验证性因素分析，保留有效题目，构成教师情绪觉察能力正式问卷，对教师情绪觉察能力正式问卷实施信度和效度测验。根据分析结果，将教师情绪觉察分为觉察自己、觉察学生、觉察人际三个维度，其中包括教学情绪、非教学情绪、面部情绪、躯体情绪、师生交往、生生交往六个子维度。其中“教学情绪”指教师感知、识别并描述与自己教育教学相关的情绪的能力；“非教学情绪”指教师感知、识别并描述与自己教育教学无关的情绪的能力；“面部情绪”指通过观察学生的面部表情，准确感知、识别并描述学生的情绪的能力；“躯体情绪”指通过观察学生的行为举止，准确感知、识别并描述学生的情绪的能力；“师生交往”指在师生交往中，教师感知、识别并描述学生的情绪的能力；“生生交往”指通过观察学生交往，教师感知、识别并描述学生的情绪的能力。

第二，问卷的信效度方面。信度分析表明，教师情绪觉察能力正式问卷的信度系数为 0.95，其余各维度信度为 0.70 ~ 0.90。比较情绪体验的范围和区分性量表（RDEES），就效标量表总的信度系数 0.85 而言，本问卷的信度系数较高，达到了实施心理测量的要求。在问卷效度方面，考察了内容效度、结构效度、效标效度及内部一致性效度这四个方面：在内容效度上，经过研讨相关的文献及有关问卷题目，进行个体访谈及编制开放式问卷，建构中小学教师情绪觉察能力问卷不同的题目，而后通过专家讨论，修正意义表示不明确的题目，对容易产生歧义的题目进行删除，增加合适的题目，并突出一些易被忽视和易被遗漏的问题，最终形成预测问卷。对预测问卷进行检验，完成项目修正，形成的最终问卷的内容效度较高。在结构效度上，教师情绪觉察能力正式问卷各个题目间相关性系数大，题目之间相关性显著，各个项目与总分间的相关性也显著，证明了教师情绪觉察能力正式问卷具备较好的效度，能满足预期正式问卷的要求。在效标效度上，教师情绪觉察能力正式问卷与 RDEES 之间相关系数为 0.11 ~ 0.62，存在显著的正相关，表明教师情绪觉察能力正式问卷的效标效度较好。在内部一致性效度上，教师情绪觉察能力正式问卷各题项与其所对应维度的相关系数都比各题项与其他维度的相关系数要大，表明该问卷各维度的内部一致性效度达到了较高的水平，符合实施心理测量的要求，可以为测量教师的情绪觉察能力提供有效的工具。

综上，为给定量比较不同发展阶段的教师情绪觉察能力提供测量工具，在理论构建教师情绪觉察能力结构（见图 3–2）的基础上，依据规范的问卷编制过程，最终制作出具有较好信效度的教师情绪觉察能力问卷。问卷由 21 个题项组成，包括觉察自己、觉察学生和觉察人际三个二阶因子和教学情绪、非教学情绪、面部情绪、躯体情绪、师生交往和生生交往六个一阶因子，其中觉察自己情绪包括教学情绪和非教学情绪两个下属因子；觉察学生情绪包括面部情绪和躯体情绪两个下属因子；觉察人际情绪包括师生交往和生生交往两个下属因子。由此可见，该结果基本验证了教师情绪觉察能力结构理论模型中凸显教师职业特色的成分，如自己层面的教学和非教学情绪、学生层面的面部和躯体情绪，并且尤其突出了人际情绪中的师生交往和生生交往。当然，理论模型中的觉察环境这个一阶因子未能得到开放式问卷调查结果的验证，有待于我们进行进一步的研究。

二、新手－熟手－专家型教师情绪觉察能力的现状比较

党的“十八大”以来，习近平总书记高度重视教师队伍建设和教师素质能力，他提出的“四有好教师”更是蕴含着对情感教育能力的要求和期许——“好老师的眼神应该是慈爱、友善、温情的，透着智慧，透着真情……应该把自己的温暖和情感倾注到每一个学生身上”。随着信息技术的发展，“互联网 +”、人工智能等技术在教育中得到广泛应用，这极大地提高了学生学习知识和技能的效率，但却挑战了教师的主导地位，使教师在智能时代面临知识传播角色边缘化、教育专业角色模糊化和评价角色工具化的三重危机（罗莎莎，靳玉乐，2020）。为应对教师的角色危机，研究者呼吁智能时代要突显情感教育需求（王平，2020），充分发挥教师区别于机器所独有的情感功能。事实上，20 世纪八九十年代国内研究者就已提出情感教育（朱小蔓，2019）和情感教学（卢家楣，2000）等本土化理论，强调情感在教育过程中的重要作用，当代情感教育理论的倡导者和实践的行动者朱小蔓教授更是视情感教育为“儿

童教育之根”（朱小蔓，朱永新，2012）。情感教育的有效实施离不开教师情绪觉察能力的提升，教师拥有高超的情绪觉察能力和情感教育能力是现代学校教育与课堂教学的必然要求（朱旭东，张华军，2014）。虽然国内外已就不同群体的情绪觉察能力展开了大量的研究，但这些研究更多地聚焦于焦虑症患者、厌食症患者和 PTSD 患者等特殊群体（汪海彬，卢家楣，陈宁，2013），研究对象群体不具有教师群体的职业特点。教师群体的研究虽然构建了教师情绪觉察能力的具体成分，但尚未开展实证探索，如以情优教视角的研究者认为教师情绪觉察涉及对自身情绪、教材内容、学生及师生间情绪的觉察（卢家楣，2000），也有研究者认为教师情绪觉察不仅涉及敏锐地观察学生面部表情、肢体动作等外部行为，还涉及识别学生内隐情感等内容（张华军，朱小蔓，2019）。还有研究基于质性分析构建了教师情绪觉察能力的结构，但尚缺乏进一步的验证（汪海彬，陈宁，丁宁，2020）。此外，关于教师情感素质的培养，朱小蔓教授的情感性教师教育理论从生命体角度强调教师情感素质的成长（马多秀，2020a），不仅强调师范教育要重视对职前教师情感素质的培养（朱小蔓，1994），还强调职后教师的情感 – 人格的养成（马多秀，2020b），并且认为教师的成长离不开优秀教师对经验的内化（朱小蔓，杨一鸣，2002）。为此，在党和国家高度重视教师情感教育能力的背景下和人工智能时代急需情感教育的现实下，本研究从教师情感素质成长的视角出发，采用新手 – 熟手 – 专家型教师的研究范式和自编的教师情绪觉察能力问卷，考察当前教师情绪觉察能力的现状，并从生命体角度比较不同发展阶段教师的情绪觉察能力的差异，从而管窥当前教师情感教育能力的现状，并为教师的情感教育能力，尤其是新手型教师情感教育能力的培养和发展提供依据和支撑。

（一）研究对象与方法

1. 研究对象

依据以往研究，通过教龄和职称来界定三类教师（连榕，2004），采用方便取样的方式对幼儿园、小学、初中和高中各两所学校进行纸质调查，同时要求他们将问卷星链接（https://www.wjx.cn/hj/ywwafb4rdk6jlb5pee82qw.aspx）分享给其他校的老师，共获得1680份问卷，剔除答卷时间过短的问卷，共收回有效问卷1529份，有效回收率约为91.0%。另外利用问卷星（https://www.wjx.cn/hj/32hetjn3yei6lozaqcjyka.aspx）对四所师范院校的师范生进行调查，共收回问卷1505份，依据以往研究的惯例，仅统计大三和大四参加过教育实习的师范生数据（连榕，2004），共获得有效问卷600份。结合两部分的调查，共获得有效问卷2129份，其中涉及新手型教师1009人、熟手型教师889人、专家型教师231人，其他信息如表4-10所示。

表4-10　新手－熟手－专家型教师分布情况（n=2129）

项目	选项	频数	百分比
性别	男	594	27.9%
	女	1535	72.1%
学段	幼儿园	451	21.2%
	小学	757	35.5%
	初中	445	20.9%
	高中	476	22.4%
学历	专科及以下	394	18.5%
	本科	1642	77.1%
	硕士及以上	93	4.4%
岗位	一直担任班主任	530	24.9%
	曾经担任班主任	679	31.9%
	从未担任班主任	902	42.4%
	缺失值	18	0.8%

2. 研究工具

采用自编的教师情绪觉察能力问卷，问卷包括觉察自己、觉察学生和觉察人际三个二阶因子和教学情绪、非教学情绪、面部情绪、躯体情绪、师生交往和生生交往六个一阶因子。问卷由21个题项构成，总问卷和分问卷的内部一致性系数为0.71 ~ 0.96，具有良好的信度和效度。

3. 研究过程

采用 SPSS 25.0 对数据进行方差分析和简单效应分析，并通过效果量来检验数据差异程度，用 η^2 作为方差分析衡量效果大小的指标，小、中和大效果量的 η^2 临界值分别为 0.01、0.06 和 0.12（胡竹菁，戴海琦，2011）。

（二）研究结果

1. 新手 – 熟手 – 专家型教师情绪觉察能力的总体比较

为考察不同类型教师情绪觉察能力各因子的差异，把三类教师作为组间变量，将情绪觉察能力总分及其下属因子作为组内变量进行重复测量的方差分析。结果发现（见表 4–11 和图 4–3），教师类型主效应（F=52.34，P<0.001，η^2=0.07）、情绪觉察能力主效应（F=115.40，P<0.001，η^2=0.08）显著，但教师类型与情绪觉察能力的交互效应不存在实际上的差异（F=3.578，P<0.001，η^2=0.005<0.01）。事后进行多重比较结果发现，教师类型主效应表现为：在面部情绪、师生交往、生生交往三个一阶因子上和觉察人际这一二阶因子得分上，表现为专家型教师 > 熟手型教师 > 新手型教师，且三类教师之间的差异显著（P<0.05），但在其他因子和总分上表现为专家型教师和熟手型教师得分显著高于新手型教师（P<0.05），但专家型教师和熟手型教师之间的差异不显著（P>0.05）。其中，新手教师得分在 4.39 ～ 4.79，熟手教师得分范围在 4.72–5.14 之间，专家教师得分在 4.91 ～ 5.27；情绪觉察能力主效应表现为：师生交往和面部情绪两个因子得分最高，生生交往因子得分最低；非教学情绪、面部情绪、师生交往和觉察自己因子得分显著高于总均分（P<0.05），而躯体情绪、生生交往和觉察人际因子得分显著低于总均分（P<0.05）。

表 4–11　新手 – 熟手 – 专家型教师情绪觉察能力及其下属因子的差异比较

项目	新手型教师		熟手型教师		专家型教师		F	P	η^2
	M	SD	M	SD	M	SD			
教学情绪	4.65	0.89	4.90	0.86	4.99	0.68	19.23	<0.001	0.03
非教学情绪	4.64	0.83	5.05	0.81	5.10	0.61	51.37	<0.001	0.07

续表

项目	新手型教师		熟手型教师		专家型教师		F	P	η^2
	M	SD	M	SD	M	SD			
面部情绪	4.79	0.86	5.10	0.82	5.25	0.56	36.62	<0.001	0.05
躯体情绪	4.45	0.87	4.85	0.83	4.92	0.62	45.75	<0.001	0.06
师生交往	4.77	0.85	5.14	0.81	5.27	0.61	48.02	<0.001	0.06
生生交往	4.39	0.89	4.72	0.88	4.91	0.64	41.45	<0.001	0.06
觉察自己	4.65	0.77	4.97	0.75	5.04	0.53	40.21	<0.001	0.05
觉察学生	4.62	0.81	4.98	0.77	5.08	0.53	46.99	<0.001	0.06
觉察人际	4.58	0.80	4.93	0.78	5.08	0.57	50.55	<0.001	0.07
觉察能力总分	4.62	0.76	4.96	0.72	5.07	0.48	51.69	<0.001	0.07

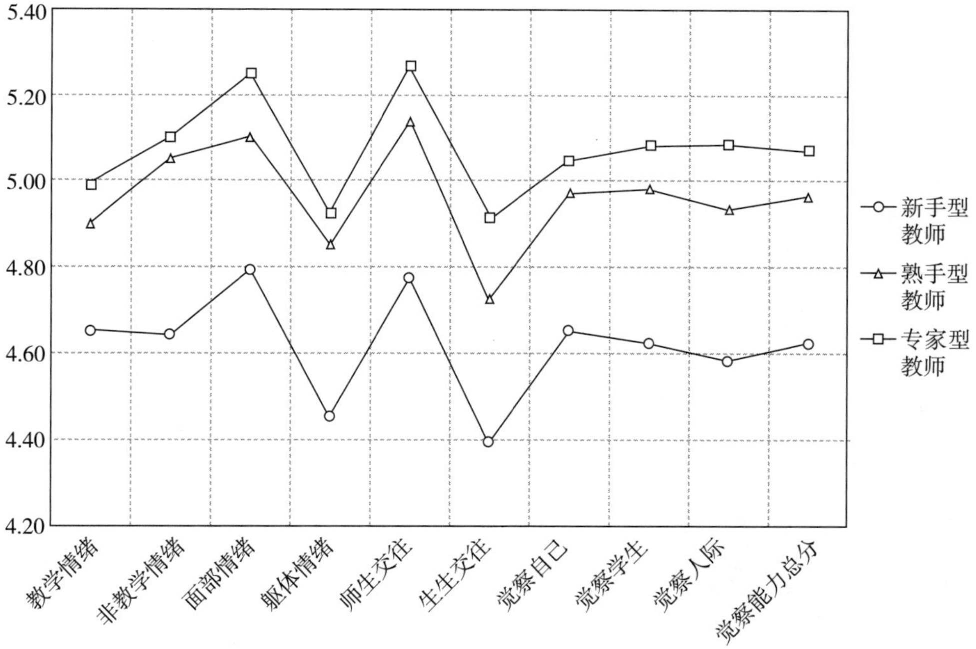

图 4–3　新手－熟手－专家型教师情绪觉察能力总体比较

2. 新手－熟手－专家型教师情绪觉察能力的性别比较

为考察不同类型教师情绪觉察能力在性别上的差异（见图 4–10），以教师类型和性别为组间变量，以情绪觉察能力总分及其下属因子为因变量进行多元方差分析，结果发现教师类型主效应（F=8.67，p<0.001，η^2=0.05）、性别

主效应（F=5.50，p<0.01，η^2=0.03）及教师类型与性别的交互效应（F=4.12，p<0.001，η^2=0.03）均存在实际差异。事后进行多重比较发现，性别主效应体现在除生生交往和觉察人际外的其他因子和总分上，男性在情绪觉察能力下属其他因子上的得分均显著低于女性（p<0.05）；教师类型与性别的交互效应体现在面部情绪、师生交往和觉察人际三个因子上（p<0.05），进一步的简单效应分析发现：新手型、熟手型教师在面部情绪、师生交往和觉察人际三个因子上的性别差异显著，表现为女性得分显著高于男性（p<0.05），但专家型教师在这三个因子上的性别差异不显著（p>0.05）。

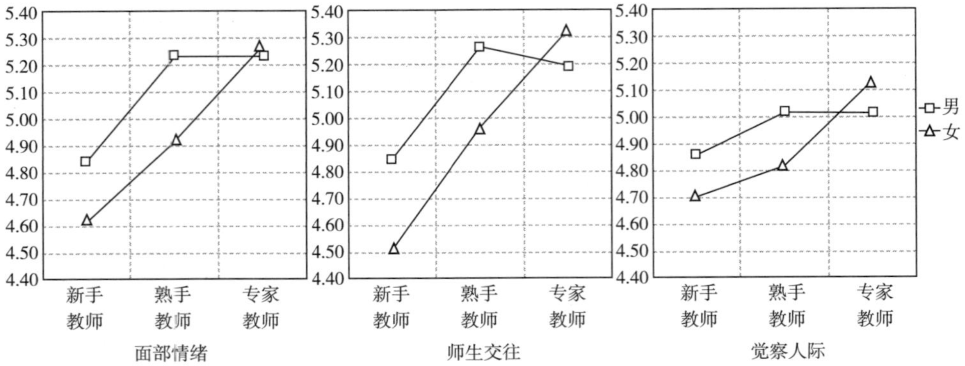

图 4–4 新手 – 熟手 – 专家型教师情绪觉察能力在性别上的比较

3. 新手 – 熟手 – 专家型教师情绪觉察能力的学段比较

为考察不同类型教师情绪觉察能力在学段上的差异，以教师类型和学段为组间变量，以情绪觉察能力总分及其下属因子为因变量进行多元方差分析，结果发现教师类型（F=2.70，p<0.001，η^2=0.03）和学段（F=5.91，p<0.001，η^2=0.02）主效应显著，但教师类型与学段的交互效应不显著（F=1.21，p>0.05）。事后进行多重比较结果发现，学段主效应表现为幼儿园教师得分最高，小学教师得分次之，高中教师得分最低，且幼儿园、小学教师得分显著高于高中（p<0.05），但这种差异主要体现在教师觉察自己的非教学情绪因子、觉察学生及其下属两个因子、觉察人际及其下属两个因子和情绪觉察能力总分上（p<0.05）。图 4–5 展示了不同学段教师情绪觉察能力总分及其下属因子

在学段上的得分情况，其大体呈现随学段上升而下降的趋势。

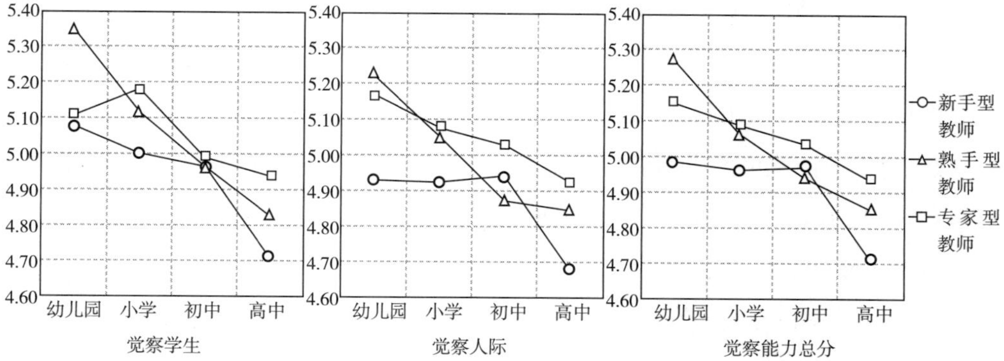

图 4–5　新手 – 熟手 – 专家型教师情绪觉察能力在学段上的比较

4. 新手 – 熟手 – 专家型教师情绪觉察能力的岗位比较

为考察不同类型教师情绪觉察能力在教师担任班主任情况下的差异（见图 4–6），以教师类型和岗位为组间变量，以情绪觉察能力总分及其下属因子为因变量进行多元方差分析，结果发现教师类型主效应（F=3.97，p<0.001，η^2=0.04）、岗位主效应（F=3.95，p<0.01，η^2=0.04）及教师类型与担任班主任情况的交互效应（F=2.95，p<0.001，η^2=0.03）均存在实际差异。事后进行多重比较发现，岗位主效应体现在除觉察自己及下属两个因子外的其他因子和总分上外，从未担任过班主任的教师的得分显著低于一直担任和曾经担任班

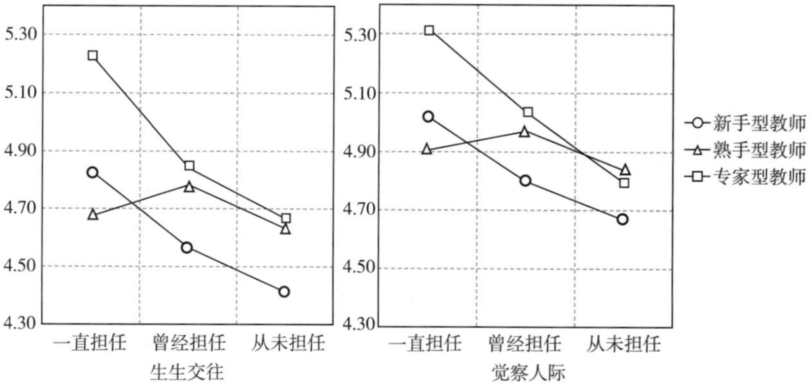

图 4–6　新手 – 熟手 – 专家型教师情绪觉察能力在教师担任班主任情况下的比较

主任的教师的（$p<0.05$），但一直担任和曾经担任过班主任的教师之间的差异不显著（$p>0.05$）。教师类型与岗位的交互效应体现在生生交往和觉察人际两个因子上（$p<0.05$），进一步进行简单效应分析发现：除熟手型教师外，新手型和专家型教师在担任班主任情况下差异显著（$p<0.05$）。新手型教师方面，一直担任班主任的新手型教师得分显著高于从未担任班主任的新手型教师（$p<0.05$），而其他方面的差异不显著（$p>0.05$）；专家型教师方面，一直担任班主任的教师的得分最高，显著高于曾经担任和从未担任班主任的教师的得分（$p<0.05$），但曾经担任与从未担任之间的差异不显著（$p>0.05$）。

（三）讨论与结论

在党和国家高度重视教师情感教育能力的背景和人工智能时代急需情感教育的现实下，教师急需提升情感教育能力。然而，当前研究者关于教师情感教育能力的结构却存在争论并呈两种取向，这不利于教师情感教育能力的实践探索。为此，本研究本着求同存异的想法，来探寻两种取向情感教育能力的公共因子——情绪觉察能力，这一能力不仅是情感教育的基础与起点，还是提升情感教育能力的基础。以教师情绪觉察能力为切入口，不仅可以窥探当前教师情感教育能力的现状，还可以从生命体角度探索不同发展阶段教师的情绪觉察能力的成长特征，具体结果如下。

1. 新手－熟手－专家型教师情绪觉察能力总体正向发展但发展失衡，觉察人际情绪和面部表情能力是三类教师的关键差异所在

（1）总体正向积极，但仍有很大的提升空间

调查发现，新手－熟手－专家型教师情绪觉察能力由觉察自己、觉察学生和觉察人际三个高阶因子构成，其中觉察自己包括教学情绪、非教学情绪两个一阶因子，觉察学生包括面部表情和躯体表情两个一阶因子，觉察人际包括师生交往和生生交往两个一阶因子，其不仅表现出丰富的内涵，还能体现教师的职业特点。新手型、熟手型和专家型教师的情绪觉察能力的总平均得分分别为 4.62、4.96 和 5.07，处于问卷设定的六级计分制中“有点符

合（4）”和“基本符合（5）”区间偏右，表明新手－熟手－专家型情绪觉察能力总体上的发展正向积极，但教师的情绪觉察能力，尤其是新手型教师的情绪觉察能力仍有很大的提升空间。

（2）内部发展喜忧参半，需提高觉察躯体表情和生生交往情绪的能力

情绪觉察能力内部因子的重复测量方差分析发现，新手－熟手－专家型教师的情绪觉察能力发展不均衡，表现出喜忧参半的特征：觉察自己方面非教学情绪发展较好但教学情绪发展中等，觉察学生方面面部表情发展较好但躯体表情发展较差，觉察人际方面师生交往发展最好但生生交往发展最差。这一方面表明国家有关提升教师专业能力的政策取得了成效，如中小学教师标准中就明确强调“自我情绪调节”方面觉察自己情绪的要求，以及强调与学生间“沟通与合作”方面的觉察学生和人际情绪，尤其是师生交往方面的要求（冯帮，张丹，沈三平，2017）。另一方面这为教师情绪觉察能力的提升提供具体方向，涉及躯体表情和生生交往两方面。首先，此次调查发现躯体表情得分处于倒数第二的低位。所谓躯体表情指的是学生情绪表达的躯体姿态、躯体动作等（丁小斌，康铁君，赵鑫，付军军，2018），然而以往理论和实践研究更多强调面部是情绪表达的主载体而忽视躯体表情信息，但现在研究者已经开始关注躯体表情，并且一线专家型教师也已关注了躯体表情，如专家型教师在访谈中提及关注学生“故作镇定”情绪掩饰背后的情绪等。这提示教师，尤其是新手型教师不仅要重视对面部表情的觉察，还要加强对躯体表情的觉察。其次，此次调查发现教师对生生交往情绪的觉察得分最低，究其原因可能是教师对生生交往关注不够。访谈时就发现，新手型、熟手型教师对生生交往更多地聚焦于学生间的冲突事件或个别学生间的交往活动，仅少数专家型教师提及关注集体活动中学生间的交往情绪（汪海彬，陈宁，丁宁，2020）。因此。三类教师今后都需要关注生生交往情绪。

（3）觉察人际情绪和面部表情成为促进教师成长的关键

调查结果发现，情绪觉察能力及其下属因子均表现出新手型教师得分

显著低于熟手型和专家型教师，但面部表情、师生交往、生生交往和觉察人际表现了三类教师之间均存在显著差异，即专家型教师 > 熟手型教师 > 新手型教师，而觉察人际分问卷包括师生交往和生生交往两个因子。可见，培养教师觉察人际情绪和面部表情能力是促进新手成长为熟手、熟手成长为专家的关键。第一，在觉察人际情绪中的师生交往方面，虽然教师该因子得分最高，但三类教师的师生交往内容不同，这证实了以往的研究发现：新手型教师通过讨好、放任学生获得良好的师生关系，熟手型教师通过关心、理解学生和民主管理获得良好的师生关系，专家型教师则通过更为热情、平等地对待学生获得融洽的师生关系（冯帮，张丹，沈三平，2017）。第二，在觉察人际中的生生交往方面，三类教师生生交往因子的得分最低，正如前面所言，新手型、熟手型教师仅关注学生间的冲突事件或个别学生间的交往活动，而专家型教师还在集体活动中关注学生间的交往。可见，觉察人际具体内容是三类教师的区别所在。第三，在面部表情因子上，虽然三类教师的得分均在各因子中最高，但三类教师的差异显著。结合访谈结果发现，三类教师觉察面部表情也出现不一致的情况，新手型教师更多地关注积极和消极的面部表情；熟手型教师不仅关注积极、消极的情绪，还关注中性情绪；而专家型教师还提出要觉察眼神，透过眼神来觉察学生情绪表达所掩饰的情绪（汪海彬，陈宁，丁宁，2020），由此可见，对面部表情的觉察也影响了三类教师的情绪觉察。可见，教师要拓展觉察人际情绪和面部表情的内容，以实现新手成长为熟手、熟手成长为专家的专业能力进阶。

2. 仅专家型教师情绪觉察能力不受性别的调节作用，提示男教师具备后天发展的潜能

多元方差分析结果显示，新手－熟手－专家型教师情绪觉察能力的性别主效应显著，表现为女性教师除生生交往、觉察人际和总分外的其他因子的得分显著高于男性教师，这一结果与以往跨群体和跨文化研究得出的“女性情绪觉察能力优于男性”（汪海彬，卢家楣，陈宁，2013）的结果保持高度一

致，也与班主任情感素质的调查结果（王俊山，卢家楣，2015）一致。这可能与男性和女性自身的情感特点有关，女性一般被认为情感比较细腻，善于把握自己和他人情感的细微变化，且掌握了更多的情绪觉察技巧；而男性情感比较粗糙，容易忽视或不在意自己和他人情绪的细微变化。由此可见，不同性别的心理与生理差异可能是女性情绪觉察能力优于男性的原因。但有趣的是，本研究还发现性别与组别的交互效应也显著，表现为女性新手型、熟手型教师面部表情、人际交往和觉察人际三个因子的得分优于男性，但专家型教师在这三个因子上却不存在性别差异。正如前文所述，情绪觉察能力的性别差异可能受天然性别的生理、心理差异的影响，但男性专家型教师在面部表情、人际交往和觉察人际方面的得分甚至高于女性的（尽管得分本身没有统计学上的差异）。这至少表明专家型教师情绪觉察能力不受性别的影响，这提示男教师在情绪觉察能力培养方面不必在意性别本身的“先天”不利影响，积极向专家型男教师学习，充分开发有利于培养出良好情绪觉察能力的积极潜能。

3. 教师情绪觉察难度随学段上升而上升，高学段教师需加强对掩饰性较弱的躯体表情觉察的训练

多元方差分析结果显示，新手－熟手－专家型教师情绪觉察能力的学段主效应显著，但组别与学段的交互效应不显著，具体表现为小学得分最高，高中得分最低，且小学显著高于高中，初中仅在教学情绪、面部表情和觉察自己因子上的得分显著高于高中的。该结果初步表明新手－熟手－专家型教师的情绪觉察能力大体呈随学段上升而下降的趋势，但结合访谈发现并非因为高学段教师的情绪觉察能力下降，而是因为随着学段上升，学生的情绪表达更为隐密，这导致高学段教师情绪觉察的难度逐步加大，正如一项调查发现：相比于小学生，中学生更多通过减弱、控制、修饰和掩饰等方式来表达社会所期望的情绪，如减少愤怒情绪，控制、修饰和掩饰轻蔑等负性情绪（孙俊才，卢家楣，郑信军，2007）。中小学学生情绪表达的特点也在教师的访谈中得到验证：访谈中，小学教师普遍反映小学生的情绪表现明显，喜怒哀乐全

写在脸上，容易觉察；而高中教师则普遍反映高中生的情绪表达具有掩饰性，觉察他们的情绪比较困难。为此，高学段教师要结合该学段学生的情绪表达特点，掌握更多的情绪觉察技巧，通过学生情绪外在表现的更多细节，甚至微表情来准确觉察学生掩饰背后的真正情绪，如专家型教师在访谈中提到自己会通过学生作业态度和作业内容（作文、日记等）来觉察学生的情绪（汪海彬，陈宁，丁宁，2020）。当然，教师还要加强对躯体表情觉察的训练，不仅因为此次调查该因子得分偏低，更重要的是个体躯体表情的掩饰性弱于面部表情，更容易从个体身体表情中觉察出真正的情绪反应。正如一项研究发现专家型觉察更多通过躯体表情来提高判断嫌犯说假话的正确率，而新手型觉察则只关注面部表情容易导致产生错误判断（谢丽丽，徐慧芳，姜媛，方平，2016）。可见，加强对掩饰性较弱的躯体表情察查训练就可精准把握学生情绪，以有效地开展进一步的情感教育。

4. 教师情绪觉察能力受班主任岗位的调整作用，班主任经历可有效提升觉察人际情绪的能力

多元方差分析结果显示，新手－熟手－专家型教师情绪觉察能力的担任班主任情况主效应显著，表现为从未担任过班主任的教师在觉察学生（包括面部表情和躯体表情两个因子）和觉察人际（包括师生交往和生生交往两个因子）上的得分显著低于一直担任和曾经担任班主任的教师，但一直担任和曾经担任班主任之间的情绪觉察能力差异不显著。调查还发现，担任班主任情况与组别的交互效应显著，表现为在觉察人际及下属因子生生交往方面，熟手型教师在担任班主任情况下的情绪觉察能力差异不显著，新手型和专家型教师在担任班主任情况下的情绪觉察能力差异显著。可见，班主任经历可以有效提升教师觉察人际情绪的能力，尤其是在生生交往方面。这可能与班主任的工作实践有关，研究者认为班主任工作要求有更强的情感教育能力（王俊山，卢家楣，2014），实证研究也的确发现班主任情感素质得分尚可，并且担任班主任时间越长，其情感素质越高（王俊山，卢家楣，2015）。班主任不仅在教学中要觉察学生和人际情绪，还因管理学生的日常班级事务，有充裕

的时间与学生进行沟通，尤其是在集体活动中觉察生生交往情绪（访谈中仅有专家型教师提及），班主任工作实践促使其掌握更多的觉察情绪内容和技巧，从而表现出更优的觉察人际能力。由此可见，班主任工作实践可提升教师的情绪觉察能力，尤其是觉察生生交往的能力，而这一做法也的确在中小学中得到验证，为帮助新进教师更快地成长，新进教师一般会担任班主或辅助班主任做工作。

综上，为定量比较不同发展阶段教师的情绪觉察能力的差异，采用自编的教师情绪觉察能力问卷对 2129 名不同发展阶段的教师（其中新手型教师 1009 人、熟手型教师 889 人、专家型教师 231 人）进行调查，结果发现当前教师的情感教育能力总体积极正向，但仍有很大的提升空间，教师尤其要加强对学生躯体表情和生生交往情绪的觉察；教师的情感教育能力不仅受到自身性别、班主任经历影响，还受到学生学段的影响，表现为女性教师具有天然的情感教育优势，班主任经历可有效提升教师的情感教育能力。但随着学段上升，情感教育难度不断增大，这提示高学段教师要加强对学生情绪表达掩饰性较低的躯体表情的觉察。本研究还从生命体角度比较不同发展阶段教师的情感教育能力的成长特征，三类教师的差异主要体现在觉察人际情绪（包括师生交往情绪和生生交往情绪）和面部表情两个方面，提示新手教师在情感教育能力自我成长过程中要加强对这两方面情绪觉察的训练。研究还发现一个有趣的结果，新手型、熟手型教师的情绪觉察能力受到性别因素的影响，但专家型教师的情绪觉察能力却不受性别因素的影响，并在部分维度上男性的得分更高。虽然这种差异不具有统计学意义，但至少表明尽管男性教师受到性别本身的“先天”不利的影响，但其在自我成长过程中仍然具有后天发展的潜能，这些都为教师的情绪觉察能力，甚至情感教育能力的终身发展提供依据和启示。

第三节　新手－熟手－专家型教师情绪觉察能力差异的总结

在教师情绪觉察能力概念内涵和结构理论构建（见图 3–2）的基础上，我们分别通过对全国教书育人楷模的质性分析和不同发展阶段教师的个案进行开放式调查和大规模问卷调查，不仅从定性视角比较了不同发展阶段教师的情绪觉察能力的结构差异，还从定量视角在问卷编制的基础上实施大规模调查，比较了不同发展阶段教师的情绪觉察能力的水平差异。情绪觉察能力的结构差异和水平差异不仅为进一步的研究提供科学依据，还验证了情绪觉察能力理论构建的科学性。

一、发现不同发展阶段教师的情绪觉察能力的异同

全国教书育人楷模教师积极心理品质的质性分析发现情绪品质，尤其是爱的品质是优秀教师积极品质的重要内容，并且能力品质还包括洞察力这一品质。这些积极品质都与情绪觉察能力密切相关，证明了情绪觉察能力对教师群体有重要作用。进一步的个案分析、开放式问卷、问卷调查则从定性和定量两个视角比较了不同发展阶段教师的情绪觉察能力在结构和水平上的差异，结果发现它们存在相同和相异的地方。

第一，不同发展阶段教师的情绪觉察能力的结构与水平的相同之处主要体现在以下几个方面。①情绪觉察在教师群体中普遍存在。尽管不同发展阶段的教师对教师情绪觉察能力有不同的理解，但他们都能准确地列出许多有关自己在教育教学过程中觉察情绪的典型案例。这表明教师虽然未接触情绪

觉察这一理论概念，但在实际的教学中都使用过情绪觉察。②对教师情绪觉察能力操作层面的理解基本一致。不同发展阶段的教师在界定情绪觉察的概念时，主要使用了观察、判断、识别和把握等表述，这表明不同发展阶段的教师对情绪觉察能力操作层面的理解是一致的。③教师情绪觉察能力对象层面的主范畴认知大体一致。无论是个案访谈还是开放式调查均发现，不同发展阶段的教师认为情绪觉察能力主要涉及自己、学生和人际三个方面。可见，不同发展阶段的教师对情绪觉察能力对象层面的主范畴的理解大体一致，这表明不同发展阶段教师的情绪觉察能力的高阶结构不存在差异。④情绪觉察能力水平总体正向积极。问卷调查发现新手－熟手－专家型教师的情绪觉察能力总均分分别为 4.62、4.96 和 5.07，均处于问卷设定的六级计分制中“有点符合（4 分）”和“基本符合（5 分）”区间偏右处，这表明不同发展阶段教师的情绪觉察在总体上是正向积极的。⑤躯体表情和生生交往这两个因子得分最低。调查还发现，不同发展阶段教师的情绪觉察能力的内部因子发展不均衡，并表现出一样的趋势，即在觉察学生情绪时，面部表情因子得分较高，但躯体表情因子得分偏低。在觉察人际情绪时，师生交往因子得分较高，但生生交往因子的得分最低，表明不同发展阶段教师的躯体表情和生生交往这两个因子的发展趋势是相似的。⑥年级情况和班主任经历可以影响教师的情绪觉察能力。调查结果显示，随着年级上升，三类教师的情绪觉察能力均呈下降的趋势。深入访谈后发现，这并不是因为教师情绪觉察能力下降了，而是因为随着年级升高，学生情绪表达的掩饰性增强了，教师觉察情绪的难度增大；结果还显示，觉察学生和觉察人际情绪能力，尤其是觉察生生交往的得分最高，表明班主任经历有利于提升教师的情绪觉察能力。

第二，不同发展阶段教师的情绪觉察能力结构与水平的不同之处主要体现在以下几个方面。①熟手型和专家型教师更认可情绪觉察能力的重要性。个案访谈结果显示，熟手型和专家型教师高度肯定情绪觉察能力的价值，不仅认为其是一种实践智慧，还认为其是情绪智力的核心，是调节情绪和人际关系的基础。②熟手型教师，尤其是专家型教师情绪觉察能力的外延更丰富。

个案访谈结果显示，专家型教师情绪觉察对象层面的内容更丰富，并表现在对象情绪的来源和效价上，专家型教师认为觉察自己的情绪不仅包括觉察教学情绪，还包括觉察非教学情绪，觉察学生情绪不仅包括觉察负性情绪，还包括觉察正性情绪，甚至觉察高唤醒正性情绪背后存在的负面影响。后续的开放式调查也发现，在觉察学生情绪方面，新手型教师更多地局限于觉察学生的积极和消极情绪，而熟手型和专家型教师则提出要觉察学生的中性情绪，还提出要通过作业表现觉察学生情绪这个二级编码。这表明不同发展阶段教师的情绪觉察能力的一阶结构存在差异。③面部表情和人际情绪是三类教师情绪觉察能力水平的关键差异所在。调查结果显示，尽管熟手型和专家型教师在情绪觉察能力总分及其下属因子上的得分均显著高于新手型教师的得分，但三类教师在面部表情、人际情绪因子及其下属的师生交往和生生交往方面均存在显著性差异。这表明这些差异是新手型教师成长为熟手型教师、熟手型教师成长为专家型教师的关键。④专家型教师可以屏蔽性别这一“先赋性”变量的影响。以往研究发现不同群体中，男性的情绪觉察能力均显著弱于女性（Barrett, Lane, Sechrest & Schwartz, 2000; 汪海彬，曹立青，兰群，姚本先，2015），并且这一效应也存在于新手型和熟手型教师面部表情、觉察人际及师生交往三个因子中。但专家型教师在这三个因子的得分上未发现显著差异，甚至男性的得分更高（尽管差异不显著）。由此可见，专家型教师可以屏蔽性别这一先赋性变量的消极影响。

综上，针对上述异同点，我们可以提出相应的培养建议。在相同的方面，结果显示当前不同发展阶段教师的躯体表情和生生交往两个因子得分最低，并且教师情绪觉察难度随着年级上升而上升，班主任经历可以有效地提升教师情绪觉察能力。这提示我们今后要加强教师躯体表情和生生交往方面觉察能力的培养，并寻找应对高年级学生情绪觉察难题的方法。调查似乎已经找到了相应的培养建议：随着年级升高，学生情绪表达掩饰性增强，这的确给教师觉察学生的情绪带来困难，但这种困难似乎是教师在觉察学生情绪时更多地依赖面部表情所致。一直以来躯体表情处于被冷落的地位，教师对其的重视程度也不够，躯体表情觉察得分不高。但近年来学术界越来越重视其在情绪觉察中的补偿功能，因为与面部表情相比，躯体表情的掩饰性较弱。为此，今后要加强教师对躯体表情觉察的重视程度，不仅是因为其得分偏低，更重要的是因为其能有效应对高年级学生情绪表达的高掩饰性。调查结果还为觉察生生交往能力提升提供了直接的依据，结果发现班主任经历可以有效地提升觉察生生交往能力。由此可知，最直接地提升该能力的方法便是担任班主任。在相异方面，结果发现觉察面部表情和人际交往在三类教师中的差异显著，并且专家型教师可以屏蔽性别这一先赋性变量对情绪觉察能力的消极影响。这表明新手型教师成长为熟手型教师，熟手型教师成长为专家型教师的关键在于提升觉察面部表情和人际交往方面的能力。在面部表情方面，虽然此次调查三类教师的得分均偏高，但仍存在差异。这提示教师不应仅做简单的面部表情觉察练习，还应进行面部表情细微处的觉察，正如访谈中专家型教师提及的，要觉察学生中性和正性面部表情背后所隐藏的真正情绪，这也与朱小蔓所呼吁的要识别学生内隐的情感的观点（张华军，朱小蔓，2019）不谋而合。当然，在觉察学生情绪时还应发挥躯体表情在把握学生情绪中的补偿功能；在觉察人际方面，上文业已提及班主任经历可以帮助提升觉察人际中的生生交往能力。当然，为有针对性地提升觉察人际方面的能力，还应深入了解教师在觉察人际过程中的差异。总之，不同发展阶段教师的情绪觉察能力定性和定量比较启示我们要增强教师觉察躯体表情和人际交往的能力，后续研究需要探讨不同发展阶段的教师在躯体表情和人际情绪觉察过程中的差异，以提出更富针对性的建议。

二、验证了教师情绪觉察能力理论结构的科学性

在梳理与总结前人有关情绪觉察能力概念研究的基础上，结合教师职业特色，我们认为教师情绪觉察能力作为情绪智力和情绪管理能力的重要成分，是教师心理健康和建立良好人际关系的基础；作为一种实践智慧，是实

施情感教育的基础；作为一种情感素养，是教师道德成长的起点。在概念界定方面，情感研究专家卢家楣教授（卢家楣，2005）与许远理教授（许远理，2004）从操作和对象两个层面界定了教师情绪觉察能力概念的内涵及结构，其中从操作层面来说，教师情绪觉察包括对情绪的识别与描述等环节；而从对象层面来说，教师情绪觉察包括自己（教学情绪、非教学情绪等）、他人（学生、领导、同事、家长等）、人际（生生交往、学生群体氛围等）和环境（教材等教学内容中的情绪、教学物理环境等）四大方面（见图 3–2），体现了教师的职业特色。全国教书育人典范的质性分析也的确验证了情感品质是其最重要的积极心理品质的观点，情感品质下属的爱，爱的对象包括学生、教育事业、同事和家长等，这些爱的对象与我们对象层面高度一致。此外，我们还在全国教书育人楷模的能力品质中发现了与情绪觉察能力密切相关的洞察力。为更好地比较不同发展阶段教师的情绪觉察能力的结构差异，我们采用个案法对不同发展阶段的教师各两名进行访谈，结果发现新手、熟手和专家型教师均认为情绪觉察能力的操作层面包括观察、判断、识别与把握等方面，对象层面主要包括自己、学生和人际三个方面，进一步的开放式问卷调查结果大体证实了我们对教师情绪觉察能力的结构划分，并进一步细化三种对象的下属成分：觉察自己包括教学情绪和非教学情绪；觉察学生包括面部表情、言行表现和作业表现；觉察人际包括师生交往、生生交往、其他交往（领导、同事和家长）。这与我们构建的情绪觉察能力包括自己、他人、群体和环境四个方面大体一致，其中他人方面的主体变成了学生，并且人际交往作为二级范畴凸显出来，但环境这一对象仅在个案访谈中被顺带提及，未出现在后续的开放式调查中。问卷调查进一步探索并验证了教师情绪觉察能力包括一阶六因子、高阶二因子的模型，即觉察自己（教学情绪、非教学情绪）、觉察学生（面部表情、躯体表情）和觉察人际（师生交往、生生交往）。由此可见，除了环境这一因子外，教师情绪觉察能力的结构模型基本得到验证，并且与 Lane 等人构建的情绪觉察能力包括自己与他人的结构（Lane, Quinlan, Schwartz, Walker & Zeitlin, 1990）的看法也比较类似，只是教师情绪觉察能力的结构更凸显了教师的职业特色，把他人维度细化为学生和人际两个方面。当然，在理论模型中，环境这一高阶因子并未出现，觉察人际这个高阶因子也少了其他交往这个一阶因子（包括领导、同事和家长等的交往）。为此，今后的研究还需要进一步探讨教师情绪觉察能力的结构，尤其要探讨环境这个高阶因子。

第五章

新手–熟手–专家型教师情绪觉察过程比较

对不同发展阶段教师情绪觉察能力的调查发现，尽管三类教师的情绪觉察能力总体上是积极向上的，但觉察人际情绪和躯体情绪等因子的得分却最低，并且人际情绪是三类教师情绪觉察能力的关键差异所在，是新手教师发展为专家型教师的关键因素。另外，躯体情绪不仅在所有因子中得分最低，并且教师情绪觉察难度随着学段上升而上升，高学段教师需加强对掩饰性较弱的躯体情绪的觉察，发挥其对情绪觉察的补偿功能，以提升高学段学生情绪觉察的正确率。为此，基于调查结果，本章主要比较不同发展阶段的教师在觉察人际情绪和学生躯体情绪上的差异。需要说明的是，觉察人际情绪不仅包括觉察学生的情绪，还应包括觉察教师自身的情绪。对于前者而言，采用眼动仪是最佳的技术选择，后者则多使导生理多导技术。为此，本章拟采用眼动仪和多通道生物反馈技术考察不同发展阶段的教师在觉察人际情绪和学生躯体情绪过程中存在的差异，从而为教师情绪觉察能力的培养提供依据。不仅如此，本章还验证了建构的教师情绪觉察过程三阶段模型（见图 3–3）在教育教学情绪情境中的适用性。

第一节　新手 - 熟手 - 专家型教师情绪觉察过程的眼动比较

新手 - 熟手 - 专家型教师情绪觉察过程的眼动比较主要基于不同发展阶段教师的情绪觉察能力调查的结果，采用眼动技术考察不同发展阶段教师在觉察课堂突发情境诱发的人际情绪和学生躯体情绪过程中的眼动差异。

一、新手 - 熟手 - 专家型教师对课堂突发情境觉察的眼动比较

教育部于 2018 年颁发的《新时代中小学教师职业行为十项准则》对教师应对突发事件提出了明确的要求，表明国家高度重视教师应急素养的培养（张宝仪，杨现民，胡永斌，2020）。事实上，研究者早在 20 世纪 90 年代就开始关注教师对突发事件的处理和应对，尤其是课堂突发事件的处理和应对（季诚钧，1994；赵刚，1996）。课堂是促成教与学互动的主要场所，也是实现师生互动、生生互动，达成教育教学目标，实现生命发展的重要场所（王苏杰，2013）。为此，研究者常把应对课堂突发事件的能力与教学机智联系起来（尹筱莉，罗德红，2009；梁苗，2010），指出教师对这类事件的妥善应对不仅有助于教育教学质量的提升（吴勇毅，石旭登，2011），还有助于良好的师生关系的构建（肖晓燕，2013）。由此，研究者在该领域开展了大量的研究：不仅考察了课堂突发事件的价值（冯尊祥，2015）、成因（李景国，2009）、分类（季诚钧，1994；汪明帅，2013）与影响机制（徐飞，2019），还探索了许多课堂突发事件的应对策略（尹筱莉，罗德红，2009；张玉志，2016；徐皓，2017），甚

至设计与开发了处理突发事件的虚拟仿真系统，以培养师范生的应急素养（张宝仪，杨现民，胡永斌，2020）。然而调查却发现，当前教师对课堂突发事件的应对情况却不容乐观，高达82%的教师选择忽视或批评等消极方式应对课堂突发事件（田东晓，2013），新手型教师尤其如此（刘露，2020；赵翠芹，2018）。为提升教师应对课堂突发事件的能力，研究者提出教师需要沉着冷静地应对突发事件，但教师由于身处事件中，情绪极易受到干扰，常表现出急躁、冲动和感情用事（季诚钧，1994）。此外，研究者也提出，为更好地应对突发事件，教师需要培养自己对课堂的洞察力，及时捕捉学生心理变化以随机应变（杨杰，2015）。这些与我们前期访谈和调查的结果高度一致：教师需要觉察自身和学生的情绪，尤其需在课堂互动中，在把握人际情绪的基础上，有效地调节自身和学生的情绪，进而积极应对课堂突发事件，以保障教学质量和维持良好的人际关系。事实上，国外在新手－熟手－专家型教师领域研究中，已经采用眼动技术比较了不同类型的教师加工课堂信息之间存在的差异（Cortina, Miller, McKenzie & Epstein, 2015; Wolff, Jarodzka, Niek & Boshuizen, 2016），这为我们比较不同发展阶段的教师对冲突情绪的觉察提供依据。由此，我们采用眼动技术，比较不同发展阶段的教师在课堂冲突这种人际情绪觉察过程中存在的眼动差异，从而为教师情绪觉察能力的科学训练提供实证依据。

（一）对象与方法

1. 研究对象

依据以往新手－熟手－专家型教师的界定标准（连榕，2004），我们采用方便取样方式对1所初中、1所高中和1所大学师范专业参加过教育实训的大四毕业生68人进行实验，（其中一人的眼动数据未能被有效地采集，所以被剔除）最终获得新手型教师24人，平均年龄为21.83±0.87（岁）；熟手型教师21人，平均年龄为37.43±4.87（岁）；专家型教师22名，平均年龄为50.45±3.91（岁）。所有被试视力经矫正后为正常，均为右利手。被试在实验前均被告知实验流程并签署知情同意书，实验后均获得礼品作为报酬。

2. 仪器与材料

实验仪器采用 Tobii TX300 眼动仪进行记录和分析，仪器采用双眼红外追踪技术，头动范围为 37cm 宽 ×17cm 高 ×30cm 长，采样率为 300Hz，被试眼睛距离屏幕约 65cm（屏幕尺寸为 23 英寸，分辨率为 1920×1080），采用九点校准法，采用 E-Prime2.0 软件呈现和控制刺激材料，采用 Tobii Studio 2.2.3 对眼动数据进行分析。在实验材料方面，以课堂突发事件的分类（王艳，王欣，2016）为基础，结合专家教师的访谈，我们确定了六种常见的课堂突发事件，即恶作剧（一名学生在课堂上对他的同学搞恶作剧）、吵架（两名学生在课堂上吵架）、睡觉（一名学生在课堂上趴睡在他的桌子上）、生病（一名学生在课堂上生病了）、师生冲突（一名学生在课堂上和老师发生冲突）和打小报告（一名学生在课堂上站起来，报告另一个学生做了不适当的事情，如在课堂上说话）。这六种课堂突发事件不仅在课堂中常见，还体现了人际互动的特性，其中恶作剧、吵架、打小报告体现了明显的生生交往，而睡觉和生病虽然是学生个体事件，但由于发生在课堂上，势必会对其他同学产生影响，因此也具有隐性的生生交往性质；师生冲突体现了明显的师生交往。选取某个班级的 10 名同学演示这些场景并拍摄成图片，共拍摄图片 13 张，然后采用方便取样的方式由 45 名教师（其中新手型教师 15 人、熟手型教师 13 人、专家型教师 17 人）对这些场景图片的真实性作 1 ~ 9 级计分（其中 1 代表完全不符合课堂情况的真实场景，9 代表完全符合课堂情况的真实场景），最后选取评分最高的 6 个场景作为正式测试材料。所有图片拍照的角度均为以讲台中心向下倾斜约 15 度的教师授课视角，图片像素大小为 1048×765。

3. 程序与设计

实验采用组别（新手 vs 熟手 vs 专家）的单因素被试间设计，刺激材料采用 Tobii Studio 2.2.3 进行呈现，包括 6 张课堂冲突图片。首先呈现指导语，要求被试自由观看图片，呈现一个 500 ~ 800ms 间随机的注视点“+”，然后随机呈现课堂冲突情境图片（见图 5–1），每张图片呈现 5000ms。在眼动指标和兴趣区划分方面，依据以往研究（Cortina, Miller, McKenzie & Epstein, 2015;

Wolff, Jarodzka, Niek & Boshuizen, 2016），眼动指标包括 6 个眼动指标，分别为首次到达时间、首次注视时间、总注视时间、注视点个数、总访问时间和总访问次数。把课堂冲突事件核心人物作为兴趣区。

图 5-1　实验材料示意图（其中左图呈现生病情境，右图呈现恶作剧情境）

（二）结果与分析

1. 新手 – 熟手 – 专家型教师对课堂突发情境觉察的首次到达时间比较

单因素方差分析结果发现，在首次到达兴趣区的时间方面，仅生病情境［$F_{(2, 64)}$=2.44, P<0.05］和师生冲突情境［$F_{(2, 64)}$=3.19, P<0.05］的组别差异显著，而其他情境组别的差异不显著（P>0.05）。事后进行多重比较发现，在生病情境中，新手型教师的首次到达时间最长，显著长于熟手型教师的（P<0.05），但与专家教师之间的差异不显著（P>0.05）；在师生冲突情境中，新手型教师首次到达时间最长，显著长于熟手型教师（P<0.05）和专家型教师（P<0.05），但熟手型教师与专家型教师之间的差异不显著（P>0.05）（见表 5–1）。

2. 新手 – 熟手 – 专家型教师对课堂突发情境觉察的首次注视时间比较

单因素方差分析结果发现，在兴趣区内的首次注视时间方面，仅生病情境［$F_{(2, 64)}$=2.51, P<0.05］组别差异显著，而其他情境组别的差异不显著（P>0.05）。事后进行多重比较发现，在生病情境中，新手型教师的首次注视时间最长，显著长于专家型教师的（P<0.05），但与熟手型教师之间的差异不显著（P>0.05）（见表 5–1）。

3. 新手－熟手－专家型教师对课堂突发情境觉察的总注视时间比较

单因素方差分析结果发现，在兴趣区的总注视时间方面，恶作剧情境［$F_{(2, 64)}$=3.53, P<0.05］、吵架情境［$F_{(2, 64)}$=4.00, P<0.05］、生病情境［$F_{(2, 64)}$=4.91, P<0.05］和师生冲突情境［$F_{(2, 64)}$=2.36, P<0.05］的组别差异显著，而其他情境组别的差异不显著（P>0.05）。事后进行多重比较发现，在恶作剧情境中，新手型教师的总注视时间最短，显著短于熟手型教师的总注视时间（P<0.05），但与专家教师之间的差异不显著（P>0.05）；在吵架情境中，新手型教师总注视时间最长，显著长于熟手型教师（P<0.05）和专家型教师（P<0.05）的总注视时间，但熟手型教师与专家型教师之间的差异不显著（P>0.05）；在生病情境中，新手型教师总注视时间最长，显著长于熟手型教师（P<0.05）和专家型教师（P<0.05）的总注视时间，但熟手型教师与专家型教师之间的差异不显著（P>0.05）；在师生冲突情境中，新手型教师的总注视时间最短，显著短于熟手型教师（P<0.05）的总注视时间，但与专家型教师之间的差异不显著（P>0.05）（见表 5–1）。

4. 新手－熟手－专家型教师对课堂突发情境觉察的总注视次数比较

单因素方差分析结果发现，在兴趣区内的总注视次数方面，仅睡觉情境［$F_{(2, 64)}$=2.56, P<0.05］的组别差异显著，而其他情境组别的差异不显著（P>0.05）。事后进行多重比较发现，在睡觉情境中，专家型教师的总注视次数最多，显著多于新手型教师（P<0.05）和熟手型教师（P<0.05）的总注视次数，但新手型与熟手型教师之间的差异不显著（P>0.05）（见表 5–1）。

5. 新手－熟手－专家型教师对课堂突发情境觉察的总访问时间比较

单因素方差分析结果发现，在兴趣区内的总访问时间方面，仅生病情境［$F_{(2, 64)}$=3.61, P<0.05］的组别差异显著，而其他情境组别的差异不显著（P>0.05）。事后进行多重比较发现，在生病情境中，专家型教师的总访问时间最长，显著长于新手型教师（P<0.05）和熟手型教师（P<0.05）的总访问时间，但新手型与熟手型教师之间的差异不显著（P>0.05）（见表 5–1）。

6. 新手－熟手－专家型教师对课堂突发情境觉察的总访问次数比较

单因素方差分析结果发现，在兴趣区内的总访问次数方面，仅睡觉情境[$F_{(2,64)}$=3.71, P<0.05]和师生冲突情境[$F_{(2,64)}$=2.93, P<0.05]组别的差异显著，而其他情境组别的差异不显著（P>0.05）。事后进行多重比较发现，在睡觉情境中，新手型教师的总访问次数最少，显著少于熟手型教师（P<0.05）的总访问次数，但与专家型教师之间的差异不显著（P>0.05）；在师生冲突情境中，新手型教师的总访问次数最少，显著少于熟手型教师（P<0.05）的总访问次数，但与专家型教师之间的差异不显著（P>0.05）（见表 5–1）。

表 5–1　新手－熟手－专家型教师眼动结果比较

组别	课堂突发人际场景	首次到达时间 / 秒	首次注视时间 / 秒	总注视时间 / 秒	总注视次数 / 次	总访问时间 / 秒	总访问次数 / 秒
新手型教师	恶作剧	0.08 ± 0.16	0.20 ± 0.08	6.34 ± 1.11	22.08 ± 4.79	7.75 ± 0.60	1.13 ± 0.45
	吵架	0.10 ± 0.19	0.21 ± 0.12	6.41 ± 1.10	26.29 ± 4.82	7.81 ± 0.65	1.00 ± 0.00
	睡觉	0.29 ± 1.16	0.18 ± 0.10	6.30 ± 1.18	22.88 ± 5.20	7.66 ± 1.18	1.00 ± 0.00
	生病	0.08 ± 0.21	0.22 ± 0.13	6.26 ± 1.22	21.25 ± 5.11	7.88 ± 0.30	1.04 ± 0.20
	师生冲突	0.25 ± 0.45	0.22 ± 0.14	5.82 ± 1.86	21.25 ± 7.40	7.34 ± 1.57	1.00 ± 0.00
	打小报告	0.06 ± 0.14	0.20 ± 0.09	6.49 ± 0.68	23.75 ± 4.40	7.90 ± 0.25	1.08 ± 0.28
熟手型教师	恶作剧	0.01 ± 0.03	0.22 ± 0.09	6.95 ± 0.35	22.81 ± 4.21	7.99 ± 0.15	1.05 ± 0.22
	吵架	0.06 ± 0.15	0.24 ± 0.14	6.90 ± 0.50	24.62 ± 3.32	7.93 ± 0.29	1.00 ± 0.00
	睡觉	0.04 ± 0.09	0.19 ± 0.09	6.66 ± 0.65	21.52 ± 5.40	7.82 ± 0.33	1.29 ± 0.56
	生病	0.01 ± 0.03	0.19 ± 0.11	6.93 ± 0.37	21.05 ± 4.88	8.00 ± 0.08	1.05 ± 0.22
	师生冲突	0.04 ± 0.09	0.19 ± 0.08	6.71 ± 0.57	22.52 ± 3.70	7.77 ± 0.54	1.29 ± 0.72
	打小报告	0.01 ± 0.02	0.21 ± 0.16	6.89 ± 0.35	23.57 ± 3.67	7.99 ± 0.10	1.10 ± 0.30
专家型教师	恶作剧	0.17 ± 0.56	0.20 ± 0.09	6.76 ± 0.67	22.73 ± 4.98	7.83 ± 0.58	1.05 ± 0.21
	吵架	0.03 ± 0.07	0.25 ± 0.08	7.00 ± 0.41	26.23 ± 3.99	8.00 ± 0.07	1.00 ± 0.00
	睡觉	0.08 ± 0.25	0.18 ± 0.13	6.49 ± 1.29	25.05 ± 4.85	7.65 ± 1.22	1.09 ± 0.29
	生病	0.02 ± 0.07	0.15 ± 0.09	6.85 ± 0.41	23.32 ± 4.21	8.01 ± 0.07	1.00 ± 0.00
	师生冲突	0.07 ± 0.23	0.28 ± 0.48	6.45 ± 1.45	23.59 ± 6.74	7.77 ± 0.90	1.05 ± 0.21
	打小报告	0.12 ± 0.48	0.20 ± 0.11	6.63 ± 0.95	23.41 ± 3.95	7.87 ± 0.49	1.09 ± 0.29

（三）讨论与结论

不同类型的教师对课堂信息加工的差异已经成为国外新手－熟手－专家型教师研究的热点之一（Cortina, Miller, McKenzie & Epstein, 2015; Wolff, Jarodzka, Niek & Boshuizen, 2016），国内研究者也开始把这种能力视为教师教学能力的重要组成部分（王福兴，芦咏莉，段朝辉，周宗奎，2013），并考察了不同类型的教师对课堂信息加工的眼动差异。这些课堂信息不仅包括静态的教学场景（王福兴，申继亮，田宏杰，周宗奎，2010），还包括动态的课堂教学行为视频（王福兴，芦咏莉，段朝辉，周宗奎，2013）。然而，以往研究尚未从情绪觉察视角出发，来比较不同发展阶段的教师在课堂人际互动过程中存在的情绪觉察差异。此次研究，我们自编了六种最为常见且又能体现人际互动的课堂突发情境，采用眼动技术考察不同发展阶段的教师在人际情绪觉察过程中存在的差异，并通过首次到达时间、首次注视时间、总注视时间、总注视次数、总访问时间和总访问次数六个指标来探讨三类教师的眼动差异。结果发现，新手型教师的首次到达时间和首次注视时间更长，但总注视时间和总访问时间更短，总注视次数和总访问次数更少，而熟手型和专家型教师则表现出首次到达时间和首次注视时间更短，但总注视时间和总访问时间更长，总注视次数和总访问次数更多的特征。由此可见，新手型教师更晚注意到课堂突发事件核心，并采用注视次数少但注视时间长的注视模式，而熟手型和专家型教师，尤其是专家型教师能更快地注意到课堂突发事件的核心，并采用注视次数多但持续时间短的注视模式。这些结果不仅与以往不同发展阶段的教师加工课堂信息的模式一致（Cortina, Miller, McKenzie & Epstein, 2015; Wolff, Jarodzka, Niek & Boshuizen, 2016; 王福兴，申继亮，田宏杰，周宗奎，2010），还与情绪面孔觉察过程的三阶段模型基本一致（汪海彬 等，2015），初步验证了构建的教师情绪觉察过程模型在课堂突发人际情境刺激中的适用性——在前注意阶段，熟手型和专家型教师比新手型教师能更早地注意到情绪线索，这反映为新手型教师首次到达兴趣区的时间更长；在知觉加工阶段，熟手型和专家型教师比新手型教师耗费更少的注意资源，这反映为新手型教师的首次注视时间更长；在进一步精加工阶段，熟手型和专家型教师比新手型教师有更多的再加工，这反映熟手型和专家型教师有更长的总注视时间和总访问时间，更多的总注视次数和总访问次数。对于三类教师认知加工方面的差异，以往研究者经常把熟手型和专家型教师的加工优势归因于经验（王福兴，申继亮，田宏杰，周宗奎，2010；王福兴，芦咏莉，段朝辉，周宗奎，2013），但有研究者指出这些经验背后反映了专家型教师具有更复杂和高层次的感知图式（Tan, 1996），这与 Lane 的高情绪觉察能力的本质在于情感图式更丰富和更整合的理论（Lane, 2000）高度吻合。经调查研究发现，熟手型和专家型教师的情绪觉察能力比新手型教师的情绪觉察能力更高，这种更丰富和更整合的情感图式促使熟手型和专家型教师在觉察课堂冲突情境时对刺激的前注意、知觉加工和进一步精加工三个阶段都具有加工优势，并将这些优势体现在眼动差异上。当然，本研究也存在一些局限性。第一，在实验材料方面，本研究仅考察了不同发展阶段的教师在面对课堂突发情境时的眼动结果，但事实上，仍然有许多课堂突发情境没有被考虑在内。此外，此次实验选取的实验材料主要是图片，而未来可以考察使用文本等多种形式进行考察。第二，在实验仪器方面，本研究选择的眼动仪只能在实验室里使用，缺乏一定的生态效度，而未来可以采用头戴式眼动仪来获取真实课堂场景中的实验数据，以提高研究的生态效度。此外，眼动仪在记录不同发展阶段的教师在课堂冲突情境觉察过程中的相关考量，缺乏对教师自身情绪觉察能力的考量，正如访谈中专家型教师所说，教师在课堂中需要觉察自身的情绪，才能进一步调整自己的情绪。研究者还指出积极应对课堂冲突事件需要教师沉着冷静，但这些都需要以教师觉察自身情绪为基础。为此，今后还可以借助于生理多导技术，考察不同发展阶段的教师自身在课堂冲突情境等人际情绪刺激下，对自身情绪的觉察的差异。

综上，为考察不同发展阶段的教师在觉察课堂冲突这种人际情绪过程中的眼动特点，我们采用眼动技术比较不同发展阶段的教师在六种常见且具有课堂人际互动性质的突发情境觉察过程中存在的差异。结果发现：与新手型教师相比，熟手型教师，尤其是专家型教师在前注意阶段能更早地注意到情绪线索，在知觉加工阶段耗费更少的注意资源，在进一步精加工阶段有更多的深加工，从而表现出更快地注意到课堂突发事件的核心，并采用注视次数多但持续时间短的注视模式的特点。而新手型教师则更迟地注意到课堂突发事件核心，并采用注视次数少但注视时间长的注视模式，这提示今后新手型教师需要加强对课堂突发情境的认知练习，以提升其对人际情绪觉察的能力。

二、新手－熟手－专家型教师对学生躯体情绪觉察的眼动比较

在情绪加工领域，研究者一直把面部表情视为情绪表达的主载体，而忽视躯体情绪刺激对情绪识别的补偿作用（丁小斌，康铁君，赵鑫，付军军，2018；方平，李洋，姜媛，2009）。但近年来国内外研究者越来越意识到，躯体表情（或情绪躯体语言，即 emotion body language, EBL）在情绪加工中具有重要作用（De gelder & Jan, 2011；丁小斌，康铁君，赵鑫，2017；何振宏，赵婷，张丹丹，2016；张丹丹，赵婷，柳昀哲，陈玉明，2015；梁宗保，杨韵，张光珍，等，2019），甚至认为在有些情景中，躯体线索比面部线索更可靠（Calbi, Langiulli, Siri, Umilt à & Gallese, 2021），躯体线索成为情绪识别的敏感器（丁小斌，康铁君，2016）。这也得到相关研究的证实：Aviezer 等人研究发现在区分强烈的积极或消极的情绪中，躯体表情反馈的正确率更高（Aviezer, Trope & Todorov, 2012）；谢丽丽等人的研究也发现与新手型警察相比，专家型警察更倾向于依据躯体表情而不是依靠面部表情，来提高他们判断嫌犯撒谎的正确率（谢丽丽，徐慧芳，姜媛，方平，2016）。此外，在学生情绪表达方面，随着学生年龄的增长，他们逐步学会用修饰和掩饰等情绪表达方式来呈现出社会所期望的情绪（Horner & Akiva, 2019; 孙俊才，卢家楣，郑信军，2007），这给教师觉察学生情绪带来困难。一项访谈研究发现，高中教师反映，高中生的面部情绪具有一定的欺骗性，他们会通过“故作镇定”等方式来掩饰真实的情绪（汪海彬，陈宁，丁宁，2020）。此次新手－熟手－专家型教师情绪觉

察能力的调查也的确发现，教师情绪觉察难度随学段上升而上升，这提示教师需加强对掩饰性较弱的躯体情绪的觉察训练，从而提升自身觉察躯体情绪的能力。为此，本研究结合以往的研究，从教师专业成长视角出发，以躯体表情为实验材料，比较不同发展阶段的教师觉察躯体情绪的行为和眼动差异，从而为训练教师的躯体情绪觉察能力提供眼动依据。

（一）对象与方法

1. 研究对象

依据以往新手 – 熟手 – 专家型教师的界定标准（连榕，2004），采用方便取样的方式对 1 所初中、1 所高中和 1 所大学师范专业的参加教育实训的大四毕业生 66 人进行实验，其中 4 人因在实验过程中由于动作幅度较大或散光严重导致眼动数据丢失而予以剔除，最终获得新手型教师 23 人，平均年龄为 21.80 ± 0.85（岁）；熟手型教师 19 人，平均年龄为 37.43 ± 4.76（岁）；专家型教师 20 名，平均年龄为 50.45 ± 3.82（岁）。所有被试视力经矫正后为正常，均为右利手。被试在实验前均被告知了实验流程并签署了知情同意书，实验后均获得礼品作为报酬。

2. 仪器与材料

实验仪器采用 Tobii TX300 眼动仪进行记录和分析，仪器采用双眼红外追踪技术，头动范围为 37cm 宽 × 17cm 高 × 30cm 长，采样率为 300Hz，被试眼睛距离屏幕约 65cm（屏幕尺寸为 23 英寸，分辨率为 1920 × 1080），采用九点校准法，采用 E-Prime 2.0 软件呈现和控制刺激材料，采用 Tobii Studio 2.2.3 对眼动数据进行分析。

在实验材料方面，以往研究发现 De Gelder 等人制作的 bodily expression action stimulus test（BEAST）数据库（De gelder & Jan, 2011）中高兴躯体表情的识别率不理想（Blanchard & Shiffrar, 2011; Ma, Liu, Zhong, Wang & Chen, 2014），故此次实验仅从 BEAST 中选取识别率较高的悲伤和中性躯体表情（其中悲伤躯体情绪图 64 张、中性躯体情绪图 36 张），然后要求 20 名教师对躯体表情的效价和唤醒度进行 1 ~ 9 级评定，然后选取悲伤躯体表情图和中性躯体表情图各 36 张（其中悲伤躯体表情图和中性躯体表情图各 4 张用于练习，另外各 32 张用于正式实验），结果表明躯体表情的效价差异显著（$M_{悲伤}$=3.85 ± 0.67, $M_{中性}$=4.71 ± 0.40, t=–6.73, P<0.001, d=1.28），而唤醒度差异不显著（$M_{悲伤}$=3.74 ± 0.33, $M_{中性}$=3.77 ± 0.29, t=–0.425, P=0.672）。

3. 程序与设计

实验运用视觉搜索范式，采用 3（组别：新手 vs 熟手 vs 专家）×2（条件：一致 vs 不一致）的混合设计，其中以被试间变量为组别，以被试内变量为躯体情绪效价的条件。采用 E–Prime 2.0 软件呈现和控制刺激材料，实验共 32 个 trail（一致和不一致条件各 16 个，不一致条件中目标刺激为中性和悲伤的各 4 个 trail，分别对应上、下、左、右四个位置。每个 trail 中，首先呈现一个 500 ~ 800ms 间随机的注视点“+”，随后呈现一个 2×2 的图片矩阵 3000ms（见图 5–2），并要求被试仔细观看并作出一致或不一致的判断（一致按 F 键，不一致按 J 键，按键反应在被试间进行均衡考量），最后呈现 1500ms 空屏后进入下一个 trail。

在眼动指标和兴趣区划分方面，依据以往的研究（王福兴，李文静，颜志强，段朝辉，李卉，2015），在视觉搜索范式中把不一致条件中的目标刺激作为兴趣区，并选用首次注视到达时间、首次进入兴趣区前的注视点个数和首个注视点持续时间三个眼动指标。

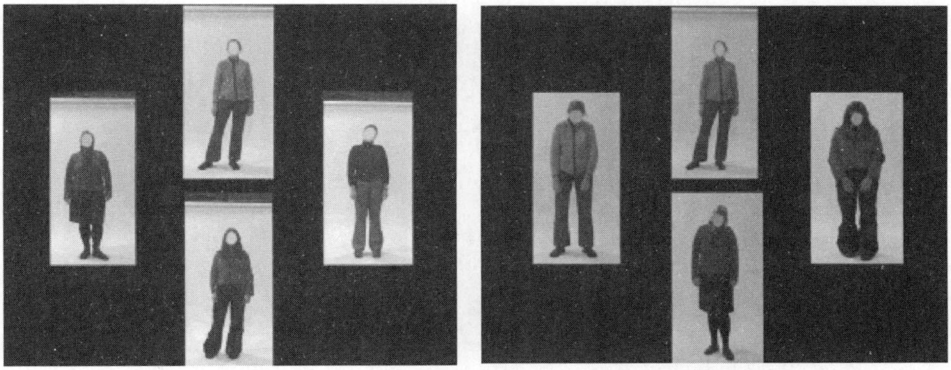

图 5–2　实验材料示意图（注：左图呈现一致条件，右图呈现不一致条件）

（二）结果与分析

1. 新手－熟手－专家型教师行为结果比较

为考察不同教师在不同条件下的躯体情绪觉察的正确率的差异，我们采用 3（类型：新手 vs 熟手 vs 专家）×2（条件：一致 vs 不一致）的重复测量方差进行分析，结果发现：类型［$F_{(2, 59)}=4.17, P=0.020, \eta^2=0.12$］和正确率［$F_{(1, 59)}=62.99, P<0.001, \eta^2=0.52$］的主效应显著，但类型和正确率的交互效应不显著［$F_{(2, 59)}=1.37, P=0.26$］。事后进行多重比较发现，类型的主效应体现为两种条件下的躯体情绪觉察的正确率均表现为新手型教师 < 熟手型教师 < 专家型教师，但仅新手型教师的正确率显著低于专家型教师（$P<0.05$）的正确率，而其他方面的差异不显著（$P>0.05$）；正确率的主效应体现为一致条件下的躯体情绪觉察的正确率显著高于不一致条件下的躯体情绪觉察的正确率（$P<0.05$）（见图 5–3）。

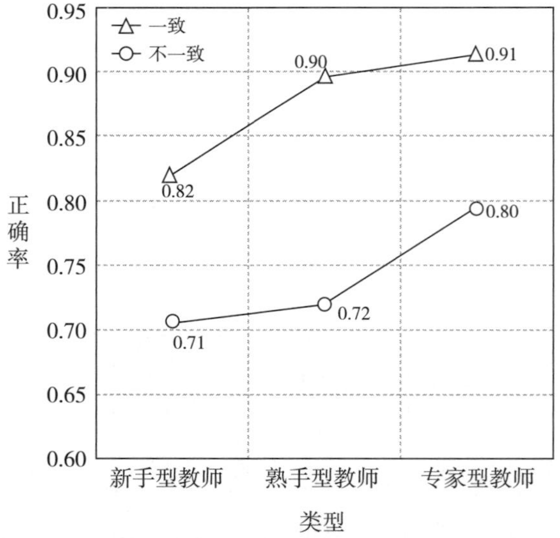

图 5–3　三类教师两种条件下的躯体情绪觉察的正确率的比较

2. 新手－熟手－专家型教师眼动结果比较

在首次注视到达时间方面，类型［$F_{(2, 59)}=5.93, P=0.005, \eta^2=0.17$］主效应

显著。事后进行检验发现，专家型教师的首次注视到达时间显著短于新手型教师（P=0.008）和熟手型教师（P=0.019）的首次注视到达时间，但熟手教师型和新手型教师之间的差异不显著（P>0.05）。在首次进入兴趣区前的注视点个数方面，类型[$F_{(2,59)}$=4.70, P=0.013, η^2=0.14]主效应显著。事后进行检验发现，专家型教师首次进入兴趣区前的注视点个数最少，且显著少于熟手型教师（P=0.017）首次进入兴趣区前的注视点个数，并与新手型教师之间达到边缘显著（P=0.062），但新手型教师与熟手型教师之间的差异不显著（P>0.05）；在首个注视点持续时间方面，类型[$F_{(2,59)}$=2.08, P=0.134>0.05]主效应不显著。不同发展阶段的教师在三个眼动指标上的具体结果如图5–4所示。

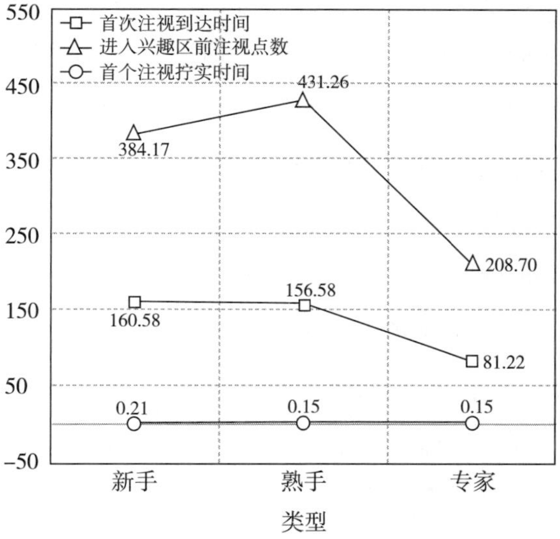

图 5–4　三类教师的眼动结果比较

（三）讨论与结论

为比较不同发展阶段的教师躯体表情觉察方面的差异，我们采用视觉搜索的方式，利用行为和眼动技术来考察三类教师情绪觉察的差异。行为结果显示，在一致和不一致两种条件下躯体情绪觉察的正确率均表现为新手型教师 < 熟手型教师 < 专家型教师，但仅新手型教师的正确率显著低于专家型教师的正

确率，而熟手型教师与其他两类教师之间的差异均不显著，这初步表明教师的经验会影响其对躯体表情的觉察。依据情绪觉察概念提出者 Lane 等人的理论：情绪觉察能力高低的本质在于其情感图式的分化和整合程度（Smith, Killgore & Lane, 2017；Smith, Quinlan, Schwartz, et al., 2019）。相比于新手型教师，专家型教师觉察学生情绪的经验更丰富，尤其是专家型教师还具有高反思能力（连榕, 2004）。这无疑会丰富他们的情感图式，从而帮助他们获得高情绪觉察能力，相关调查也的确证实了教师的情绪觉察能力优于职前教师（汪海彬, 2013）。此外，研究还发现高情绪觉察能力个体识别情绪刺激的正确率更高、反应时更短（汪海彬, 卢家楣, 姚本先, 等, 2015）。由此，专家型教师觉察躯体表情的正确率更高不仅得益于其丰富的觉察学生情绪的经验，还有可能得益于其因丰富的情感图式获得的高情绪觉察能力对情绪刺激加工的促进作用。当然，专家型教师对躯体表情加工的正确率更高的原因还有待于眼动结果的验证。

以往有关视觉搜索的眼动研究主要采用首次注视到达时间、首次进入兴趣区前的注视点个数和首个注视点持续时间三个眼动指标，其中前两个指标表示个体对目标刺激的注意定向，首次注视到达时间越短、首次进入趣区前的注视点个数越少表明个体能更早且更快地锁定目标刺激，而第三个指标则表示个体对目标刺激的注意维持，时间越短表明个体对目标加工得越少（Denicola, Holt, Lambert & Cashon, 2013；王福兴 等, 2015）。眼动结果显示，在首次注视到达时间和首次进入兴趣区前的注视点个数两个指标上，专家型教师与熟手型教师和新手型教师的差异显著；但在首个注视点持续时间上，三类教师之间的差异不显著。依据上述三个眼动指标的心理意义可知，专家型教师能更早和更快地觉察到目标的躯体表情，并且这方面的能力优于熟手和新手。这不仅与专家型和新手型放射科医生对医学图像视觉搜索的结果一致（陈梅香, 白学军, 2017），还与专家型教师加工静态课堂教学场景和学生课堂行为的结果一致（王福兴, 申继亮, 田宏杰, 周宗奎, 2010；王福兴, 芦咏莉, 段朝辉, 周宗奎, 2013）。综合行为和眼动结果可以认为，专家型教师觉察躯体情绪时，表现出快速且高效的加工模式。其原因可能源于 Lane 等人的理论构想（Smith, Killgore & Lane, 2017；Smith, Quinlan, Schwartz, et al., 2019），专家型教师更为丰富的经验促使其通过丰富的情感图式来提升自身的情绪觉察能力，从而表现出快速且高效的注视，相关研究也证实了高情绪觉察能力个体由于自身丰富的情感图式而表现出优先注意目标刺激（N100、P100 和 N170 的幅值更高）且快速地注视（注视时间更短）（汪海彬 等，2015）。综上，丰富的经验有助于教师对躯体表情的觉察，以促其快速且高效地注视。

综上，比较不同发展阶段教师觉察躯体情绪的行为和眼动差异，为培养、提升躯体情绪觉察能力提供一定依据。采用眼动技术比较新手 – 熟手 – 专家型教师在躯体情绪觉察过程中的差异，结果发现专家型教师首次注视到达时间和首次进入兴趣区前的注视点个数显著少于熟手型和新手型教师的，表明专家型教师能更早和更快地觉察到目标躯体表情，这提示新手型教师要加强对躯体情绪的觉察练习，以提升其躯体情绪觉察能力。

第二节　新手 – 熟手 – 专家型教师情绪觉察过程的生理比较

新手 – 熟手 – 专家型教师情绪觉察过程的生理比较主要基于不同发展阶段教师情绪觉察能力调查的结果，采用多通道生物反馈技术从教师层面出发，考察不同发展阶段教师在常见课堂突发事件和课堂教学情绪等人际情绪觉察中自身生理唤醒的差异。

一、新手 – 熟手 – 专家型教师对课堂突发情境觉察的生理比较

教师如何处理课堂突发事件，不仅可以体现出教师的教学机智（尹筱莉，

罗德红，2009；梁苗，2010），还可以体现教师的专业洞察力（Cortina, Miller, McKenzie & Epstein, 2015; Wolff, Jarodzka, Niek & Boshuizen, 2016）。妥善应对课堂突发事件不仅是新时代对教师的基本要求（教育部，2018），还有助于教育教学质量的提升（吴勇毅，石旭登，2011）及良好师生关系的构建（肖晓燕，2013）。然而，当前有关教师课堂突发事件的应对研究尚处于现状调查（徐皓，2017；杨杰，2015；田东晓，2013；赵翠芹，2018）及策略理论构建（冯尊祥，2015；汪明帅，2013；童阜兰，2009；魏宏聚，2011）阶段，也有研究者从教师发展视角比较了新手型教师与老教师的突发事件处理策略（赵翠芹，2018）。这些都为新手型教师妥善应对课堂突发事件提供了依据，但研究者未考察不同发展阶段教师对突发事件的加工过程，由此提出的对策建议不具有可操作性，如研究者提出教师在面对突发事件时要沉着冷静，不要受自身情绪的干扰（季诚钧，1994）。该建议对于教师积极应对课堂突发事件肯定有用，但研究者并未提出如何做到沉着冷静，而这就正涉及教师在课堂突发情境下对自身情绪觉察的问题。在本章第一节中，我们已经采用眼动技术比较了不同发展阶段教师在觉察课堂突发情境时的眼动差异，结果发现与新手型教师相比，熟手型教师，尤其是专家型教师表现出对课堂突发情境觉察的优势：专家型教师在前注意阶段更早且快速地锁定目标刺激，在知觉加工阶段表现出注视次数多但持续时间短的注视模式。这可能是因为专家型教师更丰富和分化的情感图式优化了他们对课堂突发情境的觉察。但在该研究中，教师觉察的对象是人际互动中学生的情绪，教师缺乏对人际互动另一方——教师自身情绪觉察的考量。国外研究者 Kanbara 等人认为，高情绪觉察能力还有助于改善自身的自主神经功能，自主神经功能的改善反过来也能提升情绪觉察能力，表现为迷走神经功能的负反馈（Kanbara & Fukunaga, 2016）。而诸如述情障碍群体等低情绪觉察群体不仅自身神经活动的基线更高，而且在不同情绪刺激下均表现一种弥散和未分化模式（Lloyd et al., 2021）。为此，我们以情绪觉察与迷走神经功能的负反馈模型（Kanbara & Fukunaga, 2016）和教师情绪觉察过程模型（见图 3-3）为基础，从人际互动的教师对自身情绪觉察的视角出发，探索不同发展阶段教师在课堂突发情境这一人际情绪觉察过程中的生理唤醒差异。这不仅可为提升教师的情绪觉察能力提供依据，还可以为提出有针对性地提升教师应对课堂突发事件能力的策略提供基础。

（一）对象与方法

1. 研究对象

依据以往新手 – 熟手 – 专家型教师的界定标准（连榕，2004），采用方便取样的方式对 1 所初中、1 所高中和 1 所大学师范专业参加教育实训的大四毕业生 60 人进行实验，其中有 4 人的数据未能采集完所以被剔除，最终获得新手型教师 19 人，平均年龄为 21.77 ± 0.79（岁）；熟手型教师 23 人，平均年龄为 37.05 ± 5.59（岁）；专家型教师 14 名，平均年龄为 49.21 ± 5.02（岁），其中 1 名新手型教师和 2 名熟手型教师的数据未能采集完整，后予以剔除。所有被试视力经矫正后为正常，均为右利手。被试在实验前均被告知实验流程并签署了知情同意书，实验后均获赠礼品作为报酬。

2. 仪器与材料

实验仪器采用 SPIRIT–32 多通道生物反馈仪，并用 BioTrace 进行刺激呈现、生理数据记录和分析。结合以往研究（张鹏程，丁梦夏，王灿明，2017；董丽娜，陈红，2017；袁加锦，丁南翔，刘莹莹，杨洁敏，2015）和预实验结果，本实验主要通过皮肤电反馈仪（skin conductance feedback）、血容量反馈仪（blood volume pulse feedback）和呼吸量反馈仪（RSP feedback）来记录被试的皮肤电（SC）、血容量（BVP）和呼吸量（RSP）三个指标。

实验材料依据以往对课堂突发事件的分类（徐皓，2017），改编了 4 种突发情境（教师失误、课堂异动、外部干扰、学习困扰）的文本，文本字数控制在 110 字左右。4 种突发情境主要体现了课堂师生互动和人际互动两个方面的情况。如教师失误情境描述如下："当您在课堂上声情并茂地给学生讲课时，由于过于投入你并未注意到你在不知不觉中已经走到了讲台的边缘，所以不慎一只脚踩空了，你一个踉跄摔倒在地。这时教室里的秩序非常混乱，同学中有起哄的、有捂嘴偷笑的，还有窃窃私语的……这时你有怎样的感受？”

为考察实验材料的有效性，我们选取 17 名新手型教师，要求其观看 4 种情境并描述自己的情绪，与此同时用 SPIRIT-32 多通道生物反馈仪记录他们的生理指标。首先记录基线期 40s，然后呈现情境文本 40s，每个情境呈现结束后要求被试心算 10 以内的加减法，4 种情境的呈现顺序在被试间进行平衡处理。结果发现，皮温的基线与 4 种情境之间的差异均不显著（$P>0.05$），而皮肤电的基线与四个情境之间的差异（$P=0.02$）、血容量的基线与四个情境之间的差异均显著（$P=0.005$）。这表明实验材料基本有效，但皮温这一指标表现不佳。为此，在正式实验中，我们结合以往的研究（董丽娜，陈红，2017）把皮温指标换成了呼吸量指标（RSP）。

3. 程序与设计

实验采用 3（组别：新手 vs 熟手 vs 专家）×5（情境：静息 vs 教师失误 vs 课堂异动 vs 外部干扰 vs 学习困扰）的混合设计，其中组别为组间变量，情境为组内变量。刺激材料采用 BioTrace 进行呈现，包括 4 种不同类型的课堂突发事件的文本描述。首先呈现指导语，要求被试观看文本并描述自己的情绪感受，接着要求被试静息 20s，然后依次呈现 4 个文本（文本的呈现顺序在被试间进行平衡处理），每个文本呈现 20s，文本之间有 20s 的心算时间用于被试平复情绪。具体流程见图 5–5。

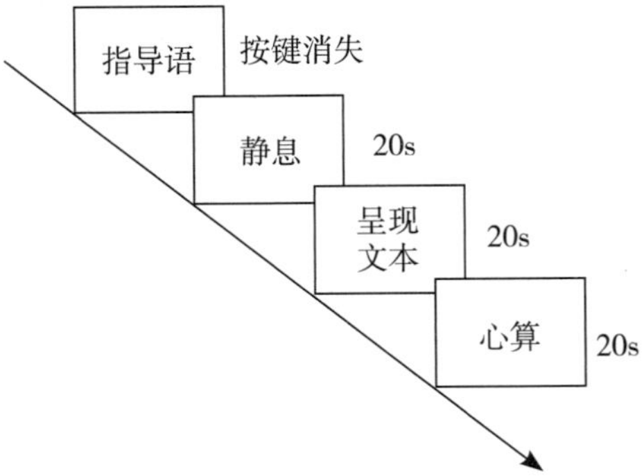

图 5–5 实验流程图

（二）结果与分析

1. 新手－熟手－专家型教师对课堂突发情境觉察的皮肤电比较

为考察不同发展阶段教师在课堂突发情境觉察过程中的皮肤电差异，我们采用 3（类型：新手 vs 熟手 vs 专家）×5（情境：静息 vs 教师失误 vs 课堂异动 vs 外部干扰 vs. 学习困扰）的重复测量方差分析，结果发现（见图 5–6）：类型［$F_{(2, 50)}$=6.26, P=0.004, η^2=0.20］和情境［$F_{(4, 220)}$=4.01, P=0.007, η^2=0.25］的主效应均显著，但类型和情境的交互效应不显著（P=0.41）。事后进行多重比较发现，新手型教师的皮肤电值最高，显著高于熟手型教师（P=0.003）和专家型教师（P=0.006），并表现在教师失误、课堂异动和外部干扰三个情境中：在教师失误中，新手型教师显著高于熟手型（P=0.02）和专家型教师（P=0.04）；在课堂异动中，新手型教师显著高于专家型教师（P=0.02）；在外部干扰中，新手型教师显著高于熟手型教师（P=0.007）。

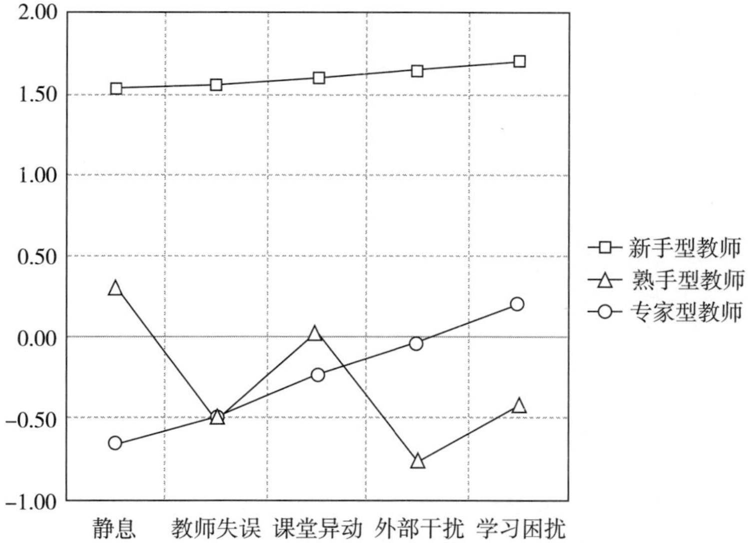

图 5–6　新手－熟手－专家型教师的皮肤电比较

2. 新手－熟手－专家型教师对课堂突发情境觉察的血容量比较

为考察不同发展阶段教师在课堂突发情境觉察过程中的血容量差异，我们采用 3（类型：新手 vs 熟手 vs 专家）×5（情境：静息 vs 教师失误 vs 课堂异动 vs 外部干扰 vs 学习困扰）的重复测量方差分析，结果发现（见图 5–7）：情境的主效应均显著［$F_{(4, 220)}$=3.19, P=0.014, η^2=0.06］，类型和情境的交互效应显著［$F_{(8, 220)}$=3.40, P=0.001, η^2=0.11］，类型的主效应边缘显著［$F_{(4, 47)}$=2.68, P=0.07, η^2=0.09］。事后进行多重比较发现，不同类型的教师在课堂异动、外部干扰和学习困扰 3 种情境上的差异显著：在课堂异动上，新手型教师的血容量值显著高于熟手型教师（P=0.042）和专家型教师（P=0.04）；在外部干扰上，新手型教师的血容量值显著高于熟手型教师（P=0.04）和专家型教师（P=0.04）；在学习困扰上，新手型教师的血容量值显著高于熟手型教师（P=0.03）和专家型教师（P=0.03）。

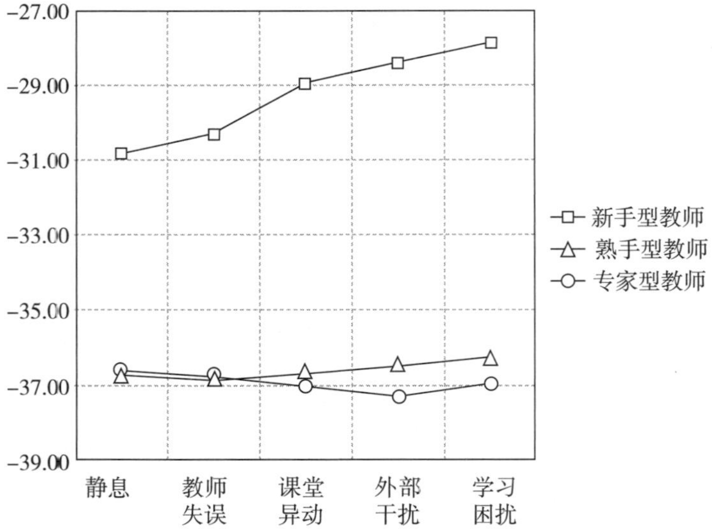

图 5–7　新手 – 熟手 – 专家型教师的血容量比较

3. 新手 – 熟手 – 专家型教师对课堂突发情境觉察的呼吸量比较

为考察不同发展阶段教师在课堂突发情境觉察过程中的呼吸量差异，我们采用 3（类型：新手 vs 熟手 vs 专家）×5（情境：静息 vs 教师失误 vs 课堂异动 vs 外部干扰 vs 学习困扰）的重复测量方差分析，结果发现（见图 5–8）：类型［$F_{(2, 53)}$=3.56, P=0.035, η^2=0.12］和情境［$F_{(4, 220)}$=9.66, P<0.001,

η^2=0.15］的主效应均显著，但类型和情境的交互效应不显著（P=0.74）。事后进行多重比较发现，新手型教师的呼吸量值最高，显著高于熟手型教师（P=0.02）和专家型教师（P=0.049），并表现在静息和 4 种情境中：在静息中，新手型教师的呼吸量值显著高于熟手型教师（P=0.01）和专家型教师（P=0.038）；在教师失误上，新手型教师的呼吸量值显著高于熟手型教师（P=0.01）和专家型教师（P=0.04）；在课堂异动上，新手型教师的呼吸量值显著高于熟手型教师（P=0.01）和专家型教师（P=0.04）；在外部干扰上，新手型教师呼吸量值显著高于熟手型教师（P=0.01）；在学习困扰上，新手型教师呼吸量值显著高于专家型教师（P=0.046）。

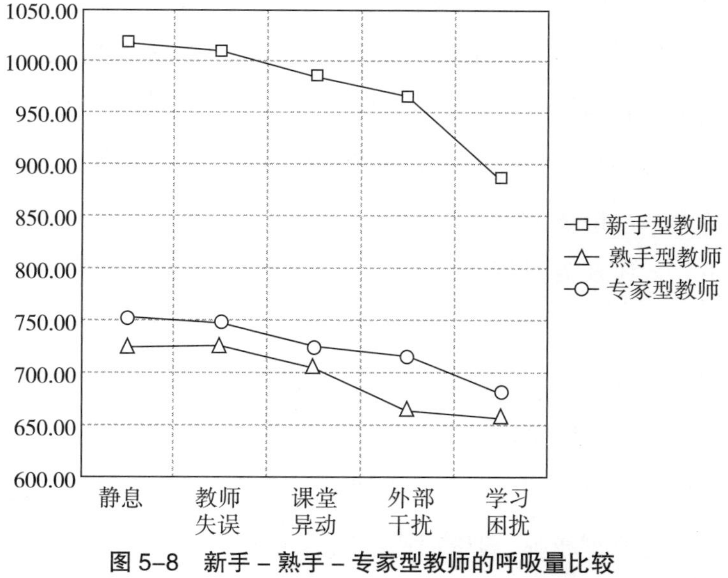

图 5–8　新手 – 熟手 – 专家型教师的呼吸量比较

（三）讨论与结论

针对以往课堂突发事件研究缺乏对教师自身层面情绪觉察的考察，此次研究我们基于情绪觉察与迷走神经功能的负反馈模型（Kanbara & Fukunaga, 2016）和建构的教师情绪觉察过程模型（见图 3–3），利用生物反馈技术探索不同发展阶段教师在课堂突发情境觉察过程中的生理差异，并取得了一定的成果。首先，在生理指标选择上，以往研究考察得比较多的是皮温、皮肤电和血容量三个指标。其中，皮温指标反映了个体情绪的波动程度，情绪越波动，皮温越高；皮肤电指标主要反映了个体情绪反应的强度，情绪反应越大，皮肤电值越高；血容量指标反映了个体情绪唤醒度，情绪唤醒度越小，血容量的幅值越大。在预实验中我们发现，除了皮温这一指标反应不灵敏外，其他两个指标反应良好，这表明实验的生理指标选择得基本合适（张鹏程，丁梦夏，王灿明，2017；袁加锦，丁南翔，刘莹莹，杨洁敏，2015）。当然，为了更好地比较不同发展阶段教师的生理差异，我们还依据以往的研究（董丽娜，陈红，2017），选择指标呼吸量替代皮温指标，呼吸量指标主要反映了个体情绪反应的强度，情绪反应越大，呼吸量越多。

比较不同发展阶段教师在课堂突发情境觉察上中的差异，结果发现，在皮肤电指标上，教师类型与情境的主效应均显著，具体表现为新手型教师在教师失误、课堂异动和外部干扰三个情境中的皮肤电值最高，显著高于熟手型和专家型教师，但熟手型和专家型教师之间的差异不显著。在血容量指标上，情境的主效应及类型和情境的交互效应显著，并且类型的主效应边缘显著，具体表现为新手型教师在课堂异动、外部干扰和学习困扰三个情境下的血容量值最高，显著高于熟手型和专家型教师，但熟手型和专家型教师之间的差异不显著。在呼吸量指标上，类型和情境的主效应均显著，表现为新手型教师在静息状态下和四个课堂突发情境中的呼吸量值均最高，且显著高于熟手型教师和专家型教师，但熟手型与专家型教师之间的差异不显著。结合三个生理指标的心理含义可知，这一结果表明，与熟手型和专家型教师相比，新手型教师在面对课堂突发事件的情绪刺激时，其情绪的生理唤醒程度更大且情绪反应更强烈。造成这一结果的原因可以像以往研究指出的那样，归于不同类型教师的经验差异（Cortina, Miller, McKenzie & Epstein, 2015; Wolff, Jarodzka, Niek & Boshuizen, 2016; 王福兴，芦咏莉，段朝辉，周宗奎，2013）。与经验不足的新手型教师相比，熟手型和专家型教师在日常教学中面对的课堂突发事件更多，并对这些事件进行反思，找到合适的应对策略（赵翠芹，

2018），获得成长。当再次面临这些课堂突发事件时，他们可以从容应对这些事件，因而他们的生理唤醒和情绪反应程度没有新手型教师那么高。结果还发现，新手型教师在静息态时皮肤电、血容量和呼吸量值均高于熟手型和专家型教师，并且在呼吸量这一指标上差异显著，这与以往研究发现情绪觉察困难的述情障碍的基线期生理反应更强的结果类似（Friedlan De R, Lumley, Farchione & Doyal, 1997; Kanbara & Fukunaga, 2016; Stone & Nielson, 2001）。对此，Lane 的情绪觉察的神经解剖学模型（Lane, 2006）和 Kanbara 等人的情绪觉察迷走神经功能的负反馈模型（Kanbara & Fukunaga, 2016）似乎可以提供更好的解释。Lane 认为低情绪觉察能力个体的情绪体验有更多的生理唤醒和更多的躯体反应，而高情绪觉察能力个体的情绪体验则有更多的言语表征（Lane, 2006）；Kanbara 等人认为高情绪觉察能力还有助于改善自身的自主神经功能（Kanbara & Fukunaga, 2016）。本文第四章的调查表明新手型教师的情绪觉察能力在三类教师中是最弱的，他们在面对负性的课堂冲突情境时，相对而言其情绪体验的生理唤醒更多和躯体反应更大，且无法通过高情绪觉察能力来改善自主神经反应。而熟手型和专家家型教师具有更高的情绪觉察能力，不仅表现为其生理唤醒和躯体反应更小，而且其可以通过自身的高情绪觉察能力来改善其自主神经反应。不仅如此，此次结果还初步验证了我们构建的教师情绪觉察过程模型（图 3–3）中提出的情绪觉察过程可以通过生理层面的自主神经活动来反映的构想。当然，课堂突发事件诱发的均为负性情绪体验，但事实上，课堂中也不乏一些积极的情绪，甚至调查发现教师的课堂情绪体验以积极的为主（刘青荣 , 2018 ; 李莉莉 , 2019 ; 邱懿 , 2018）。这些情绪不仅有助于改善教学效果（邱莉 , 2014），还可以推动教师自身发展和强化学生的参与热情（邹锐 , 2010）。由此，教师情绪觉察研究后续还应考察课堂教学情绪中的积极情绪。

综上，从教师自身情绪觉察层面出发，探索不同发展阶段教师在课堂突发情境觉察过程中的生理差异，不仅可为提升教师的情绪觉察能力提供依据，还可以为提出有针对性地提升教师应对课堂突发事件能力的策略提供基础。采用生物反馈技术比较新手 – 熟手 – 专家型教师在觉察四种常见的课堂突发情境过程中的差异，结果发现新手型教师基线与冲突事件下的生理指标值更大，但熟手型和专家型教师之间的差异不显著。这表明新手型教师在课堂突发事件中，其生理唤醒更多和情绪反应更大，提示今后新手型教师需要加强课堂突发事件的情绪体验练习，降低其生理唤醒度，从而从容应对课堂突发事件。

二、新手－熟手－专家型教师对课堂教学情绪觉察的生理比较

课堂突发事件虽然具有发生的必然性（季诚钧，1994），但其发生的频率却较低且具有一定的偶然性，许多研究者又把它称为偶发事件（季诚钧，1994；童皇兰，2009；罗文明，2003；肖晓燕，2013；裘肖平，2017），并且指出常见的突发事件常由教学秩序混乱、师生理解偏差及教师准备不足等所致（汪明帅，2013）。由此可见，课堂突发事件不仅具有偶发性，还具有负性的效价。但在访谈中我们发现，教师在与学生的课堂互动中会因为顺利完成教学目标而感到满足或自豪，也会因学生送上"祝您生日快乐"的祝福而欣喜。相关的调查也发现教师的课堂教学情绪体验以积极的情绪体验为主，课堂教学消极情绪体验相对较少（李莉莉，2019）。为此，课堂互动中的人际情绪不应仅局限于课堂突发事件所致的负性情绪，还应包括积极互动所引发的积极情绪，这就涉及课堂教学情绪的概念或更广义的教学情绪。虽然林崇德、杨治良和黄希庭三位老先生早于2003年在《心理学大辞典》中把教学情绪界定为教师对人际关系、教学内容、教学进程、教学方式和教学效果等因素的态度体验（林崇德，杨治良，黄希庭，2003），然而国内该领域的研究仍不多。国内相关领域的研究仅围绕教学情绪（刘青荣，2018；邱懿，2018）或课堂教学情绪调查（郭凌婕，2012）展开，如开展课堂教学情绪的影响因素（李莉莉，2019；詹雅雯，2017）及课堂教学情绪的管理（栗早霞，2011）、调节策略（邢秀芳，2013；郭伟，2011）与调节能力（邱莉，2007）等的研究，显得该领域研究后劲不足。当然，国内外研究者在课堂教学情绪的结构上也存在认知分歧，如国内研究者倾向于依据唤醒和效价把课堂教学情绪分为四类，即积极高唤醒、

积极低唤醒、消极高唤醒、消极低唤醒（刘青荣，2018；李莉莉，2019），国外研究者则把教师课堂教学情绪分为快乐、愤怒和焦虑三类（Becker, Goetz, Morger & Ranellucci, 2014），且编制了包含这三种情绪的教学情绪量表（teacher emotions scales, TES）（Frenzel et al., 2016）。这导致当前国内外教学情绪领域的研究尚处于现状调查阶段，未考察不同发展阶段教师对不同的课堂教学情绪认知加工方面的差异，这对于研究者有针对性提出建议是不够的。然而，我们前期的调查发现，人际情绪是三类教师情绪觉察能力的关键差异所在，能否更好地觉察人际情绪是新手型教师能否成长为专家型教师的关键，而课堂教学情绪正是由课堂师生互动所引发的（鹿丽丽，2012）。为此，我们采用生物反馈技术，考察不同发展阶段的教师觉察不同的课堂教学情绪这一人际情绪觉察过程中的生理差异，进而提出有针对性的建议，以更好地帮助教师管理与调节课堂教学情绪，并达到改善教学效果和推动教师自身发展的目标。

（一）对象与方法

1. 研究对象

依据以往新手－熟手－专家型教师的界定标准（连榕，2004），我们采用方便取样的方式对 1 所初中、1 所高中和 1 所大学师范专业参加教育实训的大四毕业生 60 人进行实验，其中 5 人的数据因未能采集完而被剔除，最终获得新手型教师 19 人，平均年龄为 21.77 ± 0.79（岁）；熟手型教师 21 人，平均年龄为 37.05 ± 5.59（岁）；专家型教师 15 名，平均年龄为 49.21 ± 5.02（岁），其中 1 名新手型教师、2 名熟手型教师和 1 名专家型教师的数据因未能采集完整而被剔除。所有被试视力经矫正后为正常，均为右利手。被试在实验前均被告知实验的流程并签署了知情同意书，实验后均获得礼品作为报酬。

2. 仪器与材料

实验仪器采用 SPIRIT-32 多通道生物反馈仪，并用 BioTrace 进行刺激呈现、生理数据记录和分析。结合以往研究（张鹏程，丁梦夏，王灿明，2017；董丽娜，陈红，2017；袁加锦，丁南翔，刘莹莹，杨洁敏，2015）和预实验结果，我们主要通过皮肤电反馈仪（skin conductance feedback）、血容量反馈仪（blood volume pulse feedback）和呼吸量反馈仪（RSP feedback）来记录被试的皮肤电（SC）、血容量（BVP）和呼吸量（RSP）三个指标。

实验材料方面，由于国内外研究者对课堂教学情绪的种类的认知存在分歧（Becker, Goetz, Morger & Ranellucci, 2014; Frenzel et al., 2016; 刘青荣，2018; 李莉莉，2019）。为更好地编写课堂教学情绪文字材料，我们对 33 位教师进行访谈和开放式调查，结果发现课堂教学情绪主要包括积极情绪和消极情绪两种，其中积极课堂教学情绪中出现频次最多的为满足和愉快，消极课堂教学情绪中出现频次最多的为焦虑和愤怒（见表 5-2），这与以往研究结论大体一致（Becker, Goetz, Morger & Ranellucci, 2014; Frenzel et al., 2016），而新增的满足这一积极情绪也是国内积极低唤醒情绪中常见的情绪之一（刘青荣，2018）。为此，我们依据结果编写了四种课堂教学情绪的情境文本，文本字数控制在 140 字左右，如愉快的情境文本为"今天是个特别的日子——五十岁的生日，上午第三节才是我的语文课，还可以改一会儿作业。不觉铃声响起，我踏着轻快的步伐走进教室。咦，门怎么关着？一推门，教室里突然齐声响起'老师生日快乐！'一转身，一张张笑脸如花儿一般。黑板上画着大大的蛋糕，写着'祝老师生日快乐'。这时您有什么感受？"从文本中可以看出，课堂教学情绪体现了人际互动，尤其是师生互动。

表 5-2 常见课堂教学情绪的开放式调查结果

积极课堂教学情绪	频次	消极课堂教学情绪	频次
满足	15	焦虑	13
愉快	12	愤怒	8
兴趣	2	烦躁	4
欣慰	2	内疚	3
自豪	1	无奈	2
		羞愧	1
		悲伤	1
		尴尬	1

为考察实验材料的有效性，我们选取 17 名新手型教师，要求其观看四种课堂教学情绪情境后描述自己的情绪，与此同时用 SPIRIT–32 多通道生物反馈仪记录他们的生理指标。首先记录基线期 40s，然后呈现情境文本 40s，每个情境呈现结束后要求被试心算 10 以内的加减法，四个情境的呈现顺序在被试间进行平衡处理。结果发现，皮温的基线与四个情境之间的差异均不显著（$P>0.05$），而皮肤电的基线与四个情境之间的差异（$P=0.002$）、血容量的基线与四个情境之间的差异均显著（$P=0.008$）。这表明实验材料基本有效，但皮温这一指标表现不佳。为此，在正式实验中结合以往研究（董丽娜，陈红，2017），我们把皮温指标换成了呼吸量（RSP）指标。

3. 程序与设计

实验采用 3（组别：新手 vs 熟手 vs 专家）× 5（情境：静息 vs 愉快 vs 满足 vs 焦虑 vs 愤怒）的混合设计，其中组别为组间变量，课堂教学情绪情境为组内变量。刺激材料采用 BioTrace 进行呈现，包括四种不同类型的课堂教学情绪情境的文本描述。首先呈现指导语，要求被试观看文本并描述自己的情绪感受，接着要求被试静息 40s，然后依次呈现积极和消极的两类课堂教学情绪文本（每一类课堂教学情绪情境的文本呈现顺序在被试间进行平衡处理），每个文本呈现 40s，文本之间有 40s 的心算时间用于被试平复情绪。具体流程见图 5–9。

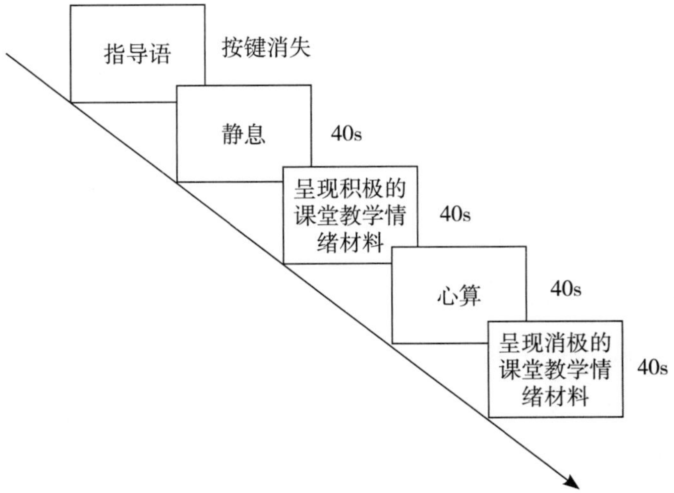

图 5–9　实验流程图

（二）结果与分析

1. 新手 – 熟手 – 专家型教师对课堂教学情绪觉察的皮肤电比较

为考察不同发展阶段教师在课堂教学情绪觉察过程中的皮肤电差异，我们采用 3（类型：新手 vs 熟手 vs 专家）×5（情境：静息 vs 愉快 vs 满足 vs 焦虑 vs 愤怒）的重复测量方差分析，结果发现（见图 5–10）仅类型［$F_{(2, 52)}$=13.37, P<0.001, η^2=0.34］的主效应显著，情境的主效应、类型和情境的交互效应均不显著（P=0.41）。事后进行多重比较发现，除静息态外，新手型教师在其他四种情绪情境中的皮肤电值均最高，显著高于熟手型教师（P<0.001 或 P<0.01 或 P<0.05）和专家型教师（P<0.001 或 P<0.01 或 P<0.05），但熟手型教师与专家型教师之间的差异不显著（P>0.05）。

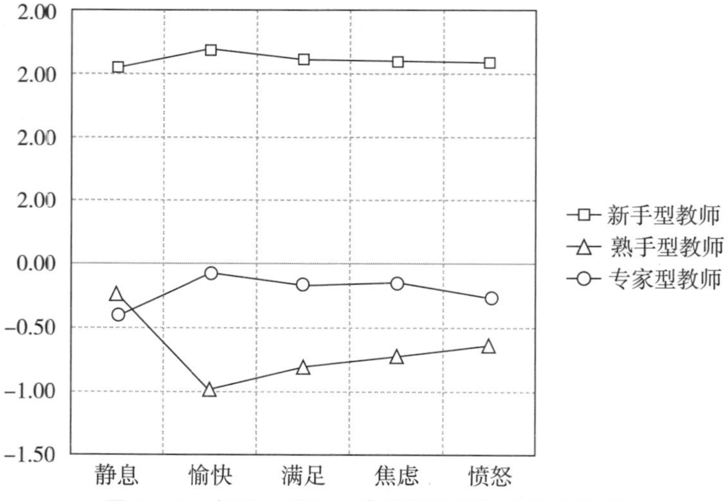

图 5–10　新手 – 熟手 – 专家型教师的皮肤电比较

2. 新手 – 熟手 – 专家型教师对课堂教学情绪觉察的血容量比较

为考察不同发展阶段教师在课堂教学情绪觉察过程中的血容量差异，我们采用 3（类型：新手、熟手、专家）×5（情境：静息、愉快、满足、焦虑、愤怒）的重复测量方差分析，结果发现（见图 5–11）类型的主效应均显著［$F_{(2, 52)}$=4.90, P=0.01, η2=0.16］，类型和情境的交互效应显著［$F_{(8, 208)}$=3.43,

P=0.001, η^2=0.12］，情境的主效应不显著（P=0.26）。事后进行多重比较发现，除静息态外，新手型教师在其他四种情绪情境中的血容量值均最高，显著高于熟手型教师（P<0.001 或 P<0.01 或 P<0.05）和专家型教师（P<0.001 或 P<0.01 或 P<0.05），但熟手型教师与专家型教师之间的差异不显著（P>0.05）。

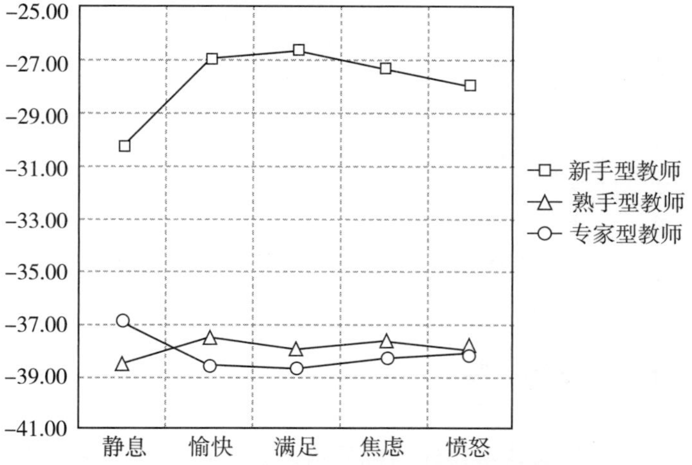

图 5–11　新手－熟手－专家型教师的血容量比较

3. 新手－熟手－专家型教师对课堂教学情绪觉察的呼吸量比较

为考察不同发展阶段教师在课堂教学情绪觉察过程中的呼吸量差异，我们采用 3（类型：新手 vs 熟手 vs 专家）×5（情境：静息 vs 愉快 vs 满足 vs 焦虑 vs 愤怒）的重复测量方差分析，结果发现（见图 5–12）类型［$F_{(2, 52)}$=4.96, P=0.01, η^2=0.16］和情境［$F_{(4, 208)}$=9.11, P<0.001, η^2=0.15］的主效应均显著，但类型和情境的交互效应不显著（P=0.15）。事后进行多重比较发现，新手型教师在除满足情绪情境外的其他四种情绪情境中的呼吸量值均最高，显著高于专家型教师（P<0.001 或 P<0.01 或 P<0.05），仅满足情绪情境中的呼吸量值显著低于熟手型教师（P<0.05），但熟手型与专家型教师之间的差异不显著（P>0.05），并且其他四种情绪情境中的呼吸量均显著高于基线（P<0.05）。

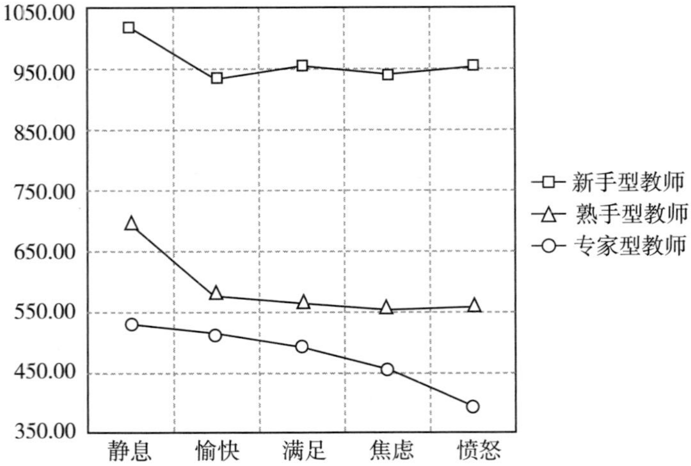

图 5–12 新手 – 熟手 – 专家型教师的血容量比较

（三）讨论与结论

我们采用生物反馈技术比较不同发展阶段教师在四种常见课堂教学情绪觉察过程中的生理差异，从而为提升教师觉察人际情绪能力提供依据。在实验材料上，国内外研究者对课堂教学情绪的种类认知存在分歧，国内研究者则把课堂教学情绪划分为积极高唤醒、积极低唤醒、消极高唤醒和消极低唤醒四类（刘青荣 , 2018 ; 李莉莉 , 2019 ），而国外则认为教师课堂教学情绪包括快乐、愤怒和焦虑三种（Becker, Goetz, Morger & Ranellucci, 2014; Frenzel et al., 2016 ）。为更好地编制课堂教学情绪材料，我们对 33 位教师进行访谈与开放式调查，结果发现课堂教学情绪主要包括积极和消极的两种，其中积极课堂教学情绪中出现频次最多的为满足和愉快，消极课堂教学情绪中出现频次最多的为焦虑和愤怒（见表 5–2 ），这与以往研究结论大体一致（Becker, Goetz, Morger & Ranellucci, 2014; Frenzel et al., 2016 ）。而新增的“满足”这一积极情绪也是国内积极低唤醒中常见的情绪之一（刘青荣 , 2018 ）。在预实验中，我们还发现除皮温这一指标外，皮肤电和血容量两个指标在四个情绪情境中与基线的差异显著，这表明编制实验材料是可靠的。在正式实验中，我们结合以往的研究（董丽娜，陈红，2017）将皮温指标换成了呼吸量指标（RSP），结果发现四种情绪情境中被试的呼吸量值均显著高于基线期的。这表明此次实验材料的编制效果尚可，可以作为课堂教学情绪的诱发材料。

不同发展阶段教师在课堂教学情绪觉察过程中的生理差异主要体现在三个生理指标上，即皮肤电、血容量和呼吸量。在皮肤电上，结果发现仅类型的主效应显著，新手型教师在四种情绪情境中的皮肤电值均最高，显著高于熟手型和专家型教师，但熟手型教师与专家型教师之间的差异不显著。在血容量上，结果发现类型的主效应、类型和情境的交互效应显著，具体表现为新手型教师在四种情绪情境中的血容量值均最高，显著高于熟手型和专家型教师，而熟手型教师与专家型教师之间的差异不显著。在呼吸量上，结果发现类型和情境的主效应均显著，具体表现为新手型教师在四种情绪情境中的呼吸量值均最高，显著高于专家型教师，仅"满足"情境中的呼吸量值显著低于熟手型教师，而熟手型与专家型教师之间的差异不显著。结合三个生理指标的心理含义，研究者认为皮肤电和呼吸量指标反映个体情绪反应强度，而血容量指标反映个体的情绪唤醒度（张鹏程，丁梦夏，王灿明，2017；袁加锦，丁南翔，刘莹莹，杨洁敏，2015）。上述结果表明与熟手型教师，尤其是专家型教师相比，新手型教师在觉察课堂教学情绪的过程中，其情绪的生理唤醒度更大且情绪反应更强烈。这一结果与不同发展阶段教师对课堂突发情境觉察的生理唤醒结果类似。造成这一结果的原因也与课堂突发情境觉察的原因一样，可以从教师经验和教师的情绪觉察能力本质两个方面来加以解释。在教师经验方面，王福兴等人的系列研究表明教学经验会影响教师对课堂教学场景和学生行为的知觉加工模式（王福兴，申继亮，田宏杰，周宗奎，2010；王福兴，芦咏莉，段朝辉，周宗奎，2013）。虽然王福兴等人的研究考察的是不同发展阶段教师对课堂场景的知觉，但专家型教师的这种经验也有利于他们对课堂教学情绪情境进行加工，表现出更低的情绪唤醒度和情绪反应。这可能是由于有经验的教师在面对课堂教学情绪时，能更好地调节自己，这与教师课堂情绪调节能力随着教龄的上升而不断提高的结果一致（邱莉，2007）。尤其需要说明的是，教师的这种课堂情绪调节能力不仅包括积极的自我情绪调节，包括消极的自我情绪调节。情绪觉察能力本质方面，国外研究者不仅把专家型教师对课堂信息加工的优势归因于知识经验，还归因于其更复杂的感知图式（Tan, 1996），而情绪觉察能力的本质恰是情绪认知加工图式的分化和整合（Lane, 2006）。之前我们的调查也的确发现专家型教师的情绪觉察能力更高，专家型教师的情绪认知图式也更丰富，整合度更高，这有助于其对情绪刺激进行加工，而新手型教师则不具备优势。正如 Lane 的情绪觉察的神经解剖学模型指出的那样，低水平情绪觉察个体更倾向于考察生理反应（Lane, 2006）。Kanbara 等人的情绪觉察与迷走神经功能的负反馈模型也指出低水平的情绪觉察不具备改善自主神经功能（Kanbara & Fukunaga, 2016）的优势。情绪觉察能力更高的熟手型和专家型教师的生理反应更小，情绪觉察能力更低的新手型教师的生理反应更大，新手型教师在觉察四种常见的课堂教学情绪过程中，表现出皮肤电、血容量和呼吸量更大的生理反应，这也初步验证了我们构建的教师情绪觉察过程模型（见图 3–3）中认为的情绪觉察过程可以通过生理层面的自主神经活动来反映的构想。当然，本研究也存在一些不足，如效价不同的课堂教学情绪材料的大部分生理指标差异不显著，而以往研究发现不同效价的情绪具有不同的生理差异（张鹏程，丁梦夏，王灿明，2017；袁加锦，丁南翔，刘莹莹，杨洁敏，2015）。另外，实验缺乏对课堂教学情绪材料的唤醒度和效价的评定，无法比较教师情绪唤醒和主观描述情绪唤醒与效价之间的一致性问题。Lane 的情绪觉察的神经解剖学模型指出，低水平情绪觉察个体的情绪体验以躯体反应为主，而高水平情绪觉察个体的情绪体验以言语表征为主，且对个体的躯体反应具有调节作用（Lane, 2006）。一项 fMRI 研究也证实了这一理论构想，发现在情绪信息加工过程中，高 LEAS 者的与语义加工和执行功能相关的脑区有更多的激活，而低 LEAS 者的与运动和躯体反应相关的脑区有更多的激活（Tavares, Barnard & Lawrence, 2011）。为此，今后的研究还有待进一步考察教师的生理反应与主观报告情绪之间的一致性。

综上，为考察不同发展阶段教师在不同的课堂教学情绪觉察过程中的生理差异，我们采用生物反馈技术比较新手 – 熟手 – 专家型教师在觉察四种常见的课堂教学情绪过程中的差异，结果发现新手型教师在课堂教学情绪下生理指标值更大，但熟手型和专家型教师之间的差异不显著。这表明新手型教师在课堂教学中其生理唤醒度和情绪反应更大，提示今后新手型教师需要加强课堂教学情绪的体验练习，降低其生理唤醒度，以更好地克服不良的课堂教学情绪对教学的影响。

第三节　新手 – 熟手 – 专家型教师情绪觉察过程差异的总结

针对情绪觉察能力中觉察人际情绪和躯体情绪两个因子的得分最低，且觉察人际情绪是三类教师情绪觉察能力的关键差异所在的调查结果，本章依据构建的教师情绪觉察过程模型（见图 3–3），借助于眼动技术和生理多导技术，比较不同发展阶段教师在课堂突发事件、课堂教学情绪等人际情绪和躯体情绪觉察过程中的差异特点，并取得了一定成果。这不仅可为有针对性地提升教师觉察人际情绪和觉察躯体情绪能力提供一定的实证证据，还可以初步验证构建的教师情绪觉察过程模型在教育情境类情绪刺激中的适用性。

一、发现不同发展阶段的教师情绪觉察过程的差异

本章借助于眼动和生物反馈两种技术，通过四个实验比较了不同发展阶段的教师在课堂突发事件和课堂教学情绪等人际情绪与躯体情绪觉察过程中的差异。

在人际情绪觉察过程方面，结果发现新手型教师锁定课堂突发事件较慢

且采用注视次数少但注视时间长的注视模式，且面对突发事件时自身的生理唤醒度和情绪反应更大；而熟手型教师，尤其是专家型教师则能更快地锁定课堂突发事件且采用注视次数多但注视时间短的注视模式，且面对突发事件时自身的生理唤醒度和情绪反应更小。不同发展阶段教师的这种生理差异模式也同样体现在课堂教学情绪的人际情绪觉察过程中，新手型教师在四种常见的课堂教学情绪觉察过程中生理唤醒程度和情绪反应程度均高于熟手型教师和专家型教师的，不同发展阶段教师在应对突发事件等人际情境中的这种生理唤醒差异似乎导致其产生相应的行为表现。新手型教师在面对课堂突发事件时，其生理唤醒度和情绪反应更大，这就导致他们无法沉着冷静地应对突发事件，甚至导致对突发事件注意负偏向的产生。由此这些高唤醒的情绪导致其不能理智地处理课堂突发事件，甚至采用不合理的应对策略。而熟手型和专家型教师在面对课堂突发事件时，其生理唤醒度和情绪反应更小，这有助于他们沉着冷静地应对这些事件，体现出教学机智。这与不同发展阶段教师课堂突发事件应对的自我报告高度一致：徐皓调查发现，与新手型教师相比，熟手型教师处理课堂突发事件的策略更具教育性、合理性和接收性（徐皓，2017）；赵翠芹的质性研究也发现，与新手型教师相比，老教师更能对突发事件因势利导、灵活处理，体现出教学机智（赵翠芹，2018）。另外，情感心理学专家卢家楣教授也指出，教师中等唤醒的正性情绪才能有助于改善教学效果（卢家楣，2000）。可见，正性的课堂教学情绪也不是唤醒度越高越好。此次我们实验发现与熟手型和专家型教师相比，新手型教师在四种课堂教学情绪情境中生理唤醒度均更大，这不利于课堂教学，原因可能在于新手教师的情绪调节能力不佳。为此，今后提升教师人际情绪觉察能力，提升教育教学质量需要做到以下两个方面。一是要加强教师对人际情绪的体验练习，调节自身的生理唤醒，为发挥教学机智提供基础。因此，新手型教师需要采用各种方法加强课堂教学情绪的体验练习，以准确地识别与描述自己的情绪，进而更好地调节自己的情绪，把正性情绪过高的生理唤醒调节成中等唤醒度，把负性情绪的生理唤醒度调低，充分发挥情绪的组织功能，以沉着地应对课堂突发事件和调节课堂教学情绪。既可以采用比较成熟的正念（Phillipot & Segal, 2009）等训练方法，也可以针对教师群体改编使用国外的动态生物反馈程序（Derks, Klaassen, Westerhof, Bohlmeijer & Noordzij, 2019），即把课堂突发事件和课堂教学情绪等情境编入生物反馈仪，然后结合其动态画面即时体验与调节自身的生理唤醒度。二是要加强对课堂突发事件的认知练习。此次实验发现，新手型教师锁定课堂突发事件较迟且采用注视次数少但注视时间长的注视模式，而熟手型和专家型教师则能更快地锁定课堂突发事件且采用注视次数多但注视时间短的注视模式。这表明新手型教师在课堂突发事件中的觉察模式不佳，表现为在前注意阶段锁定事件中心更慢，但在注意阶段却出现一定程度的负偏向，无法为妥善应对突发事件提供认知基础。为此，今后要结合专家型教师对课堂突发事件的眼动轨迹模式，优化新手型教师对课堂突发事件的觉察模式，以更好地加工课堂突发事件信息，为进一步应对课堂突发事件提供基础。

在躯体表情觉察过程方面，结果发现专家型教师能更早和更快地觉察到目标躯体表情，专家教师这方面的能力要优于熟手型和新手型教师，但三类教师躯体表情觉察的总体结果仍不太理想。为此今后教师要从以下两个方面加强对躯体情绪的觉察，以应对高年级学生情绪表达的掩饰性。一是要提高教师对躯体情绪觉察的重视程度。尽管越来越多的研究者开始认识到躯体情绪在情绪识别过程中的重要性，甚至认为躯体情绪比面孔情绪更可靠，但与面孔情绪研究相比，躯体情绪研究还处于被冷落的地位（丁小斌，康铁君，赵鑫，2017），这极大地限制了研究者和一线教育工作者对躯体情绪的重视程度和教育应用。从此次实验三类教师对躯体情绪觉察的正确率整体不高的结果中就可窥见，当前教师对躯体情绪重视程度不够，专家型教师在一致条件下的躯体情绪觉察的正确率为0.91，而不一致条件下的仅为0.80。需要说明的是，此次实验仅考察悲伤和中性的两种躯体情绪，且以往研究发现个体对悲伤躯体情绪的识别率高达96%（Ma, Liu, Zhong, Wang & Chen, 2014），实验难度系数相对较低。因此，要提高教师对躯体情绪觉察的重视程度，积极发挥其在觉察学生情绪中敏感器的功能和补偿作用（丁小斌，康铁君，赵鑫，2017），以应对高学段学生面部表情表达的掩饰性（Horner & Akiva, 2019; 孙俊才，卢家楣，郑信军，2007），从而更准确地把握学生在日常生活和学习中的情绪。二是要丰富教师躯体情绪觉察的情感图式。此次实验从教师专业成长视角出发，采用新手－熟手－专家型教师的研究范式和眼动技术，不仅验证了情绪觉察能力高低的本质在于个体情感图式的分化和整合程度，还发现了丰富的经验有助于教师躯体表情觉察能力的提升。这不仅表现为情绪觉察的正确率更高，还表现为注视模式快速且高效。可见教师，尤其是新手型教师需加强对躯体情绪的认知训练，如结合专家型教师的眼动轨迹模式来加强教师对躯体情绪的认识等，丰富教师躯体情绪觉察的情感图式，以发挥丰富的情感图式在促进教师觉察躯体情绪过程中的积极作用。

二、初步验证了教师情绪觉察过程模型的适用性

在第三章中，我们基于过去情绪面孔觉察过程的相关成果（汪海彬，卢家楣，姚本先，等，2015），构建了教师情绪觉察过程模型（见图 3–3），指出教师情绪觉察过程包括情绪信息的前注意与感觉加工、情绪信息的选择性注意与知觉加工和任务决策与情绪信息的深入加工三个阶段，且这三个心理阶段可以通过行为层面的眼动和反应时等指标、心理层面的 ERP 和生理唤醒等指标来体现。模型还从教师专业发展视角出发，提出新手－熟手－专家型教师在情绪觉察过程中都会经历这三个阶段，但又可能存在一定的差异的观点。与新手型教师相比，熟手型和专家型教师在情绪觉察的三个阶段中可能存在心理加工优势，并且这种优势可以通过生理和行为两个层面来反映。本章借助于眼动和生物反馈两种技术，通过四个实验比较了不同发展阶段的教师在课堂突发事件和课堂教学情绪等人际情绪与躯体情绪觉察过程中的差异，结果发现眼动结果更能反映情绪觉察过程。两个眼动结果均显示，新手型教师更迟地锁定课堂突发事件和躯体表情，且采用注视次数少但注视时间

长的注视模式；而熟手型和专家型教师则能更快地锁定课堂突发事件和躯体表情，且采用注视次数多但注视时间短的注视模式。这不仅验证了教师情绪觉察过程的三个阶段模型在课堂突发情境和躯体表情这两种非面孔情绪刺激中的适用性，还验证了模型认为专家型教师具有三阶段加工优势的假设。另外，生物反馈技术虽然不能很好地反映情绪觉察过程的三个阶段，却反映了熟手型和专家型教师在情绪觉察过程中的加工优势——新手型教师在觉察课堂突发事件和课堂教学情绪过程中，其基线和刺激条件的生理唤醒度均更大，而熟手型和专家型教师则表现为刺激条件下的生理唤醒度更小，而生理唤醒度更小有助于熟手型和专家型教师沉着应对不利于课堂教学的突发事件与情绪，这与以往相关的调查结果一致（徐皓，2017；赵翠芹，2018）。这一结果也部分验证了教师情绪觉察机制模型（见图 3–5），即熟手型和专家型教师具有更丰富的情感图式，促使其具有情绪觉察过程中的加工优势。然而，当前关于熟手型和专家型教师情绪觉察过程中的加工优势的主流观点却是知识经验说：良好的觉察能力虽然被认为是专家型教师的重要认知技能之一（Chi, 2006），但专家型教师拥有的更丰富的知识经验，能促使他们更好地加工课堂信息（王福兴，申继亮，田宏杰，周宗奎，2010；王福兴，芦咏莉，段朝辉，周宗奎，2013）。Williams 等人还基于 Abernethy 的视觉搜索模型（Abernethy, 1988）构建了知识经验影响视觉认知加工的模型，认为知识经验影响对视觉信息的选择性注意、相关线索的注视及任务决策和反应选择（Williams, Janelle & Davids, 2004），专家型教师的人际情绪和躯体情绪觉察优势也可能归因于知识经验。此次实验中的文本材料均源自真实的课堂教学情境，这对于熟手型和专家型教师似乎更有利。为此，今后需要依据情绪觉察能力的强弱对被试进行分组，并选择更具普适性的实验材料，以屏蔽教师知识经验的影响，深入考察情绪觉察能力对情绪觉察过程的影响。这样才能更好地验证教师情绪觉察过程模型，尤其是教师情绪觉察机制模型。

第六章 教师情绪觉察机制的实证探索与理论整合

前一章针对调查发现的觉察人际情绪和躯体情绪两个因子得分最低，并且觉察人际情绪是三类教师的关键差异所在的结果，采用新手－熟手－专家型教师研究范式并结合眼动技术与生理多导技术进行研究，结果发现不同发展阶段的教师在课堂突发事件、课堂教学情绪等人际情绪与躯体情绪觉察过程中的差异，部分验证了所构建的教师情绪觉察过程模型（见图 3–3）和教师情绪觉察机制模型（见图 3–5）。而当前专家型教师情绪觉察过程中的加工优势可以归因于情绪觉察水平高低的本质——情感图式的分化与整合程度，但研究者更多地把这种优势归因于知识经验（Williams, Janelle & Davids, 2004; 王福兴，申继亮，田宏杰，周宗奎，2010；王福兴，芦咏莉，段朝辉，周宗奎，2013），为此，本章将以宏观和微观相结合的方式实证探索教师情绪觉察能力的形成与作用机制。在宏观方面，采用问卷调查法探讨情绪觉察能力的前因、后果和中间变量，并构建其形成与作用机制；在微观方面，依据情绪觉察水平高低来分组，选择更具普适性的实验材料来考察情绪觉察能力对情绪觉察过程的影响，即微观的教师情绪觉察过程形成机制。最后依据研究结果，从理论上构建微观上的教师情绪觉察能力形成机制，考察情绪觉察过程训练对情绪觉察能力的影响。

第一节　教师情绪觉察能力机制的实证探索

教师情绪觉察能力机制包括教师情绪觉察能力的形成机制和作用机制，其中形成机制主要考察了教师类型在人格影响情绪觉察能力中的调节作用；作用机制则考察情绪觉察能力在情绪劳动影响职业倦怠中的调节作用和情绪觉察能力通过情绪调节和自我效能感的链式中介对工作满意度的影响。

一、教师情绪觉察能力的形成机制

在考察影响情绪觉察能力因素方面，国内外研究者主要从理论构建和前因变量调查两个方向进行考察。在理论构建方面，Lane 团队基于情绪觉察水平发展模型及相关研究，从理论上构建了影响情绪觉察能力发展的特质三维模型，三维即指外向性思维、区分自我与他人，以及认知复杂性，其中外向性思维是影响情绪觉察能力发展的最为基础的因素之一（Smith et al., 2019）。这一认知已得到相关实证调查的验证：调查发现 LEAS 得分与外向性思维呈显著负相关（r=–0.19）（Lane et al., 1996）。究其原因，正如 Lane 等人在构建情绪觉察发展模型时指出的，低情绪觉察能力个体更关注外在或自身的生理唤醒，而高情绪觉察能力个体更关注内在或自身的心理特征（Lane & Schwartz, 1987）。可见，个体从关注个体外在生理唤醒到关注个体内在心理特征的思维转变可以提升情绪觉察水平。当然，这一构想尚未得到进一步的验证。在前因变量调查方面，国内外的研究比较丰富，大体认为人口学变量、心理和生理变量等个体变量（Barrett, Lane, Sechrest & Schwartz, 2000; Sendzik, Schafer,

Samson, Naumann & Tuschen–Caffier, 2017; 汪海彬，曹立青，兰群，姚本先，2015）和父母沟通方式等社会变量（Lambie & Lindberg, 2016; Ordonez–Lopez, Gonzalez–Barron & Montoya–Castilla, 2016）对个体的情绪觉察能力具有重要影响，其中个体变量中的心理变量在情绪觉察能力前因变量中研究得最多的。研究者不仅考察了注意（Mount & Conway, 1995; 董小妹，2019）、工作记忆、需要（Dizen, Berenbaum & Kerns, 2005）、动机（Ciarrochi, Hynes & Crittenden, 2005）、心理理论（Lane, Hsu, Locke, Ritenbaugh & Stonnington, 2015）、自我和智力（Agnoli, Mancini, Andrei & Trombini, 2019; Daniela et al., 2019）等心理变量的影响，还重点考察了人格对个体情绪觉察能力的影响：人格中的宜人性正向预测情绪觉察能力（Ordonez–Lopez, Gonzalez–Barron & Montoya–Castilla, 2016），但冷酷无情特质（Baroncelli, Roti & Ciucci, 2018）、黑暗三联特征（Schimmenti et al., 2019）则负向预测情绪觉察能力。还有一项研究考察了 EPQ 与情绪觉察能力之间的关系，结果发现大学生的 LEAS 总分与自己维度和神经质的得分呈现显著负相关，但未发现 LEAS 得分与内外倾向之间的关系（王松云，汪海彬，李月春，2012）。由此可见，理论上的特质三维因素模型与前因变量调查均认为特质是影响个体情绪觉察能力的重要因素，并且外向性思维与内外倾向还有部分重叠。为此，研究者提出假设 H_1——人格，尤其是内外向是影响情绪觉察能力的重要因素。此外，先前调查发现教师类型可以屏蔽性别这一先赋性变量对情绪觉察能力的影响。由此，我们认为教师类型也可能调节人格对情绪觉察能力的影响，这不仅得到玩家类型（新手型或专家型）可以调节情绪觉察能力（Abraham & Sharron, 2015）这一结果的直接验证，而且相关研究还发现年龄也可以调节情绪觉察能力（Sendzik, Schafer, Samson, Naumann & Tuschen–Caffier, 2017）。这是因为教师类型是基于教龄和职称来划分的，教龄在一定程度上与年龄密切相关。为此，研究者提出假设 H_2——教师类型（新手型、熟手型或专家型教师）在人格影响情绪觉察能力的过程中起着调节作用。综合上述两个假设，我们构建了如下模型（见图 6–1）。

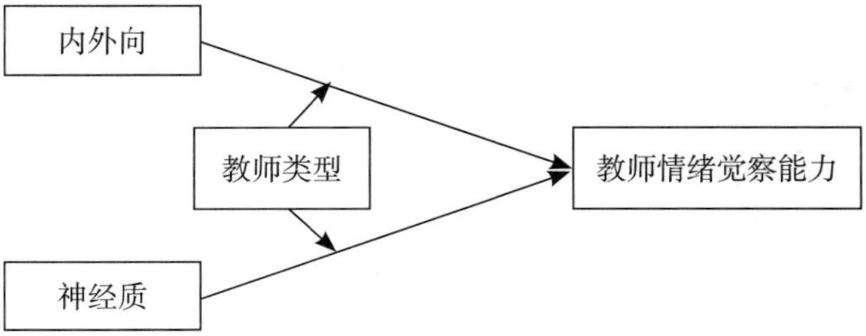

图 6-1　教师类型调节作用的假设模型

（一）对象与方法

1. 研究对象

采用问卷星对 1663 名教师进行调查，剔除答题过快的 103 人，最终获得有效被试数据 1560 人，有效回收率约为 93.8%。其中男性 412 名（约占总数的 26.4%），女性 1148 名（约占总数的 73.6%）；依据以往教师类型的分类标准（连榕，2004），最终获得新手型教师 883 名（约占总数的 56.6%），熟手型教师 556 名（约占总数的 35.6%），专家型教师 121 名（约占总数的 7.8%）。

2. 研究工具

（1）艾森克人格问卷简式量表中国版

采用艾森克（1985）编制的艾森克人格问卷（eysenck personality questionnaire, EPQ），包括内外向（E）、神经质（N）、精神质（P）三个分问卷，采用 0–1 两点计分。钱铭怡等（2000）对艾森克人格问卷简式量表中国版进行修订，建立了 EPQ–RSC 的中国常模，并在国内得到广泛应用（钱铭怡，武国城，朱荣春，张莘，2000）。在本研究中，内外向人格分问卷 Cronbach's α 为 0.74，神经质人格分问卷 Cronbach's α 为 0.66，验证性因素分析拟合指数：x^2/df= 4.67，$RMSEA$=0.07，$SRMR$=0.02，CFI=0.99，GFI=0.96，达到可接受水平。

（2）教师情绪觉察能力问卷

采用自编的教师情绪觉察能力问卷测量教师情绪觉察能力，问卷共有 21 个项目，包括觉察自己、觉察学生、觉察人际三个分量表；采用李克特 6 点计分法，总分为各分问卷得分之和，总分越高表示教师情绪觉察能力越高。

在本研究中，该量表的 Cronbach's α 系数为 0.96，验证性因素分析拟合指数：x^2/df=3.88，*RMSEA*=0.08，*SRMR*=0.04，*CFI*=0.93，*TLI*=0.92。

3. 研究过程

利用问卷星对不同类型的教师进行调查，然后采用 SPSS 25.0 与 Mplus 8.3 对数据进行分析。使用 SPSS 进行 Harman 单因素分析检验共同方法偏差，对各变量进行描述统计、相关分析；使用 Mplus 8.3 进行教师情绪觉察能力的前因与后果模型建构。

（二）结果与分析

1. 共同方法偏差检验

鉴于研究均采用自我报告的方式收集数据，故需对数据进行共同方法偏差的控制。在程序控制方面，各问卷均采用匿名的方式填写；在统计方面，参照以往做法（周浩，龙立荣，2004），采用 Harman 单因素法对所有项目进行未旋转的探索性因素分析（Podsakoff et al., 2003）。结果显示：*KMO*=0.98，Bartlett 值为 46759.10，*P*<0.001，产生了 7 个特征根值大于 1 的因子，并且最大因子方差解释率为 38.60%，小于一般经验标准的 40%，这表明本研究中不存在明显的共同方法偏差。

2. 描述性分析

各变量的平均数、标准差及相关系数如表 6–1 所示。相关分析发现，内外倾与情绪觉察能力呈显著负相关，与教师类型无相关；情绪觉察能力与教师类型呈显著正相关。

表 6–1　各变量描述性统计结果和变量间的相关（*N* = 1560）

变量	*M*	*SD*	1	2	3	4
1. 内外向（E）	0.33	0.34	—			
2. 神经质（N）	0.43	0.33	–0.08**	—		
3. 情绪觉察能力	4.81	0.73	–0.09**	0.13**	—	
4. 教师类型	1.51	0.64	–0.03	0.03	0.20***	—

注：* P < 0.05, ** P < 0.01, *** P < 0.001，下同。

3. 调节效应检验

在内外向方面，以新手型教师为参照，将教师类型（新手 vs 熟手 vs 专家）转换为两个虚拟变量（虚拟 1：熟手型教师 =1，新手型教师 =0，专家型教师 =0；虚拟 2：专家型教师 =1，新手型教师 =0，熟手型教师 =0）。将内外向与教师类型进行中心化处理。以内外向为自变量，以教师情绪觉察能力为因变量、教师类型（新手 vs 熟手 vs 专家）为调节变量，采用显变量结构方程模型建模的方法检验教师类型在内外向与教师情绪觉察能力间的调节效应，并进行简单效应分析。结果显示：内外向显著负向预测教师情绪觉察能力（β=–0.13, P<0.01），95% 的置信区间为（–0.57, –0.13）；虚拟变量 1（熟手型教师）* 内外向对情绪觉察能力的预测效应不显著（β=0.18, P>0.05），95% 的置信区间为（–0.02, 0.38）；虚拟变量 2（专家型教师）* 内外向显著正向预测情绪觉察能力（β=0.26, P<0.01），95% 的置信区间为（0.09, 0.43），说明教师类型在内外向人格与情绪觉察能力间具有调节效应。简单斜率分析发现，在新手型教师情况下，内外向人格显著负向预测教师情绪觉察能力（β=–0.26, P<0.01）；在熟手型、专家型教师情况下，内外向人格对教师情绪觉察能力均无预测作用（β=–0.06、0.13, P>0.05），说明教师类型对内外向人格与教师情绪觉察能力间的关系具有削弱作用。教师类型在内外向影响情绪觉察能力中的调节作用见图 6–2。

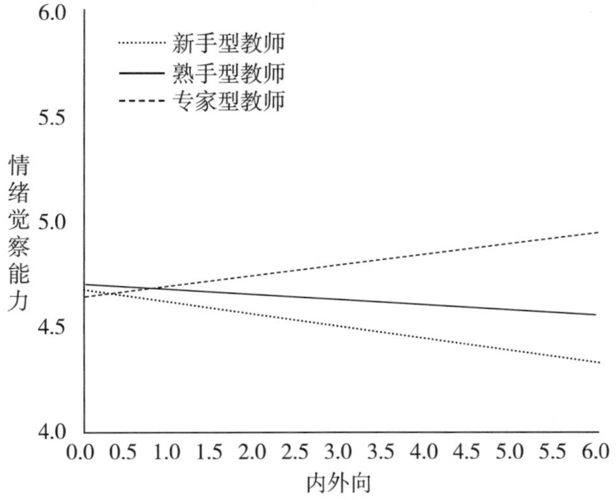

图 6–2　教师类型在内外向影响情绪觉察能力中的调节作用

第二，在神经质方面，（新手 vs 熟手 vs 专家）以新手型教师为参照，首先将教师类型转换为两个虚拟变量（虚拟 1：熟手型教师 =1，新手型教师 =0，专家型教师 =0；虚拟 2：专家型教师 =1，新手型教师 =0，熟手型教师 =0）；然后，对神经质与教师类型进行中心化处理。以神经质为自变量，以情绪觉察能力为因变量，以教师类型（新手 vs 熟手 vs 专家）为调节变量，采用显变量结构方程模型建模的方法检验教师类型在神经质与情绪觉察能力关系间的调节效应，并进行简单效应分析。结果显示：神经质显著正向预测教师情绪觉察能力（β=0.14, P<0.01），95% 的置信区间为（0.06, 0.23）；虚拟变量 1（熟手型教师）* 神经质人格对情绪觉察能力的预测效应不显著（β=–0.05, P>0.05），95% 的置信区间为（–0.25, 0.15）；虚拟变量 2（专家型教师）* 神经质人格显著正向预测情绪觉察能力（β=–0.21, P<0.05），95% 的置信区间为（–0.42, –0.01），说明教师类型在神经质人格与情绪觉察能力间具有调节效应。简单斜率分析发现，在新手型和熟手型教师情况下，神经质人格显著正向预测教师情绪觉察能力（β=0.27、0.22, P<0.01）；在专家型教师情况下，神经质人格对教师情绪觉察能力预测作用不显著（β=–0.01, P>0.05），说明教师类型对神经质与教师情绪觉察能力之间的关系具有削弱作用。教师类型在神经质影响情绪觉察能力中的调节作用见图 6–3。

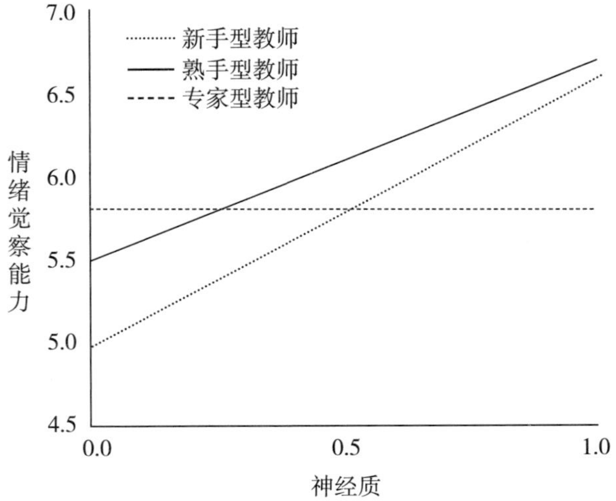

图 6–3 教师类型在神经质影响情绪觉察能力中的调节作用

（三）讨论与结论

依据 Lane 团队构建的影响情绪觉察能力发展的特质三维模型（Smith et al., 2019）与相关调查，我们认为人格是影响个体情绪觉察能力的重要个体变量，并提出研究假设 H_1。结果发现，总体上内外向和神经质与教师情绪觉察能力呈弱相关，其中内外向与之呈负相关，而神经质与之呈正相关，假设 H_1 基本得到验证。这一结果与以往一项大学生的情绪觉察能力与 EPQ 的调查结果不一致（王松云，汪海彬，李月春，2012），与 Lane 等人发现外向性思维与情绪觉察能力呈弱的负相关的结果类似（Lane et al., 1996），验证了 Lane 等人的特质三维模型（Smith et al., 2019）和情绪觉察水平发展模型（Lane & Schwartz, 1987）。这表明个体从关注个体外在生理唤醒到关注个体内在心理特征的转变可提升情绪觉察水平，并且更好的情绪体验有助于个体更好地区分情绪，进而提高自己的情绪觉察能力。相关实验也发现，与低情绪觉察水平个体相比，高情绪觉察水平个体对于情绪信息出现了注意偏向，甚至出现了正性情绪的偏向（汪海彬，张鹏程，卢家楣，瞿琼，张燕，2020）。这表明高情绪觉察水平个体虽然对情绪信息更敏感，面对情绪刺激时会有更多的情绪反应（无论是正性的还是负性的），但却不像情绪觉察困难疾患群体（如抑郁群体、焦虑群体、述情障碍群体等）那样只表现出负偏向而回避积极情绪（宫火良，郑希付，2010；彭家欣，杨奇伟，罗跃嘉，2013）。此外，描述性统计结果显示此次调查中教师的内外向和神经质得分都比较低。依据内外向和神经质维度的描述（低内外向倾向于内省，高神经质有强烈的情绪体验）（钱铭怡，武国城，朱荣春，张莘，2000），结合高情绪觉察水平个体的情绪体验特征可知，这种略高内向和神经质所呈现的高内省和情绪体验特征恰好可以为教师更好地觉察情绪提供基础。当然，需要说明的是个体这种高内省和情绪体验的对象不局限于消极情绪，还包括积极情绪。

本研究还基于以往的研究构建了教师类型在人格影响教师情绪觉察能力中的调节模型，结果发现教师类型缓冲了内外向对教师情绪觉察能力的影响，表现为内外向在新手型教师中可以负向预测教师情绪觉察能力，在熟手型教师中的预测效应不显著；在专家型教师中则为正向预测。教师类型还缓冲了神经质对教师情绪觉察能力的影响，表现为神经质在新手型和熟手型教师中正向预测教师情绪觉察能力，但在专家型教师中的预测作用不显著，由此研究假设 H_2 也得到了验证。这表明教师类型可以缓冲人格对教师情绪觉察能力的影响，这不仅与以往的研究发现玩家类型（新手型或专家型教师）对情绪觉察能力具有调节作用（Abraham & Sharron, 2015）的结果类似，还得到现状调查发现教师类型可以屏蔽性别这一先赋性变量对情绪觉察能力影响的佐证。这为我们培养教师的情绪觉察能力提供启示和信心，即无论是性别这一先赋性变量，还是相对稳定的人格变量虽然都可以影响教师的情绪觉察能力，但随着教师的不断成长与发展，这些变量对教师情绪觉察能力的影响似乎都在减弱，经验才是影响教师情绪觉察能力最关键的因素。

综上，该研究依据 Lane 等人的影响情绪觉察能力发展的特质三维模型，（Smith et al., 2019）构建了教师类型在人格影响教师情绪觉察能力中的调节模型，并通过调查验证了内外向在新手教师中可以负向预测教师情绪觉察能力，在熟手型教师中则预测效应不显著，在专家型教师中则呈现正向预测；神经质在新手型和熟手型教师中正向预测教师情绪觉察能力，但在专家教型师中预测作用不显著。这表明人格虽然是影响教师情绪觉察能力的重要个体变量，但教师经验却可以弱化人格对教师情绪觉察能力的影响，这为教师情绪觉察能力的培养提供信心与启示。

二、教师情绪觉察能力的作用机制

国内外在对与情绪觉察能力相关因素的研究中，对中间变量与后果变量的探讨是最为丰富的，大体可以概括为情绪觉察能力可以缓冲不良因素的负面影响，通过积极因素发挥积极作用。可见，情绪觉察能力不仅可以作为调节变量发挥作用，还可以通过其他变量发挥作用。在情绪觉察能力作为调节变量方面，研究发现高情绪觉察能力可以缓冲性别、负性生活事件、歧视或虐待经历、消极元情绪体验、抑郁和冲动等不良因素的消极影响；而情绪觉察困难则会加剧社交焦虑、外化行为、工具行为、同伴侵害等不良因素的负面影响。具体表现为高情绪觉察能力不仅能缓冲男性这一不利性别因素的影响，改善其情绪识别任务表现（Wright, Riedel, Sechrest, Lane & Smith, 2018）和提高团队效率（Boros & Curseu, 2013），而且能缓冲诸如负性生活事件（Louis, 2012）、歧视（Lan, Scrimin & Moscardino, 2020）或虐待（Westbrook & Berenbaum, 2017）、消极元情绪体验（Bailen, Wu & Thompson, 2019）、抑郁、冲动（Manjrekar, Berenbaum & Bhayani, 2015）等不良因素对个体心理困扰、情绪行为问题、抑郁、饮酒行为和暴饮暴食等的消极影响（Desrosiers, Sipsma & Kershaw, 2014）。此外，研究还发现团体的情绪觉察能力提升可以缓冲初始任务冲突对群体情绪调节能力发展的消极影响（Boros, 2020）。情绪觉察困难的恶化效应则表现为情绪觉察困难可以通过消极的情绪调节策略（压抑）加剧对社交焦虑（Eastabrook, Flynn & Hollenstein, 2014）、高外化行为（Factor, Rosen & Reyes, 2016）、攻击行为（Moron & Biolik-Moron, 2021）、同伴侵害（Riley, Sullivan, Hinton & Kliewer, 2019）等的负面影响，促使强迫症患者的强迫症状与社会功能障碍（Kang, Namkoong, Yoo, Jhung & Kim, 2012）、依恋回避和抑郁（Monti & Rudolph, 2014）、自我缄默和进食紊乱（Shouse & Nilsson, 2011）、冷酷无情特征和外化行为问题（赵思琦，张守臣，2019）、表层情绪劳动行为和抑郁（贺伟婕，陈颖，2018）之间关系的恶化。情绪工作（emotion work）（又称情绪劳动）这一术语虽然最初是针对空乘人员提出的（Hochschild & Russell, 1979），但研究者越来越认识到教师群体也是高情绪工作者（刘衍玲，张大均，2015；李海燕，2018）。情绪不仅对教师自身的心理健康（张冉，叶超，2018）、工作满意度（洪秀敏，张明珠，2021）有影响，还尤其影响其工作（刘丹，缴润凯，王贺立，李飞飞，2018；孙阳，张向葵，2013；孙阳，王元，张向葵，2013；屈廖健，邵剑耀，2020；毛晋平，莫拓宇，2014）。然而，研究者对于教师情绪劳动影响工作倦怠的机制尚不明确，仅有一项研究从理论上剖析了教师情绪劳动背后涉及需要的情绪、感受的情绪和表现的情绪三种情绪，并指出教师需要区分这三种情绪才能妥善处理三者间的关系，进而使之达到协调（田国秀，刘忠晖，2021）。这表明包含区分能力的教师情绪觉察能力可能对情绪劳动与工作倦怠起着调节作用，这也得到了企业员工情绪智力在情绪劳动影响工作倦怠中起调节作用的佐证。研究发现情绪智力的下属因子自我情绪觉察在深度行为和成就感低落之间起调节作用，他人情绪评估在表层行为与情感耗竭、去个人化之间起调节作用（秦虎，陈赟喆，孟慧，2011）。为此，我们构建了教师情绪觉察能力在情绪劳动影响工作倦怠中的调节模型（见图 6-4），提出研究假设 H_1：教师情绪觉察能力在情绪劳动总分及其下属因子表层行为、主动深度行为和被动深度行为与工作倦怠之间存在调节效应。

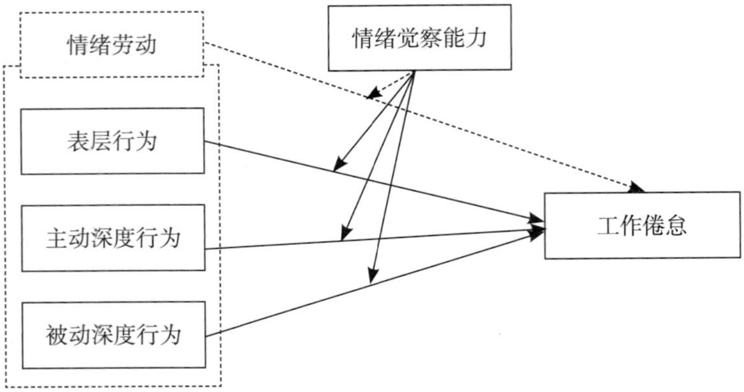

图 6-4　教师情绪觉察能力的调节作用假设模型

情绪觉察能力还能通过积极因素，尤其是积极情绪调节策略发挥积极效应。由于情绪觉察能力可以为自身情绪提供更精细的信息，这是个体采用积极情绪调节策略的先决条件（Subic-Wrana et al., 2014; Szczygiel, Buczny & Bazinska, 2012），进而通过认知重评的中介作用对抑郁产生负性影响（Eckland, Letkiewicz & Berenbaum, 2021; Van Beveren et al., 2019），从而获得更高的工作满意度（Chen, Ku, Shyr, Chen & Chou, 2009）。可见，情绪觉察能力是个体采用积极情绪调节策略的先决条件，情绪觉察能力和积极情绪调节策略可以正向预测工作满意度。由此，提出研究假设 H_2：教师情绪觉察能力可以通过情绪调节能力的中介作用影响工作满意度。此外，以往研究还发现情绪觉察能力中的情绪注意可以通过负性元情绪体验对抑郁产生影响（Bailen, Wu & Thompson, 2019），这一研究更侧重于从消极的视角展开。但正如上文所言，情绪觉察能力是个体采用积极情绪调节策略的先决条件，个体可以通过情绪调节保持自身的积极情绪，进而影响工作满意度。教师群体的教学效能感被视为与教学行为密切相关的近端情感（张敏，2006；陈立，杨琼，2018），可以正向预测工作满意度（张萍，葛明贵，2013；王照萱，张雅晴，何柯薇，袁丽，2020）。尽管还未有研究考察情绪觉察能力、情绪调节能力与教学效能感的关系，但情绪智力与教学效能感的相关研究发现情绪智力中的情绪觉察和情绪调节因子不仅与教学效能感呈显著正相关，还可以正向预测教学效能感下属的两个因子（刘鑫鑫，但菲，2019; 杨红，2016；茹学萍，朱立佳，2014）。此外，Lane 等人认为情绪觉察是情绪调节的基础与先决条件（Lane, 2000）。由此提出假设 H_3：教师情绪觉察能力不仅可以通过教学效能感的中介作用影响工作满意度，而且情绪觉察能力和情绪调节能力可以通过教学效能感的中介作用影响工作满意度。结合研究假设 H_2 和 H_3，我们构建了教师情绪觉察能力通过积极因素发挥积极效应的模型（见图 6–5）。

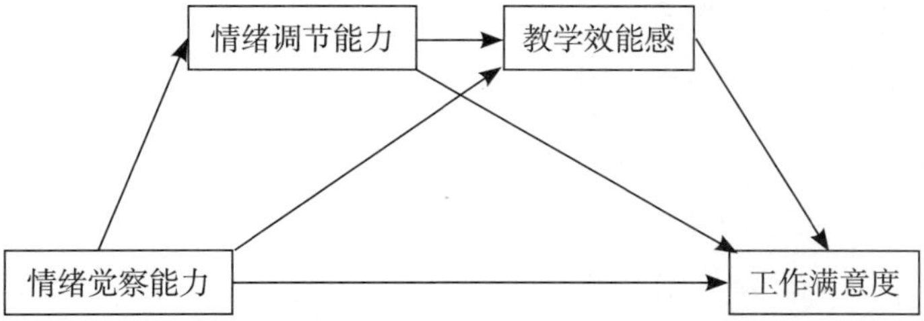

图 6–5　教师情绪觉察能力的中介作用假设模型

（一）对象与方法

1. 研究对象

采用问卷星对 1663 名教师进行调查，剔除答题过快的 103 人，最终获得有效被试人数数据 1560 人，有效回收率约为 93.8%，其中男性 412 名（约占

26.4%），女性1148名（约点73.6%）。依据以往教师类型的分类标准（连榕，2004），最终获得新手型教师883名（56.6%），熟手型教师556名（35.6%），专家型教师121名（7.8%）。

2. 研究工具

（1）教师情绪觉察能力问卷

采用自编的教师情绪觉察能力问卷测量教师情绪觉察能力，问卷共有21个项目，包括觉察自己、觉察学生、觉察人际三个分量表；采用李克特6点计分法，总分为各分问卷得分之和，总分越高表示教师情绪觉察能力越高。在本研究中，该问卷的Cronbach's α系数为0.96，验证性因素分析拟合指数：x^2/df=3.88，*RMSEA*=0.08，*SRMR*=0.04，*CFI*=0.93，*TLI*=0.92。

（2）教师情绪工作问卷

采用刘衍玲和张大均编制的教师情绪工作问卷测量教师的情绪劳动，问卷由15个项目构成，包括表面行为、主动深度行为和被动深度行为三个分因子；问卷采用李克特5点计分法，得分越高表示教师情绪劳动越高（刘衍玲，张大均，2015）。本研究中，该问卷的Cronbach's α系数为0.79，验证性因素分析拟合指数：x^2/df=3.66，*RMSEA*=0.08，*SRMR*=0.05，*CFI*=0.91，*TLI*=0.91。

（3）教师工作倦怠量表

该量表由Maslach（1982）编制，包括去人性化、情绪耗竭和个人成就感3个分量表，共有22个题目，问卷采用李克特7点计分法，得分越高表示越有工作倦怠倾向。本研究选用了刘衍玲和张大均修订的中文版教师工作倦怠量表（刘衍玲，张大均，2015），本研究中该量表的Cronbach's α系数为0.80，验证性因素分析拟合指数：x^2/df=4.92，*RMSEA*=0.09，*SRMR*=0.06，*CFI*=0.95，*TLI*=0.93。

（4）情绪调节能力问卷

情绪调节能力问卷选用Wang和Law（2002）编制的情绪智力问卷中的情绪调节分问卷。该分问卷包括4个题项，采用李克特6点计分法，得分越高表示个体情绪调节能力越强（Wong & Law, 2002）。在本研究中，该分量表的 Cronbach's α 系数为 0.90，验证性因素分析拟合指数：x^2/df=3.19，*RMSEA*=0.04，*SRMR*=0.01，*CFI*=0.99，*TLI*=0.99。

（5）教学效能感量表

俞国良等人（1995）修订的教师教学效能感量表包括一般教学效能感、个人教学效能感两个因子。问卷采用李克特 6 点计分法，得分越高表示教学效能感越高（俞国良，辛涛，申继亮，1995）。在本研究中，该量表的 Cronbach's α 系数为 0.76，验证性因素分析拟合指数：x^2/df=5.01，*RMSEA*=0.11，*SRMR*=0.09，*CFI*=0.88，*TLI*=0.82。

（6）教师工作满意度问卷

教师工作满意度问卷由 Weiss 等（1967）编制而成，包括外在满意和内在满意两个因子，问卷采用李克特 5 点计分法，得分越高表示受测者的工作满意度越高。本研究选用刘衍玲和张大均修订的中文版教师工作满意度问卷（刘衍玲，张大均，2015），本研究中该量表的 Cronbach's α 系数为 0.87，验证性因素分析拟合指数：x^2/df=5.13，*RMSEA*=0.21，*SRMR*=0.09，*CFI*=0.87，*TLI*=0.77。

3. 研究过程

利用问卷星对不同类型的教师进行调查，然后采用 SPSS 25.0 与 Mplus 8.3 对数据进行分析。使用 SPSS 进行 Harman 单因素分析检验共同方法偏差，对各变量进行描述统计、相关分析；使用 Mplus 8.3 进行教师情绪觉察能力的前因与后果模型建构。

（二）结果与分析

1. 共同方法偏差检验

依据教师情绪觉察能力的调节模型和中介模型，分别对各自数据进行共同方法偏差检验。参考以往做法（周浩，龙立荣，2004），采用 Harman 单因素法对调节模型中涉及的项目进行未旋转的探索性因素分析，结果显示：*KMO*=0.97，*Bartlett* 值为 37433.34，*P* <0.001，产生了 5 个特征根值大于 1 的因子，并且最大因子方差解释率为 36.79%，小于 40% 的一般经验标准，这表

明本研究中不存在明显的共同方法偏差。采用 Harman 单因素法对涉及的中介模型所有项目进行未旋转的探索性因素分析，结果显示：*KMO*=0.98，*Bartlett* 值为 75355.25，*P*<0.001，产生了 10 个特征根值大于 1 的因子，并且最大因子方差解释率为 36.08%，小于 40% 的一般经验标准，这表明本研究中不存在明显的共同方法偏差。

2. 描述性分析

各变量的平均数、标准差及相关系数如表 6–2 和表 6–3 所示。相关分析发现，在调节模型中，情绪觉察能力与情绪劳动总分呈显著正相关，与工作倦怠呈显著负相关。而情绪劳动总分虽然与工作倦怠相关不显著，但其下属三个因子却与工作倦怠有相关，其中表面行为与工作倦怠呈显著正相关，主动深度行为和被动深度行为则与工作倦怠呈显著负相关。可见，数据支持后续的调节效应分析。在中介模型中，各个变量之间均呈中等程度的正相关，数据支持后续的中介效应分析。

表 6–2　调节模型中各变量描述性统计结果

	M	*SD*	1	2	3	4	5	6
1 情绪劳动	3.71	0.60	1					
2 表面行为	3.31	0.95	0.74**	1				
3 主动深度行为	3.96	0.69	0.85**	0.36**	1			
4 被动深度行为	3.91	0.67	0.75**	0.18**	0.73**	1		
5 情绪觉察能力	4.81	0.73	0.60**	0.21**	0.63**	0.66**	1	
6 工作倦怠	3.59	4.16	0.02	0.181**	–0.12**	–0.09**	–0.07**	1

表 6–3　中介模型中各变量描述性统计结果

	M	*SD*	1	2	3	4
1. 情绪觉察能力	4.81	0.73	1			
2. 情绪调节	4.50	0.94	0.63***	1		
3. 自我效能感	4.54	0.90	0.62***	0.58***	1	
4. 工作满意度	3.78	0.70	0.57***	0.55***	0.56***	1

3. 调节模型检验

将情绪劳动与情绪觉察能力进行中心化处理。以情绪劳动为自变量，以工作倦怠为因变量，以情绪觉察能力为调节变量，采用显变量结构方程模型建模的方法检验情绪觉察能力在情绪劳动与工作倦怠间的调节效应，并进行简单效应分析。由于情绪劳动总分与教师工作倦怠相关不显著，但情绪劳动下属因子与工作倦怠呈现不同程度的相关，为此我们重点比较考察情绪觉察能力在情绪劳动下属因子表层劳动、主动深度行为、被动深度行为中的调节效应。

第一，在情绪劳动总分上，调查结果发现情绪劳动显著正向预测教师工作倦怠（β=0.28, P<0.001）, 95% 的置信区间为（0.17, 0.39）；情绪觉察能力 * 情绪劳动对工作倦怠显著负向预测作用显著（β=–0.06, P<0.001）, 95% 的置信区间为（–0.44, –0.15），说明情绪觉察能力在情绪劳动与工作倦怠间具有调节效应。以情绪觉察能力 *M*±*1SD* 为标准进行简单斜率分析发现，在低、中、高情绪觉察水平上，情绪劳动均显著正向预测教师工作倦怠（β=1.03、0.84、0.65, P<0.001），说明教师情绪觉察能力对情绪劳动与教师工作倦怠间的关系具有削弱作用，见图 6–6。

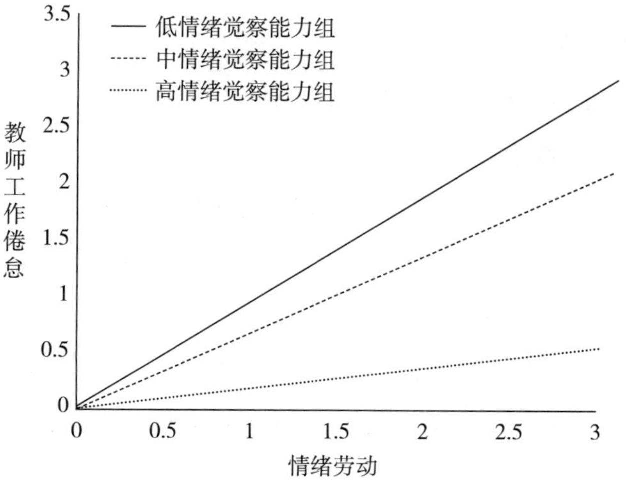

图 6–6　情绪觉察能力在情绪劳动影响工作倦怠中的调节作用

第二，在表层行为上，结果发现表层行为显著正向预测教师工作倦怠（β=0.43, P<0.001），95% 的置信区间为（0.25, 0.61）；情绪觉察能力 * 表层劳动对工作倦怠负向预测作用显著（β=–0.28, P<0.01），95% 的置信区间为（–0.48, –0.07），说明情绪觉察能力在表层劳动与工作倦怠间具有调节效应。以情绪觉察能力 $M \pm 1SD$ 为标准进行简单斜率分析发现，在低、中、高情绪觉察水平上，表层劳动均显著正向预测教师工作倦怠（β=1.20、1.05、0.90, P<0.001），说明情绪觉察能力对表层劳动与教师工作倦怠间的关系具有削弱作用，见图 6–7 左图。

第三，在主动深度行为上，结果发现主动深度行为显著正向预测教师工作倦怠（β=0.19, P<0.001），95% 的置信区间为（0.25, 0.61）；情绪觉察能力 * 主动深入劳动对工作倦怠负向预测作用显著（β=–0.45, P<0.05），95% 的置信区间为（–0.48, –0.07），说明情绪觉察能力在主动深入劳动与工作倦怠间具有调节效应。以情绪觉察能力 $M \pm 1SD$ 为标准进行简单斜率分析发现，在低、中情绪觉察水平上，主动深入劳动对教师工作倦怠均无显著预测作用（β=–0.08、–0.34, P>0.05）；在高情绪觉察水平上，主动深入劳动显著负向预测教师工作倦怠（β=–0.61, P<0.05），说明情绪觉察能力对主动深入劳动与教师工作倦怠间的关系具有削弱作用，见图 6–7 中间的图。

第四，在被动深度行为上，结果发现被动深度行为显著正向预测教师工作倦怠（β=0.19, P<0.01），95% 的置信区间为（0.07, 0.31）；情绪觉察能力 * 被动深入劳动对工作倦怠负向预测作用显著（β=–0.41, P<0.001），95% 的置信区间为（–0.47, –0.26），说明情绪觉察能力在被动深入劳动与工作倦怠间具有调节效应。以情绪觉察能力 $M \pm 1SD$ 为标准进行简单斜率分析发现，在低、中情绪觉察水平上，被动深入劳动对教师工作倦怠均无显著预测作用（β=0.05、–0.19, P>0.05）；在高情绪觉察水平上，被动深入劳动显著负向预测教师工作倦怠（β=–0.43, P<0.05），说明情绪觉察能力对被动深入劳动与教师工作倦怠间的关系具有削弱作用，见图 6–7 右图。

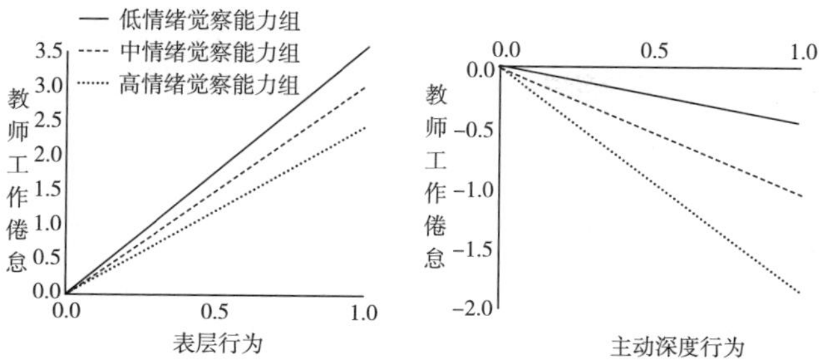

图 6-7　情绪觉察能力在情绪劳动下属因子影响工作倦怠中的调节作用

4. 中介模型检验

以教师情绪觉察能力为自变量、工作满意度为因变量、情绪调节能力和教学效能感为中介变量，采用显变量结构方程模型建模的方法检验情绪调节能力、教学效能感在情绪觉察能力与工作满意度关系间的链式中介效应，如图 6–8 所示。结果显示：教师情绪觉察能力（β=0.25, P<0.001）、情绪调节能力（β=0.24, P<0.001）及教学效能感（β=0.27, P<0.001）显著正向预测教师工作满意度；情绪觉察能力（β=0.43, P<0.001）、情绪调节能力（β=0.31, P<0.001）显著正向预测教学效能感；教师情绪觉察能力显著正向预测情绪调节能力（β=0.63, P<0.001）。由此可见，情绪调节能力（中介占比 17.13%）与教学效能感（中介占比 13.40%）的单独中介及链式中介作用（中介占比 6.06%）均显著。

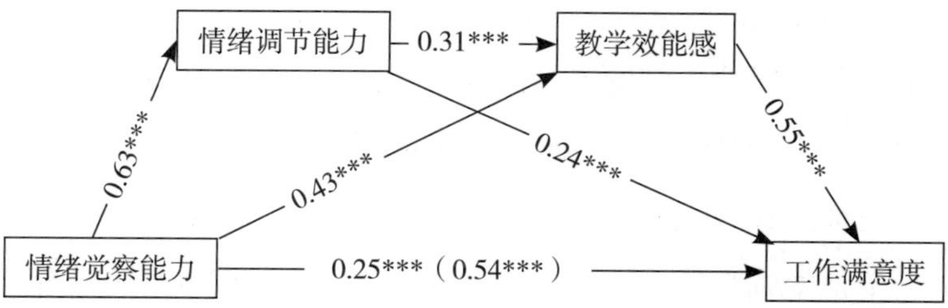

图 6–8　情绪调节与教学自我效能感的链式中介

最后，采用偏差校正非参数百分 Bootstrap 检验，重复取样 5000 次，进行中介效应检验及置信区间的估计，若 95% 的置信区间不包括 0，则表明间接效应显著。结果表明：情绪调节能力单独中介作用的标准化效应值为 0.15，95% 的置信区间为（0.10, 0.19）；教学效能感单独中介作用的标准化效应值为 0.12，95% 的置信区间为（0.09, 0.15）；情绪调节能力与教学效能感的链式中介作用的标准化效应值为 0.05，95% 的置信区间为（0.04, 0.07）。

（三）讨论与结论

国内外情绪觉察能力后果变量的研究发现，情绪觉察能力不仅可以缓冲不良因素的负面影响，还能通过积极因素发挥正面效应。为此，在构建教师情绪觉察能力作用模型时，结合教师职业特色，我们分别构建了教师情绪觉察能力在情绪劳动影响工作倦怠中的调节模型和教师情绪觉察能力通过情绪调节能力和教学效能感链式中介影响工作满意度的中介模型。

第一，在调节模型方面，相关分析结果显示虽然情绪劳动总分与工作倦怠相关不显著，但情绪劳动的下属因子表面行为与工作倦怠呈显著正相关，主动深度行为和被动深度行为则与工作倦怠呈显著负相关，这与以往的结果大体一致（刘丹，缴润凯，王贺立，李飞飞，2018；孙阳，张向葵，2013；孙阳，王元，张向葵，2013；屈廖健，邵剑耀，2020；毛晋平，莫拓宇，2014）。也正如前人所言，情绪劳动是一把双刃剑，过多的表面情绪劳动行为会加剧教师的工作倦怠；但深度行为，尤其是被动深度的情绪劳动行为则会缓解教师自身的工作倦怠。当然，这些只是不同类型的情绪劳动行为对工作倦怠的不同影响，关于情绪劳动影响工作倦怠的内部机制尚不明确。为此，我们依据田国秀等人指出教师为避免情绪过激或过度，需要主动辨识情绪劳动背后需要的情绪、感受的情绪和表现的情绪（田国秀，刘忠晖，2021），提出包括情绪辨识功能的教师情绪觉察能力在情绪劳动与工作倦怠之间起着调节作用的理论构想，结果发现在表面行为方面，虽然其可以正向预测职业倦怠，但随着情绪觉察能力的提升，这种正向预测效应在减弱；在主动深度行为和被动深度行为方面，仅高情绪觉察能力组负向预测职业倦怠，而低、中情绪觉察能力组的预测作用不显著，但总效应却是情绪劳动正向预测职业倦怠。这一结果表明并非仅表面行为正向预测职业倦怠，主动深度行为和被动深度行为也可以正向预测职业倦怠，这与以往一项幼儿教师的潜在剖面分析结论类似（刘丹，缴润凯，王贺立，李飞飞，2018）。结果还表明情绪觉察能力能缓冲情绪劳动对工作倦怠的影响，表现为高情绪觉察能力不仅可以缓冲表面情绪劳动行为这一不良因素对工作倦怠的负面影响，而且可以促使深度情绪劳动行为（主动或被动）这一积极因素缓解工作倦怠，这与以往包括情绪觉察能力的情绪智力在情绪劳动影响职业倦怠中起着调节作用的结论类似（秦虎，陈赟喆，孟慧，2011）。究其原因，正如田国秀等人的理论构想指出的高情绪觉察能力教师能更好地识情绪劳动背后的三种情绪，即工作需要情绪、自己感受情绪和调整后表现的情绪（田国秀，刘忠晖，2021），协调好这三种情绪可减轻甚至避免工作倦怠。

第二，在中介模型方面，我们构建了情绪觉察能力通过情绪调节能力中介影响工作满意度、情绪觉察能力通过教学效能感的中介影响工作满意度及情绪觉察能力通过情绪调节能力与教学效能感的链式中介影响工作满意度两个假设，结果发现两个假设均得到验证。①情绪觉察能力通过情绪调节能力中介影响工作满意度。这一结果与以往研究大体一致（Chen, Ku, Shyr, Chen & Chou, 2009），正如 Lane 等人在构建情绪觉察能力概念时即提出，情绪觉察能力是情绪智力，尤其是情绪调节的基础和先决条件（Lane, 2000）。大量研究均发现情绪觉察能力可以通过积极情绪调节策略发挥积极作用（Eckland, Letkiewicz & Berenbaum, 2021; Van Beveren et al., 2019），此次研究虽未考察情绪调节策略，而是转向考察情绪调节能力的中介作用，但结果仍然支持情绪觉察能力是情绪调节先决条件的论断。②情绪觉察能力不仅可以通过教学效能感中介影响工作满意度，还可以通过情绪调节能力和教学效能感链式中介影响工作满意度。以往研究发现教学效能感对工作满意度有正向预测作用（张萍，葛明贵，2013；王照萱，张雅晴，何柯薇，袁丽，2020），教学效能感更高可促使教师在教学工作中有更多的投入，这种高投入所带来的良好教学效果自然会提升教师对工作的满意度，由此研究者指出教学效能感是提升教师工作满意度的内在动力之一（张萍，葛明贵，2013）。教学效能感作为一种与教学行为密切相关的近端情感（张敏，2006；陈立，杨琼，2018），容易受到自身情绪、教育教学效果等的影响，正如社会学习理论指出的，自身情感状态和成功经验具有增强效能感的作用（花蓉，2006）。可见，高情绪觉察能力不仅有助于教师通过情绪调节，保持积极情感状态来增强效能感，还有助于教师在觉察学生情绪的基础上更好地应对学生情绪问题，进而产生良好的教育教学效果，这种成功经验是提升教师教学效能感的又一途径。相关研究的确发现，高情绪觉察能力幼儿教师在面对儿童负面情绪时，往往会采用更为积极的应对策略（Ersay, 2015）。

综上，我们依据以往研究构建了教师情绪觉察能力在情绪劳动影响工作倦怠中的调节模型和教师情绪觉察能力通过情绪调节能力和教学效能感链式中介影响工作满意度的中介模型，并通过调查来验证这两个模型。结果发现，在调节模型中，三类教师的情绪劳动表层行为虽然可以正向预测工作倦怠，但随着情绪觉察能力的提升，这种正向预测效应在减弱；仅高情绪觉察能力组的主动深度行为和被动深度行为负向预测职业倦怠，而低、中情绪觉察能力组的情绪劳动对职业倦怠的预测作用不显著，表明教师情绪觉察能力可以缓冲情绪劳动对工作倦怠的影响。在中介模型中，教师情绪觉察能力不仅可以通过情绪调节能力、教学效能感的中介正向预测工作满意度，还可以通过情绪调节能力和教学效能感的链式中介正向预测工作满意度。这表明教师情绪觉察能力不仅可以缓冲不利因素的负面影响，还可以通过积极因素发挥正面效应，这提示我们今后要更加关注教师情绪觉察能力的培养。

第二节　教师情绪觉察过程机制的实证探索

综合运用行为、眼动、ERP 和生物反馈技术，分别考察不同情绪觉察能力教师在情绪面孔、情绪词、躯体表情和人际互动情境等情绪刺激觉察过程中的差异，不仅验证教师情绪觉察过程模型的适用性，还进一步从微观上探索了教师情绪觉察能力的作用机制，即情绪觉察能力对情绪觉察过程的影响，并为探索教师情绪觉察整合模型提供实证依据。

一、情绪觉察能力对教师情绪觉察过程的行为影响

情绪注意不仅作为情绪觉察过程的首要环节，对后续情绪信息的觉察起着关键作用，还是情绪研究，尤其是注意偏向方面的研究热点之一。注意偏向机制中的图式说认为图式或知识结构的激活引发注意偏向（彭晓哲，周晓林，2005），而情绪觉察能力的本质也在于情感图式的分化和整合程度（Chhatwal & Lane, 2016; Lane et al., 1990; Lane & Schwartz, 1987），因此情绪觉察能力可能会影响情绪信息的注意。大量有关低情绪觉察能力群体（身心疾患群体）的研究也确实验证了这一观点：如宫火良等人发现，高述情障碍者存在信息选择上的注意偏向，表现为更注重生理信息（宫火良，郑希付，2010）；罗跃嘉等人发现，高特质焦虑个体表现出对威胁性刺激的选择性注意偏向（彭家欣，杨奇伟，罗跃嘉，2013）；蔡文鹏等人发现，高抑郁特质军人对消极词汇存在注意偏向（蔡文鹏等，2015）；王小毅等人发现，网络游戏相关词语诱发了网络成瘾者更高的 P200 和 P300（戴珅懿，马庆国，王小毅，2011）。可见，述情

障碍群体、焦虑群体、抑郁群体、物质依赖群体等低情绪觉察能力群体优先注意与其一致的情感图式信息（分别是生理信息、威胁刺激、消极词汇和网络游戏相关词语）。那么，高情绪觉察能力个体更为丰富和分化的图式会促使其优先注意哪些情绪信息呢？以往尚未开展专门的研究，仅一项高低情绪觉察能力加工情绪面孔的 ERP 比较研究发现，高分组在愉快面孔上诱发出更大 P1 幅值，表现出优先注意积极情绪信息（汪海彬等，2015），表现出对积极情绪的注意偏向。但该实验采用的是外显的情绪任务，未能有效地考察情绪觉察能力对情绪信息注意偏向的影响。而此次研究采用常用情绪 Stroop 范式，考察情绪觉察能力对情绪信息注意偏向的影响，以为设计有针对性地提升教师情绪觉察能力的方法提供依据。常见的情绪 Stroop 范式中的刺激材料主要包括情绪面孔和情绪词两种（彭晓哲，周晓林，2005），并且各种情绪 Stroop 任务间具有良好的聚合效度（刘亚，王振宏，2011）。我们通过两个实验分别考察情绪觉察能力对情绪觉察过程首要环节——情绪注意的影响，即教师情绪觉察能力对情绪面孔（实验 1）和情绪词（实验 2）两种情绪材料的注意偏向的影响。

（一）对象与方法

1. 研究对象

实验 1 中，采用方便取样的方式选取某师范院校参加过教育实习的 350 名大三师范生填写中文版情绪觉察水平问卷（levels of emotional awareness scale, LEAS）（汪海彬 等，2015）。依据问卷总得分从高到低排序，将前 27% 的被试作为高分组，后 27% 的作为低分组，兼顾性别因素选取高低分组各 30 人。60 名被试的年龄为 20 ± 2（岁），均为右利手，视力正常或矫正后达到正常水平，男女各 30 人，实验前均签署了被试知情同意书，实验完成后给其发放一定的礼物作为报酬。高低分组的情绪觉察能力总得分差异显著［（3.64 ± 0.17）vs（2.08 ± 0.19），t=33.42, P<0.001, d>0.8］。

实验 2 中，基于实验 1 的调查和高低分组，兼顾性别因素选取高低分组各 30 人。其中，60 名被试的年龄为 20 ± 2（岁），均为右利手，视力正常或矫正后达到正常水平，男女各 30 人，实验前均签署了被试知情同意书，实验完成后给其发放一定的礼物作为报酬。高低分组的情绪觉察能力总得分差异显著［（3.61 ± 0.15）vs（2.02 ± 0.22），t=32.26, P<0.001, d>0.8］。

2. 工具与材料

采用汪海彬等人修订的 Lane 等人编制的情绪觉察水平问卷（LEAS）（汪海彬等，2015）。问卷包括觉察自己和觉察他人两个维度，由 20 个涉及自己和他人的情绪情境构成，用于诱发 4 种情绪（愤怒、恐惧、幸福和悲伤）中的一种。对于每个情境，被试需要回答"你有什么感受"和"你认为另一个人有什么感受"两个问题，然后两名主试根据情绪觉察水平问卷计分手册（LEAS scoring manual）对被试的回答所涉及的情绪词的分化和整合程度进行 0—5 级的评定，以计算情绪觉察水平在自己、他人和总分三个方面的得分。问卷具有良好的信效度，评分者间信度在觉察自己、觉察他人和总分上分别为 00.91、0.84 和 0.89，α 系数分别为 0.86、0.82 和 0.89。

实验 1 的材料是从中国化面孔情绪图片系统（Chinese facial affective picture system, CFAPS）（王妍，罗跃嘉，2005）中挑选出的愉悦、中性和悲伤面孔图片各 20 张（男女各半），两类情绪面孔的唤醒度差异不显著［（5.68 ± 0.31）vs（5.70 ± 0.33），t=–0.12, P >0.05］，面孔图片统一为黑白色图片。

实验 2 的材料是从中国汉语情感词系统（Chinese affective words system, CAWS）（王一牛，周立明，罗跃嘉，2008）中挑选出的积极词、中性词和消极情绪词各 15 个（其中名词、动词和形容词各 3 个），共 45 个。练习实验用词 8 个，与正式实验用词无重复。实验所选情绪词唤醒度差异不显著［（6.46 ± 0.40）vs（6.43 ± 0.44），t=0.16, P>0.05］，三类词的词频差异不显著［$F_{(2,44)}$=0.001, P>0.05］。正式实验中，每个情绪词均呈现两次，用红色和绿色各呈现一次。

3. 程序与设计

实验 1 采用 2（情绪觉察能力：高分组 vs 低分组）×3（效价：愉悦 vs

中性 vs 悲伤）的混合设计，其中情绪觉察能力是组间变量，情绪效价是组内变量，并借助于 E-prime 2.0 来控制和呈现刺激材料。依据以往程序（陈俊，易晓文，2009；沈潘艳，兰继军，2018），实验由 120 个 trail 组成，在每个 trail 中，首先呈现 500 ~ 800ms 随机的“+”注视点，随后呈现不同性别的面孔 2000ms（或按键消失），要求被试忽略面孔的情绪信息，对面孔的性别做既准又快的按键反应，如男性按 F 键，女性按 J 键，不同性别的按键在被试间进行 ABBA 平衡。

实验 2 采用 2（情绪觉察能力：高分组 vs 低分组）×3（效价：愉悦 vs 中性 vs 悲伤）的混合设计，其中情绪觉察能力是组间变量，情绪效价是组内变量。实验由 90 个 trail 组成，在每个 trail 中，首先呈现 500 ~ 800ms 随机的“+”注视点，随后呈现不同颜色（红 / 绿）的情绪词 2000ms（或按键消失），要求被试忽略情绪词信息，对词的颜色做既准又快的按键反应，如红色按 F 键，绿色按 J 键，不同颜色的按键在被试间进行 ABBA 平衡。

4. 研究过程

使用 SPSS 25.0 对数据进行统计分析。依据以往研究，Stroop 任务中注意偏向主要用该任务的效应量（干扰效应）来衡量，效应量（干扰效应）=（正性材料或负性材料）的反应时 – 中性材料反应时（沈潘艳，兰继军，2018；李翔宇，郑希付，2010）。分别对被试的正确率、反应时和效应量进行 2×3 的重复测量方差分析，其中组别为被试间因素，情绪面孔的效价为被试内因素；因变量为任务反应时、正确率和效应量。所有检验的显著性水平设定为 0.05，并依据以往研究计算效果量 d 或 η^2（胡竹菁，2010；胡竹菁，戴海琦，2011）。

（二）结果与分析

1. 教师情绪觉察能力对情绪面孔注意的影响

（1）正确率

重复测量的方差分析结果显示（见表 6–4），效价的主效应显著［$F_{(2,116)}$=38.57, P<0.001，η^2=0.39］，但组别主效应、组别和情绪效价的交互效应不显著

［$F_{(1,58)}$=3.91, P=0.053；$F_{(2,116)}$=2.88, P=0.06］。事后进行多重比较结果发现，效价的主效应表现为中性面孔的正确率最高，愉快面孔次之，悲伤面孔最差，且两两之间的差异均显著（P<0.01）。

表 6–4　高低分组在不同效价情绪面孔上的正确率

效价	高分组		低分组	
	M	*SD*	*M*	*SD*
愉快	0.93	0.04	0.91	0.04
中性	0.94	0.05	0.93	0.05
悲伤	0.84	0.05	0.86	0.07

（2）反应时

重复测量的方差分析结果显示（见表 6–5），组别、效价的主效应显著［$F_{(1,58)}$=5.66, P=0.02, η^2=0.09; $F_{(2,116)}$=21.31, P<0.001, η^2=0.27］，但组别和效价的交互效应不显著［$F_{(2,116)}$=0.35, P=0.68］。事后进行多重比较结果发现，组别的主效应表现为高分组的反应时显著长于低分组（P<0.05）；情绪效价的主效应表现为被试对悲伤面孔的反应时最长，愉快面孔次之，中性面孔最短，且两两之间的差异均显著（P<0.01）。进一步的分析发现，高分组仅在愉快和中性面孔上的反应时明显长于低分组（P<0.05），但在悲伤面孔上的差异不显著（P>0.05）。

表 6–5　高低分组在不同效价情绪面孔上的反应时

效价	高分组		低分组	
	M	*SD*	*M*	*SD*
愉快	855.73	176.97	746.58	160.11
中性	827.47	167.54	725.12	155.69
悲伤	884.23	219.25	794.38	196.47

（3）Stroop 效应量

重复测量的方差分析结果显示（见表 6–6 和图 6–9），效应量的主效应显著［$F_{(1,58)}$=12.48, P=0.001, η^2=0.18］，但组别的主效应、组别和效应量的交互效应均不显著［$F_{(1,58)}$=0.01, P=0.95; $F_{(1,58)}$=0.58, P=0.45］。事后进行多重比较结果发现，效应量的主效应表现为负性面孔的干扰效应显著高于正性面孔的干扰效应（P<0.01）。

表 6–6 高低分组的 Stroop 效应量

效价	高分组		低分组	
	M	*SD*	*M*	*SD*
愉快面孔—中性面孔效应量	28.25	62.85	21.36	54.03
悲伤面孔—中性面孔效应量	56.75	84.59	65.48	72.24

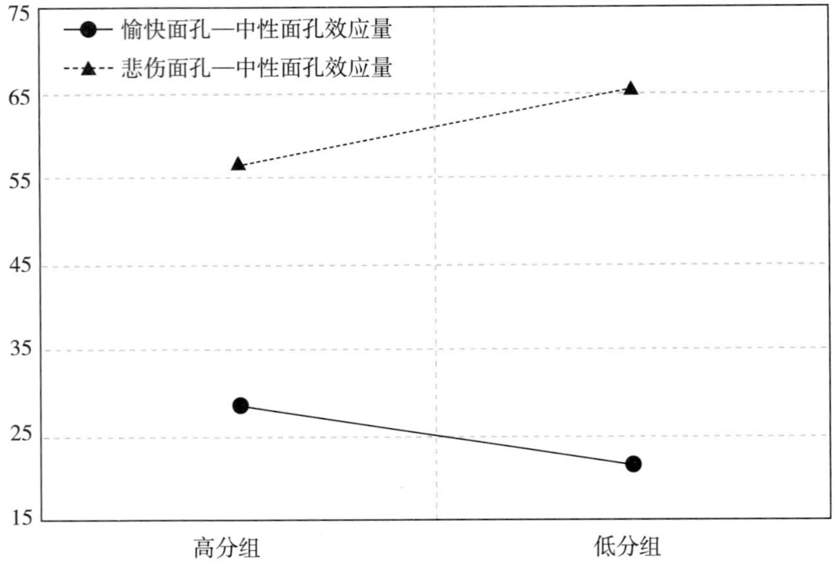

图 6–9 高低分组的 Stroop 效应量比较

2. 教师情绪觉察能力对情绪词注意的影响

（1）正确率

重复测量的方差分析结果显示（见表 6–7），组别和效价的主效应、组别和效价的交互效应均不显著［$F_{(1,58)}$=3.09, P=0.08; $F_{(2,116)}$=2.36, P=0.09; $F_{(2,116)}$=0.25, P=0.78］。

表 6–7　高低分组在不同效价情绪词上的正确率

效价	高分组		低分组	
	M	*SD*	*M*	*SD*
积极	0.97	0.04	0.98	0.03
中性	0.98	0.03	0.99	0.03
消极	0.97	0.03	0.98	0.03

（2）反应时

重复测量的方差分析结果显示（见表 6–8），组别、效价的主效应及组别和效价的交互效应均显著［$F_{(1,58)}=4.30$, $P=0.04$, $\eta^2=0.07$; $F_{(2,116)}=5.82$, $P=0.04$, $\eta^2=0.09$; $F_{(2,116)}=3.64$, $P=0.03$, $\eta^2=0.06$］。事后进行多重比较结果发现，组别的主效应表现为高分组的反应时长于低分组（$P<0.05$）；效价的主效应表现为被试对消极词的反应时最长，显著长于中性词和积极词（$P<0.05$），但中性词和积极词之间的差异不显著（$P>0.05$）；简单效应分析发现，高分组在积极词和中性词上的反应时显著长于低分组（$P<0.05$），但在消极词上的差异不显著（$P>0.05$）。

表 6–8　高低分组在不同效价情绪词上的反应时

效价	高分组		低分组	
	M	*SD*	*M*	*SD*
积极	529.51	101.52	473.09	100.10
中性	523.95	97.82	480.11	105.09
消极	531.00	109.66	498.30	90.45

（3）Stroop 效应量

重复测量的方差分析结果显示（见表 6–9 和图 6–10），效应量的主效应、组别和效应量的交互效应均显著［$F_{(1,58)}=6.53$, $P=0.013$, $\eta^2=0.10$; $F_{(1,58)}=5.15$, $P=0.027$, $\eta^2=0.08$］，但组别的主效应不显著［$F_{(1,58)}=0.02$, $P=0.90$］。事后进行多重比较结果发现，效应量的主效应表现为消极词的干扰效应显著高于积极词的干扰效应（$P<0.05$）。简单效应分析发现，高分组在积极词上的干扰效应显

著高于低分组（$P<0.05$），但两组在消极词上的干扰效应差异不显著（$P>0.05$）。

表 6–9 高低分组的 Stroop 效应量

效价	高分组		低分组	
	M	*SD*	*M*	*SD*
积极词—中性词效应量	5.55	26.52	–7.02	19.93
消极词—中性词效应量	7.04	39.81	18.18	31.66

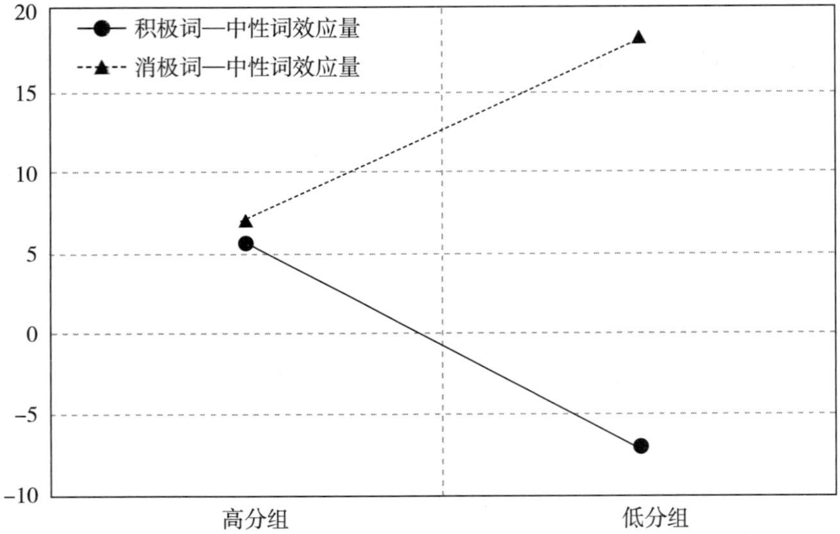

图 6–10 高低分组的 Stroop 效应量

（三）讨论与分析

情绪觉察能力高低的本质在于情感图式的分化和整合程度的差异（Chhatwal & Lane, 2016; Lane et al., 1990; Lane & Schwartz, 1987），而注意偏向机制的图式说认为图式的激活会引发注意偏向（彭晓哲，周晓林，2005），由此高低情绪觉察能力个体可能存在对情绪信息注意偏向的差异。为此，此次研究通过两种常见的情绪 Stroop 范式来系统考察教师情绪觉察能力对情绪觉察首要环节——情绪注意的影响。第一，不同情绪信息下的注意方面。两个实验均表明，与中性刺激相比，愉快刺激，尤其是悲伤刺激更能诱发个体的注意偏向：情绪面孔 Stroop 任务中发现，中性面孔的正确率最高，愉快面孔次之，悲伤面孔最低，并且在反应时上表现为悲伤面孔最长，愉快面孔次之，中性面孔最短，且两两之间差异显著；而在情绪词 Stroop 任务中发现，被试对消极词的反应时最长，显著长于中性词和积极词，但中性词和积极词之间差异不显著。进一步的 Stroop 效应量研究结果发现，两个实验中消极情绪信息的干扰效应均显著强于积极情绪信息。可见，两个实验验证了研究假设 1，即与中性刺激相比，高低情绪觉察能力组均会对情绪信息产生注意偏向，这与以往研究发现的“当目标中存在情绪刺激时，个体对情绪刺激注意捕获”（彭晓哲，周晓林，2005；戴美霞 等，2016）和情绪条件下的反应时更长（刘亚，王振宏，2011）的结论一致。结果还显示，两个情绪 Stroop 任务下，负性情绪条件下被试的反应时均是最长的，这表明与中性刺激相比，个体均对负性情绪刺激产生了注意偏向，这与以往研究认为从生物进化的角度来看，人们对负性情绪尤其是威胁性刺激给予更多的注意（彭晓哲，周晓林，2005）的结论一致。当然，情绪词 Stroop 任务下的部分结果不符合假设，如不同效价词的正确率差异不显著，并且中性词和积极词在反应时上的差异不显著，表现为积极情绪的注意偏向不明显，这与以往有关正常群体大学生的研究发现“消极情绪刺激的反应时长于中性图片，但积极与中性之间差异不显著”的看法一致（戴美霞 等，2016），表明负性刺激更能引发个体的注意偏向。

第二，情绪觉察能力对情绪注意的影响方面。两个实验结果均显示，高低情绪觉察能力组在负性情绪刺激（情绪面孔和情绪词）下的反应时差异不显著，且进一步的 Stroop 效应量研究结果发现，消极情绪信息的干扰效应均显著强于积极情绪信息。这表明高低情绪觉察能力组都对负性情绪刺激产生了注意偏向，当然两组被试注意负偏向的内在机制还有待做进一步的研究。以往研究发现低情绪觉察能力群体（高焦虑）对负性情绪信息的注意脱离困难，返回抑制能力受损，从而表现出更为严重的注意偏向（彭家欣，杨奇伟，罗跃嘉，2013；毋嫘，林冰心，2016），而高情绪觉察能力个体（低焦虑）则表现出对负性情绪信息的抑制加工，从而诱发了更大的 N2 幅值（彭家欣，杨奇伟，罗跃嘉，2013）。实验还发现，与低分组相比，高分组在积极情绪信息和中性情绪信息两种条件下反应时均显著长于低分组。进一步的 Stroop 效应量研究结果也发现高分组的积极词干扰效应强于低分组，但在消极词的干扰效应上却没有差异，从而表现出对积极情绪信息的偏向。这与以往研究发现高情绪觉察能力组仅在愉快面孔上诱发出更大 P1 幅值，表现出优先注意积极情绪信息的结果较为一致（汪海彬，卢家楣，姚本先等，2015），验证了假设 2，即与低情绪觉察能力组相比，高情绪觉察能力组因自身更为丰富和分化的情感图式，不仅对消极情绪刺激产生注意偏向，还对积极情绪信息产生注意偏向。此外，高情绪觉察能力相关群体（高共情者）的眼动研究发现“高共情被试对高兴面孔存在注意定向 – 维持的加工优势”（刘萍，孙俊才，李丹，2018）也为本实验提供佐证。究其原因，正如注意偏向机制的图式说认为与图式一致的信息更容易被加工一样，高情绪觉察能力职前教师由于其情感图式更为分化和整合，不仅能准确识别情绪，还能采用积极的情绪调节策略（Beveren et al., 2018; Zarotti et al., 2018），调整自己的心态，优先加工各种情绪信息，尤其是积极情绪信息。可见，高情绪觉察能力个体不仅对消极情绪信息产生注意偏向，还可以对积极情绪信息产生注意偏向，这对于职前教师，尤其是教师的日常教育教学活动具有重要意义。正如有研究指出的，在面临课堂实验演示失败、学生“戏谑”等突发性教学事件时，专家型教师往往可以从容应对，而新手型教师则往往陷入尴尬境地不能自拔，导致课堂教学陷入僵局（尹筱莉，2012）。一般认为专家型教师更富教学机智，而其内在的原因是专家型教师在突发性事件中表现出对情绪的正偏向，而新手型教师则表现出了对情绪的负偏向（尹筱莉，2012）。为此，我们今后需要关注职前教师情绪觉察能力的培养，以促使其能积极应对教学事件。当然，此次研究仅考察了职前教师情绪觉察能力对一般情绪信息注意偏向的影响，后续需要针对教师的职业特点，考察教学情境中的情绪信息，以更好地促进教师的职业发展。此外，还需比较高低情绪觉察能力组对负性情绪信息注意的内在机制。

综上，为考察教师情绪觉察能力对情绪觉察过程中注意定向环节的影响，本研究采用行为技术比较不同情绪觉察能力教师在情绪面孔 Stroop 任务（实验2）和情绪词Stroop任务（实验2）下的差异，结果发现与中性刺激相比，高低情绪觉察能力组均对情绪刺激产生了注意定向偏向，尤其是负性情绪刺激。与低情绪觉察能力组相比，高情绪觉察能力组不仅对消极情绪信息产生注意定向偏向，还对积极情绪信息产生注意定向偏向，这提示高情绪觉察能力个体更为丰富和分化的图式可能促使其优先注意情绪信息。与身心疾患群体仅出现负偏向不同，高情绪觉察能力组注意偏向还包含正偏向。

二、情绪觉察能力对教师情绪觉察过程的眼动影响

以往研究发现在外显情绪任务的驱动下，高情绪觉察能力职前教师在情绪觉察过程中会表现出优先注意情绪信息（汪海彬，等，2015）的倾向。然而，研究者却未考察在情绪无关任务下，教师情绪觉察能力对情绪觉察过程的重要环节——情绪注意的影响。为此，前文两个行为实验分别采用情绪面孔和情绪词的Stroop任务初步探索了教师情绪觉察能力对情绪注意的影响，结果发现高低情绪觉察能力教师均对情绪信息表现出注意偏向，尤其是对负性情绪的偏向。但进一步的Stroop效应量研究结果发现，高低分组对负性情绪的注意偏向效应量不显著，但高分组却表现出对积极情绪的注意偏向，提示高低分组对负性情绪注意偏向的内在机制可能不一样，这得到相关研究的验证：高情绪觉察能力个体（低焦虑）表现出对负性情绪信息的抑制加工（彭家欣，杨奇伟，罗跃嘉，2013），而低情绪觉察能力群体（高焦虑）则表现出对负性情绪信息的注意脱离困难（彭家欣，杨奇伟，罗跃嘉，2013; 毋嫘，林冰心，2016）。然而注意偏向的成分说指出，注意的定向与解除两个成分都可以导致相应反应时的增加（彭晓哲，周晓林，2005），前文两个行为实验采用的Stroop范式更多地考察了注意的定向，即注意资源在定向阶段被情绪刺激所吸引而导致个体在情绪刺激任务中的反应时变长，但却未考察情绪觉察能力对注意解除这一成分的影响。最近一项通过控制刺激呈现条件（呈现时间分别为0ms、300ms和900ms）的视觉搜索任务研究发现，随着刺激呈现时间的增

加，在同效价情绪词上的正确率呈逐渐上升趋势，但反应时呈逐渐下降的趋势，并且高情绪复杂性大学生在300ms以后的消极情绪条件下反应时显著短于低分组，提示低情绪复杂性大学生可能存在情绪解除困难（张鹏程，汪海彬，范苗苗，姜士成，卢家楣，2019）。情绪觉察能力在情绪手册中被列为情绪复杂性的一种，即命题性情绪复杂性（Lindquist & Barrett, 2008），由此可见，教师情绪觉察能力可能会影响情绪觉察过程中的注意解除这一成分。为此，我们将采用注意转移范式，探讨教师情绪觉察能力对情绪觉察过程中注意解除这一成分的影响。此外，为更好地展示注意解除这一过程，我们运用了眼动技术，以更好地比较不同情绪觉察能力教师在情绪觉察过程中的差异。

（一）对象与方法

1. 研究对象

采用方便取样的方式选取某高校师范院系参加过教育实习的大二、大三的400名师范生进行中文版情绪觉察水平问卷（levels of emotional awareness scale, LEAS）（汪海彬 等，2015）调查。依据问卷总得分从高到低排序，将前27%的人划作高分组，将后27%的作为低分组，兼顾性别因素选取高低分组各30人。60名被试均为右利手，视力正常或矫正后达到正常水平，男女各30人，实验前均签署了被试知情同意书，实验完成后发放一定的礼物作为报酬。高低分组的情绪觉察能力总得分差异显著［（3.77 ± 0.23）vs（2.52 ± 0.20），t=22.10, P<0.001, d>0.8］。

2. 仪器与材料

实验仪器采用Tobii TX300眼动仪进行记录和分析，采用双眼红外技术进行追踪，头动范围为37cm宽 ×17cm高 ×30cm长，采样率为300Hz，被试眼睛距离屏幕约65cm（屏幕尺寸为23英寸，分辨率为1920×1080），采用九点校准法，刺激材料采用E-Prime2.0软件进行呈现和控制，眼动数据采用Tobii Studio 2.2.3进行分析。

实验材料是从中国化面孔情绪图片系统（Chinese facial affective picture system,

CFAPS)(王妍，罗跃嘉，2005)中挑选出的愉悦、中性和悲伤面孔图片各 32 张(男性面孔、女性面孔图片各半)，三类情绪面孔的唤醒度差异不显著[$F_{(2,95)}=0.004$, $P>0.05$]，面孔图片黑白色。在每一类情绪面孔的16张图片的上、下、左、右处随机加上字母 E，另外 16 张图片的上、下、左、右处随机加上字母 F。

3. 程序与设计

实验采用 2(情绪觉察能力：高分组 vs 低分组)×3(效价：愉悦 vs 中性 vs 悲伤)的混合设计，其中情绪觉察能力是组间变量，情绪效价是组内变量，并借助于 E–prime 2.0 来控制和呈现刺激材料。依据以往 Fox 的注意转移程序(黄永俊，2011)，实验由 96 个 trial 组成，在每个 trial 中，首先呈现 500 ~ 800ms 随机的"+"注视点，其次呈现提示情绪面孔图片 500ms，最后面孔图片的上、下、左、右四个方位随机出现英文字母"E"或者"F"，字母出现 50ms 后立即消失，并出现原始面孔 2000ms，要求被试判断出现的字母是 E 还是 F，如果是 E 按"1"键，是 F 则按"0"键，按键反应在被试间进行平衡处理(见图 6–11)。

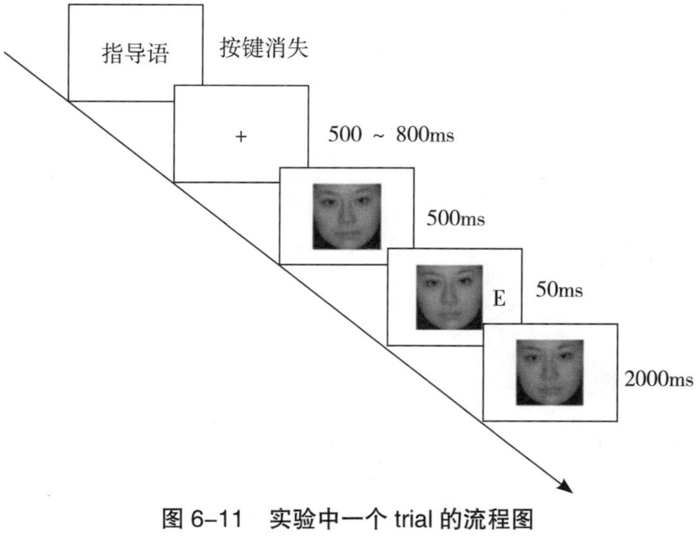

图 6–11　实验中一个 trial 的流程图

4. 研究过程

实验后把情绪面孔划作兴趣区，记录被试在兴趣区内的注视时间和注视点。所有数据分析由 SPSS 25.0 完成，采用 Greenhouse–Geisser 法矫正 P 值。

（二）结果与分析

1. 行为结果

第一，在正确率上，重复测量的方差分析结果显示，组别的主效应［$F_{(1,57)}$=0.38, P=0.54>0.05］、效价的主效应［$F_{(2,114)}$=0.13, P=0.88>0.05］及组别与效价的交互效应［$F_{(2,114)}$=0.13, P=0.85>0.05］均不显著。

第二，在反应时上，重复测量的方差分析结果显示，组别［$F_{(1,57)}$=15.30, P<0.001, η^2=0.22] 和效价［$F_{(2,114)}$=7.57, P=0.001, η^2=0.12］的主效应显著，但组别和效价的交互效应不显著［$F_{(2,114)}$=1.15, P=0.32>0.05］。事后进行多重比较结果发现，高情绪觉察能力组在三种情绪效价上的反应时均显著小于低分组（P<0.01 或 P<0.001）；中性面孔下的反应时显著短于积极面孔（P=0.002）和消极面孔（P=0.02）的，但积极面孔与消极面孔之间差异不显著（P>0.05）。反应时差异具体见图 6–12。

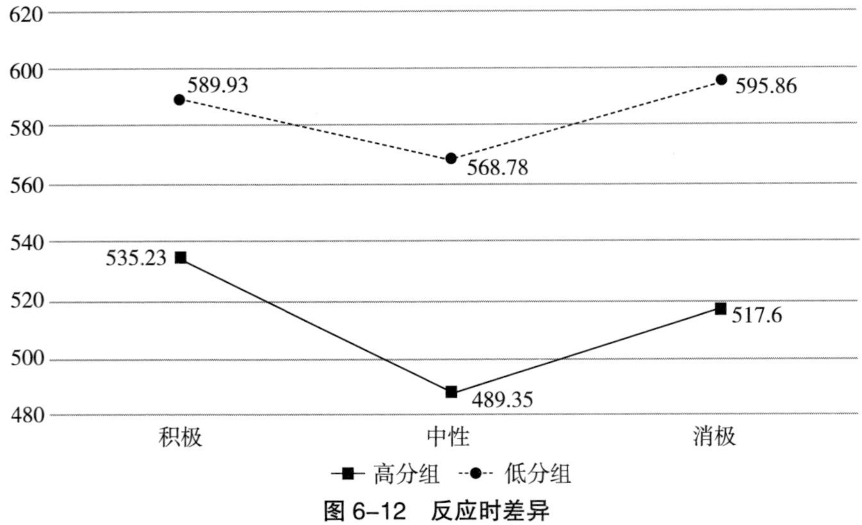

图 6–12　反应时差异

2. 眼动结果

（1）注视点个数

重复测量的方差分析结果显示，组别［$F_{(1,57)}$=4.84, P=0.03, $\eta 2$=0.08］和

效价的主效应［$F_{(2,114)}$=12.191, P<0.001, η^2=0.18］显著，但组别与效价的交互效应不显著［$F_{(2,114)}$=0.48, P=0.49>0.05］。组别的主效应表现为高分组的注视点个数显著少于低分组；效价的主效应表现为中性面孔的注视点个数显著少于积极面孔和消极面孔，但积极面孔和消极面孔之间的差异不显著。进一步分析发现，高分组在积极面孔（P=0.04<0.05）和中性面孔（P=0.04）上的注视点个数显著少于低分组，但在消极面孔上两者之间的差异不显著（P=0.09）。注视点个数差异具体见图 6-13。

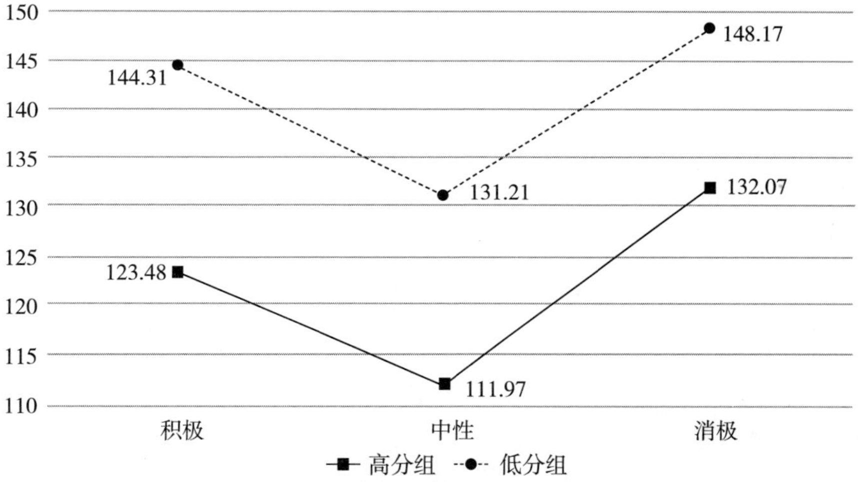

图 6-13　注视点个数差异

（2）注视时间

重复测量的方差分析结果显示，效价的主效应［$F_{(2,114)}$=7.25, P=0.001, η^2=0.12］、组别与效价的交互效应显著［$F_{(2,114)}$=3.81, P=0.03, η^2=0.06］，但组别的主效应不显著［$F_{(1,57)}$=2.75, P=0.10>0.05］。效价的主效应表现为中性面孔上的注视时间最短，显著短于积极面孔（P<0.05）和消极面孔（P<0.05）的，但积极面孔与消极面孔之间的差异不显著（P>0.05）；组别与效价的交互效应表现为高情绪觉察能力组在消极面孔上的注视时间显著短于低分组（P=0.03），但两组在积极面孔和中性面孔上的注视时间差异不显著（P>0.05）。注视时间差异具体见图 6-14。

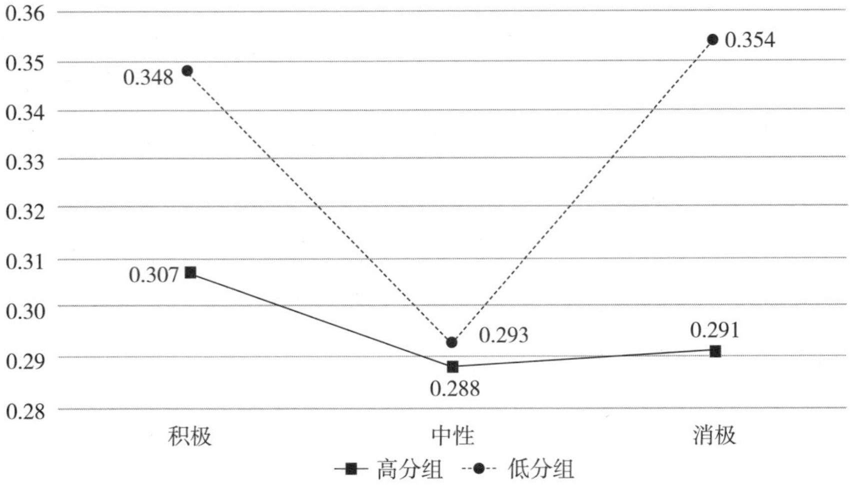

图 6–14　注视时间差异

（3）热点图与扫描路径

为了更直观有效地展示不同情绪觉察能力个体的不同情绪面孔图片加工模式，选取高低情绪觉察能力个体各一名和消极情绪、积极情绪面孔各一张，进行热点图和扫描路径分析。热点图和扫描路径的分析结果（见图 6–15）显示，

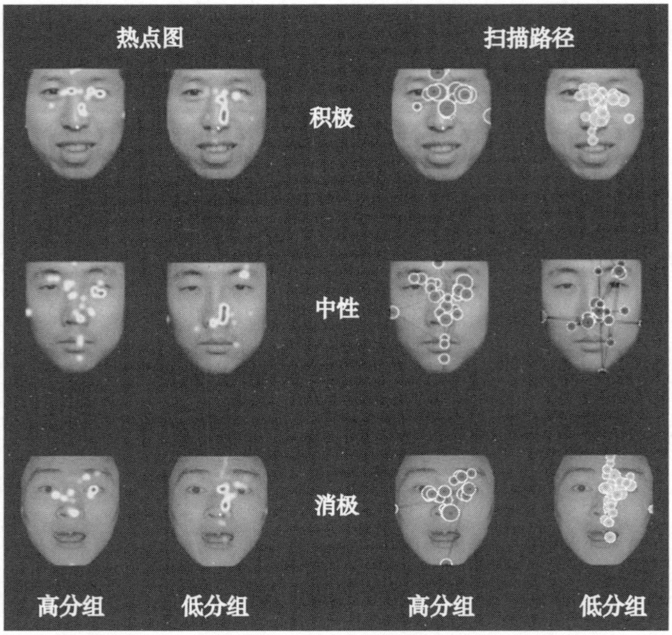

图 6–15　高低分组差异热点图和扫描路径比较

总体上高分组的注视时间和注视点个数更少，且高分组的注视点主要集中于眼睛这一区域；而低分组则在面孔的眼睛、鼻子、嘴巴上均有注视点，且低分组视线还在这三个区域内来回扫描。

（三）讨论与结论

前文的行为实验发现情绪觉察能力可以影响情绪觉察过程中的注意定向，但相关研究提示情绪觉察能力可能还会影响注意的另一成分——注意解除（彭家欣，杨奇伟，罗跃嘉，2013；毋嫘，林冰心，2016；张鹏程，汪海彬，范苗苗，姜士成，卢家楣，2019）。为此，此次研究使用行为和眼动技术，以更好地展示情绪觉察能力对情绪解除的影响。第一，在不同情绪面孔的注意解除方面。行为结果显示三类情绪面孔下的正确率差异不显著，但反应时差异显著，表现为中性面孔下的反应时短于积极面孔和消极面孔的，但积极面孔和消极面孔之间的差异不显著。这不仅与以往采用该范式进行研究的结果一致（黄永俊，2011），还与其他范式下的研究结果类似（彭家欣，杨奇伟，罗跃嘉，2013；毋嫘，林冰心，2016）。由此可见，与中性刺激相比，情绪刺激会干扰个体对非情绪任务（此次研究判断字母是“E”或是“F”）的反应时，正如 Fox 等人指出的情绪刺激影响个体对注意的解除（彭晓哲，周晓林，2005）。眼动结果则进一步验证了情绪刺激下反应时更长的原因：中性面孔的注视点个数和注视时间均显著少于积极面孔与消极面孔的，但积极面孔和消极面孔之间的差异均不显著。可见，行为结果和眼动结果高度一致，表明了个体出现情绪刺激的解除困难，从而导致注意偏向的产生。当然，实验中积极情绪和消极情绪之间的反应时差异并未出现，与以往研究发现个体对负性情绪解除更为困难的结论不一致（张鹏程，汪海彬，范苗苗，姜士成，卢家楣，2019），这可能是由实验任务相对简单导致的。这也与正确率的结果一致，被试的平均正确率均在 0.99 以上，出现了天花板效应，致使情绪负偏向未能更好地体现出来。在眼动方面，实验结果与行为指标中的反应时结果高度一致。

第二，在教师情绪觉察能力影响情绪注意方面。以往的相关研究发现高情绪觉察能力个体（低焦虑）表现出对负性情绪信息的抑制加工（彭家欣，杨奇伟，罗跃嘉，2013），而低情绪觉察能力群体（高焦虑）则表现出对负性情绪信息的注意脱离困难（彭家欣，杨奇伟，罗跃嘉，2013; 毋嫘，林冰心，2016）。并且前文的行为实验与情绪觉察能力部分重合的情绪复杂性研究均提示，情绪觉察能力可能会影响情绪注意的解除（张鹏程，汪海彬，范苗苗，姜士成，卢家楣，2019）。此次实验结合眼动技术探索情绪觉察能力对注意解除的直接证据，结果发现低情绪觉察能力个体不仅在行为上表现为反应时更长，而且在眼动上表现为在积极情绪面孔和中性情绪面孔上的注视点个数更多，在负性情绪面孔上的注视时间更长，表明低情绪觉察能力个体解除情绪注意更慢，而高情绪觉察能力个体则能更好地抑制对情绪的加工，尽快把注意资源从情绪刺激中解放出来，以更好地完成实验程序中所设定的非情绪任务，这与彭家欣等人的 ERP 研究结果高度一致（彭家欣，杨奇伟，罗跃嘉，2013）。此外，热点图与扫描路径也直观展示了不同情绪觉察能力教师情绪面孔加工的差异。总体而言，高分组的注视点个数和注视时间更少，这与之前的注视点个数和注视时间的结果高度一致。另外，比较有趣的是高分组的注视点主要集中于眼睛区域，而低分组的注视点则分布在眼睛、鼻子和嘴巴这三个区域内，且还在这三个区域内来回扫描，这一注视模式与情绪外显任务下的注视模式（汪海彬等，2015）高度一致。由此，低情绪觉察能力个体不能更快地解除情绪注意的原因可能是其虽然知道情绪面孔具有情绪属性，但无法快速且准确地进行识别，致使耗费更多的注意资源用于情绪识别，而高情绪觉察能力个体则由于能快速且准确地识别情绪，不仅不用耗费更多的注意资源，甚至还能对负性情绪进行抑制加工，更快地解除情绪注意，从而更好地完成实验任务。综上，此次实验结合眼动技术进一步探讨了前文行为实验中情绪觉察能力对情绪觉察过程中注意阶段的影响，发现情绪觉察能力不仅可以影响情绪注意的定向，还可以影响情绪注意的解除。高情绪觉察能力个体能更快地从情绪刺激中脱离出来，而低情绪觉察能力个体则出现了情绪注意解除困难，这些都可归因于情绪觉察能力的本质—情感图式的分化与整合程度。

综上，为考察教师情绪觉察能力对情绪觉察过程中注意解除环节的影响，结合眼动技术比较不同情绪觉察能力在注意转移范式下的差异，结果发现中性面孔下的反应时短于积极面孔和消极面孔的，但积极面孔和消极面孔之间的差异不显著；与低分组相比，高分组的行为反应时更短，并且积极情绪面孔和中性情绪面孔下的注视点个数更少且负性情绪面孔上的注视时间更短。这提示高情绪觉察能力个体更为丰富和分化的图式可能促使其更快地解除情绪信息对当前任务的干扰。

三、情绪觉察能力对教师情绪觉察过程的脑电影响

在社会群居动物如人类中，非言语线索中的社会性信号的编码在社会交往中起到重要的作用。非言语信息包括面孔、躯体表情、手势和声音等社会信号，这些非言语信息在社会交流过程中起到非常重要的作用。面孔是表达情绪的一种方式，可以有效地传达情绪性信息，躯体表情也可以有效地传达情绪性信息（Meeren, van Heijnsbergen & de Gelder, 2005）。相较于面孔和声音等非言语信息，躯体表情方面的研究较少（de Gelder, 2006）。Ekman 和 Friesen（1974）的早期研究指出，判断一个处在具有迷惑性场景（在录像中说谎）中人的情绪时，对其躯体情绪的判断比对情绪面孔的判断更准确。对于情绪面孔的时间进行的研究较为充分。P100 快速探测威胁信息，威胁性刺激引发更强的枕颞区 P100，可能反映了其对威胁信息的早期快速分类。N100 是情绪加工敏感指标，与注意的联系更为密切。负性刺激的比正性刺激和中性刺激诱发更大的 N100 波幅，反映了人类大脑对负性刺激加工更敏感，能够更快地进行检测和分析（Keil, Bradley, Hauk et a1., 2002）。N170 是指面孔诱发的比其他非面孔物体诱发的更大的负波，在刺激出现后 170ms 左右达到峰值，反映了面孔特异性的早期知觉加工，N170 是自动的、未被选择性注意影响的早期成分。N200 反映表情的类别知觉效应，受偏差刺激和标准刺激所属情绪类别的调节，对新异刺激或情绪显著性刺激有朝向反应（CamPanella, GasPard,

Debatisse et a1., 2002），表现为难度越大，波幅越大（Philiastides, Ratcliff & Sajda, 2006）。P200反映自动化的注意加工。LPP与情绪信息的高级认知加工有关，反映了对情绪刺激的意识评价、工作记忆、决策、反应等相关进行加工的过程（Polich, 2007）。而关于躯体表情的时间进程的研究较晚，研究也较少。现有的研究指出负性手势较中性手势诱发了更大的P100幅值和更大的晚期正成分，赞成手势较中性手势诱发了更大的P100幅值，但晚期正成分并不显著（Flaisch, Häcker, Renner & SchuPP, 2011），更大的P100波幅表明情绪性信息更容易辨别。Stekelenburg和de Gelder（2004）要求被试对情绪面孔或情绪躯体表情是正立的还是倒立的进行判断，结果发现正立的恐惧躯体表情诱发了300 ~ 500ms的负波，可能的原因是与恐惧面孔相比，恐惧动作带来的情绪性信息比较模糊，需要被试进行持续注意。后有研究者改进了实验，发现恐惧躯体表情诱发了较长的P100潜伏期，与中性躯体表情相比，恐惧躯体表情诱发更大的VPP（vertex positive potential）。VPP被认为是和N170同源的成分（Van den Stock, Righart & de Gelder, 2007），表示对面孔信息的结构性分析，反映表情知觉的类别效应。关于情绪冲突的时间进程研究，主要考虑N450（Liotti, Woldorff, Perez & Mayberg, 2000; Perlstein, Larson, Dotson & Kelly, 2006; West, 2003; West & Alain, 1999, 2000; West, Jakubek, Wymbs, Perry & Moore, 2005）和冲突SP（conflict slow Potential）（Liotti et al., 2000; West, 2003; West & Alain, 2000）。Ma等人（2014）的研究选择的时间窗口为400 ~ 500ms，峰值约为450ms，也有研究选择350 ~ 500ms的时间窗，即N350 ~ 500，但该成分的本质为N450。N450被认为与冲突检测有关（van Veen, 2002; West, 2003, 2004），也可能与反应选择有关（Shen, Xue, Wang & Qiu, 2013; Ma et al., 2014）。SP可能与冲突解决有关（Liotti et al., 2000; Perlstein et al., 2006; West, 2003; West & Alain, 2000）。本研究在Ma等人（2014）研究的基础上采用情绪表情－词冲突范式，结合脑电技术，探讨不同情绪觉察能力个体在躯体表情－词冲突觉察过程中的脑电差异，为构建教师情绪觉察模型提供依据。

（一）对象与方法

1. 研究对象

采用汪海彬（2013）修订的 LEAS 对 449 名职前教师进行测查，筛选被试。在被试自愿做脑电实验的前提下，从高分组中选出 20 人，从低分组中选出 20 人，共 40 名被试参与脑电实验。所有被试中，男生 13 人，女生 27 人，年龄 21 ~ 28 周岁，平均年龄为 23.58 ± 1.62 周岁。所有被试均身心健康，无精神疾病史。视力或矫正视力正常，都为右利手，汉语为自己的一语言。被试在参与实验前签署了知情同意书，结束后获得了一定的报酬。其中有 4 名被试的伪迹过大，删除其行为和脑电数据，最终确定高分组 18 人，低分组 18 人。高低分组的 LEAS 总得分差异显著［$t_{(34)}=5.07, P<0.001, d=1.28$］，高分组的得分（$M=2.75, SD=0.16$）显著高于低分组的得分（$M=2.21, SD=0.42$）。

2. 仪器与材料

实验仪器为美国 Neuroscan 公司的 64 导 ERP 脑电记录仪（NeuroScan, Inc., US），采用 64 导电极帽记录脑电，同时记录垂直眼电和水平眼电。左侧乳突作为参考，AC 采集，采样率为 500Hz/ 导，滤波带通为 0.01 ~ 100Hz，所有电极的头皮电阻均小于 10kΩ。离线分析时，首先将单侧乳突参考转换为双侧乳突平均参考，自动矫正眨眼伪迹，波幅在 ±80mV 之外的脑电记录被视为伪迹，并自动予以剔除，滤波低通为 30Hz（24dB/octave）。分段为刺激前 100ms 到刺激后 1000ms。分别对实验中情绪觉察高分组和低分组两组被试的情绪一致与不一致所引发的 EEG 进行叠加和平均。

实验材料由情绪表情和情绪词汇复合而成，情绪表情采用自编的形式，而情绪词汇选自汉语情绪词系统（王一牛，周立明，罗跃嘉，2008）。实验材料的制作主要有如下三个步骤。①躯体表情的选择。采用自制的躯体表情，并依据效价得分从低到高进行排序，结合强度的结果，共选取 24 张负性躯体表情图片和 24 张正性躯体表情图片。评定结果显示，正性躯体表情的效价（$M=5.69, SD=0.57$）显著高于负性躯体表情（$M=3.05, SD=0.47; t=19.62$，

$P<0.001$），但正性躯体表情的强度（$M=6.08, SD=0.47$）和负性躯体表情的强度（$M=5.86, SD=0.40; t=1.62, P=0.12 > 0.05$）差异不显著。②情绪词汇的选择。情绪词汇选自汉语情感词系统，提供了愉悦度和激动度的评定结果。本实验先对系统中的词进行愉悦度评分并由低到高进行排列，共选取 24 个愉悦度低于 3.93 的负性词和 24 个愉悦度高于 6.45 的正性词，然后计算出这些词的愉悦度和激动度的平均水平。结果显示正性词的愉悦度（$M=7.20, SD=0.13$）显著高于负性词的（$M=2.81, SD=0.11; t_{(23)}=573.20, P<0.001$）；正性词的激动度（$M=6.21, SD=0.31$）和负性词的激动度（$M=6.19, SD=0.37; t_{(23)}=0.21, P=0.82$）没有显著差异。③躯体表情－词 Stroop 复合图片制作。用 Photoshop 软件对所选出的正性躯体表情和负性躯体表情进行处理，将两种情绪词分别叠放在躯体表情上，将情绪词设置为 32 磅红色的宋体字，放置在躯体表情图的正中间（见图 6–16），构成正性躯体表情－正性词、正性躯体表情－负性词、负性躯体表情－负性词和负性躯体表情－正性词四种条件，每种条件各 24 张复合图片，最终形成 96 个复合刺激，构成一致和不一致两种条件。一致条件包含正性躯体表情－正性词和负性躯体表情－负性词两类，不一致条件包含正性躯体表情－负性词和负性躯体表情－正性词两类，其中不一致条件构成了冲突条件。所有复合刺激的亮度、大小及情绪词的位置都进行了标准化设置。

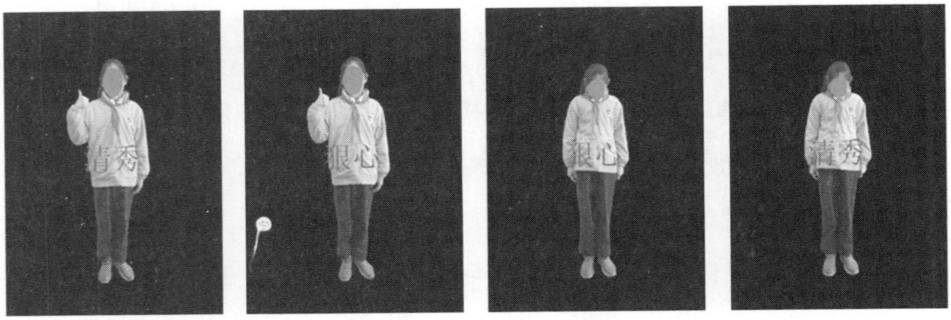

正性躯体表情－正性词一致条件　正性躯体表情－负性词不一致条件　负性躯体表情－负性词一致条件　负性躯体表情－正性词不一致条件

图 6–16　实验材料举例

3. 程序与设计

本实验采用 2（组别：高分组 vs 低分组）×2（一致性：一致 vs 不一致）混合实验设计，组别为被试间变量，躯体表情和情绪词的一致性为被试内变量，因变量为被试对复合图片中躯体表情效价判断的正确率和反应时。

采用 E-Prime 软件编写程序，所有复合刺激在 19 寸惠普显示器上呈现。被试静坐在采光适宜的实验室里，眼睛距离显示器约 60cm。复合刺激的大小为 500 像素 ×668 像素。实验由练习和正式实验组成，练习一共有 8 个 trial，不出现在正式实验中；正式实验包含 2 个 block，每个 block 有 96 个 trial，每个 block 包含的一致和不一致的 trial 数相等。在整个过程中，每张图呈现两次。实验开始前，首先呈现指导语，并根据指导语进行练习，接着进入正式实验。每个 trial 中，首先呈现 500ms 的注视点，随后呈现图片，从图片呈现时开始计时，要求被试对图片中躯体表情的情绪效价作出既准确又快的判断，判断为正性躯体表情时按“F”键，判断为负性躯体时表情按“J”键，反应键的设置在被试间进行平衡处理。按键之后图片自动消失；如果没有按键，那么图片在显示 3000ms 之后自动消失，并将其视为错误反应。一个 trial 结束后，呈现 800 ~ 1200ms 的空屏后进入下一个 trial，所有刺激都呈现在黑色的背景上。中间有休息，休息时间由被试自行控制，按键则实验继续。在正式实验的整个过程中记录被试的脑电活动。在被试开始练习之前，告知被试在实验过程中尽量不要眨眼和动眼，休息时可进行放松。

4. 研究过程

在 ERP 分析的基础上，根据总平均波形图和以往研究（汪海彬，2013; Ma et al., 2014; Xue et al., 2013）对脑电成分的分析，VPP（160 ~ 200ms）选择了 F1、Fz、F2、FC1、FCz、FC2、C1、Cz 和 C2，这 9 个电极点被分成两类因素：区域（3 个水平：额区、额中央区和中央区）和位置（3 个水平：左半球、中间和右半球）。N200（200 ~ 300ms）选择了 F1、Fz、F2、FC1、FCz 和 FC2，这 6 个电极点被分为两类因素：区域（2 个水平：额区和额中央区）和位置（3 个水平：左半球、中间和右半球）。N450（300 ~ 400ms）选择 F1、Fz、F2、

FC1、FCz、FC2、C1、Cz、C2，这9个电极点被分成两类因素：区域（3个水平：额区、额中央区和中央区）和位置（3个水平：左半球、中间和右半球）。SP（650 ~ 1000ms）选择了CP1、CPz、CP2、P1、Pz、P2、PO3、POz和PO4，这9个电极点被分成两类因素：区域（3个水平：中央顶区、顶区和顶枕区）和位置（3个水平：左半球、中间和右半球）。所有数据分析采用SPSS 25.0完成，采用Greenhouse-Geisser法矫正自由度及P值。

（二）结果与分析

1. 行为结果

对正确率和反应时（删除反应错误的试次）进行2（组别：高分组vs低分组）×2（一致性：一致vs不一致）两因素重复测量方差分析。正确率的结果显示，组别的主效应不显著［$F_{(1,34)}$=0.021, P=0.89］，一致性的主效应显著［$F_{(1,34)}$=13.00, P=0.001, η^2=0.28］，一致性条件下的正确率（0.96 ± 0.034）显著高于不一致性条件下的正确率（0.94 ± 0.05）。组别和一致性交互作用不显著［$F_{(1,34)}$=0.051，P=0.822］。

反应时的结果（表6–10）显示，组别的主效应显著［$F_{(1,34)}$=4.78, P=0.04, η^2=0.12］，低分组的反应时（798.22 ± 127.95）显著长于高分组的反应时（714.21 ± 101.11）；一致性的主效应显著［$F_{(1,34)}$=33.003, P<0.001, η^2=0.493］，不一致性条件下的反应时（776.081 ± 129.00）显著长于一致性条件下的反应时（736.36 ± 116.88）；组别和一致性的交互作用不显著［$F_{(1,34)}$=0.01，P=0.939］。

表6–10 实验中不同情绪觉察能力分组在两种条件下的反应时比较

一致性	组别	*M*	*SD*	*t*	*P*
一致	低分组	778.63	128.83	2.30	0.03
	高分组	694.08	88.00		
不一致	低分组	817.82	130.43	2.02	0.05
	高分组	734.34	116.45		

2. ERP 结果

（1）VPP 结果

对 VPP（图 6–18）成分采用 2（组别：高分组 vs 低分组）×2（情绪一致性：一致 vs. 不一致）×3（区域：额区 vs 额中央区 vs 中央区）×3（位置：左半球 vs 中间 vs 右半球）重复测量方差分析，结果显示，组别的主效应显著［$F_{(1,34)}$=5.19, P=0.03, η^2=0.13］，高分组（M=3.33）比低分组（M=0.72）产生更大的 VPP 波幅；情绪一致性主效应不显著［$F_{(1,34)}$=1.67, P=0.21］；区域的主效应不显著［$F_{(2,68)}$=0.55，P=0.48］；位置的主效应不显著［$F_{(2,68)}$=0.72, P=0.46］；组别、一致性、区域和位置的四重交互显著［$F_{(4,136)}$=3.59, P=0.02, η^2=0.10］。进一步进行简单效应检验，结果显示，除在左侧额中央区不一致条件、左侧中央区不一致条件与右侧中央区不一致条件下高分组和低分组差异边缘显著外（Ps<0.10），其他条件下的高分组比低分组产生更大的 VPP 波幅（Ps<0.05）。没有发现其他显著性效应。

（2）N200 结果

对 N200（图 6–17）成分采用 2（组别：高分组 vs 低分组）×2（情绪一致性：一致 vs 不一致）×2（区域：额区 vs 额中央区）×3（位置：左半球 vs 中间 vs 右半球）重复测量方差分析，结果显示，组别的主效应显著［$F_{(1,34)}$=6.74, P=0.01, η^2=0.17］，低分组（M=－1.29）比高分组（M=1.87）产生更大的 N200 波幅。情绪一致性的主效应显著［$F_{(1,34)}$=6.89, P=0.01, η^2=0.17］，不一致（M=0.52）比一致（M=0.07）产生更大的 N200 波幅；区域的主效应显著［$F_{(2,68)}$=19.66，P<0.001，η^2=0.37］，额区（M=－0.01）比额中央区（M=0.59）产生更大的 N200 波幅；位置的主效应显著［$F_{(2,68)}$=4.67, P=0.02，η^2=0.12］，中间（M=0.12）比左半球（M=0.41）产生更大的 N200 波幅；区域和位置的交互作用显著［$F_{(4,136)}$=15.25, P<0.001, η^2=0.31］。进一步简单效应分析结果显示：固定位置，在左半球，额区比额中央区产生更大的 N200 波幅（P<0.001）；在中间，额区比额中央区产生更大的 N200 波幅（P=0.025）；在右半球，额区比额中央区产生更大的 N200 波幅（P<0.001）。固定区域，在额区，位置的差异

不显著，*P*=0.150；在额中央区，中间比左半球和右半球产生更大的 N200 波幅（*Ps*<0.01），而没有其他显著的交互效应。

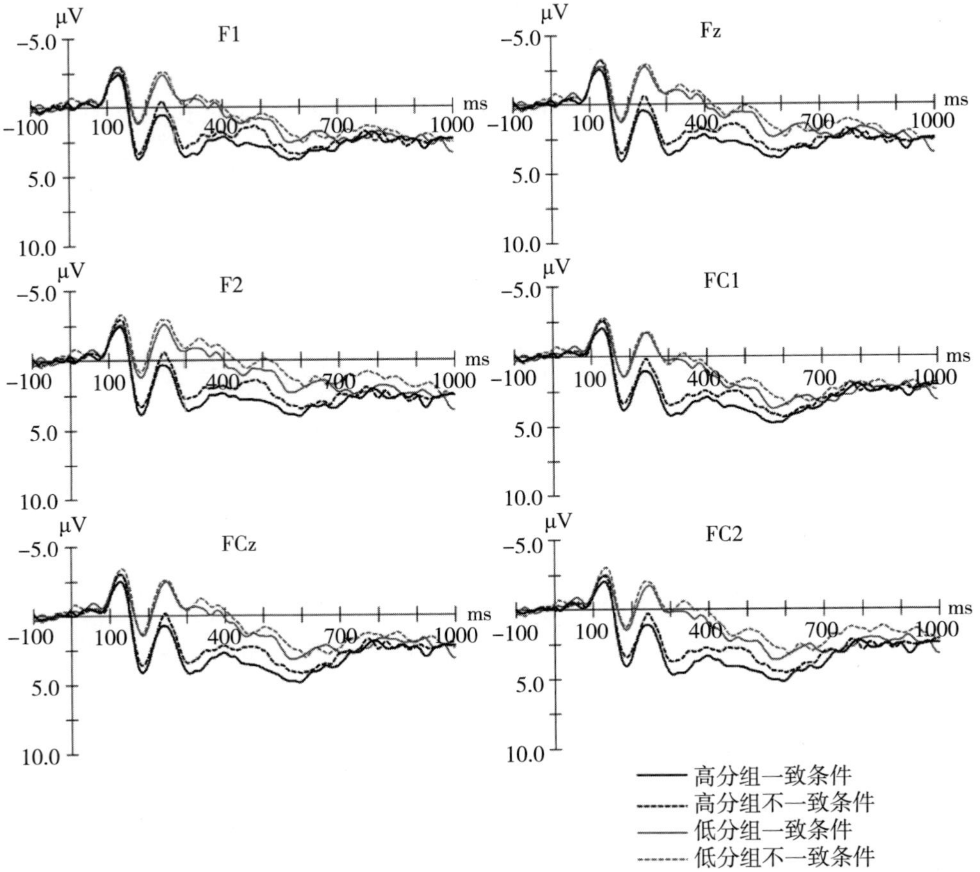

图 6–17　不同情绪觉察能力组在情绪一致和情绪不一致两种条件下的 N200 波形图

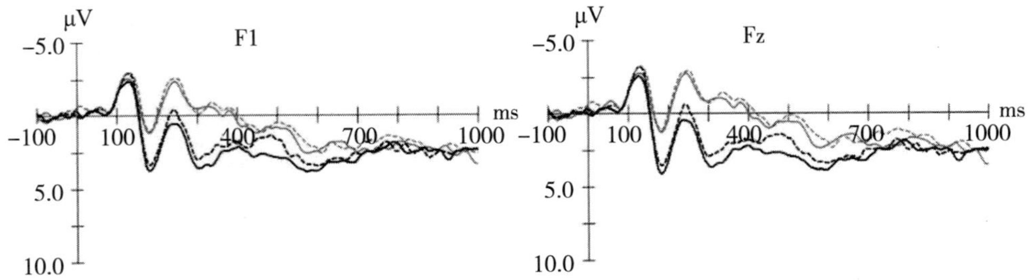

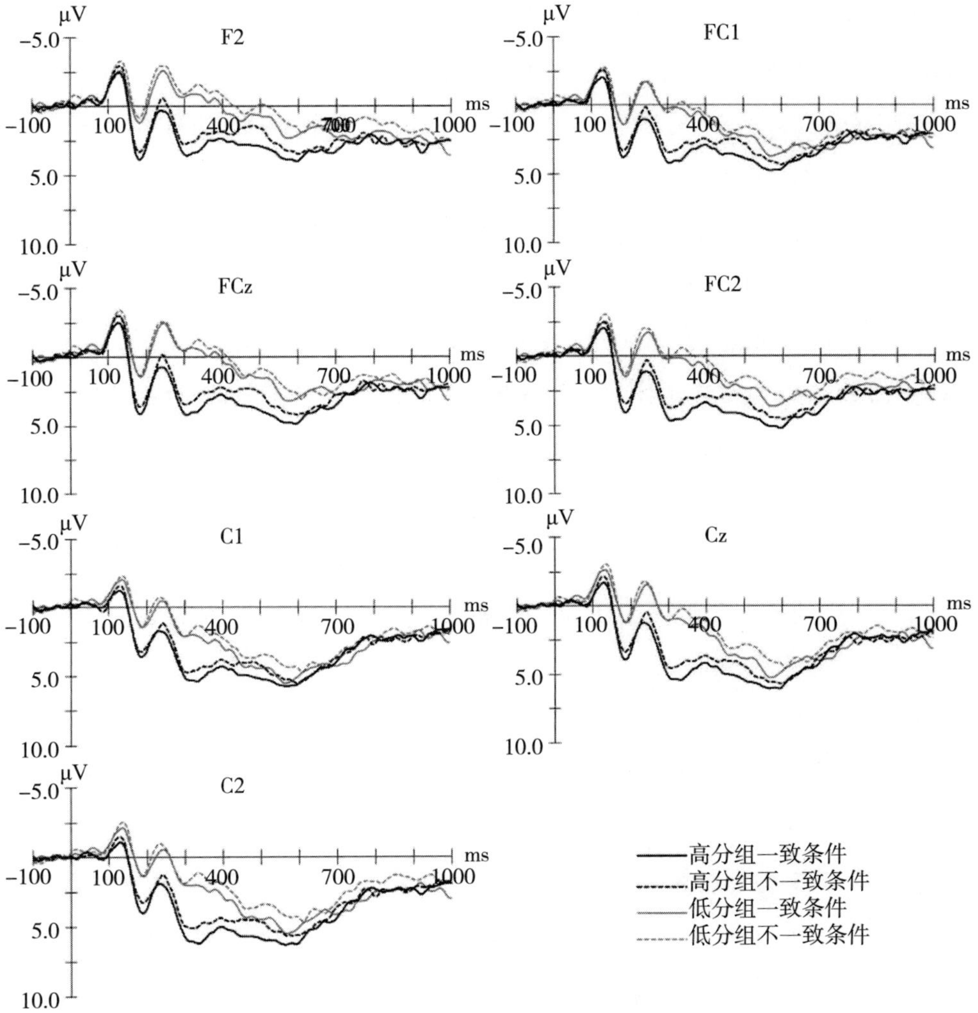

图 6-18　不同情绪觉察能力组在情绪一致和情绪不一致两种条件下的 VPP 波形图

（3）N450 结果

对 N450（图 6-19）成分采用 2（组别：高分组 vs 低分组）×2（情绪一致性：一致 vs 不一致）×3（区域：额区 vs 额中央区 vs 中央区）×3（位置：左半球 vs 中间 vs 右半球）重复测量方差分析，结果显示，组别的主效应显著 [$F_{(1,34)}$=5.01, P=0.03, η^2=0.13]，低分组（M=0.67）比高分组（M=3.83）产生更大的 N450 波幅。情绪一致性主效应显著 [$F_{(1,34)}$=5.24, P=0.03, η^2=0.133]，不一致（M=2.55）比一致（M=1.94）产生更大的 N450 波幅。区域的主效应

显著 [$F_{(2,68)}=66.78, P<0.001, \eta^2=0.66$]，Bonferroni 检验发现，额区（$M=1.27$）和额中央区（$M=1.97$）比中央区（$M=3.51$）产生更大的 N450 波幅。位置的主效应显著[$F_{(2,68)}=7.93, P=0.002, \eta^2=0.19$]。中间（$M=1.94$）比左半球（$M=2.36$）和右半球（$M=2.45$）产生更大的 N450 波幅。组别和位置的交互作用显著[$F_{(2,68)}=4.15, P=0.03, \eta^2=0.109$]，简单效应分析结果显示：固定位置，在左半球，高分组比低分组产生更大的 N450 波幅（$P=0.04$）；在中间，高分组比低分组产生更大的 N450 波幅（$P=0.03$）；在右半球，高分组比低分组产生更大的 N450 波幅（$P=0.03$）。固定组别，在低分组中，位置的差异不显著（$P=0.07$）；在高分组，中间的波幅显著小于左半球和右半球的（$Ps<0.01$）。一致性和位置的交互作用显著 [$F_{(2,68)}=3.59, P=0.04, \eta^2=0.10$]，简单效应分析结果显示：在一致条件下，中间的波幅显著小于左半球和右半球的（$Ps<0.05$）；在不一致条件下，中间的波幅显著小于左半球和右半球（$Ps<0.01$）。固定位置，在左半球，一致和不一致的 N450 波幅差异不显著（$P=0.08$）；在中间，不一致条件比一致条件产生更大的 N450 波幅（$P=0.03$）；在右半球，不一致条件比一致条件产生更大的 N450 波幅（$P=0.01$）。区域和位置的交互作用显著 [$F_{(4,136)}=12.36, P<0.001, \eta^2=0.27$]，简单效应分析结果显示：固定区域，在额区，位置的差异不显著（$Ps>0.05$）；在额中央区，中间的波幅显著小于左半球和右半球（$Ps<0.01$）；在中央区，中间的波幅显著小于左半球和右半球（$Ps<0.05$）。固定位置，在左半球，额区比额中央区和中央区产生的 N450 波幅更大（$Ps<0.001$），额中央区比中央区产生的 N450 波幅更大（$P<0.001$）；在中间，额区和额中央区比中央区产生的 N450 波幅更大（$Ps<0.001$）；在右半球，额区比额中央区和中央区产生的 N450 波幅更大（$Ps<0.001$），额中央区比中央区产生的 N450 波幅更大（$P<0.001$）。没有发现其他显著的交互效应。

（4）SP 结果

对 SP（图 6–20）成分采用 2（组别：高分组 vs 低分组）×2（情绪一致性：一致 vs 不一致）×3（区域：中央顶区 vs 顶区 vs 顶枕区）×3（位置：左半球 vs 中间 vs 右半球）重复测量方差分析，结果显示，组别的主效应不显著

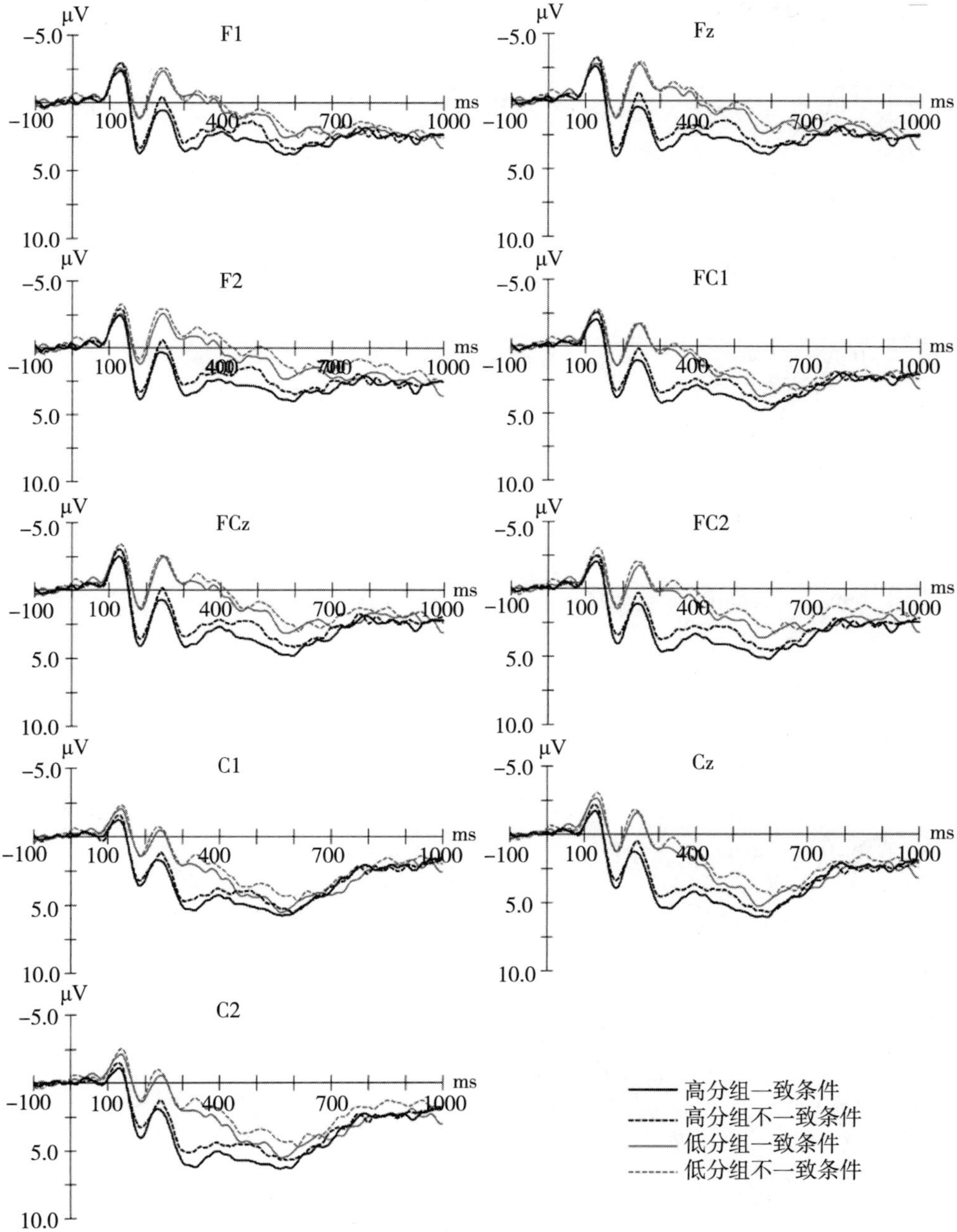

图 6-19　不同情绪觉察能力组在情绪一致和情绪不一致两种条件下的 N450 波形图

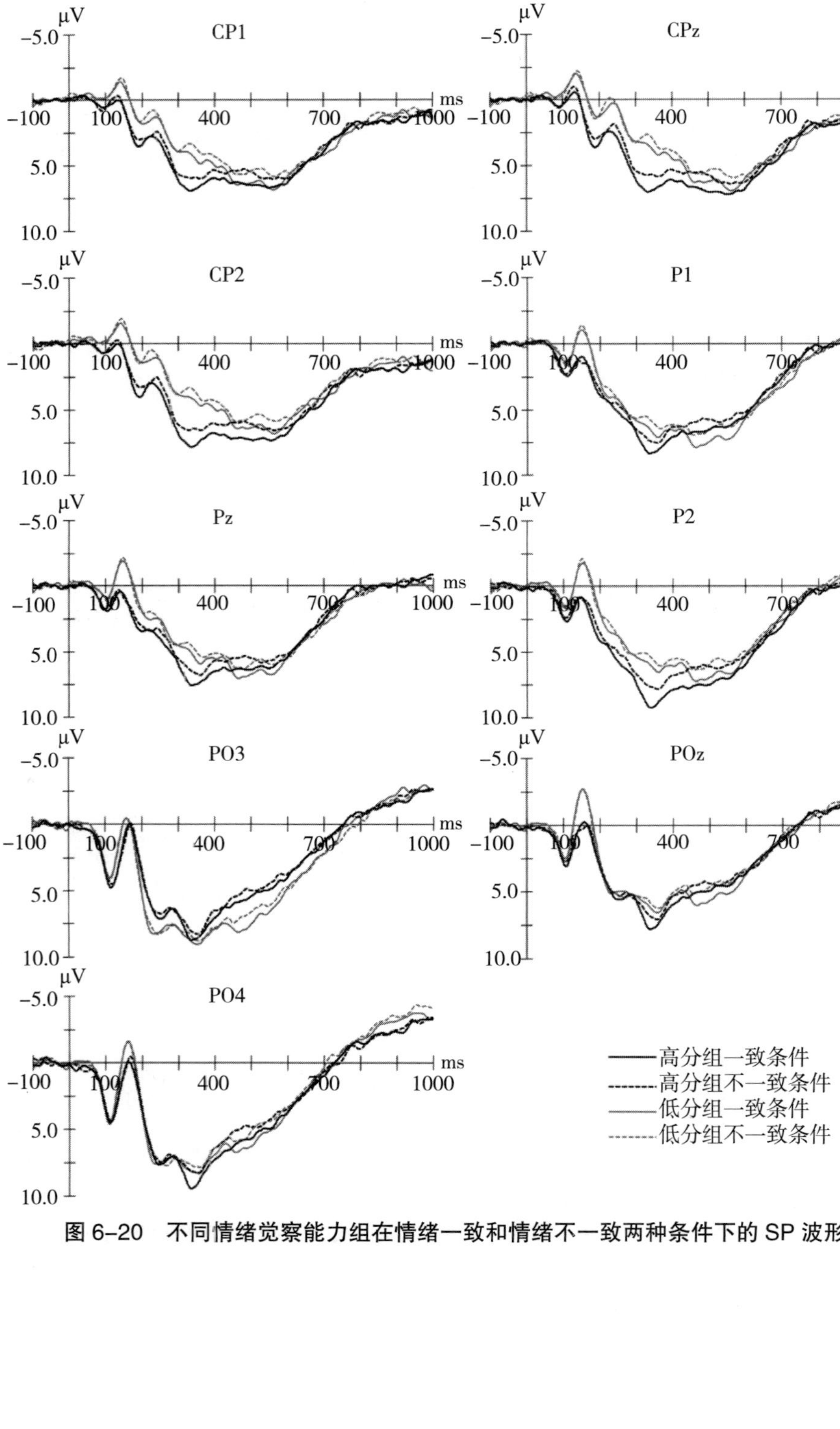

图 6-20　不同情绪觉察能力组在情绪一致和情绪不一致两种条件下的 SP 波形图

［$F_{(1,34)}$=0.08, P=0.77］。情绪一致性主效应不显著［$F_{(1,34)}$=0.008, P=0.93］。区域的主效应显著［$F_{(2,68)}$=35.81, P<0.001, η^2=0.51］，Bonferroni 检验发现，中央顶区（M=2.15）的 SP 波幅比顶区（M=0.49）和顶枕区（M=−1.22）的波幅更正。位置的主效应不显著［$F_{(2,68)}$=3.00, P=0.07］。区域和位置的交互作用显著［$F_{(4,136)}$=3.00, P=0.004, η^2=0.14］，进一步进行简单效应分析，结果显示：固定区域，在中央顶区和顶区，位置没有显著差异（Ps>0.05）；在顶枕区，左半球和中间比右半球产生的 SP 波幅更正（Ps<0.05）。固定位置，在左半球、中间和右半球，中央顶区比顶区和顶枕区产生更正的 SP 波幅（Ps<0.001）；顶区比顶枕区产生的 SP 波幅更正（Ps<0.01）。没有发现其他显著的交互效应。

（三）讨论与结论

比较不同情绪觉察能力职前教师躯体情绪觉察过程的脑电和行为的差异，从而为构建教师情绪觉察过程的机制提供依据。第一，在行为结果上。实验结果显示，高分组和低分组在反应时上差异显著，在情绪一致条件和情绪不一致条件下高分组比低分组反应都更快，与 Lane 等人（1996）和汪海彬等人（2015）的研究结果一致。这可能是由于情绪觉察能力高的教师具有更丰富的情感图式，能有效地并优先注意情绪信息，对情绪信息进行深入加工，提高情绪加工效率。从情绪冲突的加工特点角度对行为结果进行分析，结果显示，不管是高分组还是低分组，一致条件下比不一致条件下的反应更快、更准确，这表明情绪词确实对躯体表情的加工产生了干扰。当情绪词和躯体表情的效价一致时，情绪词对躯体表情加工起到促进作用；当情绪词和躯体表情的效价不一致时，情绪词对躯体表情加工起到阻碍作用。结果与 Ma 等人采用动作 - 词范式的研究结果一致，也与 Shen 等人（2013）和 Zhu 等人（2010）采用情绪面孔 - 词范式的研究结果一致，即当躯体表情和词或面孔和词的情绪效价不一致时，正确率和反应时低于和长于一致条件下的正确率和反应时。情绪信息的来源不同，可以同时加工并发生作用，当情绪一致时，可能相互促进；当情绪不一致时，可能相互干扰。

第二，ERP 指标上。前人的研究多探讨情绪效价对脑电成分的调节作用，如对情绪词和中性词的脑电进行比较或者对躯体表情和中性躯体表情的脑电进行比较，本研究则探讨情绪觉察能力对教师情绪觉察过程的脑电影响。VPP 结果显示，高分组比低分组产生更大的 VPP 波幅，与汪海彬等人（2015）的 VPP 研究结果不一致，但与 N170 结果一致。N200 结果显示，低分组比高分组产生更大的 N200 波幅，与汪海彬等人（2015）的研究结果一致，也与蒋长好（2006）对大中学生的情绪加工差异研究的结果一致，初中生的 N200 波幅大于大学生的。N450 结果显示，低分组比高分组产生更大的 N450 波幅。SP 结果显示，高低分组产生的 SP 波幅没有显著差异。结果表明，高情绪觉察能力的职前教师的情感图式更为分化和整合（Torrado et al., 2012），对情绪加工可能具有专家水平。高低情绪觉察能力的本质可能在于情感图式分化和整合的程度，高情绪觉察能力者在识别情绪的过程中能更有效地对目标信息进行优先注意和早期加工，在脑电上表现为 VPP 的波幅比低情绪觉察能力者更大；而在中后期阶段加工的过程中，高情绪觉察能力者则会耗费更多的认知资源去加工情绪冲突信息，表现为 N200 和 N450 波幅比低情绪觉察能力者更小。关于情绪一致性的结果显示，不一致条件比一致条件产生更大的 N200 波幅，因为 N200 和任务难度有关，任务越难，N200 的波幅越大（Philiastides, Ratcliff & Sajda, 2006）。在不一致条件下产生更大的 N200 波幅，这可能是因为相对于躯体表情和情绪词一致条件，情绪不一致条件下的任务难度更大。还有研究表明，N200 可能对冲突检测较为敏感（Liotti, Woldorff, Perez, Mayberg, 2000; Nieuwenhuis, Yeung, van den Wildenberg & Ridderinkhof, 2003），这与 Gu 等人（2013）的研究结果一致。Gu 等人采用的实验材料为成人的情绪面孔－动作整合范式，而本研究采用的实验材料为躯体表情－词范式，由此可见 N200 的结果具有跨实验范式的一致性。N450 结果也显示，大脑中间和右半球不一致条件下比一致条件下产生更大的 N450 波幅，与采用情绪面孔－词范式和成人躯体表情－词范式（Ma et al., 2014）的结果一致。West 和 Alain（2000）的研究表明 N450 可能反映认知或情绪冲突的检测和解决，Ma 等人（2014）的研究表明 N450 可能反映躯体表情和情绪词的冲突检测与解决，本研究中的 N450 效应可能反映教师对学生躯体表情和情绪词汇间的情绪冲突的检测与解决。但是，不一致条件和一致条件下产生的 SP 没有显著差异，没有出现 SP 效应。这与 Ma 等人（2014）的研究结果不一致，Ma 等人的研究结果显示不一致条件下比一致条件下产生的 SP 波幅更正。SP 成分可能反映执行后的检测过程（Larson, Kaufman & Perlstein, 2009; Shen et al., 2013; Ma et al., 2014）。本研究和 Ma 等人的研究相比，采用了相同的范式，但采用了不同的研究对象。Ma 等人研究的被试为普通大学生，而本研究尝试将具有实习经验的职前教师这一群体作为被试。本研究假设职前教师可能比普通大学生对教学情境中的躯体表情更熟悉，采用职前教师这一群体作为被试更能达到本研究的实验目的。本研究中，所选择的职前教师都具有一定的教学实践经验，参加实习的时间都不少于两个月，具有教学实践经验的职前教师在情绪冲突加工中能更有效地识别目标刺激并抑制无关刺激。教学经验可能导致研究中发生 N450 效应而未发生 SP 效应，因此后续研究可继续探讨教师的教学经验在情绪冲突加工中的作用。

综上，为考察教师情绪觉察能力对躯体情绪觉察过程的影响，结合 ERP 技术比较不同情绪觉察能力教师在加工躯体情绪 – 词冲突刺激中的差异，结果发现与一致条件相比，不一致条件下的反应时更长，并且 N200 和 N450 的幅值更大，表明情绪词干扰了躯体表情的加工；与低分组相比，高分组不仅表现出在一致和不一致两种条件下反应时更短，而且在 ERP 上表现出更大的 VPP 波幅，更小的 N200 和 N450 波幅，这表明躯体与面孔表情觉察过程的时间进程相似，并且高情绪觉察能力个体更为丰富和分化的图式可能促使其在前注意阶段优先加工情绪信息，在知觉阶段耗费更少的注意资源来加工信息。

四、情绪觉察能力对教师情绪觉察过程的生理影响

良好的师生关系可以直接影响教育教学质量和学生的身心健康，为此师生关系一直是教育理论与实践关注的焦点（汪海彬，卢家楣，陈宁，姚本先，

2015），在第五章我们采用了生理多导技术考察了不同发展类型教师在课堂冲突和课堂教学情境下对师生交往情绪觉察的过程差异，却忽略了对生生交往情绪的觉察。一些与情绪觉察能力相关的研究在理论构建对象层面时不仅提出自己与他人是情绪觉察的对象，还提出他人与他人交往也是情绪觉察的对象（卢家楣，2005），这也得到之前专家教师访谈结果的验证。后续的教师情绪觉察能力问卷保留了生生交往这个一阶因子，结果发现该因子在所有因子中得分最低，并且该因子还是区分不同发展阶段教师及其是否有担任班主任经历的关键。由此可见，专家型教师和一直担任班主任的教师的生生觉察能力更高，而专家型教师和一直担任班主任的教师的情绪觉察能力也更高。由此可见，教师情绪觉察能力可能会影响教师对生生交往的觉察过程。然而以往情绪觉察相关研究中的情绪刺激（材料）更多以情绪面孔（汪海彬，卢家楣，姚本先等，2015；陈顺森，白学军，沈德立，闫国利，张灵聪，2011; Lane et al., 1998; McRae, Reiman, Fort, Chen & Lane, 2008）、躯体表情（金丽，2019）、网络表情符号（Brants, Sharif & Serebrenik, 2019）及静态的场景图片（王福兴，申继亮，田宏杰，周宗奎，2010）等为主，仅少量涉及教学互动的教学视频（王福兴，芦咏莉，段朝辉，周宗奎，2013）或人际互动动画（Tavares, Barnard & Lawrence, 2011），遗憾的是王福兴教授相关的视频为保障生态效度未能突出生生互动这一要素，Tavares 等人则从社会交往视角出发进行研究，研究对象局限于大学女生，这两项研究为我们考察不同情绪觉察能力教师对生生交往觉察的过程提供思路。为此，我们以 Tavares 的实验材料为基础，通过实验控制建立富有教育属性的生生互动场景，并结合生物反馈技术考察不同情绪觉察能力教师在三种学生人际互动场景中的情绪觉察过程的生理唤醒差异，从而为提升教师觉察生生交往情绪能力提供参考。

（一）对象与方法

1. 研究对象

采用方便取样的方式选取某高校师范院系参加过教育实习的 300 名大二、

大三师范生进行中文版情绪觉察水平问卷（levels of emotional awareness scale, LEAS）（汪海彬等，2015）调查，然后依据问卷总得分从高到低排序，将前 27% 的被试作为高分组，后 27% 作为低分组，兼顾性别因素选取高低分组各 30 人。60 名被试均为右利手，视力正常或矫正后达到正常水平，男女各 30 人，实验前均签署了被试知情同意书，实验完成后发放礼物作为报酬。经调查，高低分组的情绪觉察能力总得分差异显著［（3.66 ± 0.36）vs.（2.51 ± 0.21），$t_{(58)}$ = 15.13, P<0.001, d>0.8］。

2. 仪器与材料

实验仪器采用 SPIRIT-32 多通道生物反馈仪，并用 BioTrace 进行刺激呈现、生理数据记录与分析。结合以往的研究（张鹏程，丁梦夏，王灿明，2017；董丽娜，陈红，2017；袁加锦，丁南翔，刘莹莹，杨洁敏，2015），我们主要采用了皮肤电反馈仪（skin conductance feedback）、血容量反馈仪（blood volume pulse feedback）和皮温反馈仪（thermal feedback）来记录被试的皮肤电（SC）、血容量（BVP）和皮温（Temp）三个指标。

实验材料选自 Tavares 等人基于 Blender 软件制作的三类人际互动场景（Tavares et al., 2011）。每个场景中都有两个运动着的小球，通过小球的行为维度（两个小球之间在发生什么类型的相互作用）和空间维度（速度、轨迹、进入 / 退出位置等）形成亲和、中性和敌意三种人际互动的场景，每个场景均持续 14s（见图 6-21），实验中要求教师把这两个小球所在的场景想象成自己的两个学生在课后相遇的情境。

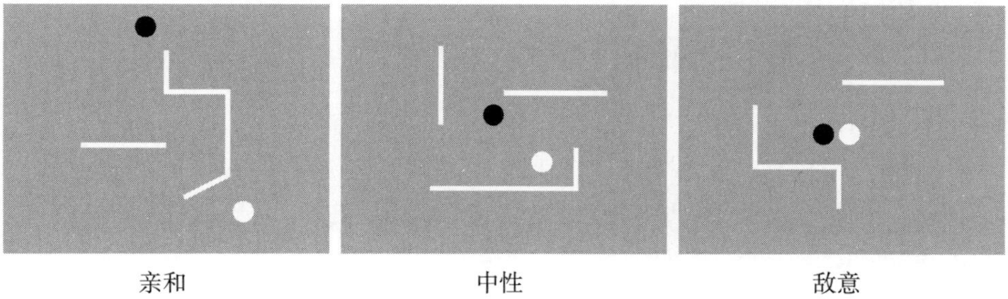

图 6-21　三种人际互动动画

3. 程序与设计

实验采用 3（教师情绪觉察能力：高分组 vs 低分组）×5（情境：亲和 vs 中立 vs 敌意）的混合设计，其中组别为组间变量，情境为组内变量。刺激材料采用 BioTrace 进行呈现，包括三种不同的人际互动情境。首先呈现指导语，要求被试观看三种学生互动情境后描述自己的情绪感受（包括效价和强度两个方面，均采用 1–9 级计分，得分越高表明被试越积极或强度越高），接着要求被试静息 30s；然后依次在被试面前呈现情绪情境（亲和或互动）和中性情境（情绪情境的顺序在被试间进行平衡处理），每个情境呈现 14s；随后要求被试对情境进行评定，之后是 30 秒的心算用于平复情绪。具体流程见图 6–22。

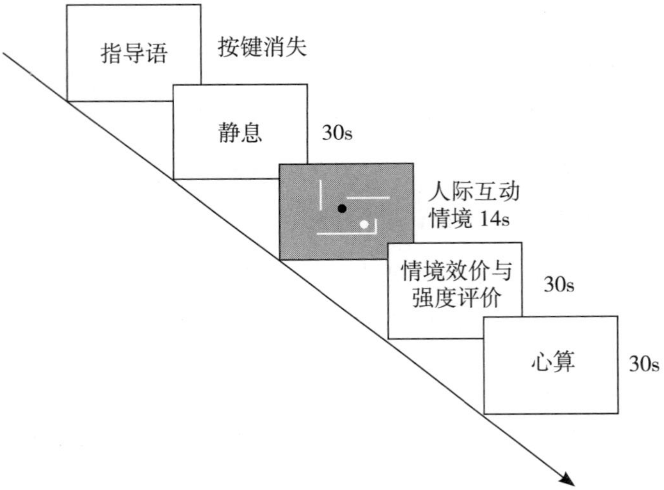

图 6–22 实验流程图

4. 研究过程

由于此次实验中被试间的生理指标基线差异比较大，为此依据以往研究（张奇勇，卢家楣，闫志英，陈成辉，2016）我们使用相对差别阈限对三个生理数据进行转换：$\Delta E = \Delta B / B$，其中 B 为基线生理指标，ΔB 为实验条件的生理指标减去基线指标，ΔE 为生理指标变化率，当 ΔE 为负时被试的生理指标减小，为正时生理指标增大。所有数据采用 SPSS 25.0 进行分析，采用 Greenhouse–Geisser 法矫正自由度及 P 值。

（二）结果与分析

1. 生理结果

第一，在血容量（BVP）上，重复测量方差分析结果发现：仅情境［$F_{(2,116)}$=7.86, P=0.007, η^2=0.11］的主效应显著，组别的主效应［$F_{(1,58)}$=0.10, P=0.76>0.05］、组别与效价情境的交互效应［$F_{(2,116)}$=0.25, P=0.42>0.05］均不显著。事后进行多重比较发现，敌意情境下的血容量值显著高于亲和情境下的（P<0.05），但与中性之间的差异不显著（P>0.05）。

第二，在皮温（Temp）上，重复测量方差分析结果发现：仅情境［$F_{(2,116)}$=38.30, P<0.001, η^2=0.36］的主效应显著，组别的主效应［F（1, 58）=0.10, P=0.93>0.05］、组别与效价情境的交互效应［$F_{(2,116)}$=0.31, P=0.41>0.05］均不显著。事后进行多重比较发现，敌意情境下的皮温值显著高于亲和情境下的（P<0.001），但与中性之间的差异不显著（P>0.05）。

第三，在皮肤电（SC）上，重复测量方差分析结果发现：组别［$F_{(1,58)}$=0.04, P=0.85>0.05］和情境的主效应［$F_{(2,116)}$=0.08, P=0.79>0.05］均不显著，但组别与效价的交互效应显著［$F_{(2,52)}$=3.37, P=0.04, η^2=0.07］。事后进行多重比较结果发现，仅高分组在敌意和亲和两种情境下皮肤电变化率差异显著（P<0.05），低分组在两种情绪情境下变化率差异不显著（P>0.05）。不同情绪觉察能力组皮肤电变化率上的差异见图 6–23。

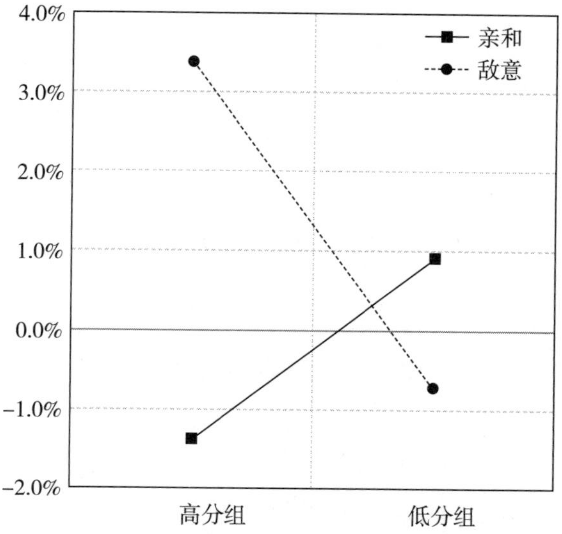

图 6–23　不同情绪觉察能力组皮肤电变化率上的差异

2. 评定结果

第一，在三种情境的效价评分上，结果发现组别［$F_{(1, 58)}$=5.28, P=0.025, η^2=0.08］和情境的主效应［$F_{(2, 116)}$=255.87, P<0.001, η^2=0.82］均显著，组别与情境的交互效应也显著［$F_{(2, 116)}$=5.16, P=0.007, η^2=0.08］。组别主效应表现为高分组的效价评分显著高于低分组的（P=0.025）；情境的主效应表现为亲和情境的效价得分最高，显著高于中性（P<0.001）和敌意（P<0.001）的，中性次之，并且中性效价得分高于敌意的差异边缘显著（P=0.07）；组别与情境的交互效应表现为虽然在三种情境中高分组得分更高，但仅中性情境中的差异显著（P=0.001），而其他两种情境中的差异不显著（P>0.05）。不同情绪觉察能力组在三种情境效价评分上的差异见图 6–24。

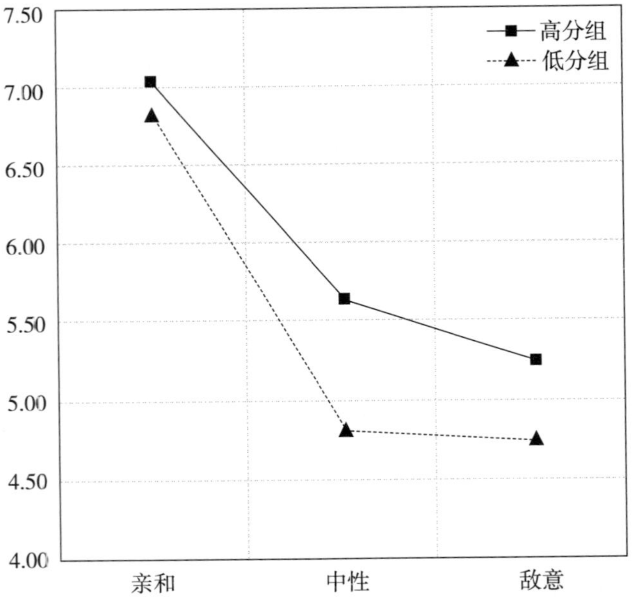

图 6–24　不同情绪觉察能力组在三种情境效价评分上的差异

第二，在三种情境情绪强度评分上，结果发现组别［$F_{(1, 58)}$=11.02, P=0.002, η^2=0.16］和情境的主效应［$F_{(2, 116)}$=194.44, P<0.001, η^2=0.77］均显著，但组别与情境的交互效应不显著［$F_{(2, 116)}$=1.443, P=0.24>0.05］。组别主效应表现为高分组的评分显著高于低分组（P=0.002），具体表现为高分组在亲和

（P=0.047）、中性（P<0.001）和敌意（P=0.001）情境中的情绪强度得分均显著高于低分组；情境的主效应表现为亲和的情绪强度得分最高，显著高于中性（P<0.001）和敌意（P<0.001），中性次之，但中性与敌意之间的差异不显著（P>0.05）。不同情绪觉察能力组三种情境情绪强度评分上的差异见图 6-25。

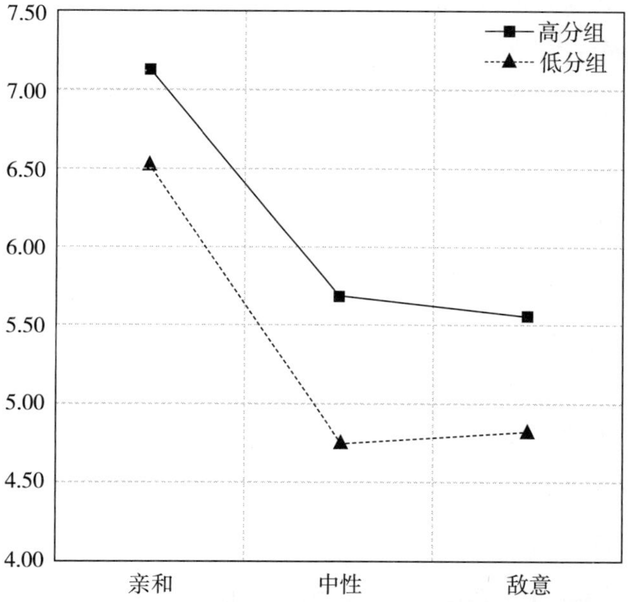

图 6-25　不同情绪觉察能力组三种情境情绪强度评分上的差异

（三）讨论与结论

当前教师觉察生生交往情绪能力得分最低，但该能力却是不同发展阶段教师的关键差异所在。我们通过控制 Tavares 的实验材料使其具有教育属性，并结合生物反馈技术考察不同情绪觉察能力教师在三种学生人际互动场景中的情绪觉察过程的差异，从而为提升教师觉察生生交往情绪能力提供参考。

第一，不同效价的学生互动场景方面。在生理指标上，血容量和皮温在亲和、敌意两种情境中的差异显著，并且均是亲和情境的血容量与皮温值更低，这与以往的研究结果大体一致（张鹏程，丁梦夏，王灿明，2017；袁加锦，丁南翔，刘莹莹，杨洁敏，2015），表明与敌意互动情境相比，教师在学生亲和互动情境中情绪波动更小且情绪唤醒度低。后续的效价评分也发现三种学生互动情境的效价评分差异显著，这表明此次实验材料大体是有效的，并体现在生理和主观报告两个方面。当然，皮肤电这一生理指标在三种情境下差异不显著，并且后续的情绪强度评分发现亲和的情绪强度高于中性和敌意的，但中性与敌意之间的差异不显著。这表明此次实验材料中敌意和中性之间的情绪强度区分度尚不够，正如实验后的访谈发现有学生反映中性的互动情境似乎不太明显，而敌意的情境一开始自己看不太明白。为此，后续研究还有待进一步优化实验材料。

第二，情绪觉察能力影响人际互动觉察过程方面。皮温、血容量和皮肤电三个生理指标在组别上的差异均不显著，仅在皮肤电上发现了组别与效价的交互效应，具体表现为高分组在敌意情境下皮温变化率更高且呈现上升趋势，而在亲和情境下变化率更低且呈现下降趋势，并且仅高分组在两种情绪情境下皮肤电变化率差异显著，而低分组在两种情境下皮肤电变化率差异不显著。结合皮肤电的意义（李俊娇，陈伟，胡琰健，曹杨婧文，郑希付，2021），实验结果表明高分组在亲和情境中生理放松而敌意情境中生理紧张，低分组则是在亲和情境中生理紧张而敌意情境中生理放松。当然，高分组在两种情绪情境下的皮肤电变化率差异显著的结果进一步说明高情绪觉察能力组对于人际情绪的生理唤醒更有区分度，而低情绪觉察能力组则没有区分度，甚至出现相反的神经紧张模式，这与最新一项采用 emBODY 工具描绘有关有无述情障碍群体对 17 种情绪体验地图研究的结果一致：述情障碍组的躯体感觉地图模式是一种弥散和未分化模式，而正常组则是区分和局部模式（Lloyd et al., 2021）。进一步的情境评分结果发现，高分组效价评分均高于低分组，但仅中性差异显著，而高分组在情绪强度上的评价均显著高于低分组的。这表明虽然不同情绪觉察能力教师在生理指标上的组间差异不显著，但高分组却能描述出更多的情绪体验，这与以往一项述情障碍患者口头报告情绪强度更低的结果一致（Stone & Kristy, 2001）。由此可见，高情绪觉察能力个体由于自身更分化与整合的图式，其在觉察情绪刺激过程中生理唤醒更有区分度，且报告的情绪强度也更大，而低分组的生理唤醒不仅缺乏区分度，且报告的情绪强度也更小。当然，由于皮肤电的效价效应不显著，再加之实验后的访谈发现对敌意情境的觉察有一定困难，为此后续需要进一步优化实验材料，以更好地开展该领域的研究。

综上，为考察教师情绪觉察能力对生生交往情绪觉察过程的影响，我们采用生物反馈技术比较不同情绪觉察能力教师在觉察生生互动过程中的差异，结果发现：与低分组相比，高情绪觉察能力组在觉察生生互动情境过程中生理唤醒更具区分度，且主观报告的情绪强度更大，这提示高情绪觉察能力个体更为丰富和分化的图式不仅使其生理唤醒更具区分度，还使其主观报告情绪强度更大。为此，今后需要加强低情绪觉察能力教师在觉察生生交往情境中关于情绪生理唤醒与主观报告之间联系的训练，以丰富其情感图式，进而提高其情绪觉察能力。

第三节　教师情绪觉察整合模型的理论构建

教师情绪觉察整合模型构建基于教师情绪觉察相关模型的理论构想，结合第四章、第五章和第六章共 14 个实证研究的结果，我们把构建的教师情绪觉察能力模型、教师情绪觉察能力形成模型、教师情绪觉察能力作用模型、教师情绪觉察过程模型及教师情绪觉察机制模型进行理论整合，以形成教师情绪觉察整合模型。

一、教师情绪觉察相关研究的启示

第四章、第五章和第六章共 14 个实证研究分别从能力和过程视角出发，不仅比较了新手－熟手－专家型教师情绪觉察能力和情绪觉察过程的差异特征，考察了情绪觉察能力对情绪觉察过程的影响，还验证了第二章理论构想的相关模型，即教师情绪觉察能力模型、教师情绪觉察过程模型及教师情绪觉察机制模型，以下将对这些研究进行梳理，并为构建教师情绪觉察整合模型提供启示。

（一）验证了教师情绪觉察能力相关模型的科学性

从能力视角出发，我们借助于七个子研究分别从定性和定量两个方面来比较不同发展阶段教师情绪觉察能力的差异，不仅探索了不同发展阶段教师情绪觉察能力的差异特点，教师情绪觉察能力前因变量、中间变量和后果变量，还验证并完善了教师情绪觉察能力模型，构建出教师情绪觉察能力的形成与作用模型。

1. 验证了教师情绪觉察能力理论结构的科学性

从定向和定量两个方面来验证所构建的教师情绪觉察能力模型。在定性分析方面，我们首先对 113 名全国教书育人楷模的 35.8 万字的事迹文本进行质性分析，结果发现编码点最多的主范畴为情感品质，其下属中爱的品质又是编码点最多的二级编码，体现在热爱学生、教育和工作事业、家国情怀、同事和家人等多个方面。此外，能力品质中的洞察力可能是教师表达爱的基础。结合以往研究（张冬梅，葛明贵，2021）我们发现，与情绪洞察力有部分重合的情绪觉察能力可能是优秀教师具备积极情感品质的基础。为进一步探明不同发展阶段教师在情绪觉察能力结构与水平上的差异，我们分别对新手型、熟手型、专家型教师各两名进行深入访谈，结果显示不同发展阶段教师对该能力的内涵界定与情绪觉察能力概念提出者 Lane 等人的界定基本一致（Lane & Schwartz, 1987）。研究还强调了情绪觉察能力在教师群体中的重要性：该能力作为情绪智力的核心，是情绪调节的基础；作为一种实践智慧，是良好师生关系形成的基础。同时教师对于情绪觉察能力的外延进行了凸显教师职业特色的延伸，提出情绪觉察能力的外延包括自己、学生和人际三个方面，且不同发展阶段教师外延方面差异主要体现在来源和效价上：专家型教师情绪的来源不仅包括教学情绪还包括非教学情绪，专家型教师觉察学生情绪不仅包括负性的，还包括正性的，甚至包括觉察高唤醒正性情绪背后的负面影响。可见，访谈结果验证了情绪觉察能力是教师具备积极情感品质的基础这一论断，并且研究者提出了具有职业特色的教师情绪觉察能力的结构。虽然其与原教师情绪觉察能力结构的高阶结构一致，但其一阶却存在结构性差异。这初步表明不同发展阶段教师的情绪觉察能力结构虽然存在差异，但也具有相同之处，为进一步的定量比较提供了基础。为进一步验证教师情绪觉察能力结构的科学性，定量比较不同发展阶段教师情绪觉察能力的差异，我们通过开放式问卷、初测问卷和预测问卷等一系列问卷编制与分析最终验证了访谈结果，修正了教师情绪觉察能力理论模型，形成了拥有一阶因子、高阶三因子的教师情绪觉察能力层次结构，即觉察自己（教学情绪、非教学情绪）、觉察学生（面部情绪、躯体情绪）和觉察人际（师生交往和生生交往）。随后，利用该系列问卷对不同发展阶段的 2129 名教师进行调查，结果发现当前教师情绪觉察总体积极向上，但内部因子发展不均衡，躯体情绪和生生交往两个因子得分最低，并受性别、学段和班主任经历等变量的影响。在不同发展阶段教师的差异方面，专家型教师的情绪觉察能力最高，熟手型教师次之，新手型教师最差，三者的关键差异体现在觉察人际（师生交往和生生交往）和面部表情两个方面，并且教师类型对性别影响情绪觉察能力起着调节作用，表现为仅专家型教师的情绪觉察能力不受性别的影响。这些结果不仅验证了教师情绪觉察能力模型的科学性，还为情绪觉察能力形成模型的构建提供了参考（如教师类型的调节作用），并为后续的教师情绪觉察过程提供研究方向（如需加强对躯体情绪、复杂面部情绪、人际情绪等情绪觉察过程的探讨等）。

2. 初步探索了教师情绪觉察能力宏观形成模型

调查发现情绪类型可能是情绪觉察能力的调节变量，并依据 Lane 等人的影响情绪觉察发展的特质三维模型（Smith et al., 2019）构建了教师人格影响教师情绪觉察能力的模型。通过调查验证，结果发现内外向在新手型教师中可以负向预测教师情绪觉察能力，在熟手型教师中预测效应不显著，在专家型教师中则正向预测教师情绪觉察能力；神经质在新手型和熟手型教师中正向预测教师情绪觉察能力，但在专家型教师中预测作用不显著。这表明人格虽然是影响教师情绪觉察能力的重要个体变量，但教师类型在人格对教师情绪觉察能力的影响中起着调节作用，表现为专家型教师可以弱化人格对情绪觉察能力的影响。这一结果与专家型教师可以屏蔽性别这一先赋性变量对情绪觉察能力影响的结果类似，提示教师情绪觉察能力可以通过培养得以提升，并且可以弱化性别、人格等变量的影响。

3. 初步探索了教师情绪觉察能力宏观作用模型

依据以往相关研究构建了教师情绪觉察能力在情绪劳动影响工作倦怠中的调节模型与教师情绪觉察能力通过情绪调节能力和教学效能感链式中介影响工作满意度的中介模型，并对其进行调查验证。结果发现，调节模型中，三类教师的情绪劳动表层行为虽然可以正向预测工作倦怠，但随着情绪觉察能力的提升，这种正向预测效应在减弱；仅高情绪觉察能力组的主动深度行为和被动深度行为负向预测职业倦怠，而低、中情绪觉察能力组的情绪劳动对职业倦怠的预测作用不显著，表明教师情绪觉察能力可以缓冲情绪劳动对工作倦怠的影响；在中介模型中，教师情绪觉察能力不仅可以通过情绪调节能力、教学效能感的中介正向预测工作满意度，还可以通过情绪调节能力和教学效能感的链式中介正向预测工作满意度。这表明教师情绪觉察能力不仅可以缓冲不利因素的负面影响，还可以通过积极因素发挥正面效应。这也从实证角度验证了全国教书育人楷模事迹和个案访谈中提及的，教师情绪觉察能力在教育教学中具有重要作用。

（二）验证了教师情绪觉察过程相关模型的适用性

在过程视角方面，调查发现教师的躯体情绪和生生交往两个因子得分最低，并且觉察人际（师生交往和生生交往）和面部表情是三类教师的关键差异所在。我们从过程视角出发，借助于 ERP、眼动、生物反馈和行为技术，不仅比较了新手－熟手－专家型教师在躯体表情觉察过程和人际情绪觉察过程中的差异，而且为更好地说明这些差异源于三类教师的情绪觉察能力差异而非知识经验差异（Williams, Janelle & Davids, 2004; 王福兴，申继亮，田宏杰，周宗奎，2010; 王福兴，芦咏莉，段朝辉，周宗奎，2013），我们以知识经验相当的职前教师为研究对象，比较情绪觉察能力不同的职前教师在觉察情绪面孔、躯体表情和人际情绪过程中的差异。这不仅验证并丰富了前人提出的情绪觉察过程三阶段模型（汪海彬等，2015），还验证了所构建的教师情绪觉察过程模型和机制模型在内隐情绪面孔、躯体表情和人际情绪等其他类情绪刺激中的适用性。

1. 在内隐情绪面孔中的适用性

此次调查发现，情绪面孔觉察能力虽然是三类教师情绪觉察能力的关键差异所在，但三类教师该因子的得分均普遍比较高，而以往研究已经采用 ERP 技术考察了情绪面孔任务下的觉察三阶段模型（汪海彬等，2015）。为此，我们借助于行为技术和眼动技术，探讨不同情绪觉察能力教师在内隐情绪面孔觉察过程中的差异，尤其是情绪注意这一环节的差异。首先通过情绪面孔 Stroop 任务考察情绪注意定向，结果发现，与中性刺激，尤其是负性情绪刺激相比，被试均对情绪刺激产生了注意定向偏向。高情绪觉察能力组不仅对消极情绪信息产生注意定向偏向，还对积极情绪信息产生注意定向偏向。进一步的眼动实验则采用注意转移范式考察情绪注意转移，结果发现，与中性面孔相比，被试均对情绪刺激产生了注意转移困难，但高分组的反应时更短，积极情况面孔和中性情绪面孔条件下注视点个数更少且在负性情绪面孔条件下注视时间更短。这表明内隐情绪任务中，个体也大体经历了情绪觉察过程的三阶段，出现对情绪刺激的定向与转移偏向；情绪觉察能力还可以影响内隐情绪面孔觉察过程，尤其是在注意环节，表现为早期更快地注意到情绪刺激，但在晚期可以更快地解除情绪信息的干扰，这验证了教师情绪觉察的机制模型，即情绪觉察能力影响情绪觉察过程。

2. 在躯体情绪刺激中的适用性

以往研究对于躯体表情关注较少，但躯体表情对于情绪觉察具有重要的补偿功能（丁小斌，康铁君，赵鑫，2017），可以应对高学段学生面部表情表达的掩饰性（Horner & Akiva, 2019; 孙俊才，卢家楣，郑信军，2007）。为此，我们分别采用行为、眼动和ERP技术考察不同发展阶段教师和不同情绪觉察能力职前教师躯体表情觉察过程中的差异。结果发现，专家型教师觉察面部表情不仅正确率更高，而且其首次注视到达时间和首次进入兴趣区前的注视点个数显著少于熟手型和新手型教师的。进一步的ERP研究发现，不同情绪觉察能力教师在躯体表情-词冲突觉察过程中，高分组不仅反应时更短，而且在ERP上表现出更大的VPP波幅，更小的N200和N450波幅。这表明躯体与面孔表情觉察过程的时间进程类似（汪海彬等，2015），与以往研究结果大体一致（张丹丹，赵婷，柳昀哲，陈玉明，2015；王丽丽，冯文锋，贾丽娜等，2018），也验证了躯体情绪适用于我们构建的教师情绪觉察过程模型。研究还进一步发现，高情绪觉察能力个体更为丰富和分化的图式可能促使其在前注意阶段优先加工情绪信息（不仅体现在眼动指标上，还表现在ERP上），在知觉阶段耗费更少的注意资源来加工信息，表明情绪觉察能力影响躯体情绪觉察过程，进而验证了教师情绪觉察过程模型和机制模型在躯体情绪中的适用性。

3. 在人际情绪刺激中的适用性

人际情绪觉察包括师生交往和生生交往两个方面，其中师生关系一直是教育理论与实践关注的焦点（汪海彬，卢家楣，陈宁，姚本先，2015）。研究者指出教师在应对课堂突发事件等师生互动事件中需要避免自身情绪受到干扰，以做到沉着冷静（季诚钧，1994），为此需要考察师生交往和生生交往这些人际情绪的觉察过程，而师生交往是人际情绪研究的重点。为此，结合眼动和生物反馈技术重点考察课堂突发事件与课堂教学情绪两种师生交往情绪的觉察过程，结果发现专家型教师不仅能更快地注意到突发事件的中心，而且采用注视次数多但持续时间短的注视模式，专家型教师在师生交往觉察过程中自身的生理唤醒和情绪反应更小，基线更低；在生生交往方面，高情绪觉察能力教师不仅在觉察过程中的生理唤醒更具区分度且主观报告情绪强度更大，而低分组在各种情景下的生理唤醒差异不显著且主观报告情绪强度更小。这表明人际情绪也适用于构建的教师情绪觉察过程模型，且情绪觉察能力影响人际情绪的觉察过程，表现为高情绪觉察能力个体在应对突发事件和课堂教学情绪过程中，不仅自身的生理唤醒度更低，还能优先注意事件中心且采用更优的注视模式，以做到沉着冷静，进而在觉察不同的生生交往情境中更具有区分度。这种区分不仅表现在生理唤醒上，还体现在主观报告上，验证了教师情绪觉察机制模型在人际情绪中的适用性。

二、教师情绪觉察整合模型的构建

以 Lane 团队的情绪觉察水平发展模型（Lane, & Schwartz, 1987）、情绪觉察的神经解剖学模型（Lane, 2006）和影响情绪觉察发展的特质三维模型（Smith et al., 2019），Kanbara 等人的情绪觉察与迷走神经功能的负反馈模型（Kanbara & Fukunaga, 2016）和卢家楣教授的情感形成和发生机制（卢家楣，2000）为基础，依据上述能力视角下的教师情绪觉察能力结构模型、教师情绪觉察能力形成模型和教师情绪觉察能力作用模型三个模型，过程视角下情绪面孔觉察过程、躯体表情觉察过程和人际情绪觉察过程三个过程，以及情绪觉察能力对情绪觉察过程的影响，从能力与过程整合视角构建了教师情绪觉察整合模型（见图 6-26）。

1. 宏观的教师情绪觉察能力及机制模型

在能力的三个模型方面，依据 Lane 团队的情绪觉察水平发展模型（Lane & Schwartz, 1987）得知，教师情绪觉察能力的本质在于情感图式的分化与整合程度，并且可以通过觉察自己（包括教学情绪和非教学情绪）、觉察学生（包括面部情绪和躯体情绪）和觉察人际（包括师生交往和生生交往）三个高阶因子，每个高阶因子内含两个一阶因子的测量模型来加以测量，此为教师情绪觉察能力的结构模型。在教师情绪觉察的前因变量方面，性别和人格是影响教师情绪觉察能力的重要变量，这与 Lane 等人提出的影响情绪觉察能力

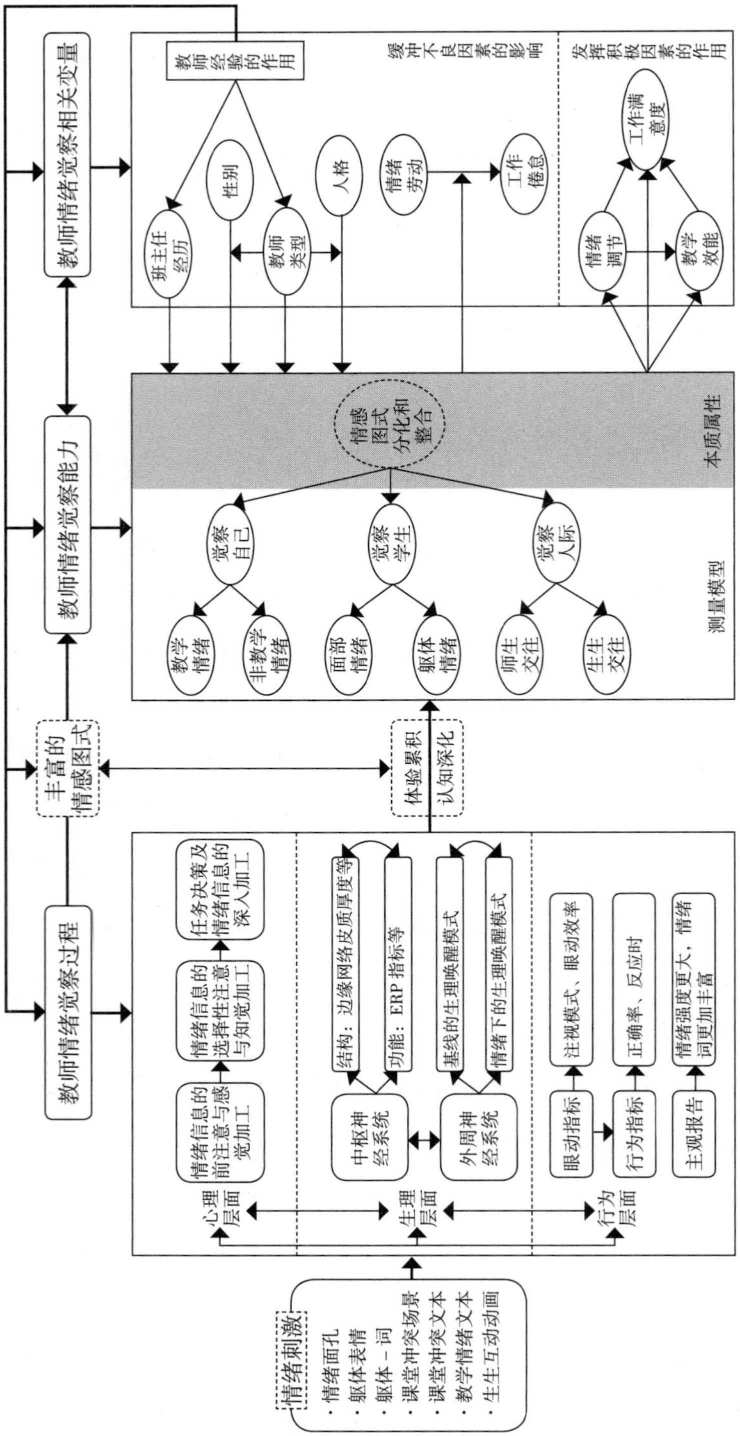

图 6-26 教师情绪觉察整合模型

发展的特质三维模型（Smith et al., 2019）一致，但模型指出教师类型可以缓冲这些变量对情绪觉察能力的影响，这为我们后天培养教师情绪觉察能力提供依据；教师情绪觉察能力对于教师群体来说具有重要作用，此为教师情绪觉察能力的作用机制；教师情绪觉察能力不仅可以缓冲不良因素的负面影响（如缓冲情绪劳动，尤其是表层情绪劳动行为对工作倦怠的正向预测），还可以充分发挥积极因素的正面影响（既可以分别通过情绪调节能力和教学效能感正向预测工作满意度，还可以通过两者的链式中介正向预测工作满意度）。

2. 微观的教师情绪觉察过程及机制模型

第一，在微观的教师情绪觉察过程的模型方面，研究考察了不同情绪刺激材料（包括内隐情绪面孔、躯体表情、躯体－词、课堂冲突场景、课堂冲突文本、课堂教学情绪文本和生生互动动画等）的觉察过程，验证了前人提出的情绪觉察过程三阶段模型（汪海彬等，2015）和Williams等人的视觉认知加工三阶段模型（Williams, Janelle & Davids, 2004），即情绪信息的前注意和感觉加工、情绪信息的知觉加工和任务决策及情绪信息的深入加工三个阶段。需要说明的是，三阶段模型归属心理层面，但教师情绪觉察过程还涉及生理层面和行为层面，并且这三个层面是交互影响的。其中，生理层面不仅涉及中枢神经基础的结构与功能，还涉及自主神经系统的生理唤醒，并且中枢神经与自主神经是相互影响的，这与情绪觉察的神经解剖学模型（Lane, 2006）和情绪觉察与迷走神经功能的负反馈模型（Kanbara & Fukunaga, 2016）一致；行为层面则涉及正确率和反应时等行为指标、注视模式和眼动效率等眼动指标及主观报告情绪的强度和丰富程度，眼动效率和注视模式还影响正确率和反应时等行为指标，这验证了教师情绪觉察过程模型。

第二，在微观的教师情绪觉察过程机制方面。①在教师情绪觉察能力对情绪觉察过程的影响方面，由于教师情绪觉察能力的本质在于情感图式的分化与整合程度，这种情感图式会影响情绪觉察的三个阶段，并通过生理层面和行为层面表现出来。高情绪觉察能力教师具有更丰富的情感图式，可以促使其在情绪信息的前注意和感觉加工阶段更早地注意到情绪信息，这表现为

VPP 等早期成分的幅值（生理中的 ERP 指标）更大、首次进入时间和进入前的注视点个数（眼动指标）更短和更少，从而出现情绪的注意定向偏向（行为指标）；在知觉分析阶段更容易表现出更小的 N200 等中期成分的幅值（生理中的 ERP 指标），注视点个数多但注视时间短的注视模式（眼动指标）；在任务决策及深入加工阶段耗费更多的注意资源，表现为 N450 等晚期成分幅值（生理中的 ERP 指标）更大，表现出在情绪无关任务下对情绪信息的解除更简单（行为指标）。此外，在需要教师沉着应对课堂突发事件、课堂教学情绪等师生交往的觉察过程中，高情绪觉察能力的专家型教师的生理唤醒和情绪反应更小（生理中的生物反馈指标），而低情绪觉察能力的新手型教师则生理唤醒更大，且基线也更大。在生生交往情境中，高情绪觉察能力教师在不同效价情境中的生理指标更具有区分度（生理中的生物反馈指标），并且主观报告的情绪强度也更大（主观报告指标）；而低情绪觉察能力教师不仅生理唤醒没有区分度，而且主观报告的情绪强度也更小，出现与情绪觉察困难群体——述情障碍组的生理唤醒模式类似的生理唤醒模式，即述情障碍组的生理唤醒呈现弥散和未分化模式，而正常组则呈现区分和局部的模式（Lloyd et al., 2021）。这丰富了情绪觉察与迷走神经功能的负反馈模型内容（Kanbara & Fukunaga, 2016），提示高情绪觉察能力教师这种负反馈还可能与教育教学要求密切相关。②在情绪觉察过程影响教师情绪觉察能力方面。由于研究受限不能采用追踪方式考察研究教师情绪觉察过程对情绪觉察能力的影响，所以此次研究从教师成长视角出发，采用新手－熟手－专家型教师研究范式比较了不同发展阶段教师情绪觉察能力和情绪觉察过程的差异。在情绪觉察能力方面，专家型和有担任班主任经历教师的情绪觉察能力得分最高。进一步的情绪觉察研究发现，在需要教师沉着应对课堂突发事件、课堂教学情绪等师生交往的觉察过程中，专家型教师的生理唤醒和情绪反应更小，而新手型教师则生理唤醒更大，且基线也更高。这些结果表明教师经验可以影响教师情绪觉察能力和情绪觉察过程。为此，结合情绪觉察能力本质在于情感图式的分化与整合程度这一理论，情感教学专家卢家楣教授指出情感图式可以不断帮助深化情绪认知，不断累积丰富的情绪体验（卢家楣，2000），提出专家型教师和班主任教师的情绪觉察经验主要体现为日常教学活动中进行更多有关情绪觉察认知练习和情绪体验累积。其中，觉察认知练习使得他们能更快且准确地觉察到学生情绪的细微之处，而更多的情绪体验累积促使他们在面对突发事件时及时调节自己的情绪，由此生理唤醒更小，从而在面临课堂突发事件等情境中做到处变不惊，从容应对。这些与以往研究发现有经验的教师在面对课堂教学情绪时能更好地调节自己（邱莉，2007），且使其更具教育性、合理性和接收性地应对突发事件（徐皓，2017）的结果一致。当然，情绪觉察认知练习与情绪体验训练这两条路径仅是基于理论分析得出的，其是否能真正地提升教师的情绪觉察能力还有待后续实证验证。

第七章

教师情绪觉察能力提升路径的实践与优化

教师情绪觉察整合模型不仅涵盖已被验证的教师情绪觉察能力、过程及能力与过程相互作用相关的模型，还基于情绪觉察能力的本质在于情感图式的分化与整合程度（Lane & Schwartz, 1987）、情感的发生机制（卢家楣，2000），结合前期系列实证结果与专家型教师与班主任教师的教育实践，构建了觉察认知训练和情绪体验练习两条通过丰富情感图式来提升教师情绪觉察能力的路径。为此，本章将通过两个教育实验实践来验证这两条途径的有效性，并基于干预结果提出优化这两条路径的建议。

第一节　教师情绪觉察能力提升路径的实践

教师情绪觉察能力提升的实践探索，主要依据教师情绪觉察整合模型中的情绪认知训练和情绪体验练习这两条路径来进行，通过团体心理辅导来实施这两方面的训练。这不仅可提升教师的情绪觉察能力，还可验证教师情绪觉察整合模型中提升路径的有效性。

一、情绪认知训练提升教师情绪觉察能力的实践

国内外情绪觉察能力提升策略研究中，无论是针对正常群体设计的情绪觉察训练方案（Lee & Wright, 2001）、情绪觉察干预指南（Tangen, 2017）和学生情绪训练计划（the emotion training with students, ETS）（Nitkowski, Laakmann, Petersen, Petermann & Petermann, 2017）、情绪觉察团体辅导（汪海彬，余圆圆，唐晓晨，2014）等，还是针对临床群体的情绪觉察和表达疗法（emotional awareness and expression therapy, EAET）（Lumley et al., 2021）、情绪觉察与表达面谈（emotional awareness and expression interview, EAEI）（Ziadni et al., 2018）、情绪觉察与表达训练（emotional awareness and expression training, EAET）（Thakur et al., 2017）、情绪觉察和技能提升项目（the emotional awareness and skills enhancement, EASE）（Conner et al., 2019）等，加强个体的情绪觉察认知训练是这些方案或方法中必不可少的环节。然而，以往这些训练方案更多地围绕情绪面孔展开（汪海彬，余圆圆，唐晓晨，2014），不具备运用于教师群体的针对性。我们前期的系列研究结果显示，教师觉察他人情绪方面不仅包括

觉察学生的面部情绪、躯体情绪，还包括觉察师生互动和生生互动中的情绪，这提示我们针对教师群体的情绪觉察练习内容不应局限于面部情绪，还应包括躯体情绪、师生互动和生生互动情绪。另外，在具体训练方法上，以往的方案更多基于各类情绪面孔特征的比较（Waliski & Carlson, 2008），然而最新一项研究借助于示范机器学习（robot learning from demonstration , LfD）来提升新手型教师的认知技能，其中的演示案例内容为专家型教师的眼动轨迹（Sakr, Freeman, Loos & Croft, 2020），这为我们提供了很好的借鉴方法。为此，基于前期系列眼动实验中专家型教师的眼动轨迹数据，我们设计了包括面部情绪、躯体情绪、师生互动和生生互动四个方面情绪的觉察认知训练方案，并探讨该方案对于提升教师情绪觉察能力的有效性。与此同时，我们构建的情绪觉察整合模型提出，情绪认知训练可以通过丰富情感图式来提升情绪觉察能力。为此，此次团体训练结果还验证了这一理论路径的有效性。

（一）对象与方法

1. 研究对象

采用自编的教师情绪觉察能力问卷对某高校小学教育和学前教育专业大一、大二和大三部分参加过教育实习或见习的 525 名学生（其中 2018 级 180 人，包括女生 175 人，男生 5 人；2019 级 170 人，包括女生 161 人，男生 9 人；2020 级 175 人，包括女生 164 人，男生 11 人）进行调查，收回有效问卷 523 份，有效率约为 99.6%。依据情绪觉察能力总分从低到高的排序，选取前 27% 的 60 名心理健康、无明显心理障碍或逻辑思维障碍的职前教师，然后随机平均分到实验组和控制组，其中实验组参与学生情绪觉察认知训练，控制组则不参与训练。

2. 研究工具

采用自编的教师情绪觉察能力问卷测量教师情绪觉察能力，问卷共有 21 个项目，包括觉察自己、觉察学生、觉察人际三个分量表；采用李克特 6 点计分制计总分，总分为各分问卷得分之和，总分越高表示教师情绪觉察能力越高。在本研究中，该问卷的 Cronbach's α 系数为 0.96，验证性因素分析拟合指数：x^2/df=3.88，*RMSEA*=0.08，*SRMR*=0.04，*CFI*=0.93，*TLI*=0.92。

3. 训练方案

以往研究中情绪认知训练内容以情绪面孔为主（汪海彬，余圆圆，唐晓晨，2014），但此次研究发现教师觉察他人情绪方面不仅包括觉察学生的面孔情绪，还包括觉察躯体情绪、师生互动和生生互动等方面的内容。尤为可贵的是，研究还采用了眼动、ERP 和生物反馈技术对躯体表情、师生互动和生生互动这三类情绪开展了不同情绪觉察能力教师的比较，采用新手 – 熟手 – 专家型范式研究躯体表情、师生互动类刺激，专家型教师的搜索模式和注视模式可为新手型教师的情绪觉察认知训练提供基础。为此，我们结合前期的研究成果，设计了涵盖面部表情、躯体表情、师生互动和生生互动四类情绪刺激的觉察认知训练方案，其中还进行了在无关任务下对面部表情和躯体表情这两类刺激的注意定向和转移训练。情绪觉察认知训练操共八个星期，具体内容如下（见表 7–1）。

表 7–1 情绪觉察认知训练方案

周次	训练内容
第 1 周	初识学生的情绪：探讨在教学过程中如何觉察学生的情绪；
第 2 周	面部表情觉察（上）：训练情绪任务下对面部表情的觉察；
第 3 周	面部表情觉察（下）：训练无关任务下对面部表情的觉察（结合眼动轨迹）；
第 4 周	躯体表情觉察（上）：训练对不同躯体表情的觉察（结合眼动轨迹）
第 5 周	躯体表情觉察（下）：训练对躯体表情 – 词冲突的觉察（结合 ERP 结果）
第 6 周	人际情绪觉察（上）：训练对师生互动场景（课堂突发事件）的觉察（结合眼动轨迹）
第 7 周	人际情绪觉察（下）：训练对生生互动场景的觉察（结合生理唤醒结果）
第 8 周	情绪觉察训练总结：分享觉察学生情绪方面的经验，展望今后如何将训练成果应用在实践中

4. 研究过程

实验采用实验组和控制组前后测设计，自变量为是否参与学生情绪觉察认知训练的团体训练，因变量是教师情绪觉察能力水平。实验具体包括以下过程。①实验组和控制组分组并施以前测，通过教师情绪觉察能力问卷筛选出得分低于总体的 27% 的 60 名学生，通过随机分配平均将其分为两组——实验组与控制组，并将此次调查作为两组的前测。②实验组干预，对实验组施以每周一次的情绪觉察认知训练，共进行八次训练，为期两个月，每次训练 45 分钟。每次训练包括情绪觉察认知训练和训练经验分享两个环节；而控制组则不做任何专门训练，正常参加学习、实习或见习等活动。③实验组和控制组施以后测，实验组结束团体心理辅导后的第二天，与控制组同时进行教师情绪觉察能力问卷后测。④通过 SPSS 25.0 对前后测数据进行分析整理，并计算效果量（权朝鲁 , 2003 ; 胡竹菁 , 2010)。

（二）结果与分析

1. 实验组与控制组前测比较

独立样本 *t* 检验结果显示，实验组和控制组职前教师情绪觉察能力问卷的总分及其下属的觉察自己、觉察学生、觉察人际三个维度的得分均不显著（*P*>0.05），这表明实验组与控制组被试干预前的情绪觉察能力总体上基本是同质的，可为后续干预效果的评估提供基础。前测比较具体结果见图 7–1、表 7–2。

表 7–2 实验组与控制组前测结果比较

	实验组		控制组		*t*	*d*
	M	*SD*	*M*	*SD*		
觉察自己	3.84	0.24	3.85	0.44	0.16	—
觉察学生	3.75	0.35	3.70	0.38	–0.53	—
觉察人际	3.75	0.34	3.76	0.32	0.06	—
觉察总分	3.78	0.22	3.77	0.23	–0.17	—

注：* 表示 P<0.05，** 表示 P<0.01，*** 表示 P<0.001, 下同。

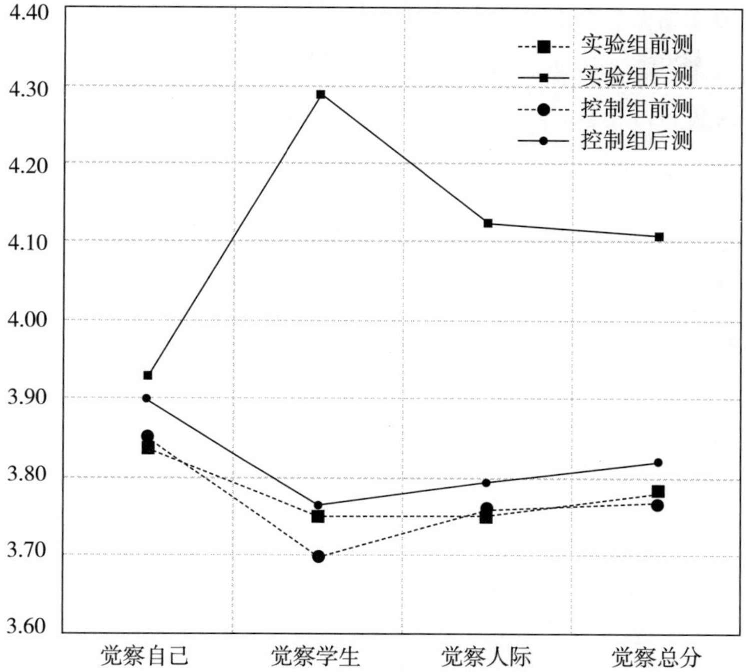

图 7–1　实验组和控制组前后测结果比较

2. 实验组与控制组后测比较

在开展情绪觉察认知训练两个月后，对实验组和控制组再次进行教师情绪觉察能力的后测。结果发现，实验组教师情绪觉察能力总分（$P<0.001$, $d>0.8$）及其下属的觉察学生（$P<0.001$, $d>0.8$）、觉察人际因子（$P<0.01$, $d>0.8$）的得分显著高于控制组的，尤其是觉察学生因子的效果量最大，但实验组和控制组在觉察自己因子上的得分差异不显著（$P>0.05$）。后测比较具体结果见表 7–3、图 7–1。

表 7–3　实验组与控制组后测结果比较

	实验组		控制组		*t*	*d*
	M	*SD*	*M*	*SD*		
觉察自己	3.93	0.30	3.90	0.49	0.23	—
觉察学生	4.29	0.37	3.76	0.38	5.42***	1.39
觉察人际	4.12	0.39	3.79	0.34	3.46**	0.97
觉察总分	4.11	0.28	3.82	0.28	4.00***	1.04

3. 实验组前后测比较

配对样本 t 检验结果显示，实验组情绪觉察能力总分（$P<0.001, d>0.8$）及其下属的觉察自己（$P<0.05, 0.2<d<0.5$）、觉察学生（$P<0.001, d>0.8$）和觉察人际（$P<0.001, d>0.8$）三个因子的后测得分均显著高于前测，其中觉察学生因子的效果最好，觉察总分和觉察人际次之，觉察自己最差，仅稍高于小效果量的标准，具体见表 7–4、图 7–1。这表明情绪觉察认知训练可以有效地提升教师的情绪觉察能力，觉察学生的效果更好，但觉察自己的效果还不够好。

表 7–4　实验组前后测结果比较

	前测		后测		t	d
	M	SD	M	SD		
觉察自己	3.84	0.24	3.93	0.30	–2.71*	0.38
觉察学生	3.75	0.35	4.29	0.37	–10.40***	1.54
觉察人际	3.75	0.34	4.12	0.39	–6.54***	1.01
觉察总分	3.78	0.22	4.11	0.28	–14.24***	1.50

4. 控制组前后测比较

配对样本 t 检验结果显示，控制组情绪觉察能力下属的觉察自己、觉察学生和觉察人际三个因子的前后测得分差异不显著（$P>0.05$），仅情绪觉察能力总分表现为后测显著高于前测（$P<0.05, 0.2<d<0.5$），但效果量接近小的效果。这表明两个月后控制组的情绪觉察能力得分有所提高，但仅体现在情绪觉察能力总分上。前后测比较具体结果见表 7–5、图 7–1。

表 7–5　控制组前后测比较

	前测		后测		t	d
	M	SD	M	SD		
觉察自己	3.85	0.44	3.90	0.49	–1.34	—
觉察学生	3.70	0.38	3.76	0.38	–1.16	—
觉察人际	3.76	0.32	3.79	0.34	–0.69	—
觉察总分	3.77	0.23	3.82	0.28	–2.22*	0.22

（三）讨论与结论

针对以往情绪觉察认知训练情绪面孔材料不足的局限（Waliski & Carlson, 2008; 汪海彬，余圆圆，唐晓晨，2014），在前期系列实验的基础上，我们设计了涵盖面部表情、躯体表情、师生互动和生生互动四类情绪刺激的觉察认知训练方案，并对30名职前教师开展为期两个月的训练，基本达到预期效果。

第一，干预效果方面。实验组和控制组的前测成绩差异不显著，但在两个月后实验组情绪觉察能力总分及其下属觉察学生、觉察人际因子的得分显著高于控制组的，并且这三个方面的差异均达到大的效果量，这初步表明此次情绪觉察认知训练方案可以提升教师的情绪觉察能力。实验还比较了控制组和实验组的前后测成绩，结果发现控制组的后测成绩虽然较前测有所提高，但仅体现在情绪觉察能力总分上，教师情绪觉察能力下属因子上的差异均不显著；实验组的后测成绩较前测有很大提高，依据效果量大小对其进行排序为觉察学生、觉察总分、觉察人际和觉察自己，其中前三个方面的效果量均属于高于大效果的标准，但觉察自己的效果量仅稍高于小效果的标准（权朝鲁，2003）。可见，实验组和控制组的后测成绩较前测成绩有所提高，尤其是控制组情绪觉察能力总分的变化还属于小的效果，但这不能完全排除成长等无关变量的影响，比较符合实际。因为在开展团体训练的两个月中实验组和控制组被试均正常参加了教育实习或见习，在这种实践中，他们觉察学生情绪的能力也会提升。当然总体而言，成长等无关变量的影响还是相对较小的。实验组的前后测比较基本验证了实验组和对照组之间的后测比较结果，即此次情绪觉察认知训练主要提升了情绪觉察中的觉察学生和觉察人际情绪的能力，这与我们此次方案针对觉察学生和觉察人际两个方面来设计的思路是高度一致的，而且与以往研究发现情绪觉察认知训练可以提升职前教师的情绪觉察能力（汪海彬，余圆圆，唐晓晨，2014）的结果比较一致。由此可见，此次情绪觉察认知训练方案是可行的。

第二，模型验证方面。在构建的教师情绪觉察整合模型中，我们依据前期研究结果和卢家楣教授的情感发生论（卢家楣，2000），理论构建了情绪觉察认知训练可以丰富情感图式，进而提升教师情绪觉察能力的路径。在情绪觉察认知训练方案中，我们依据情绪觉察过程的系列研究，设计了涵盖面部表情、躯体表情、师生互动和生生互动四类情绪刺激的训练内容，还使用了专家型教师在躯体表情、师生互动等方面的眼动轨迹来辅助训练，结果发现该方案可以有效地提升教师觉察学生和觉察人际情绪的能力。这不仅验证了情绪觉察认知训练可以通过丰富情感图式来提升教师情绪觉察能力的路径，还验证了模型中情绪觉察过程会影响情绪觉察能力的构想。当然比较遗憾的是由于实验条件有限，我们不能对训练环节做更全面的记录，如在团体辅导活动中不宜采用眼动技术来记录教师情绪觉察水平随着训练次数增加而提升的动态过程，而国外已经使用眼动技术开展了该方面的动态研究（Sakr, Freeman, Loos & Croft, 2020）；另外，bodily expression action stimulus test（BEAST）库中躯体表情材料数量不够（De gelder & Jan, 2011），研究还发现该库中高兴躯体表情材料的识别率不理想（Blanchard & Shiffrar, 2011; Ma, Liu, Zhong, Wang & Chen, 2014），生生互动仅有三种动画，这些都给训练带来了限制。今后我们需要解决这一难题，以更好地验证情绪觉察过程对情绪觉察能力的影响。

综上，设计涵盖面部表情、躯体表情、师生互动和生生互动四类情绪刺激的觉察认知训练方案，对低情绪觉察能力职前教师（新手型教师）进行了为期两个月的训练，结果发现教师在觉察学生和觉察人际方面的得分有明显提高。这不仅表明情绪觉察认知训练可以有效提升教师的情绪觉察能力，还验证了教师情绪觉察整合模型中情绪觉察认知训练可以通过丰富情感图式的方式来提升情绪觉察能力。

二、情绪体验练习提升教师情绪觉察能力的实践

在国内外针对正常群体和临床群体设计的许多行之有效的提升策略中，

情绪体验训练是这些策略必不可少的环节：国内方面我们设计的提升职前教师情绪觉察能力的团体辅导活动中，情绪体验训练是其中的环节之一（汪海彬，余圆圆，唐晓晨，2014）。国外方面，针对正常学生群体，研究者设计了凸显情绪体验训练的情绪聚焦训练项目（emotion-focused training program, EFTP）（Nitkowski, Laakmann, Petersen, Petermann & Petermann, 2017）和用于情绪体验描述的“我们的旅行”平台（Coughlan, Lister & Lucassen, 2021）；针对临床群体，研究者开发的情绪觉察和表达疗法（emotional awareness and expression therapy, EAET）（Burger et al., 2016; Lumley et al., 2016; Lumley et al., 2021; Lumley & Schubiner, 2019）中，情绪体验练习也是其最重要的环节之一。由此可见，情绪体验练习是提升情绪觉察能力的有效途径之一，然而关于情绪体验训练提升情绪觉察能力的内在机制尚不明确。

前文中的不同发展阶段教师或不同情绪觉察能力职前教师的人际情绪觉察过程的生物反馈研究发现，在需要教师沉着应对的课堂突发事件、课堂教学情绪等人际情绪觉察过程中，高情绪觉察能力的专家型教师的生理唤醒和情绪反应更小，而低情绪觉察能力的新手型教师则生理唤醒更大，且基线更高。这些结果提示专家型教师在处理课堂突发事件和课堂情绪的实践中可以更好地觉察并调节自身的情绪。这也与以往研究发现的有经验的教师在面对课堂教学情绪时能更好地调节自我的结果一致（邱莉，2007）。专家型教师具有更高的情绪觉察能力，情绪觉察能力的本质是情感图式的分化与整合程度（Lane & Schwartz, 1987），并且情绪体验累积可以丰富情感（卢家楣，2000）。由此我们在构建的教师情绪觉察整合模型中提出了情绪体验练习提升情绪觉察能力的路径，这一路径可以从专家型教师和班主任教师更多的情绪体验实践中进行理论推演得出，我们之前研究发现的情绪体验训练团体辅导可提升情绪觉察能力的实证得到验证（汪海彬，余圆圆，唐晓晨，2014）。然而，以往国内外有关情绪体验的训练主要针对个体的一般情绪，缺乏对体现教师职业特色的课堂教学情绪的训练。为此，加强职前教师教学情绪的体验练习对于其专业成长更有实践意义。

国内外研究者关于情绪体验具体训练方法还未达成共识，研究者主要通过情绪周记（汪海彬，余圆圆，唐晓晨，2014）、情绪体验语言描述（Coughlan, Lister & Lucassen, 2021）或口头描述（Burger et al., 2016）等方法进行训练。然而这些方法主观性较大，缺少统一规范的程序，仅部分研究者选择比较成熟的方法如正念来进行情绪体验和情绪觉察能力训练（Phillipot & Segal, 2009）。正念源于佛教，由修禅时的坐禅、冥想、参悟等发展而来，巴利文称之为Sati，又译为“心智知觉”，于1921年首次被翻译成英语mindfulness（正念）。卡巴金将正念定义为“一种有目的，不做评判的，将注意力集中在当下的一种觉知力”，并创造了“正念减压疗法”，至此系统的正念疗法正式诞生。在正念训练中，以Zinn的正念减压疗法和Teasdale的正念认知疗法流传最广（汪芬，黄宇霞，2011）。研究发现正念训练可激活情绪加工相关脑区（刘雷，王红芳，陈朝阳，2016；汪芬，黄宇霞，2011；陈语，赵鑫，黄俊红，陈思佚，周仁来，2011），因此其不仅可以缓解个体的负性情绪（于淑婷，徐慰，刘兴华，肖鲁川，2019；刘颖慧，赵春梅，贾莲等，2019），还可以提升个体积极的主观幸福感（孙俊芳，辛自强，包呼格吉乐图，张学敏，李翠云，2021）。由于正念训练要求训练者用一种开放、包容的态度去“面对”而不是“逃避”自身的情绪和想法，帮助训练者学习如何觉察自身的消极情绪并对其进行合理应对，从而达到训练效果，这与情绪觉察过程是高度一致的。为此，我们以比较成熟的Zinn的正念减压疗法和Teasdale的正念认知疗法为基础，以前期教师课堂突发事件和课堂教学情绪相关实验成果为训练内容，对不同情绪觉察能力职前教师（新手型教师）进行正念训练。这不仅可提升其情绪觉察能力，还实证验证了教师情绪觉察整合模型中情绪体验训练提升教师情绪觉察能力这一路径。

（一）对象与方法

1. 研究对象

采用自编的教师情绪觉察能力问卷对某高校小学教育和学前教育专业大

一、大二和大三部分参加过教育实习工作的442名学生（其中2017级92人，包括女生87人，男生5人；2018级180人，包括女生175人，男生5人；2019级170人，包括女生161人，男生9人）进行调查，收回有效问卷420份，有效率约为95.02%。依据情绪觉察能力总分从低到高进行排序，选取前27%的60名心理健康、无明显心理障碍或逻辑思维障碍的职前教师，然后随机将其平均分为实验组和控制组，每组人数为30人，其中实验组参与教学情绪正念训练，干预组不参与训练。

2. 研究工具

采用自编的教师情绪觉察能力问卷测量教师情绪觉察能力，问卷共有21个项目，包括觉察自己、觉察学生、觉察人际三个分量表。采用李克特6点计分制，总分为各分问卷得分之和，总分越高表明教师情绪觉察能力越高。在本研究中，该问卷的Cronbach's α系数为0.96，验证性因素分析拟合指数：x^2/df=3.88，*RMSEA*=0.08，*SRMR*=0.04，*CFI*=0.93，*TLI*=0.92。

3. 训练方案

以往的正念冥想课程主要用于缓解抑郁、焦虑等情绪障碍（于淑婷等，2019；刘颖慧等，2019），为设计更符合教师职业特色的训练方案，我们结合前期课堂突发事件和课堂教学情绪的相关实验研究，设计了包括正念冥想和教学情绪分享的教师正念方案。其中，正念冥想主要包括以下内容。①正念观呼吸，观察自身在舒适的端坐或平躺状态下，腹部随着呼吸而产生的起伏运动，或体会空气通过鼻腔进入肺部，在体内循环并排出体外的感受，以及当时的想法、情绪或感觉。②身体扫描，被试以端坐或平躺的姿势接受干预者的引导，干预者引导被试把注意力放在身体的各个部位上，感觉自己身体每一部分。当受试者产生其他想法或情感时，干预者引导被试不加判断地觉察它，并将注意力带回到对身体的感觉上。③其他非正式正念练习、正念行走、正念冥想和正念进食。为保证正念冥想的专业性，该部分训练内容选自睿心（Wiseheart）公众号；教学情绪分享环节主要指指导者在每次正念训练结束之后组织被试分享正念感受，讨论解决正念练习时遇到的困惑与问题，并分享教学情绪，包括积极和消极的教学情绪（见表 7–6）。

表 7–6 教师正念训练方案

周次	课程	课程内容
第 1 周	进入当下	初识正念（正念冥想）；你所经历的教学情绪（教学情绪体验分享）
第 2 周	正念呼吸	正念观呼吸（正念冥想）；教学情绪中的呼吸（教学情绪体验分享）
第 3 周	身体扫描	身体扫描（正念冥想）；教学情绪下身体的变化（教学情绪体验分享）
第 4 周	正念和情绪	感知情绪（正念冥想）；如何感知教学情绪（教学情绪体验分享）
第 5 周	应对困难情绪	面对困难（正念冥想）；课堂突发事件下的情绪（教学情绪体验分享）
第 6 周	友善练习	友善的态度（正念冥想）；如何应对负性情绪（教学情绪体验分享）
第 7 周	培养积极情绪	乐观心态（正念冥想）；如何培养乐观的心态（教学情绪体验分享）
第 8 周	面对未来	自行决定正念训练方式，总结感受，展望未来

4. 研究过程

实验采用实验组与控制组前后测设计，自变量为是否参与教师正念团体训练，因变量是教师情绪觉察能力水平。研究具体包括以下过程。①实验组与控制组进行分组并施以前测，通过教师情绪觉察能力问卷筛选出得分低于总体 27% 的 60 名学生，通过随机分配将其平均分为两组——实验组与控制组。②实验组干预，对实验组施以每周一次的正念训练，每次 1.5 小时。正念训练包括正念冥想与教学情绪体验分享两个环节，共进行八次，为期两个月。为保证干预效果，每次正念训练结束后都会发放此次正念训练的录音材料，方便被试在训练结束后自行进行练习，并布置家庭作业；控制组在此期间不做任何干预训练。③实验组与控制组后测，实验组在正念训练团辅结束后的第二天，与控制组同时进行教师情绪觉察能力问卷后测。④通过 SPSS 25.0 对前后测数据进行分析整理，并计算效果量（权朝鲁 , 2003 ; 胡竹菁 , 2010 ）。

（二）结果与分析

1. 实验组与控制组前测比较

独立样本 t 检验结果发现，实验组和控制组职前教师情绪觉察能力问卷的总分及其下属的觉察自己、觉察学生、觉察人际三个维度的得分均不显著（$P>0.05$）。这表明实验组与控制组被试干预前情绪觉察能力在总体上是同质的，可为后续干预效果的评估提供基础（见表 7–7、图 7–2）。

表 7–7　实验组与控制组前测比较

	实验组		控制组		t	d
	M	SD	M	SD		
觉察自己	3.95	0.59	3.98	0.53	–0.23	—
觉察学生	3.83	0.50	3.89	0.51	–0.47	—
觉察人际	3.77	0.75	3.72	0.53	0.30	—
觉察总分	3.85	0.50	3.86	0.44	–0.12	—

2. 实验组与控制组后测比较

在教师正念训练两个月后，对实验组和控制组再次进行教师情绪觉察能力测量。结果发现实验组教师情绪觉察能力总分（$P<0.05$, $0.5<d<0.8$）和觉察自己因子（$P<0.001$, $d>0.8$）的得分显著高于控制组的，尤其是觉察自己因子达到了大的效果量，但实验组和控制组觉察学生和觉察人际因子得分的差异不显著（$P>0.05$）（见表 7–8、图 7–2）。

表 7–8　实验组与控制组后测比较

	实验组		控制组		t	d
	M	SD	M	SD		
觉察自己	4.55	0.36	4.03	0.60	4.03***	0.87
觉察学生	4.15	0.43	4.00	0.48	1.20	—
觉察人际	4.12	0.59	3.87	0.64	1.54	—
觉察总分	4.27	0.33	3.97	0.45	2.99*	0.67

3. 实验组前后测比较

配对样本 t 检验结果发现，实验组情绪觉察能力总分（$P<0.001, d>0.8$）及其下属的觉察自己（$P<0.001, d>0.8$）、觉察学生（$P<0.01, 0.5<d<0.8$）和觉察人际（$P<0.05, 0.2<d<0.5$）三个因子的后测得分均显著高于前测的。这表明教师正念训练在情绪觉察能力总分和觉察因子上的效果最好，觉察学生次之，觉察人际最差，其效果量仅接近中等（见表 7–9、图 7–2）。

表 7–9　实验组前后测比较

	前测		后测		t	d
	M	SD	M	SD		
觉察自己	3.95	0.59	4.55	0.76	–5.16***	1.02
觉察学生	3.83	0.50	4.15	0.69	–3.55**	0.64
觉察人际	3.77	0.75	4.12	0.69	–2.54*	0.47
觉察总分	3.85	0.50	4.27	0.24	–5.75***	0.84

4. 控制组前后测比较

配对样本 t 检验结果发现，控制组情绪觉察能力下属的觉察自己、觉察学生和觉察人际三个因子的前后测得分差异不显著（$P>0.05$），仅情绪觉察能力总分表现为后测显著高于前测（$P<0.05, 0.2<d<0.5$），但效果量接近小的效果。这表明两个月后控制组的情绪觉察能力得分有所提升，主要体现在情绪觉察能力总分上（见表 7–10、图 7–2）。

表 7–10　控制组前后测比较

	前测		后测		t	d
	M	SD	M	SD		
觉察自己	3.98	0.53	4.03	0.60	–0.44	—
觉察学生	3.89	0.51	4.00	0.48	–1.63	—
觉察人际	3.72	0.53	3.87	0.64	–1.72	—
觉察总分	3.86	0.44	3.97	0.45	–2.90*	0.25

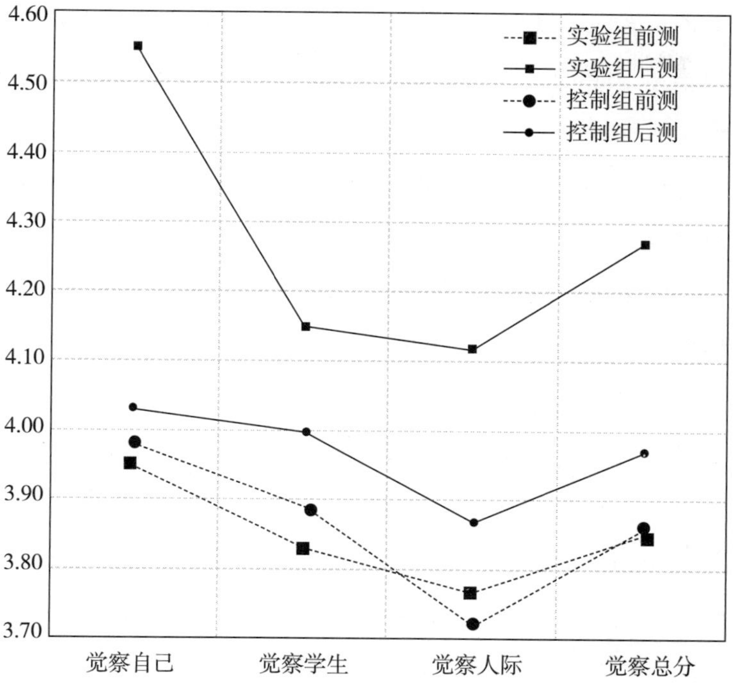

图 7-2　实验组与控制组前后测比较

（三）讨论与结论

以相对成熟的正念减压疗法和正念认知疗法为基础，以前期教师课堂突发事件和课堂教学情绪相关实验成果为训练内容，对不同情绪觉察能力职前教师（新手型教师）进行了为期两个月的教学情绪正念团体辅导，训练结果基本符合研究假设。这不仅验证了该途径可以有效地提升教师的情绪觉察能力，还验证了相关的理论模型。

第一，干预效果方面。实验组和控制组的同质性为进一步的实验组和控制组比较提供基础。实验组和控制组的前测结果显示，两组在教师情绪觉察能力总分及其下属因子上的得分差异均不显著，这表明两组被试在干预前是同质的。经过为期两个月的正念训练，结果发现实验组教师情绪觉察能力问卷的总分及其下属觉察自己、觉察学生和觉察人际三个因子的后测得分均显著高于前测的，并且觉察自己和觉察总分的差异达到了大效果，觉察学生达到中等效果，觉察人际接近中等效果。这初步表明正念训练可以有效提升职前教师的情绪觉察能力，尤其是觉察自己的能力。进一步的实验组和控制组的后测比较发现，实验组仅在觉察自己和觉察总分上得分显著高于控制组的，其中觉察自己达到大效果，觉察总分达到中等效果。由于团体辅导持续了两个月，为排除成长等无关变量的影响，我们还考察了控制组情绪觉察能力的前后测差异，结果发现虽然控制组的后测成绩较前测有一定的提高，但仅觉察总分差异显著，且该差异的效果量仅稍高于小效果的标准（权朝鲁，2003）。这表明，虽然不能完全排除成长对情绪觉察能力问卷得分的影响，但总体而言教师正念训练的情绪体验练习可以有效提升教师的情绪觉察能力，这与以往相关的结果（汪海彬，余圆圆，唐晓晨，2014）大体一致。结果还表明，此次正念训练对教师觉察自己因子的干预效果最明显，这可能是因为正念训练更多强调训练者用一种开放、包容的态度去面对自身的情绪（于淑婷，徐慰，刘兴华，肖鲁川，2019；刘颖慧，赵春梅，贾莲等，2019）。这与教师情绪觉察中觉察自己的对象也是自身情绪的结论高度一致，从而导致正念训练对觉察自己因子的干预效果最好，这也与我们前文的构想是一致的。

第二，模型验证方面。在教师情绪觉察整合模型中，我们依据专家型教师具有更高的情绪觉察能力，而情绪觉察能力的本质在于情感图式的分化与整合程度（Lane & Schwartz, 1987），并且情绪体验的累积可以丰富情感（卢家楣，2000），提出情绪体验训练可以丰富情感图式，进而提升教师的情绪觉察能力。此次教育实验的确发现正念训练这种情绪体验训练方法可以有效提升教师的情绪觉察能力，尤其是觉察自己情绪的能力，从而验证了路径的有效性，并进一步细化了我们之前笼统分析的情绪觉察练习与情绪体验训练两个环节对情绪觉察能力的共同影响，指出情绪体验训练对觉察自己的情绪的效果更佳。当然，实验过程中我们训练的材料包括课堂冲突事件和课堂教学情绪材料，这些情绪材料不仅涉及自己，还涉及师生的互动。可见，情绪体验训练可以提升觉察人际情绪的能力，然而此次实验中实验组的前后测在觉察人际方面的差异仅达到中等效果，并且实验组和控制组在该因子上的后测成绩差异不显著，这还有待后续进行进一步的探讨。此外，此次实验采用的是集体参与的团体辅导形式，因此不便借助于生物反馈技术以更好地展示教师在情绪觉察过程中的变化，然而国外针对临床群体已经设计了动态生物反馈程序（Derks, Klaassen, Westerhof, Bohlmeijer & Noordzij, 2019）。为此，今后可以结合生物反馈技术，不仅探讨情绪体验训练在提升情绪觉察能力方面的作用，还探寻情绪体验训练的变化过程，以更好地探明教师情绪觉察过程对情绪觉察能力的影响。

综上，以比较成熟的正念训练方法为基础，以教师课堂突发事件和课堂教学情绪为训练内容，对低情绪觉察能力职前教师（新手型教师）进行了为期两个月的教学情绪正念训练，结果发现职前教师在觉察自己方面有显著的进步。这不仅表明情绪体验训练可以有效地提升教师的情绪觉察能力，还验证了教师情绪觉察整合模型中的情绪体验训练可以通过丰富情感图式来提升情绪觉察能力的路径。

第二节　教师情绪觉察能力提升路径的优化

结合构建的教师情绪觉察整合模型中的情绪觉察过程训练可以通过丰富情感图式来提升情绪觉察能力的构想，结合教师职业特色设计针对教师群体的情绪觉察认知训练和教学情绪正念训练的方案，采用团体训练的方法在新手型教师群体中实施训练，并取得了一定的成果。本节将对两项团体训练结果进行总结，并提出今后教师情绪觉察能力提升路径优化的内容与方向。

一、教师情绪觉察能力提升路径总结

以情绪觉察认知训练和情绪体验练习为内容的情绪觉察过程训练方案不

仅可以有效地提升教师的情绪觉察能力，还验证了教师情绪觉察整合模型提升路径的有效性。

（一）有效地提升了教师的情绪觉察能力

国内外情绪觉察能力培养策略研究方面，研究者高度重视个体对情绪的认知训练、情绪的体验和表达，并开发出许多行之有效的方法和措施，如针对儿童、青少年学生等正常群体开发了正念训练方法（Phillipot & Segal, 2009）、情绪觉察训练方案（Lee & Wright, 2001）、情绪觉察干预指南（Tangen, 2017）、用于描述自己情绪体验的“我们的旅行”平台（Coughlan, Lister & Lucassen, 2021）、情绪聚焦训练项目（EFTP）、学生情绪训练计划（ETS）（Nitkowski, Laakmann, Petersen, Petermann & Petermann, 2017）等方法，如针对物质滥用、躯体形式障碍等身心疾患群体开发了诸如认知行为疗法（Davis, Kendall & Suveg, 2019）、支持性咨询（supportive counseling, SC）和认知－行为应对与沟通（CCI）（Virtue et al., 2019）及情绪觉察和表达疗法（EAET）（Lumley et al., 2021）等方法。尚未有针对教师群体的有针对性的培养方案，仅有我们之前针对职前教师开展的情绪觉察团体心理辅导（汪海彬，余圆圆，唐晓晨，2014）。然而该方案中的训练内容也只是一般情绪面孔和自身情绪的练习，未能体现教师的职业特色。为此，在前期系列研究的基础上，我们不仅设计了包括情绪面孔、躯体表情、师生互动和生生互动四类情绪刺激的情绪觉察训练方案，还设计了以正念为基础并体现课堂教学情绪的教学情绪体验练习方案。为了深入探索这两种方案提升教师情绪觉察能力的效果，我们还依据这两种方案对不同的新手型教师群体进行为期两个月的训练。结果发现，情绪觉察认知训练方案可以有效地提升新手型教师觉察学生和觉察人际的能力，但提升教师觉察自己能力的效果不够理想。而情绪觉察体验练习方案可以有效地提升新手型教师觉察自己的能力，但在觉察学生和觉察人际方面的效果不够理想。情绪觉察认知练习的提升效果与方案中涉及学生情绪和人际情绪两个方面的内容是高度一致的，而情绪体验训练的提升效果与方案中涉及自己情绪体验的内容也高度一致，但方案中还涉及人际情绪，这一方面未能有很好体现。虽然结果发现实验组在觉察人际上的后测得分高于前测的，但与控制组的后测差异不显著。可见，情绪觉察认知练习和情绪体验训练都可以有效地提升新手型教师的情绪觉察能力，但前者对于提升觉察学生和觉察人际能力的效果更好，而后者对于提升觉察自己能力的效果更好。这一结果不仅验证了我们以往研究的结论（汪海彬，余圆圆，唐晓晨，2014），还将不同训练方案在教师情绪觉察能力下属因子上的提升效果细化了，丰富了以往的研究。

（二）验证了教师情绪觉察能力的提升路径

以往国内外许多提升情绪觉察能力行之有效的方法虽然都提及情绪觉察认知训练和情绪体验练习是情绪觉察能力提升训练的重要环节（Coughlan, Lister & Lucassen, 2021; Lee & Wright, 2001; Lumley et al., 2021; Tangen, 2017），但研究者尚未提及其提高情绪觉察能力的内在机制。研究者还发现艺术（Burger et al., 2016; Mogro–Wilson & Tredinnick, 2020）、音乐（Lorenzo De Reizabal, 2019; Salur, Ala–Ruona, Ucar & Eren, 2017）、瑜伽（Pandya, 2018）和游戏（Hunt, 2010）等也可以提升情绪觉察能力，而这容易导致干预方案鸡尾酒效应的产生（汪海彬，卢家楣，陈宁，2013），使干预方案缺乏针对性。为此，我们在前期系列研究的基础上构建了教师情绪觉察整合模型。该模型依据情绪觉察发展水平模型（Lane & Schwartz, 1987）认为情绪觉察能力的本质在于情感图式的分化与整合程度，并依据情感发生机制（卢家楣，2000）认为个体在情绪觉察过程中可以通过认知深化和体验累积来丰富情感，由此情绪觉察认知训练和情绪体验练习可以丰富情绪觉察能力本质——情感图式，进而提升情绪觉察能力。事实上，该路径已经得到我们前期研究的初步验证（汪海彬，余圆圆，唐晓晨，2014）。但之前的研究中使用的测量工具是 Lane 等人的情绪觉察水平量表，训练内容不体现教师职业特色，为此此次研究设计了更富教师职业特色的训练内容，采用自编的教师情绪觉察能力问卷，并分别通过训练两个团体来验证该路径。需要说明的是，两个训练方案都结合了教师情绪觉察过程相关研究成果，如专家型教师的眼动轨迹、课堂教学情绪相关文本材料等，且训练的是新手型教师的情绪觉察能力，而非特质的情绪觉察能力。结果发现，情绪觉察训练和情绪体验练习均能显著提高新手型教师情绪觉察能力问卷的得分，并且前者更多地提高觉察学生和觉察人际两个因子的得分，而后者则更多地提高觉察自己因子的得分。这不仅表明教师进行多次情绪觉察训练可以提升情绪觉察能力，还表明不同的训练内容可以提升情绪觉察不同方面的能力。由此可见，该结果不仅验证了情绪觉察训练可以提升情绪觉察能力的构想，还验证了情绪觉察认知训练和情绪体验练习是丰富情感图式，进而提升情绪觉察能力的有效路径。

二、教师情绪觉察能力提升路径展望

情绪觉察认知训练和情绪体验练习方案虽然可以有效地提升新手型教师的情绪觉察能力，但尚存一些有待改进的地方。后续研究可以从以下两个方面进行深入探究，以更好地促进教师情绪觉察能力的培养。

（一）丰富教师情绪觉察训练的内容

相较于以往的情绪觉察能力培养策略，此次教师情绪觉察训练内容更突显了教师的职业特色：情绪觉察认知训练的内容不仅涉及以往训练中提及的情绪面孔（Waliski & Carlson, 2008; 汪海彬 , 余圆圆 , 唐晓晨 , 2014），还结合我们前期的研究加入了学生的躯体情绪、师生互动（课堂冲突事件场景）和生生互动等与课堂教学密切相关的情绪刺激材料；情绪体验认知练习也弥补了以往研究仅针对个体一般情绪的不足，结合前期的研究开展了师生互动、课堂常见教学情绪等具有教师职业特色的情绪的正念练习，结果表明这两个训练方案在提升教师情绪觉察能力方面具有良好的效果。然而，教师教育教学中的情绪是非常丰富的，远不止方案中所提及的，如我们理论构建的教师情绪觉察能力结构模型（见图 3–2）中包括自己、他人和环境三个方面的内容。自己方面可以细化为教育教学情绪、非教育教学情绪和人际情绪三个方面的内容，其中教育教学情绪和师生互动情绪最能凸显教师的职业特色；他人方面包括他人的个体情绪和他人的人际情绪，其中学生个体内的情绪和学生间的人际情绪最能凸显教师的职业特色；环境方面包括自然环境、社会环境和教育中介，其中教育中介中的教学内容和教学环境最能凸显教师的职业特色。虽然进一步的实证研究仅提取出最能凸显教师职业特色的情绪觉察能力结构成分，但不同发展阶段教师在结构上还存在差异，如在我们前期访谈中，专家型教师还提及通过学生作业（包括内容和态度）来觉察学生情绪，甚至还提及需要觉察学生在课堂上积极高唤醒情绪背后的情绪（周倩，丁曼莉，汪海彬，2021；汪海彬，陈宁，丁宁，2020）。这提示我们今后还要结合这些理论构想和成果开展其他的情绪刺激的觉察训练。

第一，教师自身情绪方面。此次方案的训练内容虽然包括满足、愉快、焦虑和愤怒的教学情绪，但这些情绪仅是复合情绪，而最高水平的情绪觉察则涉及对复合的混合情绪的觉察（Lane, & Schwartz, 1987），而研究者开展了混合情绪方面的众多研究（潘发达，李其维，2011），甚至发现适当的混合情绪可以促进心理健康，甚至可以提升幸福感（孙五俊，姜媛，方平，2021）。由此可见有必要加强教师对混合情绪的觉察练习，以提升教师的幸福感。另外，作为人类的高级情绪——自我意识情绪对个体的自我调节和人际互动具有重要意义（俞国良，赵军燕，2009；冯晓杭，张向葵，2007），这对于教师群体尤为重要。有研究已经论及教师职业内疚（刘万海，2011）、羞怯（武云鹏，韩丕国，武建芬，高峰强，2014）和自豪（张乃佳，1994）等教师自我意识情绪，强调课堂突发事件中的教师尴尬也是典型情境之一（季诚钧，1994；汪明帅，2013）。为此，今后需要结合教师的职业特色加强混合情绪和自我意识情绪等自身更为复杂的情绪的觉察训练。

学生情绪方面。此次方案虽然训练教师对学生面孔表情、躯体情绪、情绪词和师生互动中的课堂突发事件及生生互动场景等方面情绪刺激的觉察，但 bodily expression action stimulus test（BEAST）库中躯体表情材料数量不够（De gelder & Jan, 2011），研究还发现该库中高兴躯体表情材料的识别率不理想（Blanchard & Shiffrar, 2011; Ma, Liu, Zhong, Wang & Chen, 2014），生生互动仅有三种动画，这些都给训练带来阻碍。为此，我们今后要编制更多躯体情绪和生生互动场景材料供教师训练使用；另外，正如上文提及的，自我意识情绪具有重要的人际功能，并且自我意识情绪的外在表现需要通过面部情绪和躯体等的组合才能被觉察（俞国良，赵军燕，2009；冯晓杭，张向葵，2007）。为此，后续需要加强面孔情绪和躯体情绪组合以反映出自我意识情绪的觉察练习。

环境方面。虽然我们之前的问卷未能探索出环境这一因子，但情感教学理论研究者却高度重视教师对教材内容情绪的觉察、挖掘与表达（卢家楣，2000），为此今后还要进一步加强教师对环境中情感因素的觉察训练，以更好地开展情感教育和教学。总之，虽然我们验证了情绪觉察认知训练和情绪体验练习是教师情绪觉察能力提升的有效途径，但训练内容还有待进一步挖掘与丰富，以更好地凸显教师群体的职业特色，并最终服务于教师的教育教学实践。

（二）重视教师情绪觉察过程的监测

为在教师情绪觉察过程中通过丰富情感图式的方式来提升情绪觉察能力，我们高度重视情绪觉察过程，尤其在情绪觉察认知训练中结合专家的眼动轨迹来辅助训练。但由于条件有限，两个方案在团体训练中未能很好地凸显过程性：其中情绪觉察认知训练中未能借助于眼动技术记录个体的注视模式随着训练次数变化的动态过程，但国外最新的借助于示范机器学习（robot learning from demonstration，LfD）来提升新手型教师的认知技能的研究中记录了新手型教师训练过程中的眼动变化（Sakr, Freeman, Loos & Croft, 2020）；在情绪认知训练中未能借助于生物反馈技术记录个体的生理唤醒随着训练改善的过程，但国外的一些研究者为提升情绪觉察能力开发了动态生物反馈程序，实时监测个体的生理唤醒（Derks, Klaassen, Westerhof, Bohlmeijer & Noordzij,

2019）。总之，我们验证了教师情绪觉察过程训练可以提升情绪觉察能力的构想，但对于训练中的情绪觉察过程的监测却不够。未来我们可以进一步借助于团体眼动追踪和团体无线生物反馈技术实时记录教师训练的过程变化，甚至结合个体的过程训练结果，推送个性化的情绪觉察过程训练方案，以提升教师情绪觉察训练的时效性。

综上，研究虽然发现情绪觉察认知训练和情绪体验练习是有效提升教师情绪觉察能力的途径，并实证验证了教师情绪觉察整合模型中的提升路径，但对于训练内容和过程的监测尚不足。未来可以通过加强教师对自身更为复杂的混合情绪和对人际更有益的自我意识情绪等的情绪体验练习，以提升其觉察自身情绪能力，从而为调节自身情绪，从容应对各种突发事件提供基础，进而提升自身的心理健康水平，增加幸福感并构建起良好的师生关系；通过加强教师对学生更为复杂的自我意识情绪和更多生生互动等情绪的觉察认知训练，以提升其觉察他人和人际情绪的能力，精准把握学生个体内与个体间的情绪，进而做好学生和班级的教育教学和管理工作；通过加强教师对教材、教学环境等环境中情感因素的觉察认知训练，以提升其觉察环境情绪的能力，并充分发挥这些情感因素在教育教学中的优化作用，最终实现扎实且有效的情感教育。

参考文献

白学军、岳鹏飞:《情绪标注对负性情绪的抑制：来自自主神经活动的证据》，载《心理学报》，2013 年第 7 期，第 715~724 页。

白云飞:《小学数学新手教师与专家教师教材处理能力差异的研究》，沈阳师范大学硕士学位论文，2013 年。

柏建玲:《小学新手教师与专家教师儿童观的比较——以 R 小学为例》，浙江师范大学硕士学位论文，2018 年。

鲍雯华、吕峰波:《小学数学课堂小结教学的比较研究——以新手型和专家型教师为例》，载《湖州师范学院学报》，2019 年第 12 期，第 82~88 页。

蔡辰梅:《中小学教师的偏差性师德认知及其重建》，载《中国教育学刊》，2019 年第 6 期，第 83~88 页。

陈宁、汪海彬:《论师爱素质》，载《教育伦理研究》，2017 年，第 339~347 页。

陈宁、张萍:《师爱素质研究》，上海：上海交通大学出版社，2016 年。

蔡双双:《高中化学专家型教师与新手型教师“电解质”PCK 的比较研究》，山东师范大学硕士学位论文，2020 年。

蔡文鹏、于海波、张水淼、潘昱、邓光辉、严进:《高抑郁军人情绪词注意偏向特点：基于情绪 Stroop 任务的实证研究》，载《解放军医学杂志》，2015 年第 12 期，第 1015~1018 页。

曹典:《幼儿园新手型和专家型教师情绪管理现状及影响因素研究》，安庆师范大学硕士学位论文，2019 年。

曾春燕、姚静：《专家 – 新手教师对课时内容规划的个案研究——以高中数学教师为例》，载《首都师范大学学报（自然科学版）》，2016 年第 5 期，第 15~24 页。

曾祥博：《公务员情绪智力问卷的编制》，信阳师范学院硕士学位论文，2016 年。

常丽：《新手、成手、专家型化学教师课堂教学即时性评价的个案比较研究》，东北师范大学硕士学位论文，2007 年。

陈立、杨琼：《特殊教育师范生专业认同与学习倦怠、学习效能感的关系研究》，载《中国特殊教育》，2018 年第 1 期，第 39~45 页。

陈宁、卢家楣、汪海彬：《教师共情预测能力及其策略的现状调查与启示》，载《教育研究》，2014 年第 9 期，第 83~89，103 页。

陈宁、卢家楣、汪海彬：《人际间情绪预测过程中的样例锚定效应》，载《心理科学》，2014 年第 4 期，第 930~935 页。

陈静安、陈琪、廖建全：《基于课例分析的专家教师与新手教师的 MPCK 比较》，载《内蒙古师范大学学报（教育科学版）》，2019 年第 3 期，第 57~62 页。

陈俊、易晓文：《拖延行为个体对人格特征词、拖延词的注意偏向》，载《心理科学》，2009 年第 2 期，第 316~319 页。

陈梅香、白学军：《事件率对专家与新手放射科医生医学图像视觉搜索的影响：来自眼动的证据》，载《心理与行为研究》，2017 年第 3 期，第 302~308 页。

陈顺森、白学军、沈德立、闫国利、张灵聪：《7 ~ 10 岁自闭症谱系障碍儿童对情绪面孔的觉察与加工》，载《心理发展与教育》，2011 年第 5 期，第 449~458 页。

陈向明：《扎根理论的思路和方法》，载《教育研究与实验》，1999 年第 4 期，第 58~63，73 页。

陈向明:《扎根理论在中国教育研究中的运用探索》，载《北京大学教育评论》2015 年第 1 期，第 8~21，194 页。

陈赟喆:《情绪劳动、情绪智力与工作倦怠的关系研究》，华东师范大学硕士学位论文，2009 年。

程路:《幼儿教师工作满意度与情绪管理能力的关系研究》，陕西理工大学硕士学位论文，2020 年。

崔慧丽、朱宁波:《高校教师教书育人楷模的角色类型和胜任特征分析》，载《当代教育科学》，2020 年第 3 期，第 29~33 页。

戴美霞、杨文翰、梁晶晶、林力孜、肖启蓬、郭翠华、静进:《大学生情绪注意偏向表现及其性别差异的实验研究》，载《中国心理卫生杂志》，2016 年第 11 期，第 858~863 页。

戴珅懿、马庆国、王小毅:《网络游戏成瘾者对成瘾相关线索的注意偏向：一项 ERP 研究》，载《心理科学》，2011 年第 6 期，第 1302~1307 页。

邓欢、江琦、冯淑丹:《让情绪进入觉知之光：情绪意识及相关研究》，载《教育生物学杂志》，2013 年第 3 期，第 208~213 页。

翟文萍:《技术支持下的新手教师和专家教师目视差异个案研究》，浙江师范大学硕士学位论文，2017 年。

丁俊兰:《新建本科院校新手与专家教师教学反思行为研究》，载《滨州学院学报》，2012 年第 3 期，第 116~119 页。

丁小斌、康铁君:《躯体表情：情绪识别的敏感器》，载《中国社会科学报》，2016 年。

丁小斌、康铁君、赵鑫、付军军:《躯体表情与面部表情加工进程比较》，载《心理科学进展》，2018 年第 3 期，第 423~432 页。

丁小斌、康铁君、赵鑫:《情绪识别研究中被“冷落”的线索：躯体表情加工的特点、神经基础及加工机制》，载《心理科学》，2017 第 5 期，第 1084~1090 页。

董洁、谢超香:《美国“国家年度教师”的优秀特征与制度反思》，载《教师教育论坛》，2019 年第 3 期，第 59~64，76 页。

董妍、俞国良：《青少年学业情绪问卷的编制及应用》，载《心理学报》，2007 年第 5 期，第 852~860 页。

董丽娜、陈红：《不同性度女性愤怒情绪诱发生理唤醒和主观体验的差异》，载《中国心理卫生杂志》，2017 年第 6 期，第 500~504 页。

董璐瑶：《幼儿园新手与专家型教师教学支持策略的使用研究——以集体教学活动为例》，东北石油大学硕士学位论文，2020 年。

董小妹：《初中生情绪觉察的影响因素研究：以教师为觉察对象》，上海师范大学硕士学位论文，2019 年。

方平、李洋、姜媛：《情绪躯体语言研究进展》，载《心理科学》，2009 年第 5 期，第 1155~1158 页。

费广洪、胡思静：《新手教师与专家教师课堂管理的视觉认知差异》，载《教育导刊》，2019 年第 3 期，第 76~81 页。

冯帮、张丹、沈三平：《近十五年我国中小学师生关系研究述评——基于 CNKI 期刊的统计分析》，载《教师教育学报》，2017 年第 5 期，第 73~81 页。

冯晓杭、张向葵：《自我意识情绪：人类高级情绪》，载《心理科学进展》，2007 年第 6 期，第 878~884 页。

冯艳慧、郭启华：《幼儿园教师实践性知识的特征与生成路径——基于新手、熟手、专家型教师的课堂实录》，载《北京教育学院学报》，2020 年第 6 期，第 9~15 期。

冯尊祥：《课堂“突发事件”的价值认识及应对策略》，载《教学与管理》，2015 年第 35 期，第 24~25。

宫火良、郑希付：《高述情障碍者的信息选择特征》，载《心理科学》，2010 年第 3 期，第 593~595 页。

郭伟：《高职教师课堂教学情绪的调节策略》，载《成人教育》，2011 年第 4 期，第 81~82 页。

郭凌婕：《高中教师课堂教学情绪研究》，福建师范大学硕士学位论文，

2012年。

郭婷婷、崔丽霞、王岩：《情绪复杂性：探讨情绪功能的新视角》，载《心理科学进展》，2011年第7期，第993~1002页。

郭婷婷、崔丽霞、王岩：《情绪复杂性：探讨情绪功能的新视角》，载《心理科学进展》，2011年第7期，第993~1002页。

韩秀秀：《新手型和专家型高中英语教师动机激发策略调查研究》，西安外国语大学硕士学位论文，2019年。

何宇畅：《大学生情绪管理能力与外倾性人格、情绪弹性的关系探究》，载《山西青年》，2021年第12期，第1~3页。

何振宏、赵婷、张丹丹：《正立和倒立的威胁性身体表情的识别》，载《心理科学》，2016年第1期，第158~165页。

贺伟婕、陈颖：《保险从业人员的情绪劳动、情绪智力对心理健康的影响研究》，载《长沙航空职业技术学院学报》，2018年第1期，第112~115页。

洪秀敏、张明珠：《幼儿园教师情绪劳动类型及其对工作满意度的影响——基于六省市幼儿园教师的潜在剖面分析》，载《教师教育研究》，2021年第1期，第68~74页。

胡晴：《大学生情绪管理能力与主观幸福感关系的研究》，西华师范大学硕士学位论文，2016年。

胡谊、吴庆麟：《质性比较专家与新手的物理学知识结构》，载《心理科学》，2006年第2期，第278~282。

胡瑞馨、杨成艳、邹吉林：《专家和新手教师对日常教学场景的情绪觉察加工差异：一项眼动研究》，载《第二十二届全国心理学学术会议摘要集》，2019年。

胡诗颖：《中学生情绪智力情境判断测验的编制与验证》，闽南师范大学硕士学位论文，2016年。

胡志坚：《课堂教学中新手和专家教师注意选择性特点的比较研究》，载《中小学教师培训》，2001年第9期，第8~10页。

胡竹菁、戴海琦:《方差分析的统计检验力和效果大小的常用方法比较》,载《心理学探新》,2011 年第 3 期,第 254~259 页。

胡竹菁:《平均数差异显著性检验统计检验力和效果大小的估计原理与方法》,载《心理学探新》,2010 年第 1 期,第 68~73 页。

花蓉:《教师教学效能感研究综述》,载《江西教育科研》,2006 年第 7 期,第 14~16 页。

华洁琼:《新手型与专家型幼儿教师观察解读能力比较研究》,载《宁波大学学报(教育科学版)》,2020 年第 6 期,第 123~128 页。

黄永俊:《积极情绪启动对特质焦虑大学生注意偏向的影响研究》,广西师范大学硕士学位论文,2011 年。

季诚钧:《试论课堂教学中的偶发事件》,载《江西教育科研》,1994 年第 3 期,第 41~43,45 页。

贾艳:《初中新手型和专家型英语教师职业认同对比研究》,内蒙古师范大学硕士学位论文,2018 年。

姜雪:《高中英语新手教师与专家型教师的教师信念对比研究》,沈阳师范大学硕士学位论文,2020 年

姜凤萍:《专家型教师和新手型教师教学监控能力的比较研究》,载《教育与职业》,2007 年第 36 期,第 86~87 页

蒋小钢、郑长龙、付立海:《专家 – 新手型教师“化学键”课堂教学行为特征分析》,载《化学教育》,2013 年第 4 期,第 50~53 页。

蒋长好:《大中学生面部表情加工的事件相关电位研究》,首都师范大学硕士学位论文,2006 年。

教育部:《关于印发〈幼儿园教师专业标准(试行)〉〈小学教师专业标准(试行)〉和〈中学教师专业标准(试行)〉的通知》,2012 年,http://old.moe.gov.cn//publicfiles/business/htmlfiles/moe/s6991/201212/145603.html。

教育部:《中共中央 国务院关于全面深化新时代教师队伍建设改革的意见》,2018 年,http://www.moe.gov.cn/jyb_xwfb/moe_1946/fj_2018/201801/

t20180131_326148.html。

教育部：《教育部关于印发〈新时代高校教师职业行为十项准则〉〈新时代中小学教师职业行为十项准则〉〈新时代幼儿园教师职业行为十项准则〉的通知》，2018 年，http://www.moe.gov.cn/srcsite/A10/s7002/201811/t20181115_354921.html。

金丽：《职前教师情绪觉察能力对情绪冲突加工的影响——行为和脑电研究》，上海师范大学博士学位论文，2019 年。

康翠、鞠慧敏：《新手教师教学设计专长培养策略——基于专家教师教学设计专长特征的分析》，载《中国电化教育》，2011 年第 8 期。第 100~103 页。

康玥媛：《国外优秀教师特征及启示——基于国外优秀教师认定标准及评奖条件的研究》，载《外国中小学教育》，2019 年第 2 期，第 51~59 页。

冷莉：《初中英语课堂新手教师与专家型教师指令语的对比研究》，西南大学硕士学位论文，2020 年。

黎安林、曹立人：《幼儿园专家教师和新手教师教学设计特征的研究》，载《教师教育研究》，2009 年第 4 期，第 37~43 页。

李静：《农村寄宿制初中生情绪智力、同伴关系、学业成绩的关系研究》，沈阳师范大学硕士学位论文，2016 年。

李莉：《中学数学新手－熟手－专家型教师备课策略的比较研究》，华东师范大学硕士学位论文，2014 年。

李敏、杨全印：《教师积极心理品质：发展现状及培养对策分析》，载《教师教育研究》，2020 年第 5 期，第 69~75 页。

李海燕：《真实的自己还是假装的表达情绪——教师情绪工作的心理历程分析》，载《教师教育研究》，2018 年第 1 期，第 103~109 页。

李慧云：《前情绪状态对快乐、愤怒情绪感染的影响》，天津师范大学硕士学位论文，2019 年。

李景国：《课堂教学突发事件原因探析》，载《教学与管理》，2009 年第 15 期，第 120~121 页。

李俊娇、陈伟、胡琰健、曹杨婧文、郑希付：《预期错误与急性应激对不同强度恐惧记忆提取消退的影响》，载《心理学报》，2021 年第 6 期，第 587~602 页。

李莉莉：《G 省特殊教育教师专业素养与课堂教学情绪的现状调查及其关系探究》，西北师范大学硕士学位论文，2019 年。

李林娜：《不同专业发展阶段幼儿教师的高质量教学活动观研究》，云南师范大学硕士学位论文，2020 年。

李启燕：《幼儿园新手教师和专家教师音乐学科教学知识（PCK）比较的个案研究》，福建师范大学硕士学位论文，2019 年。

李秋实：《高中英语阅读课中专家型教师与新手型教师反馈语的比较研究》，东北师范大学硕士学位论文，2015 年。

李翔宇、郑希付：《病理性网络使用者对情绪信息的注意偏向研究》，载《心理发展与教育》，2010 年第 4 期，第 357~363 页。

李晓晨：《基于隐性知识的化学新手教师与专家教师课堂教学比较研究》，山东师范大学硕士学位论文，2020 年。

李亚真、潘贤权、连榕：《新手 – 熟手 – 专家型教师主观幸福感与教学动机的研究》，载《心理科学》，2010 年第 3 期，第 704，705~707 页。

栗早霞：《小学教师课堂教学情绪管理的现状及对策研究》，沈阳师范大学硕士学位论文，2011 年。

连榕：《新手 – 熟手 – 专家型教师心理特征的比较》，载《心理学报》，2004 年第 1 期，第 44~52 页。

梁苗：《教学机智在应对课堂偶发事件中的表现》，载《思想政治课教学》，2010 年第 12 期，第 38~41 页。

梁宗保、杨韵、张光珍、杨元魁、郑文明等：《身体表情识别的 ERP 研究》，载《心理与行为研究》，2019 年第 3 期，第 318~325 页。

廖丽娟：《幼儿教师情绪管理的现状研究——以广州私立园幼儿教师为例》，广州大学硕士学位论文，2013 年。

廖美玲:《新手－熟手－专家型教师成就目标定向与人格特征的研究》，福建师范大学硕士学位论文，2002 年。

林崇德、杨治良、黄希庭:《心理学大辞典》，上海：上海教育出版社，2003 年。

凌辉、汪瑛、张建人、李浩:《新手－熟手－专家型教师幸福感的比较研究》，载《中国临床心理学杂志》，2016 年第 1 期，第 56~59 页。

刘丹、缴润凯、王贺立、李飞飞:《幼儿教师情绪劳动策略与职业倦怠的关系：基于潜在剖面分析》，载《心理发展与教育》，2018 年第 6 期，第 742~749 页。

刘露:《高中英语教师课堂教学机智现状及对策研究》，重庆三峡学院硕士学位论文，2020 年。

刘蕊:《不同专业发展阶段教师与园长互动研究——以 B 市七所幼儿园为例》，河北大学硕士学位论文，2020 年。

刘玉:《幼儿园新手型教师情绪管理能力现状、问题及提升策略研究——以安徽省芜湖市为例》，安徽师范大学硕士学位论文，2019 年。

刘萍、孙俊才、李丹:《高共情者对高兴面孔的注意偏向及其眼动证据》，载《第二十一届全国心理学学术会议摘要集》，2018 年。

刘青荣:《教学情绪的结构、现状及其影响效应》，上海师范大学硕士学位论文，2018 年。

刘万海:《论教师的职业内疚感》，载《教育发展研究》，2011 年第 10 期，第 11~15 页。

刘文娟、沈曼琼、李莹、王瑞明:《情绪概念加工与情绪面孔知觉的相互影响》，载《心理学报》，2016 年第 2 期，第 163~173 页。

刘晓睿:《高中英语新手型与专家型教师课堂反馈语对比研究》，牡丹江师范学院硕士学位论文，2021 年。

刘鑫鑫、但菲:《幼儿教师教学效能感与情绪智力的关系》，载《中国健康心理学杂志》，2019 年第 4 期，第 600~603 页。

刘亚、王振宏：《情绪 Stroop 效应与 Stroop 效应的关系》，载《心理科学》，2011 年第 4 期，第 806~812 页。

刘衍玲、张大均：《中小学教师的情绪工作研究》，北京：科学出版社，2015 年。

卢家楣：《情感教学心理学》，上海：上海教育出版社，2000 年。

卢家楣：《对情绪智力概念的探讨》，载《心理科学》，2005 年第 5 期，第 1242，1246~1249 页。

陆阳阳：《教师整合技术的学科教学知识（TPACK）的现状与改进研究——基于小学数学新手型与专家型教师的比较》，江南大学硕士学位论文，2018 年。

鹿丽丽：《小学教师课堂情绪现状及改进策略研究——以长春市 T 小学为例》，东北师范大学硕士学位论文，2012 年。

罗莎莎、靳玉乐：《智能时代教师角色的危机、成因及其应对——基于场景理论的视角》，载《教师教育研究》，2020 年第 3 期，第 53~59 页。

罗文明：《借偶发事件 促课堂教学》，载《思想政治课教学》，2003 年第 3 期，第 13 页。

罗晓路：《专家 – 新手型教师教学效能感和教学监控能力研究》，载《心理科学》，2000 年第 6 期，第 741~742 页。

吕海龙、周特跃、欧佩：《专家 – 新手型体育教师教学效能感及其课堂教学行为的探讨》，载《首都体育学院学报》，2009 年第 6 期，第 752~755，758 页。

吕梦思、席居哲、罗一睿：《不同心理弹性者的日常情绪特征：结合体验采样研究的证据》，载《心理学报》，2017 年第 7 期，第 928~940 页。

马辰：《中小学教师情绪胜任素质问卷的编制与初步应用》，浙江师范大学硕士学位论文，2013 年。

马多秀：《朱小蔓教授情感教育思想探析》，载《教育研究》，2020 年第 8 期，第 150~159 页。

马多秀:《朱小蔓先生情感性教师教育思想探析》，载《教师发展研究》，2020年第3期，第1~6页。

毛晋平、莫拓宇:《中小学教师心理资本、情绪劳动策略、工作倦怠的关系研究》，载《教师教育研究》，2014年第5期，第22~28，35页。

梅冬梅、许远理:《元情绪对情绪感受的抑制作用：来自ERP的证据》，载《心理与行为研究》，2015年第4期，第449~455页。

梅冬梅:《具体情绪到元情绪的ERP研究》，信阳师范学院硕士学位论文，2014年。

梅仲孙:《教育中的情和爱－儿童、青少年情感发展与教育研究40年》，上海：上海教育出版社，2018年。

孟佳:《大学生情绪管理能力问卷的编制》，山西医科大学硕士学位论文，2012年。

孟迎芳、连榕、郭春彦:《专家－熟手－新手型教师教学策略的比较研究》，载《心理发展与教育》，2004年第4期，第70~73页。

穆惠涛、张富国:《新时代我国教师队伍师德内化的突破口与实现路径——基于教师职业责任分析的视角》，载《现代教育管理》，2019年第4期，第91~95页。

潘发达、李其维:《存在与否？——混合情绪同时性体验与加工的理论争议与证据》，载《华东师范大学学报（教育科学版）》，2011年第4期，第40~47页。

彭家欣、杨奇伟、罗跃嘉:《不同特质焦虑水平的选择性注意偏向》，载《心理学报》，2013年第10期，第1085~1093页。

彭晓哲、周晓林:《情绪信息与注意偏向》，载《心理科学进展》，2005年第4期，第488~496页。

钱铭怡、武国城、朱荣春、张莘:《艾森克人格问卷简式量表中国版(EPQ–RSC)的修订》，载《心理学报》，2000年第3期，第317~323页。

茹学萍、朱立佳:《中小学教师情绪智力与教学效能感的关系》，载《教学与管理》，2014 年第 18 期，第 69~72 页。

秦虎、陈赟喆、孟慧：《情绪劳动、情绪智力与工作倦怠的关系》，载《心理研究》，2011 年第 1 期，第 49~54 页。

邱莉：《教师课堂情绪调节能力的研究》，上海师范大学博士学位论文，2007 年。

邱莉：《教师课堂情绪对教学效果影响的实验研究》，载《教育研究与实验》，2014 年第 1 期，第 72~76，85 页。

邱懿：《教师教学情绪的现状分析与优化策略》，载《上海教育科研》，2018 年第 9 期，第 32，55~58 页。

裘肖平：《利用课堂偶发事件 培养学生核心素养》，载《中学政治教学参考》，2017 年第 19 期，第 27~28 页。

屈廖健、邵剑耀：《大学教师情绪劳动与工作满意度、职业倦怠的关系——基于 21 世纪以来国内外实证研究的元分析》，载《重庆高教研究》，2020 年，第 1~11 页。

桑青松：《教师心理品质优化的理据及其实现路径》，载《安徽师范大学学报（人文社会科学版）》，2013 年第 6 期，第 706~711 页。

邵雅利：《新手－熟手－专家教师职业承诺与职业倦怠的研究》，福建师范大学硕士学位论文，2003 年。

邵雅利：《中学新手－熟手－专家教师的职业倦怠研究》，载《哈尔滨学院学报》，2009 年第 11 期，第 140~144 页。

申志敏：《基于视频材料的大学生情绪智力量表编制》，信阳师范学院硕士学位论文，2019 年。

沈潘艳、兰继军：《污名 / 反污名信息对被污名群体注意偏向的影响》，载《中国临床心理学杂志》，2018 年第 4 期，第 675~679 页。

盛书文：《高中生情绪智力量表的编制》，信阳师范学院硕士学位论文，2015 年。

司秀月：《专家型与新手型幼儿教师日常教学评价行为的比较》，广州大学硕士学位论文，2012 年。

宋倩：《高校教师胜任力模型及与工作绩效的关系研究》，广西师范大学硕士学位论文，2008 年。

宋广文、魏淑华：《论教师专业发展》，载《教育研究》，2005 年第 7 期，第 71~74 页。

宋家嘉：《初中物理新手教师和专家教师个体知识比较的个案研究》，沈阳师范大学硕士学位论文，2020 年。

孙静：《幼儿教师情绪管理的影响因素调查研究——以江苏省 A 市为例》，载《早期教育（教科研版）》，2018 年第 12 期，第 23~28 页。

孙阳、王元、张向葵：《幼儿教师职业承诺与情绪耗竭：情绪劳动的中介作用》，载《心理与行为研究》，2013 年第 4 期，第 497~502 页。

孙阳、张向葵：《幼儿教师情绪劳动策略与情绪耗竭的关系：心理资本的调节作用》，载《中国临床心理学杂志》，2013 年第 2 期，第 256~259，262 页。

孙俊才、卢家楣、郑信军：《中小学生的情绪表达方式认知及其与同伴接纳的关系》，载《心理科学》，2007 年第 5 期，第 1052~1056 页。

孙五俊、姜媛、方平：《混合情绪能促进心理健康吗？》，载《心理科学》，2021 年第 1 期，第 230~236 页。

孙兴华、薛玥、武丽莎：《未来教师专业发展图像：欧盟与美国教师核心素养的启示》，载《教育科学研究》，2019 年第 11 期，第 87~92 页。

覃永县：《乡村优秀小学教师专业特征研究——对广西 47 位小学“最美乡村教师”报道的内容分析》，载《河池学院学报》，2017 年第 1 期，第 116~121 页。

唐卫海、韩维莹、仝文：《专家教师与新手教师教学行为的比较》，载《天津师范大学学报（社会科学版）》，2010 年第 1 期，第 77~80 页。

田东晓：《关于小学教师在课堂突发事件中的处理方式的调查研究——基于处理方式对学生产生影响的视角》，东北师范大学硕士学位论文，2013 年。

田国秀、刘忠晖：《教师情绪劳动：三类情绪的区分与关系协调》，载《比较教育研究》，2021 年第 4 期，第 3~10 页。

田长伟：《高中物理专家 – 新手教师教学元认知的比较研究》，华东师范大学硕士学位论文，2015 年。

童阜兰：《课堂教学偶发事件的处理策略》，载《教育理论与实践》，2009 年第 2 期，第 41~42 页。

汪红：《新手型教师与专家型教师介入幼儿同伴冲突的比较研究》，沈阳师范大学硕士学位论文，2019 年。

汪海彬、曹立青、兰群、姚本先：《小学高年级学生的情绪觉察能力及其对学业成绩的影响》，载《中国儿童保健杂志》，2015 年第 3 期，第 242~244 页。

汪海彬、陈宁、陈峰：《中小学教师心理健康状况的横断历史研究》，载《上海教育科研》，2013 年第 2 期，第 41~45 页。

汪海彬、陈海燕、桑青松：《幼儿园教师心理健康变迁的横断历史比较》，载《学前教育研究》，2013 年第 5 期，第 42~48 页。

汪海彬、陈宁、丁宁：《“新手 – 熟手 – 专家型”教师情绪觉察结构的探索》，载《现代基础教育研究》，2020 年第 1 期，第 56~62 页。

汪海彬、江城、黄霏：《大学生的情绪觉察能力及其与情绪调节的关系研究》，载《黄山学院学报》，2016 年第 2 期，第 104~106 页。

汪海彬、卢家楣、陈宁、姚本先：《新世纪以来我国师生关系研究的探索》，载《中国德育》，2015 年第 19 期，第 19~24 页。

汪海彬、卢家楣、陈宁：《情绪智力的基础：情绪觉察的研究现状与展望》，载《心理科学》，2013 年第 3 期，第 748~752 页。

汪海彬、卢家楣、姚本先、桑青松、陈宁等：《职前教师情绪复杂性对情绪面孔加工的影响——来自行为、ERP 和眼动的证据》，载《心理学报》，2015 年第 1 期，第 50~65 页。

汪海彬、罗茜、徐秋霞、王艳：《我国“专家 – 新手”教师研究现状与启示》，载《宁波大学学报（教育科学版）》，2018 年第 5 期，第 107~114 页。

汪海彬、唐晓晨、徐俊华:《我国高校教师心理健康水平变迁的横断历史研究》,载《重庆文理学院学报(社会科学版)》,2015 年第 4 期,第 133~137 页。

汪海彬、余圆圆、唐晓晨:《优化职前教师情绪觉察能力的团体心理辅导研究》,载《赣南师范学院学报》,2014 年第 5 期,第 55~60 页。

汪海彬、张俊杰、刘婷、姚本先、朱运影:《情绪体验范围和区分性量表中文版在医学院大学生中应用的效度和信度》,载《中国心理卫生杂志》,2015 年第 7 期,第 549~550 页。

汪海彬、张鹏程、卢家楣、瞿琼、张燕:《职前教师情绪觉察能力对情绪信息注意偏向的影响》,载《心理发展与教育》,2020 年第 4 期,第 462~468 页。

汪海彬:《职前教师情绪觉察的特点及优化》,上海师范大学博士学位论文,2013 年。

汪海彬:《情绪觉察:教师情感教育能力的基础》,载《江苏教育》,2019 年第 96 期,第 1 页。

汪明帅:《课堂突发事件的分类及其处理策略——基于新教师的立场》,载《教育科学研究》,2013 年第 8 期,第 75~80 页。

汪新艳,赵熊璐子:《员工情绪管理对工作绩效影响的实证研究——以服务型企业为例》,载《江西社会科学》,2015 年第 11 期,第 231~235 页。

王丹:《高中英语新手型教师和专家型教师课堂教学设计比较研究》,淮北师范大学硕士学位论文,2018 年。

王蕾:《中学化学双语教师教学思路个案研究》,新疆师范大学硕士学位论文,2014 年。

王曼、黄敏儿、谢永标:《情绪复杂性对精神症状的影响途径及干预技术》,载《心理科学进展》,2016 年第 1 期,第 66~72 页。

王鹏:《新手 – 专家型化学教师教学观念比较》,陕西师范大学硕士学位论文,2013 年。

王平:《人工智能时代凸显情感教育需求》,载《中国教育报》,2020 年

5 月 28 日。

王双:《新进幼儿教师情绪工作与情绪智力的关系研究》，载《时代教育》，2016 年第 6 期，第 22~23 页。

王夫艳:《规则抑或美德：教师专业道德建构的理论路径与现实选择》，载《教育研究》，2015 年第 10 期，第 64~71，97 页。

王福兴、李文静、颜志强、段朝辉、李卉:《幼儿对威胁性刺激蛇的注意觉察：来自眼动证据》，载《心理学报》，2015 年第 6 期，第 774~786 页。

王福兴、芦咏莉、段朝辉、周宗奎:《不同经验教师对学生课堂行为加工的眼动研究》，载《心理发展与教育》，2013 年第 4 期，第 391~399 页。

王福兴、申继亮、田宏杰、周宗奎:《专家与新手教师对静态课堂教学场景的知觉差异》，载《心理发展与教育》，2010 年第 6 期，第 612~617 页。

王俊山、卢家楣:《中小学班主任情感素质结构与提升路径》，载《中国教育学刊》，2014 年第 2 期，第 95~98 页。

王俊山、卢家楣:《中小学班主任情感素质的调查研究》，载《心理与行为研究》，2015 年第 1 期，第 52~58 页。

王丽丽、冯文锋、贾丽娜、朱湘茹、罗文波等:《赢分与输分运动员面孔表情和身体姿势情绪的加工机制》，载《心理学报》，2018 年第 8 期，第 892~906 页。

王曼、黄敏儿、谢永标:《情绪复杂性对精神症状的影响途径及干预技术》，载《心理科学进展》，2016 年第 1 期，第 66~72 页。

王松云、卢家楣、汪海彬:《小学教师情绪觉察等级量表的编制及应用研究》，载《上海教育科研》，2018 年第 6 期，第 66~70 页。

王松云、汪海彬、李月春:《大学生情绪觉察能力及其与人格的关系》，载《上海青年管理干部学院学报》，2012 年第 2 期，第 38~41 页。

王松云:《小学教师情绪觉察的实证研究》，上海师范大学硕士学位论文，2013 年。

王文增、魏忠凤、王一鸣:《胜任力对中小学体育教师专业发展的影响:

职业认同和工作旺盛感的链式中介作用》，载《中国临床心理学杂志》，2020年第6期，第1289~1292页。

王晓婷：《情绪觉察团体辅导对初中生情绪觉察能力与心理健康的影响》，湖南师范大学硕士学位论文，2018年。

王妍、罗跃嘉：《大学生面孔表情材料的标准化及其评定》，载《中国临床心理学杂志》，2005年第4期，第21~23页。

王艳洁：《幼儿教师工作压力与情绪管理关系之研究》，陕西师范大学硕士学位论文，2019年。

王一牛、周立明、罗跃嘉：《汉语情感词系统的初步编制及评定》，载《中国心理卫生杂志》，2008年第22期，第608~612页。

王照萱、张雅晴、何柯薇、袁丽：《乡村教师感知的学校氛围对其工作满意度的影响：教师领导力和自我效能感的中介作用》，载《教师教育研究》，2020年第6期，第84~90，98页。

王紫微：《情绪复杂性量表的修订与相关研究》，河北师范大学硕士学位论文，2013年。

王紫嫣：《小学英语新手型教师与专家型教师课堂教学组织策略的比较研究》，淮北师范大学硕士学位论文，2017年。

魏宏聚：《课堂教学中的价值冲突事件与化解策略》，载《教育研究与实验》，2011年第4期，第33~36页。

吴先能：《专家－新手型教师研究与师资培训》，载《心理发展与教育》，1999年第2期，第63~65页。

吴勇毅、石旭登：《CSL课堂教学中的非预设事件及其教学资源价值探讨》，载《世界汉语教学》，2011年第2期，第237~245页。

武云鹏、韩丕国、武建芬、高峰强：《幼儿教师羞怯与孤独感的直接与间接关系》，载《中国心理卫生杂志》，2014年第11期，第859~864页。

夏蓓洁、刘药斐：《高校外语教师自主发展意识阶段性特征研究》，载《合肥学院学报（综合版）》，2021年第1期，第76~82页。

戚煜琛：《基于核心素养框架高中英语新手型教师与专家型教师文化意识的对比研究》，沈阳师范大学硕士学位论文，2020 年。

肖丽君：《幼儿教师情绪劳动、情绪智力与工作绩效的关系研究》，湖南师范大学硕士学位论文，2012 年。

肖丽萍：《国内外教师专业发展研究述评》，载《中国教育学刊》，2002 年第 5 期，第 61~64 页。

肖威龙：《专家－新手教师在师生合作任务上的行为与脑际神经同步差异》，浙江师范大学硕士学位论文，2020 年。

肖晓燕：《课堂偶发事件的辨识与调控》，载《教学与管理》，2013 年第 14 期，第 20~22 页。

谢丽丽、徐慧芳、姜媛、方平：《新手和专家警察对犯罪嫌疑人面部和情绪躯体语言识别的ERP研究》，载《心理学探新》，2016年第6期，第47~55页。

谢姗姗、林荣茂、连榕：《新手－熟手－专家型教师职业人格与倦怠关系》，载《宁波大学学报（教育科学版）》，2019 年第 3 期，第 52~58 页。

邢秀芳：《语文教师课堂教学情绪调节策略探究》，载《语文建设》，2013 年第 8 期，第 24~25 页。

熊田蕊：《西安市初中新手英语教师、熟手英语教师以及专家型英语教师信息化教学能力的对比研究》，西安外国语大学硕士学位论文，2019 年。

徐飞：《课堂突发事件对教师专业发展作用的研究》，西南大学硕士学位论文，2019 年。

徐皓：《小学新手教师课堂突发事件应对策略研究》，上海师范大学硕士学位论文，2017 年。

徐建平、谭小月、武琳、杨敏、谭书弋：《优秀中小学教师胜任特征分析》，载《教育学报》，2011 年第 1 期，第 48~53 页。

许远理：《情绪智力组合理论的建构与实证研究》，首都师范大学博士学位论文，2004 年。

严格、王卫：《新手型－专家型化学教师课堂导入策略研究》，载《林区教学》，2020年第8期，第88~91页。

杨红：《中小学教师情绪智力与教学效能感的关系研究——以北京市朝阳区为例》，载《北京教育学院学报（自然科学版）》，2016年第2期，第14~20页。

杨杰：《小学教师应对课堂偶发事件方式的调查研究——以H市实验一小为例》，淮北师范大学硕士学位论文，2015年。

杨蕾：《高中英语新手教师与专家教师课堂纠错行为的对比研究》，山东师范大学硕士学位论文，2018年。

《习近平总书记教育重要论述讲义》，北京：高等教育出版社，2020年。

杨叶恒：《幼儿园新教师情绪管理现状调查研究》，长春师范大学硕士学位论文，2016年。

叶国萍：《中学生情绪智力与自我调节学习关系的研究》，首都师范大学硕士学位论文，2005年。

尹筱莉、罗德红：《教学机智：应对学习事件与营造"不曾预约的课堂精彩"》，载《全球教育展望》，2009年第5期，第25~28页。

尹筱莉：《课堂教学特质论：对专家型与新手型化学教师课堂教学的深度解析》，北京：科学教育出版社，2012年。

于丽娟：《新手型教师和专家型教师英语课堂反馈对比研究》，载《佳木斯职业学院学报》，2015年第8期，第267页。

余琳燕：《优秀幼儿教师胜任特征结构的研究》，江西师范大学硕士学位论文，2008年。

俞群：《父母要觉察和调节自己的情绪 亲子良好沟通原则之七》，载《家庭教育》，1998年第12期，第36~37页。

俞国良、辛涛、申继亮：《教师教学效能感：结构与影响因素的研究》，载《心理学报》，1995年第2期，第159~166页。

俞国良、赵军燕：《自我意识情绪：聚焦于自我的道德情绪研究》，载《心理发展与教育》，2009年第2期，第116~120页。

俞国良：《专家－新手型教师教学效能感和教学行为的研究》，载《心理学探新》，1999 年第 2 期，第 32~39 页。

袁加锦、丁南翔、刘莹莹、杨洁敏：《无意识接受策略在挫折情景下的情绪调节效应：行为与生理证据》，载《中国科学：生命科学》，2015 年第 1 期，第 84~95 页。

袁小平：《人口统计学变量下的小学教师情绪智力调查研究》，载《吉林省教育学院学报》，2019 年第 10 期，第 110~114 页。

詹雅雯：《汉语教师课堂教学情绪影响因素研究——以泰国程逸府 27 所学校的汉语教师为例》，云南师范大学硕士学位论文，2017 年。

张敏：《国外教师职业认同与专业发展研究述评》，载《比较教育研究》，2006 年第 2 期，第 77~81 页。

张敏：《专家型与新手型外语教师的课堂教学决策比较研究》，云南师范大学硕士学位论文，2009 年。

张萍、葛明贵：《中小学教师教学效能感与工作满意度的关系分析》，载《教学与管理》，2013 年第 10 期，第 22~24 页。

张冉、叶超：《情绪劳动对特殊教育教师心理健康的影响：基于调节性中介模型的实证分析》，载《福建师范大学学报（哲学社会科学版）》，2018 年第 1 期，第 146~153，159，172 页。

张涛：《优秀教师特质分析——基于 43 位名师人生镜像的考察》，载《当代教育科学》，2017 年第 10 期，第 32~35 页。

张音、陈欣：《教师专业洞察力：内涵、要素与发展评价方法》，载《外国教育研究》，2019 年第 2 期，第 89~104 页。

张音：《课堂情境下全日制教育硕士的专业洞察力研究》，东北师范大学硕士学位论文，2019 年。

张宝仪、杨现民、胡永斌：《中小学课堂突发安全事件处理虚拟仿真系统的设计与开发》，载《现代教育技术》，2020 年第 8 期，第 98~105 页。

张丹丹、赵婷、柳昀哲、陈玉明：《恐惧情绪面孔和身体姿势加工的比较：事件相关电位研究》，载《心理学报》，2015 年第 8 期，第 963~970 页。

张冬梅、葛明贵：《教师情绪表达：为何与何为》，载《教育科学研究》，2021 年第 3 期，第 72~77 页。

张华军、朱小蔓：《“看见”学生：情感人文取向的课堂教学研究》，载《教育科学研究》，2019 年第 288 期，第 10~15 页 .

张梦瑶：《小学数学课堂师生言语互动的比较研究——以新手型和专家型教师为例》，南京师范大学硕士学位论文，2019 年。

张乃佳：《幼儿教师——我的自豪》，载《教育与职业》，1994 年第 6 期，第 32 页。

张鹏程、丁梦夏、王灿明：《积极情绪体验对创造力影响》，载《心理与行为研究》，2017 年第 5 期，第 613~618 页。

张鹏程、汪海彬、范苗苗、姜士成、卢家楣：《大学生情绪复杂性对情绪信息注意偏向的影响》，载《心理学探新》，2019 年第 3 期，第 226~231 页。

张奇勇、卢家楣、闫志英、陈成辉：《情绪感染的发生机制》，载《心理学报》，2016 年第 11 期，第 1423~1433 页。

张奇勇、卢家楣：《先入观念对情绪感染力的调节——以教学活动为例》，载《心理学报》，2015 年第 6 期，第 797~806 页。

张维民：《外语课堂新手、熟手、专家型教师话语对比分析——基于甘肃省两所高中英语教师的个案研究》，西北师范大学硕士学位论文，2009 年。

张学民、申继亮、林崇德：《小学教师选择注意与洞察力对课堂信息知觉的影响》，载《心理发展与教育》，2002 年第 3 期，第 57~62 页。

张玉志：《“一言以蔽之”岂能“一眼已闭之”——对课堂突发事件的应对与思考》，载《中学政治教学参考》，2016 年第 7 期，第 32~33 页。

赵刚：《课堂教育机智与突发事件的处置》，载《职业技术教育》，1996 年第 10 期，第 28~29 页。

赵翠芹：《小学新手教师与老教师关于课堂突发事件处理方式的比较研究》，沈阳师范大学硕士学位论文，2018 年。

赵丹丹:《新手教师与专家教师数学课堂教学评价语言比较研究》，山西师范大学硕士学位论文，2020 年。

赵思琦、张守臣:《冷漠无情特质与青少年外化行为问题的影响：道德推脱与情绪觉察的多重中介作用》，载《第二十二届全国心理学学术会议摘要集》，2019 年。

郑友富:《专家型教师与新手教师课堂提问的比较研究》，载《教育科学研究》，2009 年第 11 期，第 57~60 页。

钟蕾:《小学教师情绪管理现状及其改进策略研究——以天津市南开区小学为例》，天津师范大学硕士学位论文，2020 年。

钟芳芳、朱小蔓:《论当代教师道德生活的困境与自主成长：基于情感自觉的视角》，载《教师教育研究》，2016 年第 168 期，第 1~6 页。

周慧:《高校新手和专家型英语教师亲切性对比研究》，湖北工业大学硕士学位论文，2018 年。

周敏、程铄博、赵超:《基于扎根理论的大学生创业能力内涵因素研究》，载《广西社会科学》，2017 年第 12 期，第 202~206 页。

朱会从、向美:《新手型 – 专家型幼儿教师语言集体教学活动中理答行为的个案比较》，载《黄冈师范学院学报》，2021 年第 4 期，第 77~82 页。

朱连云:《小学数学新手和专家教师 PCK 比较的个案研究——青浦实验的新世纪行动之四》，载《上海教育科研》，2007 年第 10 期，第 47~50 页。

朱韶红、王东:《初中化学新手型教师与专家型教师在教学设计理念层面的比较研究——以“有关相对分子质量的计算”为例》，载《化学教与学》，2019 年第 12 期，第 44~46，69 页。

朱小蔓、丁锦宏:《情感教育的理论发展与实践历程——朱小蔓教授专访》，载《苏州大学学报（教育科学版）》，2015 年第 9 期，第 70~80 页。

朱小蔓、杨一鸣:《走向自我成长型教师培养的高师素质教育》，载《南京师大学报（社会科学版）》，2002 年第 1 期，第 61~65 页。

朱小蔓、朱永新:《中国教育：情感缺失》，载《读书》，2012 年，第

3~15 页。

朱小蔓:《创建情感师范教育》，载《江苏高教》，1994 年第 3 期，第 39~41 页。

朱小蔓:《情感教育论纲(第 3 版)》，南京：南京师范大学出版社，2019 年。

朱新言:《幼儿园专家型教师与新手型教师专业理念比较的个案研究》，福建师范大学硕士学位论文，2017 年。

朱旭东、张华军:《现代教师该有怎样的情感教育能力》，载《辽宁教育》，2014 年。

朱旭东、周钧:《教师专业发展研究述评》，载《中国教育学刊》，2007 年第 1 期，第 68~73 页。

朱旭东:《论教师专业发展的理论模型建构》，载《教育研究》，2014 年第 6 期，第 81~90 页。

朱旭东:《教师专业发展理论研究》，北京：北京师范大学出版社，2015 年。

邹锐:《论语文教师积极教学情绪对课堂教学的影响》，苏州大学硕士学位论文，2010 年。

祖静、张向葵、左恩玲:《手机依赖的大学生的情绪觉察特点》，载《中国心理卫生杂志》，2017 年第 5 期，第 412~417 页。

Abbass, A., Lumley, M. A., Town, J., Holmes, H., & Kisely, S. (2021). Short-term psychodynamic psychotherapy for functional somatic disorders: a systematic review and meta-analysis of within-treatment effects. *Journal of Psychosomatic Research*, 145, 110473.

Abernethy, B. (1988). Visual Search in Sport and Ergonomics: Its Relationship to Selective Attention and Performer Expertise. *Human Performance,* 1(4), 205~235.

Achinstein, B., Barrett, A. (2004). (Re)Framing Classroom Contexts: How New Teachers and Mentors View Diverse Learners and Challenges of Practice. *Teachers*

College Record, 106(4), 716~746.

Alaketuenter, E., Biemans, H., Tobi, H., & Mulder, M. (2013). Inquiry-based science teaching competence of primary school teachers: a Delphi study. *Teaching & Teacher Education*, 35(41), 13~24.

And ò , A., Vasilotta, M. L., Zennaro, A. (2021). The modulation of emotional awareness using non-invasive brain stimulation techniques: a literature review on TMS and tDCS. *Journal of Cognitive Psychology*. doi: 10.1080/20445911.2021.1954013.

Anttila, H., Pyhältö, K., Soini, T., & Pietarinen, J. (2017). From anxiety to enthusiasm: emotional patterns among student teachers. *European Journal of Teacher Education*, 40(2), 447~464.

Arani, M. (2016). Shared teaching culture in different forms: a comparison of expert and novice teachers' practices. *Educational Research for Policy & Practice*, 16(3), 1~21.

Aviezer, H., Trope, Y., & Todorov, A. (2012). Body cues, not facial expressions, discriminate between intense positive and negative emotions. *Science*, 338, 1225~1229.

Bagby, R. M., Taylor, G. J., Parker, J. (1994). The Twenty-item Toronto Alexithymia Scale--II. Convergent, discriminant, and concurrent validity. *Journal of Psychosomatic Research*, 38(1), 33~40.

Bajgar, J., Ciarrochi, J., Lane, R., Deane, F. P. (2005). Development of the Levels of Emotional Awareness Scale for Children (LEAS-C). *British Journal of Developmental Psychology*, 23(4), 569~586.

Baleghizadeh, S., Shahri, M. N. (2014). EFL teachers' conceptions of speaking competence in English. *Teachers & Teaching*, 20(6), 738~754.

Barba, R., Rubba, P. (1993). Expert and novice, earth and space science: teachers' declarative, procedural and structural knowledge. *International Journal of Science Education*, 15(3), 273~282.

Barchard, K. A., Picker, C. J. (2018). Computer Scoring of Emotional Awareness in a Nonclinical Population of Young Adults. *Journal of Personality Assessment*, 100(1), 107~115.

Beach, P., & McConnel, J. (2019). Eye tracking methodology for studying teacher learning: a review of the research. *International Journal of Research & Method in Education*, 42(5), 485~501.

Becker, E. S., Goetz, T., Morger, V., Ranellucci, J. (2014). The importance of teachers' emotions and instructional behavior for their students' emotions – An experience sampling analysis. *Teaching & Teacher Education*, 43, 15~26.

Behets, & Daniel. (1996). Comparison of visual information processing between preservice students and experienced physical education teachers. *Journal of Teaching in Physical Education*, 16(1), 79~87.

Behringer, J., Heider, J., Orthuber, F., Semmler, P., Spangler, G. (2015). Can unresolved attachment status after bereavement or separation be predicted from emotional awareness and heart rate variability? *Journal of Psychosomatic Research*, 78(6), 591~592.

Benbrika, S., Doidy, F., Carluer, L., Mondou, A., Buhour, M. S., Eustache, F., Desgranges, B. (2018). Alexithymia in Amyotrophic Lateral Sclerosis and Its Neural Correlates. *Frontiers in neurology*, 9, 566.

Beveren, M. L. V., Goossens, L., Volkaert, B., Grassmann, C., Wante, L., Vandeweghe, L., Braet, C. (2018). How do I feel right now? Emotional awareness, emotion regulation, and depressive symptoms in youth. *European Child & Adolescent Psychiatry*, 28(3), 389~398.

Blackley, S., Bennett, D., Sheffield, R. (2018). Pre-service teachers' articulation of their future selves. *Issues in Educational Research*, 28(4), 849~869.

Blackwell, J. (2020). Differentiating between teaching experience and expertise in the music studio: a pilot study. *Research Studies in Music Education*, 43(1), 74~87.

Blanchard, A., & Shiffrar, M. (2011). Does the threat advantage hypothesis extend to static body postures? *Journal of Vision*, 11, 108~108.

Boden, M. T., Berenbaum, H. (2007). Emotional awareness, gender, and suspiciousness. *Cognition and Emotion*, 21(2), 268~280.

Bottesi, G., Tesini, V., Cerea, S., & Ghisi, M. (2018). Are difficulties in emotion regulation and intolerance of uncertainty related to negative affect in borderline personality disorder? *Clinical Psychologist*, 22(2), 137~147.

Bradizza, C. M., Brown, W. C., Ruszczyk, M. U., Dermen, K. H., Lucke, J. F., & Stasiewicz, P. R. (2018). Difficulties in emotion regulation in treatment–seeking alcoholics with and without co–occurring mood and anxiety disorders. *Addictive Behaviors*, 80, 6~13.

Brants, W., Sharif, B., Serebrenik, A. (2019). Assessing the Meaning of Emojis for Emotional Awareness – A Pilot Study. *Paper presented at the Companion The 2019 World Wide Web Conference*. doi： 10.1145/3308560.

Bydlowski, S., Corcos, M., Jeammet, P., Paterniti, S., Berthoz, S., & Laurier, C., et al. (2005). Emotion–processing deficits in eating disorders. *International Journal of Eating Disorders*, 37(4), 321~329

Byra, M., Sherman, M. A. (1993). Preactive and Interactive Decision–Making Tendencies of Less and More Experienced Preservice Teachers. *Research Quarterly for Exercise & Sport*, 64(1), 46~55.

Calbi, M., Langiulli, N., Siri, F., Umilt à , M. A., Gallese, V. (2021). Visual exploration of emotional body language: a behavioural and eye–tracking study Visual exploration of emotional body language: a behavioural and eye–tracking study. *Psychological Research*, 85, 2326~2339.

Camodeca, M., Rieffe, C. (2013). Validation of the Italian Emotion Awareness Questionnaire for children and adolescents. *European Journal of Developmental Psychology*, 10(3), 402~409.

Campanella, S., Gaspard, C., Debatisse, D., et a1. (2002). Discrimination of emotional facial expressions in a visual oddball task: An ERP study. *Biological Psychology*, 59, 171~186.

Carter, K., Sabers, D., Cushing, K., Pinnegar, S., & Berliner, D. C. (1987). Processing and using information about students: a study of expert, novice, and postulant teachers. *Teaching and Teacher Education*, 3(2), 147~157.

Castej ó n, J. L., MartíNez, M. A. (2001). The personal constructs of expert and novice teachers concerning the teacher function in the Spanish educational reform. *Learning & Instruction*, 11(2), 113~131.

Chen, C. (2017). Expert Review. Science Mapping: A Systematic Review of the Literature. *Journal of Data & Information Science*, 2(2), 1~40.

Chen, C., Leydesdorff, L. (2014). Patterns of connections and movements in dual–map overlays: A new method of publication portfolio analysis. *Journal of the Association for Information Science & Technology*, 65(2), 334~351.

Chhatwal, J., & Lane, R. D. (2016). A Cognitive–Developmental Model of Emotional Awareness and Its Application to the Practice of Psychotherapy. *Psychodynamic Psychiatry*, 44(2), 305~325.

Chi, M. T. H. (2006). Two approaches to the study of experts' characteristics. In K. A. Ericsson, N., Charness, P., Feltovich & R. Hoffman (Eds.), *Cambridge Handbook of Expertise and Expert Performance* (pp. 21~30). Cambridge University Press, New York.

Coats, A. H., & Blanchard–Fields, F. (2008). Emotion regulation in interpersonal problems: the role of cognitive–emotional complexity, emotion regulation goals, and expressivity. *Psychology and Aging*, 23(1), 39~51.

Conesa, E. M., Ferrer, F. S., Murcia, M., & ML S á nchez–Ferrer. (2021). The application of a system of eye tracking in laparoscopic surgery: a new didactic tool to visual instructions. *Frontiers in Surgery*. Doi: 10.3389/fsurg.2021.643611.

Cortina, K., Miller, K., McKenzie, R., Epstein, A. (2015). Where Low and High Inference Data Converge: Validation of CLASS Assessment of Mathematics Instruction Using Mobile Eye Tracking with Expert and Novice Teachers. *International Journal of Science & Mathematics Education*, 13(2), 389~403.

Davide Matesupa Supsup Sup, A. B. S. A., Tirassasupa Sup, M. (2011). Knowledge construction: the role of the teacher's interpersonal attitudes. *Research Papers in Education*, 26(2), 245~265.

de Gelder, B., & Van den Stock, J. (2011). The bodily expressive action stimulus test (BEAST). Construction and validation of a stimulus basis for measuring perception of whole–body expression of emotions. *Frontiers in Psychology*, 2, 1~6.

Denicola,C.A. , Holt,N.A. , Lambert,A.J. , Cashon,C.H. (2013). Attention–orienting and Attention–holding Effects of Faces on 4– to 8–month–old Infants. *International Journal of Behavioral Development*, 37(2), 143~147.

Derks,Y.P.M.J., Klaassen,R. , Westerhof,G.J. , Bohlmeijer,E.T. , Noordzij,M. L. (2019). Development of an Ambulatory Biofeedback App to Enhance Emotional Awareness in Patients with Borderline Personality Disorder: Multicycle Usability Testing Study. *JMIR Mhealth and Uhealth*, 7(10), e13479.

Dimitrova, V. V. (2020). The role of attitudes in knowledge acquisition through informal problem–solving: the case of Bulgarian second and foreign language teachers. *Innovation in Language Learning and Teaching*. Doi:10.1080/17501229.2020.1846039.

Dunnebier, K., Grasel, C., Krolakschwerdt, S. (2009). Biases in teachers' assessments of student performance: An experimental study of anchoring effects. *Zeitschrift für Padagogische Psychologie*, 34(23), 187~195.

Ennis, C. D., Mueller, L. K., & Zhu, W. (1991). Description of knowledge structures within a concept–based curriculum framework. *Research Quarterly for Exercise & Sport*, 62(3), 309~318.

Eriksen, B. A., Eriksen, C. W. (1974). Effects of noise letters upon the identification of target letter in a non –search task. *Perception Psychophysiology*, 16(1), 143~149.

Etchepare, A., & Prouteau, A. (2018). Toward a Two–Dimensional Model of Social Cognition in Clinical Neuropsychology: A Systematic Review of Factor Structure Studies. *Journal of the International Neuropsychological Society*, 24(4), 391~404.

Flaisch, T., Häcker, F. Renner, B., & Schupp, H. T. (2011). Emotion and the processing of symbolic gestures: an event–related brain potential study. *Social Cognitive and Affective Neuroscience*, 6(1), 109~118.

Fowler, J. C., Charak, R., Elhai, J. D., Allen, J. G., Frueh, B. C., & Oldham, J. M. (2014). Construct validity and factor structure of the difficulties in emotion regulation scale among adults with severe mental illness. *Journal of Psychiatric Research*, 58, 175~180.

Frenzel, A. C., Pekrun, R., Goetz, T., Daniels, L. M., Durksen, T. L., Becker–Kurz, B., et al. (2016). Measuring Teachers' enjoyment, anger, and anxiety: The Teacher Emotions Scales (TES). *Contemporary Educational Psychology*, 46, 148~163.

Frewen, P., Lane, R. D., Neufeld, R. W. J., Densmore, M., Stevens, T., Lanius, R. (2008). Neural correlates of levels of emotional awareness during trauma script–imagery in posttraumatic stress disorder. *Psychosomatic Medicine*, 70(1), 27~31.

Friedlan De R, L., Lumley, M. A., Farchione, T., Doyal, G. (1997). Testing the alexithymia hypothesis: physiological and subjective responses during relaxation and stress. *Journal of Nervous & Mental Disease*, 185(4), 233~239.

Goldberg, P., Schwerter, J., Seidel, T., M ü ller, K., St ü rmer, K. (2020). How does learners' behavior attract preservice teachers' attention during teaching? *Teaching and Teacher Education*. doi: 10.1016/j.tate.2020.

Goolsby, T. W. (1999). A Comparison of Expert and Novice Music Teachers'

Preparing Identical Band Compositions: An Operational Replication. *Journal of Research in Music Education,* 47(2), 174~187.

Gratz, K. L., Roemer, L. (2004). Multidimensional Assessment of Emotion Regulation and Dysregulation: Development, Factor Structure, and Initial Validation of the Difficulties in Emotion Regulation Scale. *Journal of Psychopathology and Behavioral Assessment*, 26(1), 41~54.

Greene, C. A., McCoach, D. B., Briggs–Gowan, M. J., & Grasso, D. J. (2021). Associations among childhood threat and deprivation experiences, emotion dysregulation, and mental health in pregnant women. *Psychological Trauma: Theory, Research, Practice, and Policy,* 13(4), 446~456.

Gu, X., Hof, P. R., Friston, K. J., Fan, J. (2013). Anterior insular cortex and emotional awareness. *Journal of Comparative Neurology*, 521(15), 3371~3388.

Gu, Y. Y., Mai, X. Q, & Luo, Y. J. (2013). Do bodily expressions compete with facial expressions? Time course of integration of emotional signals from the face and the body. *PloS One*, 8, 1~9.

Guill é n–G á mez, F. D., Ramos, M. (2021). Competency profile on the use of ICT resources by Spanish music teachers: descriptive and inferential analyses with logistic regression to detect significant predictors. *Technology Pedagogy and Education*, 1~13.

Hochschild, Russell, A. (1979). Emotion Work, Feeling Rules, and Social Structure. *American Journal of Sociology*, 85(3), 551~575.

Horner, C. G., & Akiva, T. (2019). “You never know who’s looking at your page!” : African American male adolescents’ perceptions of emotional display rules online. *Journal of Research on Adolescence*, 30(S2), 315~332.

Igarashi, T., Komaki, G., Lane, R. D., Moriguchi, Y., Nishimura, H., Arakawa, H., et al. (2011). The reliability and validity of the Japanese version of the Levels of Emotional Awareness Scale (LEAS–J). *Biopsychosocial Medicine*, 5(2), 1~9.

Jani, M., Kikinis, Z., Losak, J., Pasternak, O., Szczepankiewicz, F., Heller, C., et al. (2021). Emotional Awareness in Schizophrenia Is Associated with Gray Matter Volume of Right Precuneus. *Frontiers in Psychiatry*. doi: 10.3389/fpsyt.2021.601742

Jänscha, C., Harmer, C., & Cooper, M. J. (2009). Emotional processing in women with anorexia nervosa and in healthy volunteers. *Eating Behaviors*, 10(3), 184~191.

K Nig, J., Kramer, C. (2015). Teacher professional knowledge and classroom management: on the relation of general pedagogical knowledge (GPK) and classroom management expertise (CME). *ZDM*, 48(1~2), 1~13.

Kanbara, K., & Fukunaga, M. (2016). Links among emotional awareness, somatic awareness and autonomic homeostatic processing. *BioPsychoSocial medicine*, 10, 16. https://doi.org/10.1186/s13030–016–0059–3.

Kang, S. M., Shaver, P. R. (2004). Individual differences in emotional complexity: Their psychological implications. *Journal of personality*, 72(4), 687~726.

Kaub, K., Karbach, J., Spinath, F. M., Br ü nken, R. (2016). Person–job fit in the field of teacher education–An analysis of vocational interests and requirements among novice and professional science and language teachers. *Teaching & Teacher Education*, 55, 217~227.

Keil, A., Bradley, M., Hauk, O., et a1. (2002). Large–scale neural correlates of affective picture processing. *Psychophysiology*, 39, 641~649.

Keskin, Z., Orlu, M. S., Ayas, A. (2018). Voicing Mathematics Teachers: A Holistic Overview of Their Early Career Challenges. *Educational Sciences: Theory and Practice*. doi: 10.12738/estp.2018.2.0025.

King, G., Specht, J., Petersen, P., Servais, M., Stewart, S., & Young, G., et al. (2014). The development of expertise in children's mental health therapists and teachers: changes in perspective and approach. *Educational Research*, 56(3), 277~294.

Krolakschwerdt, S., Bohmer, M., & Grasel, C. (2009). Goal–Directed Processing of Students' Attributes: The Teacher as "Flexible Thinker" . *Zeitschrift für Pädagogische Psychologie*, 23(34), 175~186.

Lane, R. D. (2006). Theory of emotional awareness and brain processing of emotion. In C. Kubo,T. Kuboki, C. Kubo, T. Kuboki (Eds.) , *Psychosomatic medicine: Proceedings of the 18thWorld Congress on Psychosomatic Medicine*, held in Kobe Japan, between 21 and 26 August2005 (pp. 116~121). New York, NY US: Elsevier Science.

Lane, R. D. (2020). Alexithymia 3.0: reimagining alexithymia from a medical perspective. *Biopsychosocial Medicine*, 14, doi: 10.1186/s13030–020–00191–x.

Lane, R. D. (2020). The construction of emotional experience: State–related emotional awareness and its application to psychotherapy research and practice. *Counselling and Psychotherapy Research*, 20(3), 479~487.

Lane, R. D., Hsu, C. H., Locke, D., Ritenbaugh, C., & Stonnington, C. M. (2015). Role of theory of mind in emotional awareness and alexithymia: implications for conceptualization and measurement. *Consciousness and Cognition*, 33, 398~405.

Lane, R. D., Quinlan, D. M., Schwartz, G. E., Walker, P. A., Zeitlin, S. B. (1990). The Levels of Emotional Awareness Scale: a cognitive–developmental measure of emotion. *Journal of personality assessment*, 55(1–2), 124~134.

Lane, R. D., Reiman, E. M., Axelrod, B., Yun, L. S., Holmes, A., Schwartz, G. E. (1998). Neural correlates of levels of emotional awareness: Evidence of an interaction between emotion and attention in the anterior cingulate cortex. *Journal of Cognitive Neuroscience*, 10(4), 525~535.

Larson, M. J., Kaufman, D. A., & Perlstein, W. M. (2009). Neural time course of conflict adaptation effects on the Stroop task. *Neuropsychologia*, 47, 663~670.

Lichev, V., Sacher, J., Ihme, K., Rosenberg, N., Quirin, M., Lepsien, J., Suslow, T. (2015). Automatic emotion processing as a function of trait emotional awareness: an fMRI study. *Social Cognitive and Affective Neuroscience*, 10(5), 680~689.

Lindquist, K. A., & Barrett, L. F. (2008). Emotional complexity. *In Handbook of emotions* (3rd ed., pp. 513~530). New York, NY US: Guilford Press.

Liotti M, Woldorff, M. G., Perez, R., Mayberg, H. S. (2000). An ERP study of the temporal course of the Stroop color–word interference effect. *Neuropsychologia*, 38, 701~711.

Liu, Q., Zhang, N., Chen, W., Wang, Q., Yuan, Y., Xie, K. (2020). Categorizing teachers' gestures in classroom teaching: from the perspective of multiple representations. Social Semiotics. doi： 10.1080/10350330.2020

Lloyd, C. S., Stafford, E., McKinnon, M. C., Rabellino, D., D' Andrea, W., Densmore, M., et al. (2021). Mapping alexithymia: Level of emotional awareness differentiates emotion–specific somatosensory maps. *Child Abuse and Neglect. doi*: 10.1016/j.chiabu.2020.104919.

Ma, J. L., Liu, C., Zhong, X., Wang, L., & Chen, X. (2014). Emotional body–word conflict evokes enhanced N450 and slow potential. *PloS ONE*, 9(5), e95198.

Mankus, A. M., Boden, M. T., Thompson, R. J. (2016). Sources of variation in emotional awareness: Age, gender, and socioeconomic status. *Personality and Individual Differences*, 89, 28~33.

Maroti, D., Ek, J., Widlund, R. M., H Schubiner, & Johansson, R. (2021). Internet–administered emotional awareness and expression therapy for somatic symptom disorder with centralized symptoms: a preliminary efficacy trial. *Frontiers in Psychiatry*. doi: 10.3389/fpsyt.2021.620359.

Mayer, J. D., & Salovey, P. (1997). *What is emotional intelligence*? In P. Salovey, & D. Sluyter (Eds.), Emotional development and emotional intelligence: educational implications (pp.3~34). New York: Basic Books.

McKnight, J. (2013). Using Emotional Intelligence as a Basis for Developing an Online Faculty Guide for Emotional Awareness. *Journal of Instructional Research*, 2, 19~29.

McRae, K., Reiman, E. M., Fort, C. L., Chen, K., Lane, R. D. (2008). Association between trait emotional awareness and dorsal anterior cingulate activity during emotion is arousal-dependent. *Neuroimage*, 41(2), 648~655.

Meeren, H. K. M., van Heijnsbergen, C. C. R. J., & de Gelder, B. (2005). Rapid perceptual integration of facial expression and emotional body language. *Proceeding of the National Academic Sciences of the United States of Americia*, 102, 16518~16523.

Miller, M.E., Borowski, S. & Zeman, J.L. (2020). Co-Rumination Moderates the Relation between Emotional Competencies and Depressive Symptoms in Adolescents: A Longitudinal Examination. *Journal of Abnormal Child Psychology*, 48, 851~863.

Nandrino, J., Baracca, M., Antoine, P., Paget, V., Bydlowski, S., Carton, S. (2013). Level of emotional awareness in the general French population: Effects of gender, age, and education level. *International Journal of Psychology*, 48(6), 1072~1079.

Nasri, N. M., Yusof, Z. M., Ramasamy, S. A., Halim, L., Ming, L. W. (2011). Personal constructs: Novice and expert science teachers concerning teacher function. *Procedia-Social and Behavioral Sciences*, 15(1), 2823~2826.

Neumann, K., Kind, V., Harms, U. (2018). Probing the amalgam: the relationship between science teachers' content, pedagogical and pedagogical content knowledge. *International Journal of Science Education*, 11, 1~15.

Nicola, M., Anja, F., Kornelia, M., & Mirjam, S. (2017). Teachers' professional vision, pedagogical content knowledge and beliefs: on its relation and differences between pre-service and in-service teachers. *Teaching and Teacher Education*, 66, 158~170.

Nieuwenhuis, S., Yeung, N., van den Wildenberg, W., & Ridderinkhof, K. R. (2003). Electrophysiological correlates of anterior cingulate function in a go/no-go task: effects of response conflict and trial type frequency. *Cognition Affective Behavior Neuroscience*, 3, 17~26.

O'Connor, M. F. (2004). Emotional awareness of self and other as predictors of autonomic arousal during bereavement. *Psychophysiology*, 411, S48.

Olofsson, J. K., Nordin, S., Sequeira, H., & Polich, J. (2008). Affective picture processing: an integrative review of ERP findings. *Biological psychology*, 77(3), 247~265.

Penza–Clyve, S., Zeman, J. (2002). Initial validation of the Emotion Expression Scale for Children (EESC). *Journal of Clinical Child & Adolescent Psychology*, 31(4), 540~547.

Perlstein, W. M., Larson, M. J., Dotson, V. M., & Kelly, K. G. (2006). Temporal dissociation of components of cognitive control dysfunction in severe TBI: ERPs and the cued–Stroop task. *Neuropsychologia*, 44(2), 260~274.

Peters–Burton, E. E., Goffena, J., & Stehle, S. M. (2020). Utility of a self–regulated learning microanalysis for assessing learning during professional development. *The Journal of Experimental Education*, (12), 1~27.

Philiastides, M. G., Ratcliff, R., & Sajda, P. (2006). Neural representation of task difficulty and decision making during perceptual categorization: A timing diagram. *Journal of Neuroscience*, 26(35), 8965~8975.

Polich, J. (2007). Updating P300: An integrative theory of P3a and P3b. *Clinical Neurophysiology: Official Journal of the International Federation of Clinical Neurophysiology*, 118(10), 2128~2148.

Reynolds, A. (1992) What is competent beginning teaching – a review of the literature. *Review of Educational Research*, 62(1), 1~35.

Rieffe, C., Terwogt, M. M., Petrides, K. V., Cowan, R., Miers, A. C., Tolland, A. (2007). Psychometric properties of the Emotion Awareness Questionnaire for children. *Personality and Individual Differences*, 43(1), 95~105.

Salovey, P., Mayer, J. D., Goldman, S. L., Turvey, C., & Palfai, T. P. (1995). Emotional attention, clarity and repair: *Exploring emotional intelligence using the*

Trait Meta-Mood Scale. In J. W. Pennebaker (Ed.), Emotion, disclosure and health (pp. 125~154).

Samsudin, M. A., Moen, M. C., Hai, P., Hailu, B. H., Kyasanku, C. (2021). Indicators for the Measurement of Teachers' Professional Identity across Asia and Africa: A Delphi Study. *Journal of Asian and African studies*. doi: 10.1177/0021909621992785.

Sanders, L. R., Borko, H., Lockard, J. D. (2010). Secondary science teachers' knowledge base when teaching science courses in and out of their area of certification. *Journal of Research in Science Teaching*, 30(7), 723~736.

Savolainen, H., Malinen, O. P., & Schwab, S. (2020). Teacher efficacy predicts teachers' attitudes towards inclusion– a longitudinal cross–lagged analysis. *International Journal of Inclusive Education*. doi: 10.1080/13603116.2020. 1752826.

Schempp, P. G., Manross, D., Tan, S. K. S., Fincher, M. D. (1998). Subject Expertise and Teachers' Knowledge. *Journal of Teaching in Physical Education*, 17(3), 342~356.

Scholten, N., & Sprenger, S. (2020). Teachers' noticing skills during geography instruction: an expert–novice comparison. *Journal of Geography*, 119(6), 206~214.

Schwab, S., Alnahdi, G. H. (2020). Do they practise what they preach? Factors associated with teachers' use of inclusive teaching practices among in - service teachers. *Journal of Research in Special Educational Needs*. doi: 10.1111/1471–3802.12492.

Scott, S. B., Sliwinski, M. J., Mogle, J. A., & Almeida, D. M. (2014). Age, stress, and emotional complexity: results from two studies of daily experiences *Aging*, 29(3), 577~587.

Sebren, Ann. (1995). Preservice Teachers' Reflections and Knowledge Development in a Field–Based Elementary Physical Education Methods Course.

Journal of Teaching in Physical Education, 14(3), 262~283.

Seidel, T., Schnitzler, K., Kosel, C., K St ü rmer, & Holzberger, D. (2020). Student characteristics in the eyes of teachers: differences between novice and expert teachers in judgment accuracy, observed behavioral cues, and gaze. *Educational Psychology Review*, 33, 69~89.

Sezen–Barrie, A., Marbach–Ad, G. (2021). Cultural–historical analysis of feedback from experts to novice science teachers on climate change lessons. *International Journal of Science Education*, 6, 1~32.

Shen, Y. M., Xue, S., Wang, K. C., & Qiu, J. (2013). Neutral time course of emotional conflict control: an ERP study. *Neuroscience Letters*, 541, 34~38.

Silani, G., Bird, G., Brindley, R., Singer, T., Frith, C., Frith, U. (2008). Levels of emotional awareness and autism: An fMRI study. *Social Neuroscience*, 3(2), 97~112.

Simmons, W. K., Avery, J. A., Barcalow, J. C., Bodurka, J., Drevets, W. C., Bellgowan, P. (2013). Keeping the Body in Mind: Insula Functional Organization and Functional Connectivity Integrate Interoceptive, Exteroceptive, and Emotional Awareness. *Human Brain Mapping*, 34(11), 2944~2958.

Skumlien, M., Sederevicius, D., Fjell, A. M., Walhovd, K. B., Westerhausen, R. (2018). Parallel but independent reduction of emotional awareness and corpus callosum connectivity in older age. *PLoS One*, 13, e20991512.

Smith, R., Alkozei, A., Bao, J., Smith, C., Lane, R. D., Wds, K. (2017). Resting state functional connectivity correlates of emotional awareness. *Neuroimage*, 159, 99~106.

Smith, R., Bajaj, S., Dailey, N. S., Alkozei, A., Smith, C., Sanova, A., et al. (2018). Greater cortical thickness within the limbic visceromotor network predicts higher levels of trait emotional awareness. *Consciousness and cognition*, 57, 54~61.

Smith, R., Killgore, W., Alkozei, A., & Lane, R. D. (2018). A Neuro–Cognitive Process Model of Emotional Intelligence. *Biological Psychology*, 139, 131~151.

Smith, R., Lane, R. D., Parr, T., Friston, K. J. (2019). Neurocomputational mechanisms underlying emotional awareness: Insights afforded by deep active inference and their potential clinical relevance. *Neuroscience and Biobehavioral Reviews,* 107, 473~491.

Smith, R., Lane, R., Alkozei, A., Bao, J., Smith, C., Sanova, A., et al. (2017). Common and Unique Neural Systems Underlying the Maintenance of Emotional Vs. Bodily Reactions to Affective Stimuli: The Moderating Role of Emotional Awareness. *Biological Psychiatry*, 81(10), S187.

Smith, R., Quinlan, D., Schwartz, G. E., Sanova, A., Alkozei, A., Lane, R. D. (2019). Developmental Contributions to Emotional Awareness. *Journal of Personality*, 101(2), 150~158.

Smith, R., Sanova, A., Alkozei, A., Lane, R. D., Killgore, W. D. S. (2018). Higher levels of trait emotional awareness are associated with more efficient global information integration throughout the brain: a graph–theoretic analysis of resting state functional connectivity. *Social Cognitive and Affective Neuroscience*, 13(7), 665~675.

Smith, R., Sanova, A., Alkozei, A., Lane, R., Killgore, W. D. S. (2018). Graph–Theoretic Correlates of Trait Differences in Emotional Awareness. *Biological Psychiatry*, 83(9), S144.

Stahnke, R., & Blmeke, S. (2021). Novice and expert teachers' situation–specific skills regarding classroom management: what do they perceive, interpret and suggest? *Teaching and Teacher Education*. doi: 10.1016/j.tate.2020.103243.

Stahnke, R., Schueler, S. & Roesken–Winter, B. (2016). Teachers' perception, interpretation, and decision–making: a systematic review of empirical mathematics education research. *ZDM Mathematics Education 48*, 1~27.

Stahnkea, R., & Blömekeb, S. (2021). Novice and expert teachers' noticing of classroom management in whole–group and partner work activities: evidence from teachers' gaze and identification of events. *Learning and Instruction*. doi: 10.1016/

j.learninstruc.2021.101464.

Stekelenburg, J. J., & de Gelder, B. (2004). The neural correlates of perceiving human bodies: an ERP study on the body–inversion effect. *NeuroReport*, 15, 777~780.

Stone, L. A., Nielson, K. A. (2001). Intact Physiological Response to Arousal with Impaired Emotional Recognition in Alexithymia. *Psychotherapy & Psychosomatics*, 70(2), 92~102.

Subic–Wrana, C., Thomas, W., Huber, M., Kohle, K. (2001). Levels of Emotional Awareness Scale (LEAS). The German version of a new alexithymia test. *Psychotherapeut*, 46(3), 176~181.

Sun, B., Xiao, W., Feng, X., Shao, Y., Li, W. (2019). Behavioral and brain synchronization differences between expert and novice teachers when collaborating with students. *Brain and Cognition,* 139, 105513.

Svetlak, M., Bernatova, T., Pavlikova, E., Winklerova, L. (2015). Measuring Emotional Awareness – a Pilot Study of Psychometric Properties of the Czech Adaptation of the Levels of Emotional Awareness Scale. *Ceska A Slovenska Neurologie A Neurochirurgie*, 78(6), 680~686.

Svetlak, M., Marsova, K., Bernatova, T., Winklerova, L. (2017). Emotional Awareness in Adolescents a Pilot Study of Psychometric Properties of the Czech Adaptation of the Levels of Emotional Awareness Scale for Children LEAS–C. *Ceska A Slovenska Neurologie A Neurochirurgie*, 80(2), 197~207.

Tan, S. (1996). Differences between Experienced and Inexperienced Physical Education Teachers' Augmented Feedback and Interactive Decisions. *Journal of Teaching in Physical Education*, 15(2), 151~170.

Tavares, P., Barnard, P. J., Lawrence, A. D. (2011). Emotional Complexity and the Neural Representation of Emotion in Motion. *Social Cognitive and Affective Neuroscience*, 6(1), 98~108.

Torrado, M., Ouakinin, S., & Lane, R. (2012). Measuring emotional awareness from a cognitive-developmental perspective: Portuguese adaptation studies of the levels of emotional awareness scale. *Acta Medica Portuguesa*, 26(2), 145~153.

Van den Stock J, Righart R, & de Gelder, B. (2007). Body expressions influence recognition of emotions in the face and voice. *Emotion*, 7, 487~494.

van Veen, V., & Carter, C. S. (2002). The anterior cingulate as a conflict monitor: fMRI and ERP studies. *Physiology & Behavior*, 77, 477~482.

Van, D., Servaas, M. N., Goerlich, K. S., Bruggeman, R., Horton, P., & Costafreda, S. G., et al. (2013). Neural correlates of alexithymia: a meta-analysis of emotion processing studies. *Neuroscience and Biobehavioral Reviews*, 37(8), 1774~1785.

Velotti, P., Garofalo, C., Petrocchi, C., Cavallo, F., & Dimaggio, G. (2016). Alexithymia, emotion dysregulation, impulsivity and aggression: a multiple mediation model. *Psychiatry Research*, 237, 296~303.

Versluis, A., Verkuil, B., Lane, R. D., Hagemann, D., Thayer, J. F., Brosschot, J. F. (2021). Ecological momentary assessment of emotional awareness: Preliminary evaluation of psychometric properties. *Current Psychology*, 40(3), 1402~1410.

West, R. (2003). Neural correlates of cognitive control and conflict detection in the Stroop and digit-location tasks. *Neuropsychologia*, 41, 1122~1135.

West, R., & Alain, C. (1999). Event-related neural activity associated with the Stroop task. *Cognitive Brain Research*, 8, 102~111.

West, R., & Alain, C. (2000). Effect of task context and fluctuations of attention on neural activity supporting performance of the Stroop task. *Brain Research*, 873, 102~111.

West, R., Jakubek, K., Wymbs, N., Perry, M., & Moore, K. (2005). Neural correlates of conflict processing. *Experimental Brain Research*, 167, 38~48.

Williams, A. M., Janelle, C. M., Davids, K. (2004). Constraints on the search for visual information in sport. *International Journal of Sport and Exercise Psychology*, 2(3), 301~318.

Wolff, C. E., Jarodzka, H., Niek, V., Boshuizen, H. (2016). Teacher vision: expert and novice teachers' perception of problematic classroom management scenes. *Instructional Science*, 44(3), 243~265.

Wong, C. S., & Law, K. S. (2002). The effects of leader and follower emotional intelligence on Performance and attitude: an exploratory study. *Leadership Quarterly*, 13(3), 243~274.

Xue, S., Ren, G. F.,Kong, X., Liu, J., & Qiu, J. (2015). Electrophysiological correlates related to the conflict adaptation effect in an emotional conflict task. *Neuroscience Letters*, 584, 219~223.

Yazdanmehr, E., Akbari, R. (2015). An expert EFL teacher's class management. *Iranian Journal of Language Teaching Research*, 3, 1~13.

Zarotti, N., Simpson, J., Fletcher, I., Squitieri, F., & Migliore, S. (2018). Exploring emotion regulation and emotion recognition in people with presymptomatic Huntington's disease: the role of emotional awareness. *Neuropsychologia*, 112, 1~9.

Zhu, X. R., Zhang, H. J., Wu, T. T., Luo, W. B., & Luo, Y. J. (2010). Emotional conflict occurs at the early stage: Evidence from the emotional face–word Stroop task. *Neuroscience Letters*, 4781, 1~4.

附录1　教师情绪觉察能力开放式问卷

尊敬的老师/准教师：

您好！我们在进行一项关于教师情绪认知的课题研究，旨在促进教师专业发展和培养。问卷采用匿名调查方式，结果仅限研究使用，绝对保密，恳请您作出具体详细的回答！

谢谢您的支持和合作！

一、基本信息

1.性别：①男　②女　　2.所教学科：

3.教龄：____年　　　　4.学段：①小学　②初中　③高中

5.担任班主任：①是　②否　　担任时间____年

6.职称：①无职称　②初级职称　③中级职称　④高级职称

7.学校所在区域：①城市市区　②郊区或县镇　③农村

二、调查内容

1.结合教师的职业特色，您认为教师情绪觉察能力是什么？包括哪些方面？具体如何体现？

2.请尽量多地说出在教育教学情境中觉察这些情绪的场景。

附录2　教师情绪觉察能力调查问卷

尊敬的老师：

您好！我们在进行一项关于教师工作感受的课题研究，旨在促进教师专业发展和培养。问卷采用不记名方式，对于您的回答我们将严格保密。请不要有任何顾虑，回答没有对错之分，请您根据自己的实际感受，客观真实地填写。您的回答对我们的研究至关重要，衷心感谢您的支持与配合！

对于想了解自己情况的老师，仅需在“E-mail”一栏写上邮箱即可，便于我们后期向您反馈结果。

一、基本信息（请在符合自己情况的答案序号上画“√”，或者在空白处填上适当的内容）

1. 性别：①男　②女

2. 学段：①幼儿园　②小学　③初中　④高中

3. 教龄：① 5 年及以内　② 6 ~ 14 年　③ 15 年及以上

4. 职称：①三级　②二级　③一级　④高级　⑤特级

5. 学历：①专科及以下　②本科　③硕士及以上

6. 婚况：①未婚　②已婚

7. 担任班主任：①一直担任　②曾经担任　③从未担任

8. 学校区域：①市区　②市郊\县城　③乡镇　④农村

9. 所教学科：

10.E-mail（选填）：

问卷一：请阅读下面每一道题目，然后根据您对题目同意与否的程度，在句子后面相应的数字上打“√”	完全不符	基本不符	有点不符	有点符合	基本符合	完全符合
1. 改试卷时发现学生出现不应该犯的错误，我能敏锐地感觉到自己的情绪波动。	1	2	3	4	5	6
2. 公布学生成绩时，通过他们的表情，我总能感受到她\他的情绪。	1	2	3	4	5	6
3. 课堂上学生听不懂、没兴趣时，我能清楚地体会到自己此时的情绪。	1	2	3	4	5	6
4. 如果备课不充分，那么我能真实地感受到自己的消极情绪。	1	2	3	4	5	6
5. 我总能体会到学生取得进步时洋溢的情绪。	1	2	3	4	5	6
6. 上课同学想发言而一直没有机会时，我能从他/她面部表情感受到他/她的焦急。	1	2	3	4	5	6
7. 上课提问时，学生回答不上来，我能切身体会到她\他的情绪感受。	1	2	3	4	5	6
8. 我能清楚地区分烦躁、羞愧、厌倦和沮丧等消极情绪。	1	2	3	4	5	6
9. 团体活动中，我对学生的情绪状态相当敏感。	1	2	3	4	5	6
10. 学生迟到时，我能通过肢体语言清楚知道她/他当时的情绪。	1	2	3	4	5	6
11. 我能够清楚地理解学生的肢体语言。	1	2	3	4	5	6
12. 我能够清楚地描述自己的情绪。	1	2	3	4	5	6
13. 我能很好地辨别高兴、自豪、放松和满意等积极情绪。	1	2	3	4	5	6
14. 当别人指出我情绪有变化时，我自己通常能够意识到。	1	2	3	4	5	6
15. 学生考试时，我能通过学生的肢体动作清楚地感知到她/他的真实情绪。	1	2	3	4	5	6
16. 我能够清楚地体会到自己内心的真实感受。	1	2	3	4	5	6
17. 学生因早恋而情绪异常时，我能很快感受到。	1	2	3	4	5	6

续表

问卷一：请阅读下面每一道题目，然后根据您对题目同意与否的程度，在句子后面相应的数字上打“√”	完全不符	基本不符	有点不符	有点符合	基本符合	完全符合
18. 在班级辩论赛中，我能切身体会到场上辩手的情绪。	1	2	3	4	5	6
19. 当我提问某个学生时，我会尽量缓解她/他的紧张情绪。	1	2	3	4	5	6
20. 当学生被表扬时，我能切身感觉到她\他在高兴。	1	2	3	4	5	6
21. 当学生被批评时，我能清楚地感受到她\他的委屈和难过。	1	2	3	4	5	6

后记

本专著是作者主持的全国教育科学“十三五”规划“国家青年”项目“新手-熟手-专家型教师情绪觉察研究（CBA160184）”的主成果，支撑该国家青年项目以优秀等次结项。感谢全国教育科学规划领导小组办公室对本研究的资助与肯定。

清代诗人袁枚在《苔》一诗中写道：“白日不到处，青春恰自来。苔花如米小，也学牡丹开。”非双一流高校的毕业生虽然像苔花一样“白日不到处”，但“苔花”们不仅能“青春恰自来”，甚至“也学牡丹开”。一个农村娃一路艰辛走来，从山村到乡镇，走出歙州、行至鸠兹、去过魔都（上海），兜兜转转再回到了徽州故土，来到故乡唯一的大学——黄山学院工作。在黄山学院工作多年，取得了些许的成绩，让我明白“苔花”能“学牡丹开”，不仅需奋斗所到处，还需要贵人助，才能做到“青春恰自来”。

三十余年来，遗憾于所求学和所工作的高校并非名校，却有幸于自己还未放弃奋斗。因论文，分别见过鸠兹、魔都（上海）和黄山凌晨四五点钟的太阳；因课题，经历过因连续两年申报教育部课题未中而被取消下一年的申报资格；因专著，承受过本不在我这个年纪所罹患的腰椎间盘突出所带来的痛苦……所幸陪我见过凌晨四五点钟太阳的论文不仅发表在国内心理学科顶级期刊《心理学报》上，还于2019年获得了安徽省社会科学奖二等奖；陪我经历了被教育部取消申报资格的课题最终经过层层修改于2016年获批了国家社会科学基金教育学青年项目，并于2022年以优秀等次结项；陪我承受了腰椎间盘突出痛楚的专著也即将出版。

三十余年来，有幸得到太多“贵人们”的相助。再次感谢全国教育科学规划领导小组办公室对“新手-熟手-专家型教师情绪觉察研究”项目的资助与肯定。感谢硕士生导师—我国心理健康教育专家姚本先教授“诚实做人、踏实做事、扎实治学”的人生指导，感谢博士生导师—我国情感教育专家卢家楣教授“大胆假设、小心求证”的学术教诲，感谢安徽省教学名师、黄山学院教育科学学院院长徐俊华教授严谨细致工作态度的言传身教。感谢上海师范大学刘伟教授、陈宁教授等对本项目研究及书稿撰写方面给予的指导。感谢北京师范大学出版集团安徽大学出版社的编辑刘婷婷等在文稿编校方面做出的艰辛努力。感谢南通大学金丽博士参与专著中ERP等章节的撰写，感谢我“心流沙龙”的学生团队侯紫昳、周倩、丁宁、韩芬、祝平安、郭建华、李嘉慧、蒋书培、罗茜、储小燕、程思、史少彦、史玉燕、舒磊、杨远帆、李喜和王小艳等同学在数据搜集和分析等方面给予的帮助。最后，感谢爱人及家人对于作息时间混乱的科研工作者的默默支持，仍记得去年暑假在我专著写作的关键时期，他们不仅默默打理我的衣食住行，甚至还常常把一岁多的女儿带出去，只为让我静下心来写作。

回望过去，只余感慨。唯有背起行囊再次上路，才是感恩和报答，再出发……

黄山学院　汪海彬

2022年10月11日于黄山市镇海桥畔